高等学校法学系列教材
Gaodeng Xuexiao Faxue Xilie Jiaocai

A General Interpretation of Civil Procedure Law

民事诉讼法学通论

主　编　洪冬英
副主编　谢文哲　邓继好

北京大学出版社
PEKING UNIVERSITY PRESS

图书在版编目(CIP)数据

民事诉讼法学通论/洪冬英主编. —北京:北京大学出版社,2013.9
(高等学校法学系列教材)
ISBN 978-7-301-23126-5

Ⅰ. ①民… Ⅱ. ①洪… Ⅲ. ①民事诉讼法-法的理论-中国-高等学校-教材 Ⅳ. ①D925.101

中国版本图书馆 CIP 数据核字(2013)第 207159 号

书　　名: 民事诉讼法学通论
著作责任者: 洪冬英　主编
责 任 编 辑: 赵圆圆　朱梅全
标 准 书 号: ISBN 978-7-301-23126-5/D·3407
出 版 发 行: 北京大学出版社
地　　址: 北京市海淀区成府路 205 号　100871
网　　址: http://www.pup.cn
新 浪 微 博: @北京大学出版社
电 子 信 箱: law@pup.pku.edu.cn
电　　话: 邮购部 62752015　发行部 62750672　编辑部 62752027
　　　　　出版部 62754962
印 刷 者. 北京大学印刷厂
经 销 者: 新华书店
　　　　　730 毫米×980 毫米　16 开本　27.25 印张　519 千字
　　　　　2013 年 9 月第 1 版　2014 年 8 月第 2 次印刷
定　　价: 52.00 元

目　录

第一章　民事诉讼与民事诉讼法

内容要点

民事纠纷及民事纠纷解决途径,民事诉讼与相关诉讼制度的关系,民事诉讼法及其效力。

第一节　民事纠纷解决机制

一、民事纠纷的概念

在现代法治社会中,生产、流通、分配、消费等诸领域的社会关系都要受到法律的调整,各种社会平等主体间的法律关系由民法等民事实体法予以规范,人们通常依据这些规则来安排社会生产和日常生活,社会呈现出有秩序的状态。但由于社会成员观念及利益方面的不一致,导致了民事领域中的各种社会冲突,这些社会冲突就是民事纠纷。

在中国传统"和合"文化的背景下,以孔子为代表的儒家学说强调"和为贵""知和而和"(《论语·学而》);以老子为代表的道家学说倡导"知足"和"不争之德"(《老子·第六十八章》)。这些除了正面倡导文化的价值观外,也隐含着排斥纠纷、视纠纷为罪恶的价值观。此观念视纠纷、矛盾为秩序的对立物,把纠纷视为不必要、不正常的恶,即对纠纷采取完全否定的态度。不可否认,纠纷有时表现为恶,一定的纠纷会对社会产生不利乃至重大影响。但对纠纷持否定态度却不能排除纠纷的存在。在漫长的人类社会发展过程中,没有什么事物是不包含矛盾的,没有矛盾就没有世界。"由于情感恩怨、利益归属及价值取向等因素的存在,人类社会从其产生的那一天开始,便伴随着各种不同的纠纷和冲突。"① 纠纷不仅不可避免,同时纠纷对秩序的破坏有其进步意义。美国社会学家科塞具体指出,低暴力、高频度的冲突的积极意义在于:第一,提高社会单位的更新力和创造力水平;第二,使仇恨在社会单位分裂之前得到宣泄和释放;第三,促进常规性冲突关系的建立;第四,提高对现实性后果的意识程度;第五,社会单位间的联合得以加强。前述一切会使社会整体的整合度和适应外部环境的能力得到提

---

① 李祖军:《民事诉讼目的论》,法律出版社2000年版,第24页。

高和增强。冲突具有清洁社会空气的作用,“它通过允许行为的自由表达,而防止了被堵塞的敌意积累的倾向”。冲突是社会怨气的“排气孔”,如果冲突和纠纷能够被有序化解决,使积压的不满情绪及时、有序地释放,则冲突对一个社会来说,可以起到一种“安全阀”的作用。[①] 适度的纠纷在解决过程中还具备维持秩序和形成政策乃至上升为法律的功能,因为纠纷既存在破坏与冲击良好社会秩序的一面,也蕴涵着更新与创造社会秩序的可能性。

由此,在人类社会发展过程中,纠纷解决机制也在不断地被认识和发展。纠纷解决是通过特定的方式和程序解决纠纷和冲突,恢复社会平衡和秩序的活动。纠纷解决机制的基本功能是解决纠纷。19 世纪英国法学家威廉·马克白认为,对于一项纠纷的解决,可以看做是一种权威或关于孰是孰非的有拘束力的决定,即关于谁的观点在某种意义上能够成立,谁的观点不能成立的一种判定。[②] 按此学说,纠纷解决机制着眼于微观的对纠纷当事人的权利义务的判定。而我国学者顾培东先生却不这样认为,他指出纠纷的解决应当是一个“多层次主观效果的综合体”,具体来说包括以下四个层次:首先,化解和消除冲突;其次,实现合法权益和保证法定义务的履行;再次,使法律或统治秩序的尊严与权威得以实现;最后,在更高层次上,纠纷的解决意味着社会冲突主体放弃和改变藐视、对抗社会统治秩序和法律的心理与态度,增强与社会的共容性,避免或减少冲突(至少是同类冲突)的重复出现。显然顾培东先生的见解更具全面性,即纠纷解决不仅具备解决纠纷的基本功能,同时也具备维护社会秩序和调整社会规范的社会功能。一个国家的纠纷解决机制是其进行社会治理能力的体现,是一个国家的法治程度与和谐程序等方面的综合体现。

民事纠纷是法律纠纷的一种,法律纠纷除民事纠纷外,还有刑事纠纷和行政纠纷共三种类型的纠纷,产生了三种类型的法律部门,即民事法律、刑事法律和行政法律。民事纠纷又称民事冲突、民事争议,是指平等主体之间发生的、以民事权利义务为内容的社会纠纷。民事纠纷与其他纠纷相比较,具有下列主要特征:

1. 纠纷主体之间的法律地位具有平等性。民事纠纷主体为民事权利义务关系的主体,在民事活动中法律地位平等,彼此之间不存在服从与隶属关系。在刑事纠纷中,对立的双方主体是国家和实施违法行为的个人或法人,它们之间不具有平等的法律地位;在行政纠纷中,一方主体为实施具体行政行为的行政机构,另一方主体为行政行为相对人,它们之间在行政法律关系上是领导和被领导、管理和被管理的关系,不属于平等主体之间的关系。

---

① 参见〔美〕科塞:《社会冲突的功能》,孙立平译,华夏出版社 1989 年版,第 17—18 页。

② 参见〔美〕戈尔丁:《法律哲学》,齐海滨译,三联书店 1987 年版,第 217 页。

2. 纠纷权利义务的内容具有民事性。民事纠纷主体之间争议的内容应为民事权利义务关系。民事权利义务关系是由当事人实施民事法律行为或民事行为依照民法的规定而形成的。民事权利义务的争议构成民事纠纷的内容，如果不是民事权利义务争议，而是刑事法律关系或行政法律关系等，则不属于民事纠纷。

3. 纠纷的解决具有可处分性。民事纠纷是民事主体之间民事权利义务的争议，其内容属于民事实体法调整的范围，基于民事实体法中私法自治原则，民事纠纷主体对其民事权利义务有自由处分的权利，可以协商变更、放弃、变通其民事权利义务的具体内容。

4. 解决纠纷的方法是多元的。对于刑事纠纷，除自诉案件外，受害人与刑事违法者不得就纠纷的内容进行私了或和解，必须由检察机关提起公诉，交由人民法院强制性解决。行政纠纷虽然实施不告不理原则，但在诉讼中，纠纷主体也不得通过调解的方法解决其纠纷。但民事诉讼就不同了，它可以通过个人、社会和国家等各种力量来解决纠纷，究竟通过何种方式来解决纠纷，由纠纷主体视需要自由选择。

根据民事纠纷的内容和特点不同，可将民事纠纷分为两大类：一类是财产关系的民事纠纷，包括财产所有关系的民事纠纷和财产流转关系的民事纠纷，如合同纠纷、损害赔偿纠纷等；另一类是人身关系的民事纠纷，包括人格权关系的纠纷和身份关系的纠纷，如姓名权纠纷、名誉权纠纷、继承权纠纷等。

二、民事纠纷解决机制概述

民事纠纷解决机制是指在一定社会中实行的、解决和消除民事纠纷的一整套制度和方式。纠纷虽然是社会的常态，但纠纷发生后必须尽快解决，以维护社会的稳定，防止纠纷主体之间利益状态持续对抗而导致矛盾激化。如果说纠纷是社会秩序的混乱，那么纠纷解决则是社会秩序的恢复或新秩序的确立和创设。

日本的棚濑孝雄先生从纠纷解决过程的角度，把纠纷解决机制类型分为根据合意的纠纷解决方式和根据决定的纠纷解决方式。所谓根据合意的纠纷解决，是指双方当事人就以何种方式和内容来解决纠纷等要点达成了合意而使纠纷得到了解决，其典型就是以协商性交涉为基础的调解。所谓根据决定的纠纷解决，是指第三者就纠纷应当如何解决作出一定的指示并据此解决纠纷。

我国大多数学者将纠纷解决机制的具体种类划分为私力救济、社会救济和公力救济。①

---

① 参见江伟主编：《民事诉讼法学》，复旦大学出版社 2002 年版，第 4—5 页。

（一）私力救济

私力救济是指在没有中立的第三方介入的情形下，依靠自身或者其他私人力量解决纠纷，实现权利。[①] 私力救济的基本特征是无中立的第三方介入，纠纷解决过程非程序化，解决途径依靠自身或私人力量，包括武力、说服、权威等。依据解决纠纷的方式不同，私力救济可分为自决与和解，亦可称为强制与交涉。自决是指纠纷主体一方凭借自己的力量强行使对方服从；和解是指双方互相妥协、让步，协商解决纠纷。依靠法律性质的不同，私力救济又可分为法定的私力救济和法外的私力救济。法定的私力救济是法律明确规定的私力救济方式，一般包括正当防卫、紧急避险和自助等；法外的私力救济包括法律无明文规定的私力救济和法律禁止的私力救济，其典型表现是债权人拘押债务人、债权人雇用人员进行收债等。

和解作为私力救济的一种形式，具有很高的自治性和非规范性。在现代法治社会，和解的程序和内容必须以不违背禁止性法律规定和公共利益为前提，并且必须建立在纠纷主体平等和真实意志的基础上，不得存在强迫、欺诈、显失公平和重大误解等。由于私力救济产生于生产力低下、文明程度不高的早期人类社会，具有野蛮性，因而现代法治社会一般禁止凭借自己的力量解决纠纷，但是同时也在一定范围内允许私力救济的存在。

（二）社会救济

社会救济是指基于纠纷主体的合意，依靠社会力量解决民事纠纷的机制。社会救济包括调解和仲裁。调解是指中立的第三方居间调处，促使民事纠纷主体相互妥协、让步，达成纠纷解决的合意。我国现有的属于社会救济范畴的诉讼外调解有多种形式，包括人民调解委员会的调解；行政调解，如交通事故发生后有关损害赔偿的纠纷，当事人可以向公安机关请求调解；其他社会团体组织的调解，如劳动争议调解委员会进行的调解；法院附设的诉讼前调解。仲裁是指纠纷主体双方根据有关规定或双方协议，将争议提交仲裁机构，由仲裁机构居中裁决的制度。调解与仲裁方式解决民事纠纷，均需基于纠纷主体的合意，但是与私力救济中纠纷主体自行交涉不同的是，社会救济还需借助处于中立的第三方社会力量进行沟通、说服和协调以促成民事纠纷的解决。同时，调解与仲裁虽然不是国家公权力解决纠纷的方式，但国家也对之进行规范并赋予这些纠纷解决结果一定的法律效力。

（三）公力救济

在当事人无法通过自主性的方式解决纠纷时，必须设立一种强制性解决纠纷、保护权利的制度，这就是公力救济。公力救济包括行政救济和司法救济，司

---

① 参见徐昕：《论私力救济》，中国政法大学出版社 2005 年版，第 102 页。

法救济在民事领域的表现形式是民事诉讼制度。公力救济的实质是由特定的国家机关,在纠纷主体的参与下解决纠纷的一种最具权威和最有效的机制。诉讼有两个特点:一是强制性,即凭借国家审判权强制性确定纠纷主体双方之间的民事权利义务,并以国家强制执行权迫使义务主体履行生效的裁判;二是严格的规范性,即诉讼必须严格按照法定的程序规则进行。

我国现行的民事纠纷解决机制主要有四种:和解、调解(法院外调解)、仲裁和诉讼,其中前三种可称为非诉讼纠纷解决机制,在国外被称为替代性纠纷解决方式(Alternative Dispute Resolution,ADR)。各种解决纠纷机制是独立存在的,其功能各存,优劣互在,相互之间不能替代。每一种纠纷解决机制之所以被理论界认可其具有独立存在的价值,同时在实践中也长期相沿、久盛不衰,原因就在于,各种机制都有各自的优势,这些优势是其他纠纷机制所不能取代的。和解属于私力救济,其结果能使双方当事人都满意,但需以双方当事人的合意为条件;调解一般有较好的社会效果,但是否成功,往往与双方当事人之间的让步以及调解者对双方的影响力密切相关;仲裁比较适合那些专业性较强、涉及商业秘密或者当事人不希望纠纷的解决公开化的民事纠纷,但其适用与纠纷的性质以及当事人诉诸仲裁的意愿有关;民事诉讼可以满足那些希望对事实和法律都要搞清楚的当事人的要求,但其以花费双方当事人及国家相当的人力、物力、财力和时间为代价。

在上述多元化的纠纷解决体制中,民事诉讼具有基础性的作用,具有根据纠纷性质的不同而提供相应救济程序的功能:从纠纷的内容看,除了普通民事纠纷在普通民事诉讼程序中解决外,特殊类型的纠纷有特殊的诉讼程序可以利用,如海事诉讼程序、票据程序、人事诉讼程序等;从纠纷的难易度看,简单容易解决的纠纷适用简易程序或小额诉讼程序,复杂的纠纷适用普通程序;从纠纷需要救济的紧迫性看,民事诉讼法又设有终局性救济制度和临时救济制度。同时,民事诉讼制度作为民事权利的最后一道防线,具有支撑、维持其他纠纷解决方式的作用,这体现在:首先,对于诉讼成本以及民事诉讼公正裁判结果的预测,当事人才会根据需要选择非诉方式解决纠纷,从这个角度而言民事诉讼制度赋予诉讼外纠纷解决方式更大的活力。其次,民事诉讼法赋予诉讼外解决结果相应的法律效力,在制度上为诉讼外解决纠纷方式提供保障。

三、非诉讼纠纷解决机制(ADR)

(一) 非诉讼纠纷解决机制的概念

非诉讼纠纷解决机制,是英文"Alternative Dispute Resolution(ADR)"的意译。这一概念既可以根据字面意义译为"代替性(或替代性、选择性)纠纷解决方式",亦可根据其实质意义译为"审判外(诉讼外)纠纷解决方式"或"非诉讼纠纷解决方式”、“法院外纠纷解决方式”等。ADR 概念源于美国,原来是 20 世纪逐步发展起来的各种诉讼外纠纷解决方式的总称,后来加拿大、澳大利亚以及一些欧洲国家竞相效仿。现在 ADR 制度已引申为对世界各国普遍存在的、民事诉讼制度以外的非诉讼纠纷解决方式或机制的称谓。由于 ADR 是一个总括性、综合性的概念,其内涵和外延均难以准确界定。目前,国际上对 ADR 应包括哪些程序制度仍存在较大分歧,因此,其定义尚不十分严密和统一。一般而言,ADR 强调的是与法院的诉讼程序(或判决)的区别与联系,对其界定通常是根据如下几个要素:

1. 代替性(替代性)。这是指对法院审判或判决的代替。需要强调的是,这种代替性并不意味着取代诉讼,因为 ADR 不准备、也永远不可能取代法制。法治是社会的基础,而且其价值将会继续决定着社会的基本模式。

2. 选择性。这是指这种纠纷解决方式以当事人的自主合意和选择为基础。所谓选择,既可以是对具体程序的选择,也可以是对纠纷解决结果的选择。因此,ADR 的存在和运作,是以法院和诉讼程序的存在以及当事人的民事诉讼为前提的。ADR 只能为当事人提供选择的可能性,而绝不能剥夺当事人的民事诉权。

3. 纠纷解决。这是 ADR 的基本功能。ADR 的特点在于,它是通过促成当事人的妥协与和解来达到纠纷的解决。

(二) 非诉讼纠纷解决机制的基本类型

根据性质不同,ADR 制度主要可以分为建议性 ADR、推荐性 ADR 和决定性 ADR 三类。建议性 ADR 的裁决对当事人双方无法律约束力,当事人可以不接受;推荐性 ADR 裁决对当事人双方也不直接具有约束力,但如果双方表示接受,该程序可转由法官作出有法律约束力的判决;决定性 ADR 是诉讼程序的一部分,所作的裁决当事人必须履行,否则另一方可以申请强制执行。

1. 建议性 ADR。主要有“中立听者协议”(The Neutral Listener Agreement)和“密歇根调解”(Michigan Mediation)两种。对倡导推广 ADR 制度起重要作用的美国群众问题中心创设了中立听者协议。在这一方式中,争议双方首先需要达成愿意采用该方式的协议,然后共同选出一名中立听者,这名中立听者要求争议各方向他提交一份自认为是最好的争议解决方案。然后,中立听者根据他们提出的解决方案,判断他们是否可以和解以及自己对能否协商和解的看法。如果他认为可以和解,则在双方提交方案的基础上拿出自己的方案,促使双方化解矛盾,达成和解协议。密歇根调解又称“丝绒锤”(The Velvet Hammer),比喻该调解像丝绒锤一样打在要求过高的当事人身上,迫使其降低要求。这一方式在密歇根州首先被采用,因此被称为密歇根调解。

2. 推荐性 ADR。主要有“小型审判”(Mini-trial)和“简易陪审团审判”

(Summary Jury Trial)两种。小型审判有多种方式,但基本差别不大。小型审判组由中立建议者和来自争议各方的两名高级行政主管组成。在简易陪审团审判中,争议双方各自找到三名陪审员,陪审员不一定是律师,任何人都可以担任。简易陪审团程序旨在为争议双方提供一条途径,使双方预先知道诉讼的可能结果。虽然争议双方有权决定这一裁决是否能成为有约束力的判决,但该裁决通常在相当程度上反映了法官的意志。

3. 决定性 ADR。主要有"终局性提交裁决"(Final Offer Arbitration)和"出租法官"(Rent-a-judge)两种。终局性提交裁决是由争议双方各自向裁决庭提交对争议的金钱要求,裁决庭必须毫无更改地接受两者中较为合理者的要求。出租法官是在争议双方的请求下,法庭指定一名裁判者,通常是退休法官,由他主持一个非正式的程序,作出由法庭强制执行的判决。这一方式在加利福尼亚和其他一些州得到了发展,现已有了正式的立法。

(三) 非诉讼纠纷解决机制的功能、优势与弊端

1. 非诉讼纠纷解决机制的功能

ADR 的基本功能是解决民事纠纷。民事诉讼的固有弊端在很大程度上限制了民事诉讼纠纷解决的功能和效果,因而开始危及司法的权威。同时,在现代社会,法院承担着无法应付民事案件的巨大压力,并且社会对诉讼寄予了更高的社会期望,如通过诉讼确定政策、重新分配社会资源等社会功能越来越受到重视。法院在案件积压、程序迟延、费用昂贵的情况下,利用 ADR 相对迅速、低廉和简便地解决纠纷,可以趋利避害,克服诉讼的固有弊端,分担法院和诉讼的压力。

2. 非诉讼纠纷解决机制的优势

在解决民事纠纷中,ADR 有着诉讼所不具备的优势:首先,有成本低、迅速和便利的特点;其次,程序简单明了和高度的意思自治,消除了诉讼程序给当事人带来的理解困难,使当事人有更多的机会和可能参加纠纷的解决;再次,经过当事人理性的协商和妥协而不是对抗的方式解决纠纷,可能得到两利的结果,有利于维护当事人之间需要长久维系的商业关系和人际关系;最后,以简易的事实认定代替了严格的举证责任,是当事人易于接受和乐于执行的等等。

3. 非诉讼纠纷解决机制的弊端

首先,某些 ADR 在实体和程序两方面缺乏制度保障。特别是在程序方面,亟须加以严格规制,如调解人或中立者的资格;对当事人诚实参加的规定(避免滥用其程序拖延纠纷的解决)等。在当事人双方的地位不平等和程序保障又不力的情况下,当事人之间的协商极有可能是不平等的,这一点是 ADR 最大的隐患。一般而言,ADR 不能完全满足当事人的法律需求,对于那些希望通过 ADR 得到与判决相同结果的当事人来说,ADR 是难以做到的。

其次,ADR在追求低廉和迅速解决纠纷的同时,可能导致一些非正义的结果。例如,当事人的妥协使自己的权利不能全面实现;抹杀和淡化当事人的权利意识和实现权利的意愿;在运作中可能违反当事人意思自治原则;ADR的范围有向涉及公共利益及政策性领域发展的迹象,而这些领域本不宜通过ADR加以调整。

最后,过分发展或强调ADR可能会导致社会忽视审判的功能,以及对国家的司法权造成一定的侵蚀。

针对ADR存在的问题,许多国家都着重从制度化、规范化加强ADR的建设。例如,制定专门的调解法和仲裁程序,以及从程序、机构和当事人行为等方面制定规则等。如何把ADR更好地纳入法制轨道,使其扬长避短,将是各国今后的一个长期课题。

随着ADR在现代社会中被广泛地大量应用,其功能和地位也日益提高,并已逐步被纳入法制轨道,形成了以民事诉讼为主导或核心的多元化纠纷解决机制。同时,改革民事诉讼制度与开发利用ADR也已成为现代司法改革中相辅相成的两个方面。ADR所解决的纠纷,从一般民事纠纷发展到特定的纠纷,如劳动纠纷、消费者纠纷、家事纠纷、医疗纠纷、交通事故纠纷、公害环境纠纷、知识产权纠纷、国际贸易纠纷等等。

在我国,近年来随着对法治和审判的崇尚,调解之类的传统ADR开始受到冷遇。但是,我国毕竟有着历史悠久的非诉讼纠纷解决的传统,拥有各种调解、仲裁制度及丰富的经验,国民对这些方式也有着认同,因此,多元化纠纷解决机制在我国有很好的基础,今后需要做的是在现有的基础上进行必要的完善和改革,并适时发展新的ADR。

第二节 民事诉讼

一、民事诉讼的概念

民事诉讼是指法院、当事人以及其他诉讼参与人,依据民事诉讼法和适用民事实体法等解决民事纠纷事件过程中所进行的各种诉讼活动以及由此产生的各种诉讼法律关系的总和。从这一概念可以看出,民事诉讼这一解决民事纠纷的制度具有以下特征:

(一)民事诉讼是解决民事纠纷的程序

在现代法治社会,随着国家司法制度的完善,担任审判工作的法院将审判工作分为民事审判、刑事审判和行政审判。由法院审判的案件,分为民事案件、刑事案件和行政案件三种。所谓民事案件又称民事纠纷,是指私人间对私法上的权利义务关系所发生争议的纠纷。民事纠纷发生在私人之间,其纠纷之内容为民商事法律方面之权利义务关系,国家为解决这种纠纷设置的各种程序制度,即为民事诉讼制度,所以,民事诉讼是解决民事纠纷的程序。依据实体法上的分类,除民商事法之外,国家有规定犯罪处罚的刑事法,以及规定人民与政府机关间公法上权利义务关系的行政法。人民因犯罪发生刑事案件,由刑事审判庭进行审判,就是刑事诉讼,其目的在于处罚犯罪;人民与政府机关之间因公法上权利义务发生纠纷,由行政法庭审判,这种程序就是行政诉讼,其目的在于解决公法上的行政纠纷案件。由此可见,民事诉讼所解决的纠纷与其他两种诉讼程序所解决的纠纷是不同的。

(二)民事诉讼是法院依当事人之请求所进行的程序

民事纠纷发生后,国家机关原则上采取不干涉的态度,任由私人之间设法自行妥协解决。只有当享有私权的当事人请求法院进行民事审判从而解决民事纠纷时,法院才有权力并且也有义务受理诉讼并进行民事诉讼程序。同时,民事诉讼必须有双方当事人的对立,请求进行诉讼的当事人称为原告,对方当事人称为被告,而法院则处于中立地位,依据法律规范进行裁判。民事诉讼的概念,产生于法院与双方当事人之间,其法律关系为公法上的审判关系。但是,仅仅就原告与被告之间,其法律关系同时兼有私法上的法律关系和公法上的法律关系,民事诉讼的这种特性是其他两种诉讼程序所不具备的。

(三)民事诉讼是法院利用国家权力强制解决民事纠纷事件的程序

民事诉讼并不是解决民事纠纷的唯一方式,私人之间若能相互妥协而解决纠纷固然为好,但是倘若一方当事人不理会他方,或者态度蛮横,导致纠纷无法协商解决时,私权权利人最后的救济方式就是请求法院利用国家权力强制解决。这种能强迫私权义务人解决私权纠纷,以保护私权权利人的诉讼程序,是民事诉讼的特性之一,是其他非法院解决纠纷方式所不具备的。因此,民事诉讼就是依赖法院,以国家权力强制义务人接受审判为手段。

(四)民事诉讼具有目的上的多元性

进入到民事诉讼阶段的民事纠纷,往往并不是纠纷主体对纠纷事实的认识分歧所导致的,而总是与他们各自对同一事实的法律评价或价值衡量存在差异有关。这种分歧的价值评估需要由法院作出最终的决断和选择,因此,法院行使审判权,在一定意义上乃是价值选择的表现。为了正当地作出价值选择,法院必须同时兼顾各种诉讼目的:既要考虑到纠纷解决的彻底性,又要考虑到如此作出的裁判对将来的导向意义,同时还要确保权利者的权利获得实现,义务者的义务得到履行。民事诉讼价值目标上的这种复合性,与其他解决纠纷机制相比,是一个极大的区别。

二、民事诉讼与相关诉讼制度的关系

(一)民事诉讼与刑事诉讼的关系

刑事诉讼是国家为行使刑罚权而设置的法律程序,是与民事诉讼性质有别的诉讼制度。刑事诉讼在纠问主义盛行时期,其侦查主体、起诉主体及审判主体混为一体,但到了弹劾主义时期,这三个主体各自独立,进而形成了类似现代民事诉讼的诉讼构造。即刑事诉讼的诉讼主体由作为审判机关的法院、作为原告的检察官及检察机关、作为被告的犯罪嫌疑人三方构成。尽管如此,刑事诉讼与民事诉讼仍然是泾渭分明的两种诉讼制度,与民事诉讼相比,它具有浓厚的职权主义色彩。

由于民事诉讼与刑事诉讼是两种性质有别的诉讼制度,所以对于同一证据,既认可两者可以作出不同的判断,也允许此法院判决不得约束彼法院的事实认定。例如,甲主张乙对其故意伤害,以故意伤害罪对乙提起刑事诉讼,并同时提起损害赔偿之民事诉讼(故意伤害罪属于被害人可以提起刑事附带民事诉讼的犯罪,但是提起刑事附带民事损害赔偿请求诉讼,还是另行提起民事诉讼,则属于被害人的选择)。于此情形下,判断乙是否构成故意伤害罪的刑事诉讼和判断损害赔偿责任是否成立的民事诉讼将分开进行。即使在刑事诉讼中认定甲提出的故意伤害不存在,也不妨碍在民事诉讼中认定乙的行为构成对甲的伤害,且此种认定不构成非法裁判;即使在刑事诉讼中以伤害行为不存在为理由作出无罪判决,该判决的效力也不能及于系属在民事法院中的民事诉讼案件。一言概之,民事法院和刑事法院可以各自进行事实认定。

需要指出,此法院之判决虽不得约束彼法院之事实认定,但可以在彼法院进行的诉讼中成为有力的证据资料。因此,在法院对既存判决不作判断并作出与之相悖的事实认定时,上级法院可以该项事实认定属于审理不尽为理由,将案件发回重审或者改判。概言之,如果刑事法院认定不存在伤害行为,且据此作出故意伤害罪不成立之判决,那么民事法院为肯定伤害行为的存在,则必须提出与刑事判决之根据相异的理由,以此排斥刑事法院的认定。

作为例外,由于支持形成之诉成立的形成判决具有对世效力,因此可以约束其他法院的事实认定。

今天,尽管民事诉讼和刑事诉讼已相互分离,但在现实中仍存在民事案件刑事化的不良倾向。具体而言,由于当事人将那些本应通过民事诉讼解决的纯民事案件转化为刑事案件,从而导致告诉、告发现象频繁发生,这不仅使刑侦机关被迫花费大量时间忙于处理乔装成刑事案件的民事案件,而且还使得侦查实质性犯罪活动受到了妨碍。

在现行法下,由于民事诉讼和刑事诉讼各自分立,所以,当某一案件发生刑事案件与民事案件的竞合时,被害人有可能被迫同时进行民事诉讼和刑事诉讼。

针对这种情况,各国都规定了刑事附带民事诉讼制度,即附带诉讼或私诉制度。我国也规定了类似制度——刑事附带民事诉讼制度。对于法律规定的暴力、伤害等犯罪案件系属于刑事诉讼时,被害人可以在刑事诉讼程序中直接请求财产损害及医疗费用的赔偿,法院也可以依职权判令赔偿。

(二)民事诉讼与行政诉讼的关系

民事诉讼与行政诉讼的关系比较密切。可以说,我国现行《行政诉讼法》即脱胎于《民事诉讼法》,主要是根据行政实体法的一般原理和行政纠纷的特点,就行政诉讼的特殊问题作出的规定。人民法院审理行政案件,除依照《行政诉讼法》外,对于《行政诉讼法》及其司法解释没有规定的,适用《民事诉讼法》的有关规定,如民事诉讼中回避、证据、期间、送达、第一审程序及二审程序以及执行程序等。

但是,二者的性质明显不同,在行政诉讼中争议的是关于行政权力义务问题,即行政相对人不服行政机关作出的具体行政行为时依法提起的诉讼;而在民事诉讼中争议的是平等主体之间的民事权利义务关系。二者调整对象的本质差异,导致了二者存在诸多不同:

1. 在具体目的和任务方面,行政诉讼有别于民事诉讼。法官在审理行政诉讼时,除了保护行政相对人的合法权益外,还维护和监督行政机关依法行使行政职权。

2. 在基本原则方面,民事诉讼的处分原则、调解原则等不适用于行政诉讼,但是行政诉讼适用特殊的原则:对行政行为合法性审查原则、当事人诉讼权利平衡原则、被告不得处分法定职权原则等。

3. 在当事人方面,行政诉讼的当事人是恒定的,即原告是认为具体行政行为侵犯其合法权益的行政相对人,而被告则是实施该具体行政行为的行政机关或法律授权行使行政职权的组织。

4. 在证明责任方面,民事诉讼的证明责任一般由原告承担,在特殊情况下会倒置由被告承担,而行政诉讼的证明责任则一般由被告承担。

5. 在执行程序方面,在行政诉讼中,除人民法院外,行政机关也可以为执行机构(行政机关只能依法强制执行本机关作出的具体行政行为),而民事执行机关仅限于人民法院;行政诉讼中,强制执行的对象,除了财产权和行为,还包括人身自由(如拘留、强制服兵役等)。

第三节 民事诉讼法

一、民事诉讼法概述

(一)民事诉讼法的概念与性质

民事诉讼与民事诉讼法是两个既相联系又相区别的概念。二者之间是调整对象与法律本身的关系。民事诉讼是民事诉讼法的调整对象,民事诉讼法是调整民事诉讼的法律规范。民事诉讼法是指国家制定或者认可的,调整民事诉讼法律关系主体的行为和相互关系的规范的总和。也可以说,民事诉讼法是调整民事诉讼的各种法律规范的总和。

民事诉讼法有狭义和广义之分。狭义的民事诉讼法,也可以称为形式意义上的民事诉讼法,即国家最高权力机关制定颁行的关于民事诉讼的专门法律。在我国目前是指1991年4月9日第七届全国人民代表大会第四次会议通过,根据2007年10月29日第十届全国人民代表大会常务委员会第三十次会议《关于修改〈中华人民共和国民事诉讼法〉的决定》修正,第十一届全国人民代表大会常务委员会第二十八次会议于2012年8月31日通过修改决定,2013年1月1日起施行的《民事诉讼法》。广义的民事诉讼法,也可以称为实质意义上的民事诉讼法,是指除了民事诉讼法典外,还包括宪法、其他实体法与程序法中有关民事诉讼的规定,最高人民法院以及最高人民法院与其他有关机关联合发布的关于民事诉讼方面的司法解释,如《最高人民法院关于适用〈中华人民共和国民事诉讼法〉若干问题的意见》。由于我国目前民事诉讼法典的规定较为简单,因此最高人民法院的司法解释不仅对民事诉讼法典具有非常重要的补充作用,而且对民事诉讼活动具有拘束力。

民事诉讼法的性质,是指民事诉讼法的社会属性。就其社会性质而言,我国民事诉讼法属于社会主义法,是社会主义国家上层建筑的组成部分之一。就其法律属性而言,从不同的视角可以体现为以下几个方面:

1. 民事诉讼法是基本法。在一个国家的法律体系中,依法律地位与作用不同,可将其分为根本法、基本法和一般法,其中基本法的效力低于宪法但高于一般法。民事诉讼法是由国家最高权力机关制定与修改的,是仲裁法等其他民事程序法制定的依据,作为基本法,与仲裁法等共同构成完整的民事程序法律体系。因此,民事诉讼法是各诉讼法律关系主体行使诉讼权利、履行诉讼义务的法律依据。

2. 民事诉讼法是公法。法律依照其规范的对象或者主体之间的关系,可分为公法与私法。作为一门部门法,民事诉讼法是规范法院行使审判程序的法规,与规范平等主体之间权利义务关系的私法不同,性质属于公法。由于私法自治原则以及程序选择权等,民事诉讼法中也有很多任意性规范,规定当事人可以自由处分其诉讼权利,如协议管辖、达成调解协议等。2003年我国台湾地区的"民事诉讼合意选定法官审判暂行条例"甚至还规定了当事人可以合意选择审理案件的法官,这些任意性规范并不能否定民事诉讼法的公法性质。

需要指出的是,民事诉讼法就当事人之间的实体权利义务作出裁判,与民事实体法相辅相成,使抽象的法律关系经审判成为拘束当事人的具体权利义务关系，解决当事人的民事纠纷，保护当事人的实体权利。因此，民事诉讼法虽然属于公法，但与纯粹公法性质的刑法、刑事诉讼法不同，在归类上属于民事法律范畴。

3. 民事诉讼法属于程序法。法律依照其内容的性质，可以分为实体法与程序法。程序法是相对实体法而言，实体法是规定人们实体权利义务的法律，民事诉讼法规范审理实体权利义务关系的程序，以民事诉讼程序与技术层面的事项为规范内容，追求如何以理性科学的程序技术公正、公平地审理民事案件，在性质上属于程序法。

（二）民事诉讼法的效力

民事诉讼法的效力，是指民事诉讼法的效力范围，即民事诉讼法的作用和适用规范。具体说，就是民事诉讼法对什么事、对什么人、在什么空间和时间适用和发生作用。

1. 民事诉讼法的空间效力

民事诉讼法的空间效力，是指民事诉讼法作用和适用的地域范围。我国《民事诉讼法》第 4 条规定："凡在中华人民共和国领域内进行民事诉讼，必须遵守本法。"但是，我国缔结或参加的国际条约与我国民事诉讼法有不同规定的，适用该条约的规定，我国申明保留的条款除外。因此，我国民事诉讼法的空间效力包括我国整个领域，即我国的领土、领空、领海以及领土的延伸部分（如我国驻外使领馆、航行或停泊于国外或公海上的我国飞行器或船舶等）。

根据我国《民事诉讼法》第 16 条，民族自治地方的人民代表大会可以制定变通或补充规定。这些变通或补充规定，应当根据宪法和民事诉讼法的基本原则来制定，只是为了适应民族自治区而就民事诉讼法作出变通或补充的规定，属于我国民事诉讼法的有机组成部分。因此，不能认为我国民事诉讼法的空间效力不包括民族自治地方。

在联邦制国家，通常有空间效力不同的两类民事诉讼法体系：一是联邦最高立法机关或最高法院制定的民事诉讼法，效力及于全国；二是各自治区自己的民事诉讼法，效力仅局限于本自治区范围。这两类民事诉讼法体系在管辖或对事效力上往往有着分工，如美国，对于"联邦问题"和"基于不同州的公民之间的纠纷"，由联邦法院依照联邦民事诉讼法来解决，其他的纠纷一般由有关的州法院依照本州的民事诉讼法来解决。

2. 民事诉讼法的时间效力

民事诉讼法的时间效力，是指民事诉讼法在什么时间范围内具有效力，包括何时生效、何时失效，以及对民事诉讼法生效前的民事案件有无溯及力等事项。

我国《民事诉讼法》于 1991 年 4 月 9 日公布施行，同日正式生效，所以现行《民事诉讼法》的时间效力范围，从 1991 年 4 月 9 日始，直至将来被废止之日。

民事诉讼法有溯及既往的效力,即人民法院在新《民事诉讼法》施行前受理的案件,已按旧法进行的诉讼活动仍然有效,但尚未审结的案件,则应按照新《民事诉讼法》规定的程序审理。这是因为,新《民事诉讼法》比旧《民事诉讼法》更加科学与合理,更有利于民事纠纷的公正及时解决和民事合法权益的充分保护。

3. 民事诉讼法的对事效力

民事诉讼法的对事效力,亦即法院的民事诉讼主管范围,是指哪些民事纠纷和其他案件由我国法院依照我国民事诉讼法来解决。我国《民事诉讼法》第3条规定:"人民法院受理公民之间、法人之间、其他组织之间以及他们相互之间因财产关系和人身关系提起的民事诉讼,适用本法的规定。"

各国民事诉讼的对事效力多有不同。例如,在美国,除了刑事案件外,其余一切纠纷和案件适用民事诉讼程序;通过民事诉讼来执行行政规章的机制在美国已经根深蒂固,而且呈现出扩大适用的趋势。

随着社会的发展,民事诉讼的对事效力不断扩大,如现代型诉讼往往是通过民事诉讼来解决的。现代型诉讼,如公害诉讼、消费者诉讼、社会福利关系诉讼等,与过去一般的诉讼案件不同:诉讼当事人一方常常是数目众多且处于弱势的受害人,从而在人数和利益等方面具有集团性和扩散性。

4. 民事诉讼法的对人效力

民事诉讼法的对人效力,是指民事诉讼法对什么人生效,即适用于哪些人。根据我国《民事诉讼法》第4条的规定,诉讼当事人不论其国籍如何,只要在我国领域内进行民事诉讼的,就必须遵守我国的民事诉讼法,或者说我国民事诉讼法适用于他们。这些人主要有:

(1) 我国公民、法人和其他组织;

(2) 居住在我国领域内的外国人、无国籍人,以及在我国的外国企业和组织;

(3) 申请在我国进行民事诉讼的外国人、无国籍人以及外国企业和组织。

我国《民事诉讼法》第261条规定,对享有外交特权与豁免权的外国人、外国组织或国际组织提起的民事诉讼,应当依据我国有关法律和我国缔结或参加的国际条约的规定办理。也就是说,根据国际条约、国际惯例和我国《外交特权与豁免条例》等有关规定,上述人员和组织在一般情况下不受我国民事诉讼法的管辖,即在我国享有民事司法豁免权,其民事纠纷只能通过外交途径解决。但是,在下列情形中,上述人员和组织则失去民事司法豁免权,我国民事诉讼法对他们应予适用:

(1) 享有司法豁免权者的所属国明确宣布放弃司法豁免的;

(2) 享有司法豁免权者因私人事务与对方当事人发生民事纠纷的;

(3) 享有司法豁免权者提起民事诉讼而被反诉的。

(三) 民事诉讼法的发展

当代,民事诉讼法出现了众多的新情况和新趋势。现就其中比较重要的说明如下:

1. 民事诉讼法的宪法化

相对于以往,民事诉讼法呈现出高度的宪法化,一方面现代宪法明确而充分规定了民事诉讼法的基本原则和当事人的程序基本权;另一方面,民事诉讼法严格遵从宪法的精神规范,是对宪法的具体实践,在这个意义上,可以称民事诉讼法是被适用的宪法。

在法治社会,宪法具有最高权威的地位,民事诉讼法理所当然地遵行宪法。宪法在承认国民主权的同时,也保障国民享有生存权、自由权、财产权和诉权等基本权利,而民事诉讼法就是通过具体的程序规则保障上述权利的实现。在一些大陆法系国家,若是有违背民事诉讼法的行为,则可以将其诉至专门的宪法法院。民事诉讼法与宪法的关系主要有:

(1) 民事诉讼法目的应在宪法所确定的法目的的框架内进行,或者说,民事诉讼法的目的在于极力保障宪法所确定的法目的或法价值的实现,这一点须始终贯彻于民事诉讼法的立法和民事诉讼法的运作之中。

(2) 就民事诉讼(法)的基本原则和审判的基本制度而言,几乎所有国家的宪法都对平等原则作了规定,有的国家还具体规定了保障在法官面前平等的原则;宪法普遍规定法官独立原则,我国宪法则规定法院独立;公开审判为宪法原则和诉讼法原则所公认。这些原则不仅是宪法原则,而且也是诉讼法原则,或者说是诉讼法原则的宪法化、宪法原则的诉讼法化。

(3) 就当事人的诉权、程序基本权和法院的审判权而言,首先,诉权产生的法的依据来自于宪法,诉权是宪法赋予国民享有的请求司法救济的基本权利。其次,应赋予当事人程序主体权和程序主体地位,这就是所谓的"程序主体性原则"。按照此原则,诉讼当事人应被赋予相当的程序保障,应从实质上保障其参与该程序以影响裁判形成的程序上的基本权。同时,宪法还保障当事人公正程序请求权和获得及时裁判权等程序基本权,前者是指当事人要求独立的法院及法官依据法律就当事人的请求进行公正审判的权利,后者是指当事人有权要求法院和法官在法律规定的期间内及时审判案件的权利。最后,从宪法和法治国家的公共职能立场出发,法院审判权的行使必须遵循宪法,审判权的意义主要在于保障当事人的诉权、程序基本权和实体权益。

(4) 宪法还就诉讼程序可预测性(安定性)提出要求。诉讼程序可预测性的宪法要求包括程序运行的稳定性和程序结果的安定性。前者,是指当事人在对程序结果有一定预知的前提下有条不紊地实施诉讼行为,因为诉讼法规定了重要诉讼行为的形式要件(如起诉要件等)、程序进行的顺序,方便当事人选择程序和实施诉讼行为,并避免法院随意改变程序。后者,是指由国家审判机关按照公正程序作出的裁判,其终局性效力应该得到保障,禁止当事人就同一案件重复诉讼,也禁止法院重复审判。法治国家原理要求以判决确定力制度实现法的安定性。在德国和奥地利,确定力制度的宪法根据是法治国家原理。在西班牙,法的安定性是通过《宪法》第 9 条第 3 款的规定得到保障的。

2. 民事诉讼法的趋同化

大陆法系和英美法系民事诉讼法本来就存在着共通之处,如强调法官的中立和当事人的平等、公开审判、直接言辞原则、辩论主义和处分权主义等等。就辩论主义而言,强调在当事人的辩论中没有出现的事实不能作为裁判的依据;当事人无争议的案件事实,应作为裁判的依据;法院对案件证据的调查仅限于当事人在辩论中提出来的证据。就处分权主义而言,强调不告不理;法院只能在当事人诉讼请求的范围内作出裁决;当事人可以通过申请撤诉、诉讼和解等终结诉讼程序。

两大法系国家和地区,为了适应社会和诉讼的新情况,着手改革不合时宜的民事诉讼制度,其中包括相互吸收和借鉴对方的长处,从而在整个法律领域包括民事诉讼领域出现了趋同的态势。例如,德国以往的诉讼审理状况大致是,由于当事人之间往往准备不充分就直接进入法庭审理,结果通常是多次开庭才能明确当事人对案件的争执点(争点),诉讼迟延常常不可避免。因此,1976 年德国借鉴美国的做法,把法庭审理分为准备和主辩论两个阶段,准备阶段主要是解决争点明确问题和交换证据,之后进入主辩论阶段,判决尽可能在一次言辞辩论后作出。美国以往在审前准备程序中过分突出当事人或律师的程序主动权和法官的消极地位,致使当事人滥用证据开示程序,造成了诉讼迟缓和费用高昂。对此,美国自 20 世纪 70 年代中期开始,修改和完善审前准备程序,参照德国民事诉讼法,加强法官的职权处理,如限定证据开示的时间和次数等。

在全球化的背景之下,为了顺畅进行经济贸易和文化交往,以及有效和便利解决跨国和跨地区的民事纠纷,各国都在积极探索民事诉讼制度的趋同化或统一化问题。同时,历史文化、社会经济政治制度相同或相似的国家和地区(如拉美地区和欧共体国家等)正积极探索统一民事诉讼法典的制定问题。

必须强调的是,民事诉讼法的趋同化或统一化并非消除了各国或两大法系民事诉讼法之间的区别,由于各国或两大法系国家或地区历史和文化的深远影响,其民事诉讼制度的差异将长久存在。

3. 民事诉讼法的国际化

民事诉讼法的国际化也是其趋同化的一种具体形态,为了突出其国际性而在此单独介绍。民事诉讼法的国际化主要表现为,一些国际条约明确规定有关

民事诉讼(法)的基本原则和当事人的诉权及程序基本权等。试举例说明:

《世界人权宣言》第8条规定:"任何人当宪法或法律所赋予他的基本权利遭受侵犯时,有权由合格的国家法庭对这种侵害行为作有效的补救。"第10条进而规定:"人人完全平等地有权由一个独立而无偏倚的法庭进行公正的和公开的审讯,以确定他的权利和义务并判定对他提出的任何刑事指控。"《公民权利和政治权利国际公约》第14条第1款规定:"所有的人在法庭和裁判所前一律平等。在判定对任何人提出的任何刑事指控或确定他在一件诉讼案中的权利和义务时,人人有资格由一个依法设立的合格的、独立的和无偏倚的法庭进行公正的和公开的审讯。"

《欧洲人权公约》第6条第1款规定:"在决定某人的公民权利和义务或者在决定对某人确定任何刑事罪名时,任何人有理由在合理的时间内受到依法设立的独立而公正的法院的公平且公开的审讯。"第13条责成国家保证:"在依照本公约规定所享有的权利和自由受到侵犯时,任何人有权向有关国家机构请求有效的救济,即使上述侵权行为是由担任公职的人所实施的。"

4. 民事诉讼程序的多元化

民事诉讼程序的多元化首先表现为传统的一审程序、上诉审程序和再审程序的设立。在当今社会,民事诉讼程序的多元化主要表现为程序的专门化,例如:

其一,审执分立立法。即将民事审判程序与民事执行程序分别立法,前者一般称民事诉讼法,后者一般称强制执行法,如日本、我国台湾地区等。我国和德国等采取审执合一式立法,将民事审判程序与民事执行程序一并规定在民事诉讼法典中,通称民事诉讼法。现在,我国理论界和实务界正积极探讨强制执行法的制定问题。

其二,民事特别程序立法。民事特别程序是相对于通常诉讼程序而言的,从世界各国民事诉讼法的规定看,以案件是否有争议为标准,特别程序可分为:

第一,民事权益争议案件所适用的特别程序。

主要包括:(1)诉讼标的性质特殊的诉讼程序,如人事诉讼案件程序等。日本单独制定了《人事诉讼程序法》、《家事审判法》。(2)专门设立的简易性特别程序,如证书诉讼程序、票据诉讼程序等。另一种简易程序是通常诉讼程序简化的程序,如简易程序(在我国属于通常诉讼程序)和小额诉讼程序等。

第二,非讼事件程序。

有关非讼事件程序的立法例大体有两类:(1)规定在民事诉讼法典中,这类非讼事件与诉讼案件及确定民事权利较为密切,如禁治产案件、宣告死亡案件、督促案件、公示催告案件。(2)单独立法规定,如德国的《非讼事件管辖法》、奥地利的《非讼事件法》、日本的《非讼事件程序法》、我国台湾地区的"非讼事件法”等。

此外,随着社会的发展,民事诉讼法包括的新科技因素将越来越多。民事诉讼法的新科技因素的增加,可以使诉讼成本低廉和迅捷便利,但是同时又将冲击传统的诉讼观念和制度。例如,就因特网从世界和国内各地迅捷调查取证、通过电子邮件发送法院的命令和诉讼文书等等,其法律效力如何;如果运用多媒体视频会议进行案件事实和法律观点的交流,对当事人应直接见面和证人应亲自出庭的观念以及直接言辞原则等将产生怎样的冲击等等。对这些问题的充分认识和合理解决已是迫在眉睫之事。

二、民事诉讼法与民事实体法

近代以降,法律于体系上分为实体法体系和程序法体系。规范人们于一定状态下民事权利义务关系的物权法、债权法、商法等,属于民事实体法;旨在解决纠纷所制定的民事诉讼法、行政诉讼法等,则属于程序法。民事实体法旨在调整私人生活关系,使之具有规律性,合乎正义。因此,只要当事人严格遵照民事实体法规定形成法律生活,纠纷便无从谈起。但是,在现实生活中,却经常发生于实体法上不具权利者却要主张权利,或承担义务者硬不履行义务之情形,滋生纠纷。国家、社会及个人皆有解决纠纷的责任,而为了解决纠纷所生的法律体系,即为程序法体系。

若是从上述的表述看,实体法似乎存于诉讼法之前,或者先有实体法,后因解决纠纷的需要,诉讼法得以催生。然而,若是从法的发展史上考察,诉讼法则存于实体法之前。即先有诉讼法,后因诉讼中适用裁判规范所需产生了实体法。翻阅《汉谟拉比法典》、《十二铜表法》等古代著名法典可以看出,各种程序法规范于其中占有重要地位。因为在实体法产生之前,世间已经存在纷争,人们为了解决纠纷便建立了相应的处理纷争制度,实体法便作为解决纠纷过程中的息争标准应运而生。例如,于约定期限内借牛不还引发纠纷时,息争主体依照程序法所定程序作出还牛命令;同理,对于借马不还案件,息争主体也可依照程序法所定程序作出还马命令。随着类似案件的反复出现及同一处理,便诞生了“借贷物应当于期限内归还”之类实体法上的抽象规定。此后,于解决纠纷过程中,不因借贷物种类有别,此项实体法规定皆可作为裁判规范适用。

此类实体法规定经过日积月累、不断繁荣,便成为引导人们把握未来法律生活的预测规范。正因为如此,在我们的日常生活中,实体法的现实作用远远高于程序法。当事人按照实体法规定建立交易关系,以防将来发生纠纷,或者参照实体法规定预知未来处境。对于一般人而言,由于实体法的作用远比程序法更为直接,所以使得程序法的地位日渐式微,甚至在法律世界中出现了实体法长居统治地位而程序法偏于一隅的现象。

时至19世纪后半叶，程序法的意义才得以重生。如今，不仅程序法已彻底摆脱仅为实体法的羽翼并形成独立的法律体系，而且人们也开始意识到，虽具实体法上的权利，但若遇程序法上的问题也会招致败诉。例如，实体法上权利所有人因忽视程序法规定怠于诉讼时，必将招致败诉。

三、我国民事诉讼法与其他民事程序法的关系

民事诉讼与其他民事程序都是解决民事纠纷的方法。应当说，民事纠纷的多样性，决定了纠纷解决方式的多样性。诉讼虽然是最具有国家权威性的纠纷解决方式，但未必能够适应各种纠纷的解决。同时，从当今各国司法的潮流看，各种ADR的盛行，正说明社会对纠纷解决方式多元化的需求仍然很大。

（一）民事诉讼法与商事仲裁法的关系

仲裁是解决民商事纠纷的方式之一，由于当事人通过选择非司法机关的第三方作为处理纠纷的裁判者并且裁决具有终局的效力，这使仲裁成为一种独立的民间裁判制度。我国仲裁法对仲裁机构、仲裁制度、仲裁任务、仲裁活动原则和程序都作了具体规定。

仲裁以当事人意思自治为基础并且具有民间性，这决定了仲裁具有相当的灵活性和机动性，从协议选择仲裁、仲裁庭的组成到仲裁程序的运作过程，都体现出当事人的契约自治精神。因此，当事人对仲裁活动的影响力比其对民事诉讼程序的影响力要大得多。

不过，仲裁的民间性也决定了在程序运作过程和裁决效力方面缺少国家强制力的支持，这就使得仲裁天然地离不开民事诉讼。也就是说，仲裁与诉讼在某些方面必然存在着密切的联系，如二者在证据规则、财产保全、证据保全以及执行等诸多方面是相互融通的，以至于在民诉法中设专章规定涉外仲裁程序。

（二）民事诉讼法与人民调解制度的关系

人民调解法包括《人民调解委员会组织条例》、司法部2002年发布的《人民调解工作若干规定》以及2002年发布的《最高人民法院关于审理涉及人民调解协议的民事案件的若干规定》等相关法规及司法解释。民事诉讼法与人民调解法二者之间的关系是程序基本法与一般程序法的关系，民事诉讼法对人民调解委员会的性质、任务及地位予以明确规定，人民调解委员会在处理民事诉讼时应适用民事诉讼法的有关规定，业务受人民法院的指导和监督。人民调解法与民事诉讼法的这一关系集中体现于民事诉讼法对人民调解协议效力的认定方面。人民调解协议是经人民调解委员会调解达成的，有民事权利义务的内容，并由双方当事人签字或者盖章的调解协议。依照《最高人民法院关于审理涉及人民调解协议的民事案件的若干规定》，人民调解协议具有民事合同性质，当事人应当按照约定履行自己的义务，不得擅自变更或者解除调解协议。人民调解协议主

要依据民法的规定来确定,如果一方当事人不履行调解协议,或者调解协议存在变更或解除原因,当事人可以向法院提起诉讼,请求对方履行协议或者要求法院变更或者解除调解协议。笔者以为不能简单地将人民调解协议等同为民事合同,因为人民调解协议与一般的民事合同还是有区别的:首先,一般的民事合同目的在于设立、变更或终止民事权利义务关系,而人民调解协议目的在于解除彼此之间的争端,从而达到确定民事权利义务的目的。其次,一般民事合同一旦被撤销或宣告无效,其法律后果是返还财产或赔偿损失,而人民调解协议一旦被撤销或宣告无效,原纠纷继续存在,当事人仍可以原有的争议法律关系向人民法院提起诉讼。最后,一般民事合同一旦经双方当事人合意并签字,即产生相应的法律效力,而人民调解协议的达成不仅需要双方当事人的合意与签字,而且还必须经人民调解委员会确认并签字盖章,才产生相应的法律效力。正是由于上述区别,笔者认为,人民调解协议不是普通的民事合同,将人民调解协议视为民事合同无法从理论上得到合理解释。

从本质而言,人民调解与诉讼、仲裁以及法院调解一样,都是我国的纠纷解决方式,尽管它们各自调整的对象、程序设计以及法律效力不尽相同,但都有一个十分重要的目的——解决纠纷。因此,人民调解协议与其他解决纠纷的方式一样,是对原有争议法律关系及其权利义务的一种确定,使非常态的法律关系得以明确下来,由于这一确定过程是在法定组织的主持下,并经过了相应的法定程序,因此,其应当具备相应的法律效力。由于人民调解协议的这种特性,其本身效力的确定不仅要根据实体法确定,而且还要根据程序法确定,如可以规定人民调解协议经法院审核后具有执行力。最高人民法院的司法解释虽然将人民调解协议定性为民事合同,但也认识到了人民调解协议的特殊性,从而规定若该协议存在强迫调解的情况,那么就应当使之归为无效,这一无效要件正是基于人民调解程序本身产生的,而非实体法的规定。

思考题

1. 试述民事纠纷的概念与特征。
2. 试述民事纠纷解决机制的概念与种类。
3. 试述民事诉讼的概念与特征。
4. 什么是民事诉讼法的效力?
5. 试述民事诉讼法与民事实体法的关系。

第二章　诉与诉讼对象

内容要点

诉的基本含义，诉权的概念，诉的类型及其意义，诉讼标的的概念及其意义，请求的合并与变更，反诉的概念与实践，中间确认之诉的概念与实践。

诉和诉讼对象是民事诉讼法上最为核心的概念及制度，具有强烈的实践性，其理论所涉内容涵盖民事诉讼整个领域且极为繁杂。但是，我国民事诉讼法关于诉及诉讼对象的制度设计却非常原则和简单，甚至将诉讼请求的放弃、变更、承认以及反诉等数个极其重要的内容规定在一条之中(《民事诉讼法》第 51 条)。

本章学习具有特殊性，对许多具体问题的认识和处理没有提供标准答案。例如，在人身损害赔偿纠纷诉讼中，关于财产性损害赔偿请求与精神性损害赔偿请求是属于两项还是一项损害赔偿请求权的认识，这不仅涉及诉讼请求与诉讼标的关系的处理问题，还涉及与此相关的禁止重复起诉、诉讼请求的合并与变更以及判决的实质法律效力(既判力、确定力)等诉讼制度的确定标准问题。但现行法律和司法解释却没有对此作出明确规定，在司法实践中的做法也不一致。

没有标准答案的学习是否就没有了学习的意义呢？我们的答案恰好相反。因为学习诉和诉讼对象基本理论的意义，正是为了就如何处理这其中没有标准答案的问题，探究出符合民事诉讼发展规律以及处理个案的答案。

第一节　诉的制度的基本意义

一、诉的概念

诉是民事诉讼法中最为重要的基本制度。但是，关于法律意义上的诉的概念的解释，可谓众说纷纭。同时，诉的概念解释不同，诉的制度设计也有差异。我们认为，诉，是指原告对自己向被告的权利主张，要求人民法院给予司法保护之申请。根据这一定义，我们认为，诉的基本含义如下：

第一，诉的主体是原告。民事诉讼贯彻处分原则，诉讼程序根据原告的起诉而开始，即“无诉则无审判”(da mihi factum, dabo tibi ius)。在民事诉讼中，虽然被告可以提起反诉,但是在反诉中,本诉被告的诉讼地位在性质上属于原告。反诉属于独立的诉,因此,它在本诉原告撤诉的情形下仍可以继续存在。有独立请求权第三人可以采用起诉的方式参加原案诉讼,由于他是以原案的原告、被告为被告提起诉讼,所以他在自己提起之诉中的诉讼地位属于原告,并且在原案原告撤诉的情形下,有独立请求权第三人之诉仍可以继续存在,此时在诉讼程序安排上,应当将有独立请求权第三人作为另案原告,并以原案原告、被告为被告继续诉讼。

第二,诉的客体是权利主张。诉的客体在学理上又称作诉的标的、诉的内容等,现行《民事诉讼法》上称为诉讼请求,它是原告向被告提出的权利主张,也是原告要求人民法院行使审判权予以保护的具体对象。将诉的客体之权利主张称作诉讼请求,由来于德日法的传统。结合我国司法实践而言,这里的权利主张不仅指给付请求权主张、形成请求权主张,还包括确认特定权利、义务以及法律关系存在或不存在之主张。与此相对应,诉讼请求也分为给付请求、形成请求和确认请求。

第三,诉的本质是权利保护之申请。在社会主义法治国家中,公民的民事权利受到国家保护。在处分原则下,国家对民事权利的保护适用"不告不理"原则,即国家通过设置诉的法律制度,由原告通过起诉的方式向人民法院提出司法救济的申请。虽然诉的本质是原告要求人民法院给予权利保护之申请,原告有申请人民法院给予司法保护之权利,但也有遵守人民法院的裁判结果之义务。

二、诉的特定化及其意义

诉的特定化旨在划清此诉与彼诉的界限,它在民事诉讼实践中具有如下意义:

第一,特定法院之意义。实践中,诉能够特定原告要求对自己的权利主张予以司法保护的法院。《民事诉讼法》第 119 条第 1 款第 4 项规定起诉属于"受诉人民法院管辖",是从立法上肯定了诉有特定法院之意义。另外,法律还规定,即使原告向无管辖权法院起诉,该法院立案后也应当依照法律规定将案件移送有管辖权法院(《民事诉讼法》第 36 条)。换言之,法律规定法院对无管辖权之案件的处理方法,是从另一方向说明诉具有特定法院之意义。

第二,特定被告之意义。与民事主体分为权利人和义务人不同,民事诉讼中原告和被告之划分,不是以实体法上的权利和义务为标准,而是以起诉和应诉为标准,即起诉者为原告,应诉者为被告。例如,在债务不存在确认之诉中,债务人可以债权人为被告提起诉讼。我国《民事诉讼法》第 119 条要求起诉必须有"明确的被告",即是肯定诉具有特定被告之意义的法律规定。

第三,特定本案审判对象之意义。诉是原告要求法院对自己向被告的诉讼请求给予审判的申请。诉讼请求虽是原告对被告的权利主张,但民事诉讼贯彻处分原则,人民法院不得遗漏或者超出原告的诉讼请求进行裁判(《民事诉讼法》第200条第1款第11项),因此,诉讼请求同时也是法院的审判对象。按照法律规定,原告应当在诉状中记明诉讼请求,以使法院确定本案的审理对象(《民事诉讼法》第121条、第119条)。

三、诉的客体与诉讼请求的关系

在权利保护请求说(诉权)的诉的概念下,诉的客体是指原告对被告的权利主张。但学理上或法律上为何是以"诉讼请求"而不是以"权利主张"来表述诉的客体呢?实际上,将权利主张同于诉讼请求的做法由来于德国法,因而有其一定的历史原因。

德国法理起初是以"请求"来表述诉的客体的。这是因为,在德国法中,请求是一种权利,即"(请求)他人作为或者不作为的权利"。请求的对象是给付,即"作为或者不作为"。在19世纪末德国民事诉讼法学草创时期,德国学者们认为,诉是保护私权的一种手段,由于当时诉的类型仅有给付之诉一种,而给付之诉的客体是原告对被告的请求权主张,所以学理上认为,诉的客体之权利主张就是指请求权主张。这种观点后来被德国立法者采纳,也就成了德国民事诉讼法采用"请求"表述诉的客体——权利主张的原因。日本民事诉讼法是移植德国民事诉讼法而成,迄今为止,仍将诉的客体表述为"请求"。中国清末和民国时期民事诉讼法立法因深受日本法的影响,所以也将权利主张表述为"请求"。

由于"请求"是一种权利,所以在德国法中很少使用"请求权"这个概念。与此不同,以德国民法为蓝本移植的日本民法和中国清末民国时期民法却普通使用"请求权"的概念。如此一来,在日本法和中国法中出现了一个有趣的现象,对于"Anspruch"这个德国法概念,实体法及民法学者通常译作"请求权",而诉讼法及诉讼法学学者则普遍译作"请求"。

在给付之诉为诉的唯一类型的情形下,将诉的客体之权利主张与实体法上请求权主张相对应,并称作"请求",这在理解上不易发生重大歧义。但是,随着确认之诉和形成之诉(变更之诉)的出现,再以实体法上请求权主张解释诉的客体(权利主张)则难以周全。这是因为确认之诉的客体是原告对被告提出某一权利或法律关系为存在或不存在之主张,形成之诉的客体是原告向被告提出的形成权或形成法律关系之主张,两者均不涉及实体法上的请求权。于此背景下,为了协调法律用语的习惯和解决以"请求"泛指一切诉的客体之不足,德国学者创制了"诉讼请求"(prozessualer Anspruch,日译"訴訟上の請求")这个概念,并以此泛指一切作为诉的客体之权利主张,随之也就产生了诉的客体同于诉讼请求的说法。

诉的客体其本质是原告对被告的权利主张，经历了由请求发展到诉讼请求的过程。虽然这里是以权利保护请求权说为基础定义诉的概念，并将诉的客体限定于权利主张，但实际上，这里的权利主张也是对传统称谓的沿用，其实质内容并不限于实体权利主张，还应当包括法律关系存在或不存在之主张。与此相应，可以将诉讼请求划分为给付请求、确认请求和形成请求，但是后两种诉讼请求不同于要求给付请求，它不是指实体法上（给付）请求权主张，而是指权利及法律关系主张、形成权主张。

四、诉讼请求与诉讼标的的关系

诉讼请求和诉讼标的是我国民事诉讼法上的两个概念，但两者之间究竟有何区别和联系，法律上并没有作出明确解释，理论上也至今没有达成共识。这里以为，在处分主义民事诉讼中，诉讼请求天然不是诉讼标的，但诉讼标的天然就是诉讼请求。

在民事诉讼中，诉讼标的是一个不可或缺的制度性装置。诉讼标的是对德国法律术语"Streitgegenstand"及"Prozcßgegenstand"（日本法上译作"訴訟物"）的汉译，可以直译为"争议的对象"及"诉讼的对象"。诉讼标的具有双层含义，它既是当事人间的争议对象，也是人民法院的审判对象。因此，每一个诉讼都必须有自己的诉讼标的，否则，它就是一个空洞的且不可能实际存在的诉讼。不仅如此，任何一个诉讼的诉讼标的都必须是明确无疑的，否则，当事人因争议对象模糊而无法组织有效的诉讼攻击或防御，人民法院因审判对象不明而难以作出正确的裁判。尽管诉讼标的是民事诉讼中的一项重要制度，但各国民事诉讼法都没有明确规定诉讼标的的确定标准。不过，德日传统学说认为，民事诉讼应当以原告对被告的权利主张及诉讼请求作为诉讼标的的确定标准（旧实体法说）。这即是将诉讼标的同于诉讼请求一说的由来，其学理依据有二。

第一，诉讼标的的首要意义是审判对象，但审判对象的范围受制于争议对象。民事诉讼是国家设立的解决当事人间法律上的争议之制度，而民事判决的既判力则是表明国家已对当事人间法律上的争议予以解决之具体体现，因此，诉讼标的的首要意义是作为审判对象而存在的，而作为当事人间争议对象意义上的诉讼标的则是第二位的，其理由是，在诉讼中当事人可以围绕着争议对象展开诉讼攻击或防御，却不能对争议对象作出裁判。虽说诉讼标的的首要意义是作为审判对象，但在贯彻处分主义的民事诉讼中，法院不得超出当事人间的争议对象作出裁判，否则就有可能构成所谓的"超职权主义审判"，所以，争议对象对审判对象具有限制性，审判对象应当与争议对象保持高度的统一性。

第二，在贯彻处分主义的民事诉讼中，作为诉讼标的的争议对象之形成，受制于原告的诉讼请求。在民事诉讼中，当事人间的争议对象是由原告决定的，即被告只能对原告提出的诉讼请求进行争议(被告的应诉责任),而不能对原告没有提出的诉讼请求进行争议。当然,被告可以在诉讼中提出反诉,向本案原告提出诉讼请求,但被告在反诉中的诉讼地位相当于原告,所以其实质仍然是被告只能对原告的诉讼请求进行争议。例如,如果原告对被告提出返还本金请求权的主张,而被告却辩称对原告不存在支付利息之债务,则此项辩称并不构成对原告返还本金请求权主张之争议,也不构成作为本案诉讼标的的争议对象,进而也不属于法院的审判对象。因此,在处分主义民事诉讼中,作为争议对象的诉讼标的受制于原告的诉讼请求。

综上所述,诉讼标的是一个诉讼的审判对象和争议对象之结合,但是从诉讼标的与民事诉讼制度尤其是判决的实质法律效力(既判力、确定力)立场上析述,诉讼标的的首要意义是作为审判对象。由于在贯彻处分主义的民事诉讼中,作为诉讼标的的争议对象和审判对象的形成及范围都受制于原告的诉讼请求,所以,我们可以将诉讼标的同于诉讼请求。需要指出的是,诉讼请求天然并不是诉讼标的,其本质是指原告对被告的权利主张,而将诉讼请求同于诉讼标的,是以处分主义民事诉讼为先决条件的;如果一个诉讼不以贯彻处分主义为前提,则可能出现诉讼请求不同于争议对象,也不同于审判对象的情形,于此背景下,诉讼标的天然就未必是诉讼请求了。例如,原告基于合同法律关系向被告提出损害赔偿诉讼请求,被告却依据侵权责任法律关系提出时效抗辩,而人民法院以公平责任对本案作出判决。

第二节　诉的类型及其意义

一、诉的种类

民事诉讼是保护民事权利的法律制度,当事人利用诉的制度要求人民法院给予司法救济的民事案件种类繁多。为了便于人民法院有效处理大量的同类民事案件,我们就有必要从理论上根据一定的标准对诉进行分类及类型化。

1. 以诉讼请求为标准,可以将诉分为给付之诉、确认之诉和形成之诉(创设之诉、变更之诉)。以诉讼请求为标准划分的诉的类型称作诉的基本类型。这是因为诉的其他类型都是以诉的基本类型为基础发展而来的。虽然诉的基本类型是民事诉讼法学的教学重点,也是民事诉讼实践不断重复的内容,但我国立法却对此规定甚少,其中存在的大量问题尚无统一的处理方法。

实体法上的权利按其作用分成请求权、支配权和形成权,与此相应,民事诉讼将当事人的权利主张(诉讼请求)分为给付请求、确认请求和形成请求,以各诉讼请求为内容的诉分别是给付之诉、确认之诉和形成之诉。与诉的基本类型相对应，诉讼在类型上分为给付诉讼、确认诉讼和形成诉讼。与诉讼类型相对应，判决种类也有所不同，而种类不同的判决又具有不同的判决效力（参见下表1）。

表1 诉的类型与诉讼类型、判决种类的关系

诉讼类型	诉讼标的	判决种类	判决效力
给付诉讼（给付之诉）	实体法上规定的各种请求权	支持/给付判决	既判力＋执行力
		驳回/确认判决	既判力
确认诉讼（确认之诉）	实体法上的权利或法律关系	支持/确认判决	既判力
		驳回/确认判决	既判力
形成诉讼（形成之诉）	实体法上规定的各种形成权及形成要件	支持/形成判决	既判力＋形成力
		驳回/确认判决	既判力

2. 以诉的主体和客体的数目为标准，可以将诉分为单一之诉和合并之诉。单一之诉是指一名原告对一名被告提出一个诉讼请求的诉。合并之诉是指单一之诉中的主体或客体为两个以上之结合的诉。具体而言，合并之诉包括诉的主体合并和诉的客体合并这两种情形。以一诉提出数个诉讼请求的情形，学理上称作诉的客体合并或诉的客观性合并，我国民事诉讼法上称作诉讼请求合并（《民事诉讼法》第140条）。复数原告提起一诉或原告对复数被告提起一诉的情形，学理上称作诉的主体合并或诉的主观性合并，我国民事诉讼法上称作共同诉讼（《民事诉讼法》第52条）。合并之诉必须符合法定的合并要件才能够成立。

诉的合并是诉的理论中的重点，通常称作"复杂诉讼形态"，其内容构成相当复杂，对于民事诉讼实践极具影响。

3. 以诉的提起时间为标准，可以将诉分为独立之诉和诉讼中的诉。独立之诉是指原告于起诉时提出的诉。诉讼中的诉是指在诉讼程序进行中当事人（原告及被告）或第三人（有独立请求权第三人）提出的诉。诉讼中的诉包括诉的变更、诉的增加、中间确认之诉、反诉、第三人之诉，由于它是要求利用现有的诉讼程序一并审理的诉，所以诉讼中的诉必须符合法定的起诉要件和合并要件才得以成立。诉讼中的诉虽有促进诉讼经济、防止矛盾判决、尽可能实现纠纷一次性解决之效果，但同时也有可能使现有的诉讼关系变得更为复杂。因此，全面把握诉讼中的诉的基本理论，对于促成公正、高效、权威的民事司法有着十分重要的意义。

4. 以诉的适用程序为标准，可以将诉分为普通程序之诉和特别程序之诉。例如，适用《民事诉讼法》第十二章"第一审普通程序"规定的诉属于普通程序之诉，而适用第十五章"特别程序"规定的诉属于特别程序之诉。

二、给付之诉

给付之诉(Leistungsklage)是指原告依据实体法上特定的给付请求权,要求法院判决被告为一定给付的诉。给付之诉是最古典的诉的类型,也是实务中最常见的诉的类型。给付之诉中原告向被告提出的诉讼请求是给付请求,包括依据合同、无因管理、不当得利、侵权行为法提出的债权请求;依据物权法提出的物权请求,即返还原物请求(《物权法》第34条)、排除妨碍或者消除危险请求(《物权法》第35条)、修理重作更换请求和恢复原状请求(《物权法》第36条)及其他履行民事责任的请求(《物权法》第37条)。但对于物权侵害所提出的损害赔偿请求属于债权请求。给付请求的内容包括为一定意思表示的作为或不作为、支付金钱、物的移交等。按照给付请求权履行期在庭审程序终结时是否到来为标准,理论上将给付之诉划分为现在的给付之诉和将来的给付之诉。前者是给付之诉的原型,后者是给付之诉的例外适用。

(一) 现在的给付之诉

现在的给付之诉,是指原告在庭审程序结束前提出的履行期已经到来或未约定履行期的给付请求之诉。

法律上规定现在的给付之诉之目的,是使给付请求在判决的法律效力(既判力)得到确定的同时取得强制执行力。换言之,支持给付请求的判决(胜诉判决)在具有判决的法律效力的同时还具有执行力。对于现在的给付之诉,原则上只承认原告对履行期已经到来的给付请求权具有诉的利益。这是因为按照禁止自力救济的理念,国家不允许原告自力强行实现权利,必须通过民事诉讼即要求法院给予权利救济的方式实现权利。需要指出,给付之诉的利益,不因胜诉判决的内容不可能或难以强制实现而丧失。因此,人民法院不得以本案难以执行为由,否认给付之诉的利益,拒绝审理本案。

由于给付之诉的目的是取得给付判决的法律效力和执行力,因此在能够通过其他更直接、迅速、经济的救济方法实现该目的时,就应当否定给付之诉的利益。例如,这里以为,对于《民事诉讼法》规定适用特别程序处理的"实现担保物权案件",当事人为了实现担保物权,应当首先利用"实现担保物权案件"的程序向人民法院提出实现担任物权之申请,倘若直接基于担保物权向人民法院提起给付之诉而不利用"实现担保物权案件"的程序,则人民法院应当以该给付之诉不具诉的利益为理由不予受理。

对给付之诉的判决,因判决种类不同而产生不同的判决效力。法院支持原告给付请求的判决,属于给付判决。在该判决主文中必须写明诸如"被告向原告支付人民币一万元"或"被告向原告移交附图所指的建筑物"等之类的给付指示。被告不自行履行该指示时,原告可以向法院申请强制执行。但是,对于不适宜强制执行的给付义务不得申请强制执行。例如,某法院依据《老年人权益保障法》第 18 条第 2 款的规定,判决被告每两个月至少看望问候原告一次以及每年至少安排两个法定节日期间看望问候。对于这种给付行为判决是否适宜申请强制执行,尚存一定讨论的空间。

尽管给付之诉的直接目的是取得执行根据,实现给付请求权所包含的利益,但生效的给付判决除包括执行力外,还同时具有确认原告的给付请求权为存在的既判力。因此,给付判决在执行力消灭之后,其既判力仍可保障债权人的给付地位具有正当性及合法性,从而使可具强制执行的债变为自然债。

法院驳回原告给付请求的判决,属于确定被告对原告不存在给付义务的确认判决,同时也属于确定原告的给付请求权对被告为不存在的确认判决,所以该判决对双方当事人之间不存在给付关系发生既判力。

(二) 将来的给付之诉

将来的给付之诉,是指原告在庭审程序结束前,主张履行期尚未到来的给付请求权,要求法院判决被告在履行期到来时予以给付的诉。我国法律没有对将来的给付之诉的成立要件作出明确规定,但在司法实践中时常会出现这类案件。从立法论上有学者主张,对于尚未到期的债务,在履行期届满后被告仍然不会履行时,原告可以提起给付之诉。例如,出租人在对承租人提出返还租赁物的同时,还可以提出支付在返还租赁物之前这段时间相当于租赁费的损害赔偿请求,这即是将来的给付之诉之典型。

民法上的请求权通常以债务履行期已经到来为成立要件,与之相应,民事诉讼原则上采用事后救济的方式,因此,在通常情况下,我们应当以现在的给付利益为标准确定给付之诉的诉的利益。由于将来的给付之诉属于给付之诉的特别适用,所以其诉的利益应当有其特殊性。从比较法上考察,德日法规定将来的给付之诉以"有事先请求的必要性"(预为请求之必要)这一诉讼的利益为特别构成要件。例如,原告对于附履行期的利息债权,因被告没有支付履行期已经到来的本金而预计其将来也不会支付履行期到来的利息,为此在向被告提起支付本金之诉的同时,合并提出支付履行期尚未到来的利息之给付之诉。虽然德日民事诉讼法都规定了将来的给付之诉,但在"有事先请求的必要性"之解释上却采用了不同的方法。德国《民事诉讼法》第 257 条至第 259 条采用列举式规定了"有事先请求的必要性"之具体情形。而日本法则采用司法裁量方式,由法院根据给付义务的性质、内容以及债务人之被告的态度,针对个案作出具体解释。日本法之所以不采用立法方式规定"有事先请求的必要性"之范围,是考虑到此种情形比较复杂,难以划定统一标准。

德日法理认为,将来的给付之诉是否成立,只需考虑是否具备"有事先请求的必要性"即可,而不需要考虑债务人是否具有实际履行能力,或者将来强制执行债务是否有困难。法院支持将来的给付请求之判决,属于给付判决,具有执行力和确定将来的给付请求权为存在的既判力,判决主文中必须写明将来履行的条件及期限。法院不支持将来的给付之诉之判决,属于确认判决,对原告主张的给付请求权为不存在产生既判力。

三、确认之诉

确认之诉(Feststellungklage),是指原告要求法院以判决作出存在或不存在一定权利或法律关系为内容的诉。其中,原告要求法院确认权利或法律关系为存在的诉,称作积极的确认之诉;反之,要求法院确认权利或法律关系为不存在的诉,称作消极的确认之诉。确认之诉的对象是权利或法律关系,包括人与人之间和人与物之间的法律关系。前者如亲子关系确认之诉,后者如所有权确认之诉。

确认之诉的诉的利益称作确认利益,但我国法律没有对确认利益的确定标准及方法作出明确规定。从比较法上考察,按照德日法理的解释,确认之诉仅在通过确认判决能够有效、确实地解决当事人间的法律上的争讼时,才具有确认利益。换言之,从诉的利益角度考虑,在实践中需要通过排除无利益的确认主张以保障确认之诉的应有价值。按照德日法规定及判例的解释,确认之诉仅在符合下述要件时才具有确认利益:

其一,确认对象具有妥当性。这里的妥当性是指确认对象(确认之诉的客体,确认请求)具有与(1)自己的;(2)现在的;(3)权利及法律关系的;(4)积极性确认请求这四个构成要素有关联。

(1)确认对象与自己的法律关系有关联。该要素要求原告只能对与自己相关的权利或法律关系提起确认之诉,而不得对他人间的权利或是否存在一定的法律关系提起确认之诉。需要指出,虽然作为确认之诉的对象之法律关系,在通常情况下仅限于当事人之间的法律关系,但在特殊情况下,对于原告就与自己有直接法律关系的当事人与第三人之间的法律关系,也认可具有诉的利益。例如,房屋次承租人虽然只与承租人之间存在直接的房屋租赁关系,但可以以承租人和出租人(所有权人)为被告,提起确认承租人与出租人之间存在房屋租赁关系之诉。

(2)确认对象与现在的法律关系有关联。确认之诉原则上只承认现在的法律关系具有确认利益。因此,单纯的过去时法律关系、法律行为和将来的法律关系在原则上都因不具确认利益而不能成为确认之诉的对象。例如,遗言人在生存期间不得对继承人提起遗言无效确认之诉。但是,如果过去的法律关系之法律效果涉及现在时,也具有确认利益,从而也可以成为确认之诉的对象。这是因为,如果现时的法律效果是建立在过去的法律关系之上时,确认过去的法律关系是否存在,就可以起到预防或者解决当事人就该法律关系(包括法律行为)的法律效果所生争议的作用。例如,已逝长辈间是否存在事实婚姻关系将涉及遗产范围确定这一现实法律效果问题,所以,这样的事实婚姻关系就不再是一种单纯的过去时法律关系,它因具有确认利益而可以成为确认之诉的对象。对于将来的法律关系,可以从确认利益与消灭时效的关系上,以及有利于证明的立场认可确认之诉。例如,交通事故受害人甲因症状尚未稳定,现在难以计算全部损害数额,为此向法院提出判决加害方乙对将来的全部损害应当承担赔偿义务的确认之诉。该诉可以与数额已定的损害赔偿请求一并提起,或者在部分数额确定的情形下,对请求权根据事实之全部提起损害赔偿义务为存在的确认之诉。

(3) 确认对象与具体的权利及法律关系有关联。确认之诉以法院裁判存在或不存在一定权利或法律关系为目的,因此,原告要求法院单纯确认某一事实存否的主张,原则上不具确认利益,法院也不应当予以受理。但作为例外,德日法均允许原告提起确认证明法律关系的文书是否真正成立之诉,即文书真否确认之诉。这里的文书真否,是指文书本身是否基于文书制作名义人的意思作成,它不涉及文书内容是否符合客观事实的问题。从理论上分析,文书是否真正成立应属于事实问题而不是法律问题,因而不能成为确认对象,但以判决确认文书的真否(如合同书是否为真实成立),可以解决当事人间对文书成立真实性所产生的争议,进而有助于他们自行解决该文书所涉法律关系上的纠纷,所以德日法规定了文书真否确认之诉。我国有学者从立法论上主张,应当在《民事诉讼法》中增加文书真伪确认之诉。

确认对象虽是权利或法律关系,但抽象的法律问题不得成为确认之诉的对象,如与个案无涉的法律法规解释是否正当、是否违宪等主张。

(4) 确认对象属于积极性确认请求。确认之诉原则只认可积极性确认请求具有确认利益。这是因为,确认之诉是通过从积极方面确认权利或法律关系为存在以实现彻底化解纠纷的目的。而如果单从消极方面确认权利及法律关系为不存在,往往不能实现彻底化解纠纷这一制度设计目的。例如,甲乙之间就房屋所有权归属问题发生纠纷,甲向法院提起乙不具有所有权之确认之诉(消极性确认之诉)。尽管法院判决乙对争议房屋没有所有权,但此项判决并不能产生甲对该房屋具有所有权之既判力,因此,甲乙之间还有可能围绕着甲是否对该房屋具有所有权问题再生争议。换言之,甲乙之间对该房屋所有权归属之争议并没有因为甲对乙提起所有权不存在之确认之诉而得到彻底化解。相反,如果只认可甲乙对房屋所有权争议有提起积极性确认之诉的利益,则可以达到彻底化解纠纷的目的。即在甲提起积极性确认之诉的情形下,若甲为胜诉判决,则可以依确定判决取得所有权;若甲为败诉判决,虽然乙不能依此判决取得所有权,但甲不得再就该房屋所有权归属问题对乙进行诉讼。

其二,即时确定的必要性。确认之诉的目的是,通过确认判决消除法律关系争议给原告造成的不安定状态。因此,如果确认判决作出后不能消除不安定状态,法院就不应当认可原告的确认之诉具有确认利益。例如,原告在被告违约时仅向法院提出确认合同关系为存在的确认之诉,而法院作出确认判决后,并不能彻底解决原告与被告之间因合同关系争议产生的不安定状态,所以在此情形下,应当只允许原告提起给付之诉。同理,遗言人在生存期间不得对继承人提起遗言无效确认之诉。

其三,不存在其他适宜的救济手段。确认之诉以原告不能利用其他诉之方法获得司法救济为成立要件。因此,在原告可以利用给付之诉或形成之诉获得司法救济的情形下,法院应当以原告的确认之诉不具确认利益为理由而不予受理。原则上,法院不应当认可债权人就债权争议提起债权确认之诉,而只允许提起给付之诉。这是因为给付之诉必然内含确认利益,或者说确认之诉是诉的原型,给付之诉是在确认之诉的基础上增加执行力而创制的一种诉的类型。但是,对于原告提起债务不存在确认之诉的,并不妨碍被告提起给付之诉。例如,甲对乙主张债权,而乙对此有争议,并以甲为被告向法院提起债务关系不存在确认之诉,但随后甲又依据同一债权以乙为被告向法院提起给付之诉。在此情形下,如果不允许甲提起给付之诉,那么甲即使在对确认之诉胜诉的情形下(法院确认债务关系存在),也不能通过强制执行方式实现债权(确认判决无执行力)。所以,为了保障甲的债权得以实现,就必须给予甲在接受确认判决之后有提起给付之诉的机会。也许有质疑认为,甲可以在确认诉讼中通过提起给付反诉以保护债权的实现,但从理论上分析,民事诉讼贯彻处分主义,法律上没有强制甲提起给付反诉之理由,因此甲在法律上也没有提起反诉之义务。

确认之诉以取得确定权利或法律关系之既判力的确认判决为目的,确认判决不具有执行力。但作为例外,对于适用特别程序处理的确认调解协议案件和实现担保物权案件的裁定,法律规定具有执行力(《民事诉讼法》第 195 条、第 197 条)。在积极的确认之诉中,支持原告诉讼请求的判决以既判力确认权利或法律关系为存在;驳回诉讼请求的判决,通过既判力确定权利或法律关系为不存在。在消极的确认之诉中,驳回原告诉讼请求的判决,根据既判力确定权利或法律关系为存在,反之为不存在。例如,交通事故加害方甲向受害方乙提起确认不负损害赔偿债务之消极确认之诉,对此,法院作出了驳回其诉讼请求的确认判决。该判决生效后,即确定了甲对乙存在损害赔偿债务的既判力,乙其后对甲提起损害赔偿请求诉讼(给付之诉)时,后诉法院必须以甲存在损害赔偿债务为前提作出判决。

四、形成之诉

形成之诉(Gestaltungsklage),是指原告为变动权利或法律关系,通过主张法定的形成要件或形成原因,要求法院判决宣告变动一定权利或法律关系为内容的诉。形成之诉是原告要求法院以判决的设权效力,即形成力,创设尚未存在的法律效果,因此针对形成之诉所作的形成判决,其直接效果是发生、变更或消灭某种权利及法律关系。例如,离婚之诉是典型的形成之诉,离婚判决是典型的解除当事人间法律关系(婚姻关系)的形成判决。

形成之诉的本质在于形成力(法的创定力),因此其判决内容是由判决所形成的权利或法律关系,在这一点上,它与原告要求对既存权利或法律关系进行判决的给付之诉、确认之诉有本质上的区别。需要指出,形成之诉的对象及范围仅限于法律的特别规定。这是因为民事法律关系的形成遵循意思自治原则,而由判决形成某种法律关系,属于例外。在实体法上认可的法律效果都可以成为给付之诉或确认之诉的对象,但并非都可以成为形成之诉的对象。从形成之诉发展史上观之,它是随着国家司法权的日益完善和扩大,判决的创定力不断扩展,尤其是1900年《德国民法典》对形成权的确立,而继确认之诉之后独立出来的一种诉。我国学者从立法论上主张,《民事诉讼法》应当规定,原告起诉要求法院变更或者消灭某种法律关系的,必须有相应的法律依据。

从本质上考证,确认之诉和形成之诉的区别,来源于实体法上对法律行为的无效(Nichtigkeit)和撤销(Anfechtbarkeit)之划分。不具某种构成要件的法律行为是构成无效还是可撤销,属于立法政策及立法技术的问题。例如,按照我国民法的规定,无效的民事行为多涉及公益,可撤销的民事行为基本上只涉及私益。原告要求法院确认民事行为无效的,属于确认之诉;而要求法院撤销或部分撤销民事行为的,属于形成之诉。

按照原告要求法院依判决形成的法律关系性质不同,形成之诉分为实体法上的形成之诉和诉讼法上的形成之诉。前者是指原告要求法院作出变动实体法上法律关系之判决的形成之诉;后者是指原告要求法院作出发生诉讼法上法律效果之判决的形成之诉。实体法上形成之诉主要集中在婚姻家庭法和公司法领域,如离婚之诉、公司合并无效之诉、公司设立无效之诉、确认股东大会决议无效之诉等;诉讼法上形成之诉以撤销某种裁判效果为目的,主要表现为再审之诉、撤销仲裁裁决之诉、第三人撤销判决之诉、民事执行上的异议之诉及第三人异议之诉等。

法院支持形成之诉的判决是宣告变动法律关系的形成判决,其判决效果之形成力,原则上仅对将来发生,如解除婚姻关系、认定公司设立无效等。但在例外情形下可以溯及既往,如撤销股东大会决议等。对原告的形成之诉,法院判决其败诉的，相当于确认形成权或形成要件为不存在之确认判决，即对确定形成权或形成要件不存在发生既判力。

第三节　诉讼标的及其确定标准

一、通说的局限性

通说以为，诉讼标的是指当事人间争议的并要求人民法院作出裁判的权利义务关系。简言之，通说是将当事人间争议的法律关系当做诉讼标的。但是，若按照通说指导司法实践，则难以避免诉讼标的的范围大于诉讼请求的情形。对此，若从诉讼标的与判决的实质法律效力（既判力、确定力）关系上分析，就有可能出现因既判力的客观范围大于诉讼请求，而使原告的实体权利得不到充分保护的情形。例如，原告作为民间借款法律关系的债权人，向被告提出返还本金诉讼请求，受案法院以被告已经返还本金（债权消灭）为理由驳回了原告的诉讼请求，此后，原告又向人民法院起诉，对被告提出支付利息诉讼请求和支付迟滞履行违约金诉讼请求。对于后诉，若按照通说的解释，因后诉的两项诉讼请求都是基于同一特定民间借款法律关系产生的，而在前诉返还本金诉讼中，人民法院已经对于此项有争议的民间借款法律关系进行了判决，且判决已经生效（确定），即对该项争议的法律关系产生了实质法律效力（既判力、确定力），所以，人民法院应当驳回原告的这两项诉讼请求。然而，这样的判决对于原告来说是极不公平的，因为原告并没有在前诉中向被告主张支付利息和违约金这两项诉讼请求，并且在前诉中，双方当事人也没有围绕着这项诉讼请求成立与否展开诉讼攻击防御，如是，原告的处分权和辩论权都受到了侵害。

不仅如此，以争议的法律关系当做诉讼标的，有可能对被告也产生不公平诉讼，使被告的诉讼权利和实体权利受到侵害。例如，原告基于民间借款法律关系向被告主张返还本金诉讼请求，而法院是以争议的民间借款法律关系为审判对象，此种情形下极有可能对被告并未实施诉讼防御的权利义务作出判决。

需要指出，虽然我国法律没有对判决的实质法律效力（既判力的客观范围）作出明确规定，但是按照《民事诉讼法》关于当事人申请再审的法定事由规定，人民法院不得遗漏或者超出诉讼请求作出裁判。据此也可以认为，将诉讼标的定位于争议法律关系的通说，并不是一种十分妥当的观点，不仅与立法有冲突，而且也不利于指导民事诉讼实践。

二、对通说的修正

按照通说关于诉讼标的的解释，在民事诉讼中极有可能出现人民法院的审判对象及判决内容大于原告诉讼请求的情形,从而对原告的处分权和辩论权等诉讼权利造成侵害。但是,如果不按照通说解释诉讼标的,则又可能出现原告基于同一债权法律关系分别提起返还本金请求、支付利息请求、给付违约金请求等诉讼的可能,进而使同一法律关系争议长期处于争议之中,这在增加当事人讼累的同时,也使司法资源变得紧张起来。因此,是否以诉讼请求作为诉讼标的,以及如何从民事诉讼制度的整体上尤其是判决的实质法律效力(既判力、确定力)立场上把握诉讼请求和诉讼标的之间的关系,这就成了受德国民事诉讼法及其法理影响的各国民事诉讼法学界的一大"哥德巴赫猜想"。

这里认为,我国民事诉讼在原则上应当以诉讼请求作为诉讼标的的确定标准,并以此对通说主张的"争议法律关系说"进行修正。其理由如下:诉讼标的是当事人间争议对象和人民法院的审判对象之结合,以诉讼请求作为诉讼标的的确定标准,有助于贯彻处分原则,保障当事人双方公平、有效地进行诉讼攻击防御(辩论原则),促成公正、高效、权威的民事审判制度的形成。其要点是:强调诉讼请求、争议对象、审判对象三者间的统一,推动民事诉讼的规范化运行。

诉讼对象

↓ ↓

诉讼请求 = 争议对象 + 审判对象 = 判决的实质法律效力(客观范围)

图 1

但是,我们在以诉讼请求作为诉讼标的的确定标准时,还要考虑到对其他一些问题的解决方法。这些问题主要是围绕着"权利救济用尽"和"纠纷一次性解决"这对矛盾的解决展开的。所谓"权利救济用尽",是指民事诉讼应当牺牲纠纷最大化解决所带来的利益,以实现当事人实体权利救济的最大化为目的确定诉讼标的。与此相对,"纠纷一次性解决"不以穷尽当事人的实体权利救济为目标,而是强调尽可能利用一次诉讼最大化地解决当事人间的纠纷。"权利救济用尽"和"纠纷一次性解决"之间的紧张关系,主要体现在如下三个方面:

第一,请求权与请求事项(内容)的关系问题。这里主要涉及两个问题。首先,我们虽然主张以诉讼请求作为诉讼标的的确定标准,但这并不意味着诉讼标的和诉讼请求之间可以完全画上等号。造成诉讼标的与诉讼请求之间关系的不对等或者紧张的原因之一,主要来自实体法和诉讼法的分立和平衡之要求。实体法具有社会规范和裁判规范之双重功能。在生活领域,实体法的适用依从意思自治原则,当事人可以按照自己的意思行使和处分自己的实体请求权。例如,就一起交通事故引起的人身损害赔偿请求权的行使而言,受害方可以今天要求加害方给付住院期间的医疗费,明天可以要求给付相应的误工费,后天还可以要求给付相应的营养费等。但是,当受害人以诉的客体向被告主张损害赔偿请求权时,国家则要从诉讼经济、减轻被告讼累、纠纷尽可能一次性解决、维护法律关系的安定性等诸多方面考虑,限制受害人如同在生活领域一样自由地行使给付请求权。由于这种限制是通过具有公法性质的民事诉讼法来完成的,所以在民事诉讼法上就产生了一个诉讼标的的基本单位(最小单位)的确定问题。亦即人民法院应当以诉讼标的的基本单位作为审判对象进行裁判,其发生法律效力的判决(确定判决)的实质法律效力也仅及于该基本单位。与此同时,对于原告未在诉讼请求中主张的权利内容,在通常情况下将依照处分原则视为原告已作出放弃请求的处分。

其次,实体法在很多场合下,并没有就请求权与请求项目之间的关系作出明确规定。例如,在交通事故人身损害赔偿请求中,我国法律规定受害人可以向加害人提出财产性损害赔偿请求和精神性损害赔偿请求,其中财产性损害赔偿请求又可细化为支付医疗费、营养费、误工费、护理费、伤残补助金等多项请求。但我国法律没有就请求权的最小单位作出明确规定。如此一来,因请求权的最小单位不明,原告的诉讼请求之范围也不明,进而导致诉讼标的的基本单位难以确定。在民事诉讼实务中,假设在交通事故人身损害赔偿请求中的财产性损害赔偿请求和精神性损害赔偿请求并不属于两个独立的损害赔偿请求权,而只是一项损害赔偿请求权的两项事项(内容),那么支付医疗费、营养费、误工费、护理费、伤残补助金等请求就将被划为财产性损害赔偿请求的构成要素,如此,原告向被告提出损害赔偿请求权(诉讼请求)的主张时,倘若只主张了财产性损害赔偿且仅主张了其中的医疗费和护理费这两项内容,那么在其胜诉或败诉后,都不得再基于其他请求事项向被告另诉提出权利主张(诉讼请求)。与此同时,按照以诉讼请求作为诉讼标的的确定标准之解释,财产性损害赔偿和精神性损害赔偿之集合的损害赔偿请求权是确定争议对象和审判对象及诉讼标的的基本单位。

综上所述,在处分主义民事诉讼中,从判决的实质法律效力立场分析,诉讼标的是案件的争议对象和审判对象,其范围受限于诉讼请求;诉讼请求是指原告对被告的权利主张而不是指权利主张的具体内容(如医药费);由于权利主张的依据(如损害赔偿请求权)在通常情形下要大于个案中的权利主张的具体内容,所以,诉讼标的在通常情况下也大于权利主张的具体内容。同理,为了贯彻处分主义,案件的诉讼标的又必须限制在诉讼请求的事项范围(权利主张的具体内容)之内,被告和法院不得以原告未对被告主张的诉讼请求事项进行争议和审判,而对于原告没有主张的具体权利内容(诉讼请求事项),人民法院应当按照处分原则视其已作放弃处分。

第二,请求权竞合问题。按照权利保护请求说的诉权理论解释,诉讼标的在实质上是原告的实体权利主张,但是究竟以什么为标准来确定权利主张及诉讼标的,实体法本身却没有对此作出具体规定,而只能交由司法实践解决。一般而言,给付诉讼的诉讼标的是原告要求对方当事人为一定给付的实体法上请求权主张;确认诉讼的诉讼标的是原告提出的实体法规定或认可的权利及法律关系存在或不存在的主张;形成诉讼的诉讼标的是指原告对被告提出的实体法规定或认可的形成请求之主张。这种以实体法为标准确定诉讼标的的学说,被称作实体法的诉讼标的说。但是,在实体法的诉讼标的说指导下,除确认诉讼外,民事诉讼实践存在着一个长期未决的缺陷:由于实体法对同一事实关系进行了不同的法律评价,进而出现了对于同一事实关系或者有若干条法律规范进行调整(法条竞合),或者基于不同法律规定却发生相同的请求权(请求权竞合)的情形。例如,对于一起医患纠纷事实(同一生活事实),法律规定可以采用合同法和侵权行为责任法进行调整(法条竞合),而基于合同不履行责任和侵权行为责任,受害人都可以提出损害赔偿诉讼请求(请求权竞合)。这种法条竞合和请求权竞合的情况,只发生在给付诉讼和形成诉讼领域。对请求权竞合而言,在给付诉讼中,损害赔偿请求权可以基于合同法律关系和侵权法律关系产生;在形成诉讼中,婚姻关系解除请求权(离婚请求)可以基于多种事由成立。于此情形下,按照实体法的诉讼标的说解释,由于损害赔偿请求权的法律基础不同或离婚请求的事由不同,诉讼标的也不同。如此一来,则可能出现基于同一事实的民事纠纷不能够得到一次性解决的问题。例如,就一起医疗事故损害赔偿诉讼而言,原告在以合同法律关系为基础的损害赔偿诉讼请求被驳回后,又以侵权责任法律关系为基础提出损害赔偿请求诉讼。或者在离婚诉讼中,在以虐待为事由的诉讼请求被驳回后(《婚姻法》第 32 条第 3 款第 2 项),又以因感情不和分居满两年为事由提起离婚诉讼(《婚姻法》第 32 条第 3 款第 4 项)。民事诉讼若不能一次性处理同一事实或同一法律关系为基础的民事纠纷,则会使当事人间的法律关系处于不稳定状态,并有碍社会主义法治秩序的安定性。

三、诉讼标的的学说及意义

为了克服实体法诉讼标的说的缺陷,诞生了不以实体权利为依据,单从诉讼法立场把握权利主张及诉讼请求的诉讼标的理论——诉讼法诉讼标的说。自 1925 年德国学者罗森贝克(Leo Rosenberg)拉开诉讼标的理论"大论战"以来,有关诉讼标的确定标准的争论至今战火未熄。诉讼标的涉及民事诉讼制度及其理论的全盘,尤其是涉及请求合并、请求变更、重复起诉、判决的法律效力等诉讼制度的确定标准,因此,正确地认识和把握诉讼标的理论,对于学习民事诉讼法学和民事诉讼实践有着至关重要的意义。但如前所述,这里并没有为学习者提供标准答案。

以下以图示方式简要评述诉讼标的理论中最具代表性的三种学说:

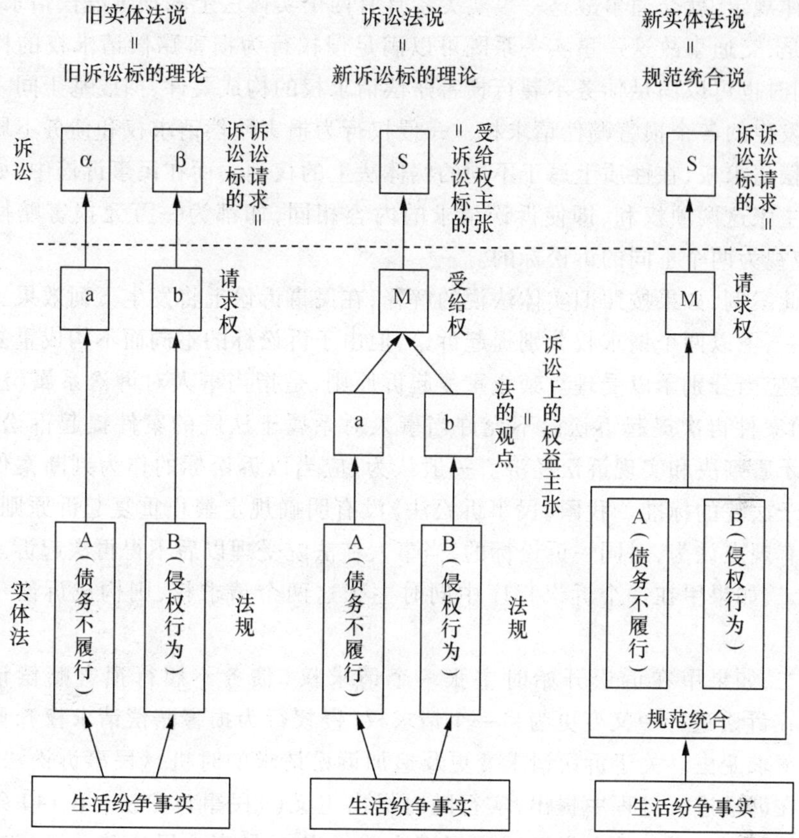

图2　诉讼标的理论与请求权竞合

表2　诉讼标的理论与请求之诉讼法上效果

	请求之合并	请求之变更	重复起诉	既判力
旧实体法说	√	√	√	×
诉讼法说	×	×	×	√
新实体法说	×	×	×	√

(一) 旧实体法说

1．旧实体法说的意义

旧实体法说又称旧诉讼标的理论，它以实体法上的权利或法律关系为诉讼标的，原则上以每项请求权及权利构成一个诉讼标的。按照旧实体法说的解释，实体权利必须以法律明确规定的构成要件为发生前提，如果对同一事实关系可以适用多条法律规定且产生多项实体法上权利时，在民事诉讼中，根据原告的权利主张将形成多个诉讼标的。

在旧实体法说的解释下，如果甲乘坐乙驾驶的出租车遭遇交通事故，则可以根据法律规定，就交通事故这一事实关系具有两个实体法上的损害赔偿请求权。其理由是，交通事故这一事实关系既可以满足侵权行为损害赔偿请求权的构成要件，同时也可以满足债务不履行损害赔偿请求权的构成要件，抑或基于同一事实关系发生的各个损害赔偿请求权——侵权行为损害赔偿请求权和债务不履行损害赔偿请求权，在性质上属于不同的实体法上的权利。而在民事诉讼中，如果甲同时主张这两项权利，即使诉讼请求的内容相同，如都为一万元损害赔偿请求，也应视为两个不同的诉讼标的。

对此案例，如果按照旧实体法说的解释，在民事诉讼上将发生下列效果：

第一，甲以两个请求权分别提起诉讼，但由于诉讼标的不同而不构成重复起诉，法院应当分别予以受理。禁止重复起诉原则，是指当事人对诉讼系属（法院处理中）案件再次提起诉讼。不允许当事人对系属于法院的案件提起诉讼，是为防止矛盾判决和实现诉讼经济。一般认为，应当以诉讼标的作为判断案件是否系属于法院的标准。我国《民事诉讼法》没有明确规定禁止重复起诉原则，立法论上有观点认为，对同一诉讼标的，当事人在法院受理以后不得再次起诉。

第二，如果甲在一个诉讼程序中同时主张这两个请求权，则构成诉讼请求合并。

第二，如果甲在诉讼开始时主张一个请求权（债务不履行损害赔偿请求权），而在诉讼进行中又变更为另一个请求权（侵权行为损害赔偿请求权），则构成诉讼请求变更。关于诉讼请求变更及追加诉讼请求的时机，《民事诉讼法》规定可以在诉讼进行过程中提出，实行随时提出主义（《民事诉讼法》第 140 条）。但司法解释则规定必须在举证时限届满之前提出[《最高人民法院关于民事诉讼证据的若干规定》（以下简称《民事证据规定》）第 34 条第 3 款]。由于立法和司法解释相冲突，因而导致司法实践无所适从。

第四，如果甲主张一个请求权提起诉讼并败诉，其后可以主张另一个请求权提起诉讼，不违反《民事诉讼法》第 124 条第 1 款第 5 项规定，即不构成对既判力原则的违反。

第五，如果甲主张一个请求权提起诉讼，而法院却认定另一个请求权并对甲的诉讼请求予以支持的，该项判决则因违反处分原则而构成适用法律的错误。

2. 对旧实体说的评价

一般认为，旧实体法说具有以下长处：按照实体法上权利特定诉讼标的，有助于当事人明确诉讼攻击防御的争议对象，便于法院明确审判对象，提高审判工作的效率。旧实体法说的最大缺点是不能够一次性解决纠纷。因为当事人可以通过变更实体权利主张反复提起诉讼，而被告却必须每次应诉，法院也需要对同一案件进行多次审理，这样不仅给法院增加了审判负担，还给被告造成了讼累，极不符合诉讼经济的要求。另外，对同一案件反复提起诉讼，还可能使法院对同一案件作出矛盾判决。

目前,日本、韩国的判例仍坚持旧实体法说的诉讼标的理论。我国也有一些法院倡导"要件事实审理方式",支持旧实体法说的诉讼标的理论。

(二)诉讼法说(新诉讼标的理论)

1. 诉讼法说的意义

诉讼法说是单从诉讼法立场特定诉讼标的的学说。具体而言,诉讼法说不以实体法上请求权为确定诉讼标的的标准,而是以诉讼法规定的请求趣旨(Antrag,诉讼申请、请求内容)和请求原因(Sachverhalt,要件事实记载)来确定诉讼标的。诉讼法说以体现社会法治国家诉讼观的"当事人和法院的最合理利益"理论为基础,强调通过一次诉讼解决全部纠纷。按照诉讼法说的解释,实体法上权利不是确定诉讼标的的标准,只是支持诉讼标的的法律观点和诉讼攻击防御的方法。诉讼法说又分为一要素说和二要素说。前者认为,只有请求趣旨是识别诉讼标的的基准;而后者认为,诉讼标的由请求趣旨和请求原因两个要素构成。

(1)诉讼法说的一要素说。该说主张,在民事诉讼中,应当以原告的请求趣旨(诉讼申请)而不是其主张的实体法上权利来确定诉讼标的。依照一要素说的解释,诉讼标的可以根据请求趣旨加以特定,如果请求趣旨相同,即使原告所主张的实体法上权利有所不同,仍应视为同一诉讼标的。

以前述案例为例,在甲提起损害赔偿请求诉讼时,只要请求趣旨(一万元损害赔偿请求)相同,则不论其主张的损害赔偿请求是侵权行为损害赔偿请求还是债务不履行损害赔偿请求,诉讼标的仅有一个,即两种主张的诉讼标的都是一万元损害赔偿请求。

一要素说主张,特定诉讼标的时无须参考请求原因。其理论依据是,请求原因中所主张的实体法上权利只是诉讼标的(请求趣旨)的依据或支持其成立的诉讼攻击方法。但是,一要素说的破绽也在于此,因为不参考请求原因往往就不能特定诉讼标的,进而不能特定既判力的客观范围。例如,甲对乙共有二万元债权,其中一万元是借贷债权,另一万元是买卖价款债权,在这种情形下,如果仅依据甲的请求趣旨之一万元特定诉讼标的(金钱给付),是无法区分本案究竟是请求给付借款诉讼还是请求给付价款诉讼,进而不能确定本案的既判力客观范围是针对哪一个诉讼请求发生的。

(2)诉讼法说的二要素说。该说主张,为避免一要素说依原告的请求趣旨来特定诉讼标的所可能引起的混乱,应当依据诉讼申请(请求趣旨)和事实关系(请求原因)这两个要素来特定诉讼标的。按照二要素说的解释,诉讼申请(请求趣旨)相同,但事实关系不同的,就应当视为不同的诉讼标的。二要素说还认为,由于法律要求以请求原因记载事实关系,所以在特定诉讼标的时,应当参考请求趣旨和请求原因。目前,二要素说是德国判例采用的主要学说,也是日本和韩国学界的有力说。

当事实关系相同时,一要素说和二要素说在特定诉讼标的上没有差异;但事实关系不同时,两者在特定诉讼标的上却存在着差异。例如,乙从甲处购买物品,为了支付货款开具了一万元支票。甲向乙提起诉讼,请求趣旨是请求乙支付一万元货款。如果甲在第一次诉讼中,其请求是兑现支票款,而在第二次诉讼中,其请求是支付买卖货款,那么按照二要素说的解释,应视为两个不同的诉讼标的;若按照一要素说的解释,则应当视为同一诉讼标的。其理由是,二要素说认为,特定诉讼标的的标准是请求趣旨(一万元金钱请求)和请求原因中的事实关系,由于第一次诉讼的事实关系是兑现支票,第二次诉讼的事实关系是买卖,因而两个诉讼的事实关系各异,所以诉讼标的也就不同。

2. 诉讼法说的应用

对同一案件,适用旧实体法说还是诉讼法说,往往会出现截然不同的结果。以前述出租车交通事故损害赔偿案为例,如果甲依据侵权损害赔偿请求权和债务不履行损害赔偿请求权分别提起诉讼,那么按照诉讼法说的解释:(1) 由于这两个诉讼的诉讼标的相同,所以在法院受理第一个诉以后,在这个诉处于诉讼系属之中时,若提起第二个诉,则构成重复起诉,法院应当以违反禁止重复起诉原则为理由,裁判不予受理,或在受理后裁判驳回起诉;(2) 如果甲在一个诉讼程序中同时主张上述两个请求权,将不构成请求合并(选择性合并),而应当视为提出了两种不同的诉讼攻击方法;(3) 如果甲以第一个请求权提起诉讼,但在诉讼进行中又换成第二个请求权,则应当视为诉讼攻击方法的替换,而不是变更请求;(4) 如果甲主张的第一个请求权败诉,则不能依据第二个请求权再行诉讼,因为既判力的客观范围等于诉讼标的的范围;(5) 如果甲主张依据第一个请求权提起诉讼,而法院却以第二个请求权作出胜诉判决,则该判决并不违反处分原则,仍属于合法判决。

依据诉讼法说特定诉讼标的,有利于利用一次诉讼解决同一事实关系引起的纠纷,贯彻一次性解决纠纷原则,实现诉讼经济,防止法院因反复裁判而作出相互矛盾的判决。

但是,诉讼法说也存在着自身难以克服的缺陷。因为对于同一事实关系的纠纷只为一次诉讼,有可能对当事人主张的实体法上权利以外的其他权利造成忽视,而要在诉讼中对之全部予以关照,则可能大幅度增加法院的审理范围和审理负担。

(三) 新实体法说

新实体法说是在诉讼法说影响下产生的学说,是针对传统民法上的请求权进行修正而提出的诉讼标的理论。新实体法说与旧实体法说的基本观点相同,但在以修正的实体法上权利为标准特定诉讼标的上有别于旧实体法说。在新实体法说中，在如何修正实体法上请求权的认识上存有多种观点，其中最具代表性的观点是统合说——将若干个实体法上权利统合为一个权利的学说。该说主张，当一个事实关系产生数个权利根据时，应当将数个请求权、形成权统合为一个请求权或形成权，而经这种统合后产生的一个请求权或形成权就是本案的诉讼标的。以前述交通事故损害赔偿案为例，按照新实体法说的解释，基于同一事实关系，虽然在实体法上可以产生侵权损害赔偿请求权和债务不履行损害赔偿请求权，但经统合后，原告只能取得一个请求权（损害赔偿请求权）。

目前，新实体法说尚处于形成之中，其中存在着诸多理论上难以自恰的问题。以前述案件为例，第一，如果将侵权行为损害赔偿请求权和债务不履行损害赔偿请求权予以统合，那么又如何来确定统合后的损害赔偿请求权之诉讼时效呢？按照《民法通则》的规定，此案中侵权损害赔偿请求权的诉讼时效是一年，而债务不履行损害赔偿请求权的诉讼时效一律为两年。第二，如何确定统合后的损害赔偿请求权的证明责任。按照法律规定，交通事故损害赔偿请求权的因果关系构成要件之证明责任由加害者承担，其他要件的证明责任由受害人承担；而债务不履行损害赔偿请求权的证明责任是由被告（债务不履行者）承担。第三，一些国家民法规定，对侵权行为损害赔偿请求权不允许抵消。那么对于统合后的损害赔偿请求权是否应当允许抵消呢？

我国合同法、侵权行为法虽然规定当事人可以选择诉讼标的，但没有规定相应的诉讼法上效果，因而我国法律的规定不是完整意义上的新实体法说。

第四节 诉讼请求的合并

诉讼请求的合并又称诉的合并或诉的客观（客体）合并。诉的合并（Klagenhäufnug）是德国普通法时期的概念。广义上的诉的合并包括诉的主体合并和诉的客体合并。到了德国普通法发展后期，学者们普遍以共同诉讼指代诉的主体合并，此时的诉的合并就成了诉的客体合并的代名词（狭义上的诉的合并），而诉的客体合并实质上是指请求的合并（Anspruchshäufnug）。今天，德日民事诉讼法按照德国普通法的传统，仍将请求的合并称作诉的合并，但韩国民事诉讼法则直接以请求的合并取代诉的合并。我国民事诉讼法将诉的客体合并称作诉讼请求的合并，将诉的主体合并称作必要的共同诉讼和普通的共同诉讼。诉讼请求的合并是指原告在一个诉讼程序中提出数个诉讼请求，并要求法院对之予以合并审理和判决。学理上认为，在民事诉讼中设置诉讼请求合并制度的目的是利用一个诉讼程序解决多个纠纷，因此诉讼请求的合并在实现诉讼经济和提高诉讼效率方面发挥着重要的作用。我国法律对诉讼请求合并制度的规定甚少,以下以德日学说为基本,结合旧实体法诉讼标的说阐述诉讼请求的合并。

一、诉讼请求的合并之种类

1. 诉讼请求的单纯合并

诉讼请求的单纯合并,是指同一当事人在一个诉讼程序中对同一被告合并提起数个无关联性之诉讼请求,并要求法院对数个诉讼请求予以合并审判的诉的合并。对于诉讼请求的单纯合并,法院应当对各个诉讼请求分别作出判决。例如,原告在一个诉讼程序中基于买卖合同提出给付价款请求,同时又基于消费借贷合同提出返还借款请求,此种情形即为诉讼请求的单纯合并。

对于诉讼请求的单纯合并,由于数个诉讼请求被置于同一个诉讼程序中审理,所以法院可以对所有诉讼请求同时进行证据调查。当然,也由于各个诉讼请求是相互独立的,所以法院若认为有必要,也可以对各个诉讼请求分开进行审理和判决。

2. 诉讼请求的选择性合并

诉讼请求的选择性合并,是指在一个诉讼程序中,原告基于不同的、可以两立的请求权或形成权以同一给付或形成为目的,合并提出数个诉讼请求,要求法院就数个请求权或形成权中的一个为胜诉判决。在诉讼请求的选择性合并中,如果法院就数个诉讼请求中的某一诉讼请求作出支持判决(胜诉判决),则不必再对其他诉讼请求进行审理和裁判。例如,原告基于所有权和占有权请求被告交付标的物,就属于诉讼请求的选择性合并(主张数个请求权)。又如,原告在离婚诉讼中,以对方分居和恶意遗弃为理由同时提出离婚请求,也属于诉讼请求的选择性合并(主张数个形成权)。

需要指出,诉讼请求的选择性合并仅为旧实体法诉讼标的说和诉讼法诉讼标的理论中的二元说所支持。如果按照诉讼法诉讼标的理论中的一元说解释,上述情形只是诉讼攻击防御方法为复数,并不构成诉讼请求合并,因而也不构成诉讼请求的选择性合并。

3. 诉讼请求的预备性合并

诉讼请求的预备性合并,是指原告将不能两立的主位请求(第一位请求)与预备请求(第二位请求)加以合并。由于主位请求比预备请求更有利于原告,因此法院应当先对主位请求进行审理,只有在主位请求不能成立时才审理预备请求。例如,甲与乙缔结买卖合同,甲先行履行将买卖标的物转移给了乙,但乙以买卖无效为理由拒绝支付货款且不返还已接受的标的物。在此情形下,如果甲向乙提出诉讼,以支付货款为主位请求,以如果法院认定买卖合同无效则请求返还买卖标的物为预备请求,就构成诉讼请求的预备性合并。

在理论上,诉讼请求的预备性合并应当符合下述两个条件。第一,数个诉讼请求之间不能两立。该条件是指当事人的主位请求与预备请求不可能同时得到法院的支持,并且法院必须按照“先主位请求,后预备性请求”的审理顺序审判本案。例如,上述的支付货款请求和返还买卖标的物的请求就属于不能两立之请求。如果主位请求能够包含或吸收预备请求,则不构成诉讼请求的预备性合并。第二,关联性。该条件是指作为诉讼请求基础的事实关系之间必须具有关联性。预备请求必须是在对主位请求缺乏法的确信(缺乏胜诉确信)或立证确信情形下提出的诉讼请求。

预备性诉讼请求合并与选择性诉讼请求合并的主要区别有二:第一,前者中数个诉讼请求之间的关系是矛盾的,而后者中数个诉讼请求是两立或可以同时成立的。第二,两者在审理上的顺序不同。对于预备性合并,法院应当先审理主位请求,只有在主位请求不成立时,再审理预备请求,而对于选择性合并,法院则可以不分顺序进行审理。

二、诉讼请求的合并之构成要件

我国民事诉讼法没有对诉讼请求的合并要件作出明确规定。按照学理解释,诉讼请求的合并必须具备下述要件才得以成立:

第一,数个诉讼请求为同一原告对同一被告提出。在同一原告对同一被告主张数个诉讼请求之情形下,原则上并不要求数个诉讼请求之间必须具有关联性。这是因为诉讼请求合并之目的,是为了便于当事人利用一个诉讼程序解决数个纠纷。但是,在诉讼请求的预备性合并中,则要求主位请求与预备请求之间应当有关联性。

第二,数个诉讼请求能够适用同一个诉讼程序处理。如果数个诉讼请求不能适用同一个诉讼程序处理,原则上就不允许进行合并。

第三,受诉法院对合并的数个诉讼请求均有管辖权,且所有诉讼请求都不属于其他法院级别管辖和专属管辖。

三、诉讼请求的合并之审理与判决

我国法律没有对诉讼请求的合并案件之审理和判决程序作出明确规定。学理上认为,诉讼请求的合并要件不同于诉讼要件,当事人要求合并诉讼请求的,法院应当依职权对合并要件进行职权调查。对于不具备合并要件的诉讼请求,法院不应当同于诉讼要件那样作出不予受理或驳回起诉的裁判,而应当视当事人就各个诉讼请求分别提起诉讼,并在分开辩论的基础上进行审判。这是因为诉讼请求的合并要件仅是数个诉讼请求在同一个诉讼程序中予以合并审理的必备要件,而不是诉讼要件。但是,如果被合并的诉讼请求之一属于其他法院专属管辖或级别管辖的,受诉法院则应当依裁定将该项诉讼请求案件移送有管辖权的法院。

对于符合合并要件的数个诉讼请求，法院应当利用同一个诉讼程序进行审判。对数个诉讼请求的辩论和证据调查，也应当于同一庭审中进行，法院据此获得的诉讼资料和证据资料，可以作为判断各个诉讼请求当否的共通资料。

对于单纯的诉讼请求合并，如果各个诉讼请求均已达到裁判时机，法院应当对全部诉讼请求作出判决；如果某一诉讼请求已达到裁判时机，法院也可以仅对该诉讼请求作出一部判决(《民事诉讼法》第153条，先行判决)。学理上，法院在判决中对某一诉讼请求遗漏判决的，应当对此作出追加判决，而我国法律是将此种情形当做再审事由对待(《民事诉讼法》第200条)。对于选择性合并，由于当事人是以相同的给付或形成为目的要求合并诉讼请求的，所以不可以分开进行辩论以及对其中之一作出部分判决；法院审理结束后认为原告的诉讼请求无理由的，应当作出驳回全部诉讼请求的判决；如果法院认为原告的诉讼请求有理由而对某一诉讼请求作出判决时，对其他诉讼请求则无须再进行判决，即法院对某一诉讼请求作出的支持判决为全部判决。对于预备性合并，如果法院认为主位请求有理由时，应当就主位请求作出判决，而无须再对预备请求作出判决。反之，如果法院认为主位请求无理由时，则应当就主位请求作出原告败诉之判决，并开始审理预备请求。

第五节　诉讼请求的变更

一、诉讼请求的变更之形态

请求的变更，是指在诉讼系属中，原告以新的诉讼请求替换原来的诉讼请求，或者追加新的诉讼请求。由于请求的变更属于诉讼标的的变更，所以它实际上涉及请求原因或请求趣旨的变更。在旧诉讼标的理论下，请求原因对特定诉讼标的具有重要作用，所以请求的变更也主要是指请求原因的变更。但在新诉讼标的理论下，请求的变更则主要是指请求趣旨的变更。我国法律没有对诉讼请求变更的成立要件和审判方法作出明确规定，以下将从德日学理上阐述诉讼请求变更的基本构成及内容。

1. 请求趣旨的变更和请求原因的变更

请求趣旨是指原告提出的、其与被告间争议且要求法院判决的具体诉讼目的，或称原告要求法院作出的审判结论，讲学中可称作请求内容。例如，在给付诉讼中，诉状中记载的“要求法院判决被告向原告履行债务一万元”。就我国民事诉讼实践而言，请求趣旨通常等同于《民事诉讼法》第119条规定的“具体的诉讼请求”或第121条规定的“诉讼请求”。但是，以“诉讼请求”指代请求趣旨有许多值得质疑之处,因为诉讼请求的本质意义是指原告的权利主张,而不是权利主张的具体对象。请求原因通常是指与请求趣旨相联系而特定诉讼标的的事项,抑或原告的诉讼请求所基于的事实主张。由于请求原因是与法律构成要件相联系的事实主张,所以实质上是指原告主张的要件事实或主要事实。要件事实是指与相当于法律构成要件的生活事实(案件事实),在裁判三段论中,它是小前提。

请求趣旨的变更有多种表现。比如,原告将确认请求变更为给付请求,将现在的给付请求变更为将来的给付请求等。具体而言,对于请求趣旨的变更又可以从请求趣旨的扩张和缩减这两个方面加以认识。将请求金额由一万元增至二万元的,属于请求趣旨的扩张或增加;而将请求金额由四万元减至二万元的,则属于请求趣旨的缩减或减少。法理上认为,请求趣旨的扩张属于诉讼请求的变更,但请求趣旨的缩减则不属于诉讼请求的变更。这是因为请求趣旨的缩减即使得到法院认可,也不可能对被告造成更大的利益损失。不过,请求趣旨的缩减不同于诉讼请求的放弃,它只是具体请求内容的减少。例如,在人身损害赔偿请求中,原告对精神性损害赔偿及其数额的缩减(由一万元减为一百元),并不等于放弃了人身损害赔偿诉讼请求本身。

请求原因的变更,是指原告不变更请求趣旨,仅对作为请求原因的实体法上权利即法律观点进行变更。请求原因的变更主要发生在请求权或形成权竞合之场合。例如,在交通事故损害赔偿诉讼案件中,原告将请求原因由债务不履行变更为侵权行为(旧实体法的诉讼标的说)。但是,按照诉讼法的诉讼标的理论之解释,上述变更并不构成诉讼请求的变更,而是对独立的诉讼攻击防御方法之变更。新旧诉讼标的理论于此问题上的认识不同对于实务的影响是:如果将上述情形按诉讼请求的变更处理,只有在满足诉讼请求的变更要件的基础上,经法院许可才可以进行变更;但如果将上述情形视为诉讼攻击防御方法的变更时,则原告可以不经法院许可自由地进行变更。

2. 诉讼请求的变更之种类

诉讼请求的变更有两类:交换性变更和追加性变更。

交换性变更,是指原告以新的诉讼请求代替原来的诉讼请求,要求法院仅审理新的诉讼请求。交换性变更的前提是原告撤回了原来的请求原因或请求趣旨。比如,原告就某一标的物先是提出交付请求,但在诉讼进行中,又将该请求变更为所有权确认请求,并要求法院对所有权确认请求作出判决。交换性变更不是独立的诉讼请求的变更形态,而是追加新请求和撤回旧请求的复合行为,所以,如果原告撤回原来的诉讼请求之要件存在瑕疵,则此种变更将成为追加性变更。此外,法院在不能确定原告的请求行为究竟是属于交换性变更还是追加性变更时,则应当对原告行使释明权。

追加性变更，是指原告在不撤回旧诉讼请求之情形下追加新的诉讼请求。追加性变更属于诉讼请求的后发性合并问题，所以，应当符合诉讼请求合并的一般要件。比如，原告先是提起土地使用权确认诉讼，但在诉讼进行中又追加一项返还土地诉讼请求，即如果法院判决其对土地享有使用权，则同时要求法院判决被告交还土地。

二、诉讼请求的变更之要件

在原告处于继续实施诉讼活动也不能达至自己的诉讼目的情形下，如果一味地禁止其变更诉讼请求，这确实不近人情，但如果允许其随意变更诉讼请求，则又会增加被告的诉讼防御负担。我国司法解释规定，原告应当在举证时限届满前进行诉讼请求的变更，但现行《民事诉讼法》并没有对诉讼请求变更作出时效性规定。诉讼请求的变更之目的是调整原被告之间的利害关系。从方便原告诉讼，保护被告利益以及促进诉讼的立场出发，学理上认为，诉讼请求的变更应当符合以下条件：

第一，不得变更请求基础。诉讼请求的变更应当保持请求基础的同一性。但对于请求基础的理解，学说上有三：一是认为请求基础是事实关系；二是认为请求基础是原告通过诉讼主张的利益，依此解释，如果贯穿变更前后的诉讼中的利益是同一的，则请求基础就是同一的；三是从诉讼资料出发，将新诉与旧诉的诉讼资料具有共通性且能使继续审理的结果达至正当化程度，视为同一请求基础。

第二，诉讼请求的变更不得明显迟延诉讼程序。诉讼请求的变更既要保护原告的利益，也要符合诉讼经济原则。因此，诉讼请求的变更不得明显造成诉讼程序的迟延。原告在变更诉讼请求时，即使未变更请求基础，但若法院已对旧诉讼请求审理终结，或原有的诉讼资料对新的诉讼请求的裁判无所帮助，且诉讼程序及辩论和证据调查又必须重新开始，于此情形下，则应当从诉讼经济角度考量，原则上不允许原告进行诉讼请求的变更，但原告可以通过另行起诉的方式保护自己的权益。

第六节 反 诉

一、反诉的意义及形态

反诉是指在诉讼系属中，被告利用本诉的诉讼程序，对原告提起的诉。我国法律对反诉的规定极其简单。因此，以下只能从学理上对反诉制度作一阐述。

反诉不同于被告在诉讼中提出的诉讼攻击防御方法，因此，被告仅止于要求驳回本诉请求的主张，不构成反诉。例如，原告提起所有权确认之诉，而被告提出该所有权不应当归属原告的主张，则该主张因缺乏反诉利益而不构成反诉。再如，于原告提起的返还借款请求诉讼中，被告主张以自己的债权进行抵消，但此种情形仅构成抵消抗辩，也不属于反诉。但如果被告请求法院判决原告返还与本诉抵消后的余额部分，则可以构成反诉。

民事诉讼之所以在诉讼系属中认可反诉，其理由是，通过合并审理相关联的案件实现诉讼经济，平衡原告对被告实施的诉讼请求的变更、合并等诉讼行为，赋予被告利用本诉程序提出权利请求以体现诉讼公平。因此，被告在诉讼程序上有提起反诉或另行起诉的自由选择权。被告提起反诉后，即使本诉被法院驳回或者原告撤销本诉，反诉的诉讼系属也不消灭。但是，在本诉消灭后，作为附条件的预备性反诉亦随之消灭。

反诉在形态上可以分为单纯反诉、预备性反诉和再反诉。

单纯反诉，是指不论法院的判决是支持或驳回本诉请求，都要求法院对反诉请求作出裁判的反诉。例如，原告基于所有权提出交付房屋请求之本诉，而被告在本诉程序中主张原告对房屋无所有权，并提出要求确认自己是所有权人的反诉请求。

预备性反诉，是指被告为了防御原告胜诉，要求法院对附条件的反诉请求作出裁判的反诉。例如，原告基于买卖关系提出所有权转移登记请求，而为了防御原告的诉讼请求被法院认可，被告提出要求原告支付余款的反诉请求。在此情形下，如果本诉因不合法被法院驳回或原告撤回本诉，则反诉请求也消灭。即法院一旦驳回本诉请求，则无须再对反诉请求进行判断。

再反诉，是指对反诉请求提起的反诉。不过，有些学者认为，再反诉易使诉讼程序变得更为复杂，应当予以禁止。但支持再反诉的学者认为，为了能够在一个诉讼程序中解决多个具有关联性的纠纷，只要再反诉不明显造成诉讼迟延，则应当允许当事人提起。

二、反诉的构成要件

法理上解释，反诉在具备下列条件时得以成立：

第一，本诉被告对本诉原告提起。反诉是本诉被告利用本诉程序，以本诉原告为相对方提起的诉讼，因此，被告不得对无独立请求权第三人提起反诉。但对于有独立请求权第三人，由于法律规定其具有当事人地位，所以本诉的原被告均可以对有独立请求权第三人提起反诉。

第二，反诉的提出时机应当适当。我国《民事诉讼法》规定，被告可以在诉讼进行过程中提出反诉，对反诉的提出时机不加限制，实行随时提出主义(《民事诉讼法》第140条)。但司法解释则规定，被告必须在举证时限届满之前提出反诉[《民事证据规定》第34条第3款]。由于立法和司法解释相冲突,因而导致司法实践无所适从。

第三,反诉请求必须与本诉的请求或诉讼攻击防御方法有关联性。与本诉请求有关联性是指本诉和反诉的请求属于同一内容。比如,被告对离婚请求的本诉提起离婚的反诉;或者两个诉讼请求之间在发生原因上具有法律上或事实上的共同点等,譬如对原告根据买卖提出的所有权转移登记请求的本诉,被告提起请求支付同一买卖价款的反诉。而与本诉的诉讼攻击防御方法有关联性是指,反诉请求与针对本诉提出的诉讼攻击防御方法具有一定的关联性。譬如,甲以乙为被告提起二万元的还款请求的诉讼,乙以自己的五万元价款债权提出抵消抗辩,然后以剩下的三万元债权提起反诉。

第四,反诉不得对诉讼程序造成明显迟延。虽然反诉请求与本诉的请求或诉讼防御方法有关联性,但为了防止诉讼程序发生迟延,法院也可以对反诉不予受理。

第五,反诉不属于其他人民法院专属管辖。

另外,是否允许被告提起反诉,有时还涉及实体法和诉讼法的关系平衡问题。这里以为,当实体法和诉讼法在反诉规定上发生冲突时,应当以《民事诉讼法》的规定为标准确定反诉的构成要件。例如,实际施工人依据《最高人民法院关于审理建设工程施工合同纠纷案件适用法律问题的解释》(2004年9月29日最高人民法院审判委员会第1327次会议通过)第26条规定,以承包人和发包人为共同被告,向人民法院提起支付工程价款诉讼,而作为共同被告之一的发包人,又依据该解释第25条的规定,以本诉共同被告之一的发包人和本诉原告实际施工人为共同被告向人民法院提起反诉,要求反诉被告承担因工程质量问题给反诉原告造成的经济损失(损害赔偿请求)。于此背景下,则出现了本诉共同被告其中之一人能否向本诉共同被告中的其他人提起反诉的问题。在传统的当事人适格理论下,依照实体法上的合同相对性原则确定合同法律关系纠纷诉讼的适格当事人。因此,实际施工人因不是建设工程施工合同的主体,所以不能直接对发包人提起支付工程价款诉讼,而只能对自己的合同当事人之承包人提起支付工程价款诉讼;同理,由于实际施工人与发包人之间没有合同关系,所以发包人也不得直接对实际施工人提起基于工程质量问题产生的损害赔偿请求诉讼,而只能针对自己的合同相对人之承包人提起此类诉讼。但我国司法解释以保护实际施工人和发包人的利益为理由,打破了合同相对性原则,允许实际施工人和发包人直接向发包人和实际施工人提起诉讼,从而引起了本诉共同被告能否向本诉其他共同被告提起反诉的问题。对于此类问题的解决,尽管《民事诉讼法》没有明确规定共同被告不得对其他共同被告提起反诉,但这里以为,我们应当或最好按照民事诉讼法理进行解决,即被告只能对原告提起反诉,不允许共同被告对其他的共同被告提起反诉。

思考题

1. 试述民事诉讼中诉的基本含义。
2. 诉的基本理论有何实践意义？
3. 诉从类型上可以划分为哪几种？
4. 有关诉讼标的的学说有哪些？各自的主要观点是什么？
5. 诉讼请求的合并有哪几种？
6. 反诉成立的要件有哪些？

第三章　民事诉讼法基本原则

内容要点

民事诉讼法基本原则的概念，各项基本原则的含义，各基本原则之于民事诉讼法的价值和立法意义。

第一节　民事诉讼法基本原则概述

一、基本原则的含义

民事诉讼法的基本原则，是指在民事诉讼的整个过程中或者在重要的诉讼阶段，指导民事诉讼活动正常进行的基本原理和基本规则。民事诉讼法的基本原则集中和概括性地体现国家设立民事诉讼制度的指导思想和目的，反映民事诉讼的基本原理和内在规律。民事诉讼法的基本原则作为立法准则、法律解释准则和行为准则，为民事诉讼具体程序规则的发展和完善，法院、当事人以及其他诉讼参与人进行民事诉讼活动指明了方向。

我国民事诉讼法的基本原则是以我国宪法为根据，从我国社会主义初级阶段的实际情况出发，按照社会主义民主与法制的要求，结合民事诉讼法的特点而确定的。因此，在司法实践活动和民事诉讼法的学习和理论研究中，应当结合国家制度和社会实际，正确理解民事诉讼法基本原则。西方国家的情况与我国不同，经历了长期的资本主义发展阶段，建立了与社会经济环境相适应的民事诉讼制度，其民事诉讼法基本原则符合其自身的特性。我们学习和引进外国民事诉讼法理论必须结合我国实际，特别是在当前发展经济，建设法治社会的背景下，对民事诉讼法基本原则的理解更应当注重民事诉讼的社会性，一方面吸收外国民事诉讼理论的精华，另一方面避免生搬硬套，割裂民事诉讼与社会经济环境的有机联系。

民事诉讼法基本原则不同于民事诉讼法的基本制度和具体规则，它具有基础性、概括性、宏观指导性和稳定性的特征：

1. 基础性。民事诉讼是一个经过长期发展的有机统一体，其基本原理和内在规律通过民事诉讼法的基本原则反映出来，因此，民事诉讼法各项基本制度和具体程序规则的设置必须以基本原则为基础。可以说，民事诉讼法的其他具体规范是从基本原则中派生出来的,是基本原则的具体化,因此不得与基本原则相抵触。

2. 概括性。民事诉讼法基本原则是各项基本制度和具体程序规则的源泉,因此概括性是其重要特征。只有概括性、总揽性地抓住民事诉讼的基本精神、运行规律,民事诉讼法基本原则才能在民事诉讼全过程以及重要阶段为法院、当事人和其他诉讼参与人提供导向,将民事诉讼的具体规范有机地连接起来。

3. 宏观指导性。民事诉讼的具体程序规则建立在民事诉讼法基本原则的基础之上,因此在司法实践活动中,民事诉讼法基本原则统领、指导各具体程序规则,使之顺利运行。由于成文法的特性和现阶段法治建设的实际情况,我国的民事诉讼法律规范和制度难免出现不完善之处,民事诉讼法基本原则可以作为法院解释和继续构建民事诉讼法律规范的准则。

4. 稳定性。民事诉讼法的具体程序规范可以根据社会经济环境以及立法者的法律政策发生相应的变化,民事诉讼法基本原则是民事诉讼普遍性规律和基本程序价值在漫长历史发展过程中的积淀,不仅适用于不同的民事诉讼发展阶段,也适用于不同的国家。因此,民事诉讼法基本原则的一个重要特征是其稳定性,不受外部环境和民事诉讼法具体规则变化的影响。

二、基本原则的功能

民事诉讼法基本原则具有以下功能:

1. 立法准则的功能。民事诉讼法基本原则反映民事诉讼的基本原理和内在规律,决定民事诉讼的基本性质、基本内容、基本框架,民事诉讼法具体程序规则的制定必须以民事诉讼法的基本原则为根据。现代民事诉讼法的基本原则是社会经济发展变化的结果,为了确保民事诉讼具有民主、法治和权利保障的性质,立法者制定民事诉讼法律规范应当首先遵守基本原则,以基本原则为出发点,通过对基本原则的具体化,建立完整、有机、合法与合理的民事诉讼法体系,使诉讼制度和程序规则具有内在的一致性和统一性,相互协调,服务于我国的经济和社会现实。

2. 诉讼行为准则的功能。我国民事诉讼法基本原则在民事诉讼法中有明确的规定,是民事诉讼法律规范的有机组成部分,因此具有强制性行为规范的性质。在民事审判实践中,法院、当事人和其他诉讼参与人的诉讼行为必须遵照民事诉讼法律规范。由于民事诉讼法基本原则具有立法准则功能,符合民事诉讼具体程序规范的诉讼行为同时也应符合基本原则。但是,在民事诉讼具体程序规范不完备、彼此之间发生冲突或者在特殊案件中存在适用困难时,应当以基本原则作为诉讼行为准则。对基本原则的适用有两种方式:一是在民事审判中直接作为程序依据,比如德国在民事诉讼中可以适用法定听审权基本原则;二是将基本原则通过立法程序,转化为民事诉讼法的具体程序规则,比如德国新近在民事诉讼法中规定了听审权责问制度。

3. 进行创造性司法活动的功能。我国属于成文法国家,这一特点决定了立法者不可能将民事诉讼的程序规则制定得尽善尽美。加之我国法治建设的实际情况以及现阶段民事纠纷和民事诉讼活动的复杂性与多变性,民事诉讼法律规范可能出现漏洞,各种基本制度与程序规则之间亦难免出现相互矛盾的情况。因此,应当允许法院根据民事诉讼法基本原则,创造性地行使司法审判权,以弥补立法的不足。此外,社会经济是一个动态发展的过程,民事争议与民事诉讼的结构和特性也不可能僵化不变,为了与此相适应,也必须允许法院在司法活动中继续构建民事诉讼法律规范,其出发点与参照应当是民事诉讼法基本原则。

三、基本原则的分类

我国对民事诉讼法基本原则采取立法明示体例,《民事诉讼法》第一章明确规定了以下基本原则:(1) 民事案件的审判权由人民法院行使原则;(2) 人民法院依照法律规定对民事案件独立进行审判原则;(3) 以事实为依据,以法律为准绳原则;(4) 对于诉讼当事人在适用法律上一律平等原则;(5) 诉讼权利平等原则;(6) 调解原则;(7) 辩论原则;(8) 诚实信用原则;(9) 处分原则;(10) 使用本民族语言文字进行诉讼原则;(11) 支持起诉原则;(12) 人民调解原则;(13) 检察监督原则;(14) 民族自治地方制定变通或者补充规定原则;(15) 同等原则;(16) 对等原则。除《民事诉讼法》之外,《宪法》以及其他法律中亦规定有民事诉讼法基本原则。

民事诉讼法基本原则有多个,每个基本原则是对民事诉讼特定方面基本原理或内在规律的反映,各项基本原则之间相互联系、相互制约,使民事诉讼法成为一个统一的有机体系。但各项基本原则之间又存在差别,因此有必要对其进行分类。根据规定基本原则的法律与适用范围的不同,理论界通常将基本原则分为两大类:

第一类是根据《宪法》原则,参照《人民法院组织法》有关规定制定的基本原则。这类基本原则的特点是不仅适用于民事诉讼,而且也适用于刑事诉讼和行政诉讼。这些原则是宪法、法院组织法、刑事诉讼法、行政诉讼法的共有原则,简称共有原则。这类原则包括:(1) 民事案件的审判权由人民法院行使原则;(2) 人民法院依照法律规定对民事案件独立进行审判原则;(3) 以事实为依据,以法律为准绳原则;(4) 使用本民族语言文字进行诉讼原则;(5) 检察监督原则。由于共有原则的内容对民事诉讼法在适用上有特殊要求,因此《民事诉讼法》重新对其予以规定。

第二类是根据民事诉讼的特殊要求制定的基本原则,反映了民事诉讼的特殊规律,因而仅适用于民事诉讼,成为民事诉讼的特有原则,比如辩论原则、处分原则等。本章仅对民事诉讼法的特有原则予以阐述。

第二节 当事人诉讼权利平等原则

一、当事人诉讼权利平等原则的含义

《民事诉讼法》第 8 条规定:“民事诉讼当事人有平等的诉讼权利。人民法院审理民事案件,应当保障和便利当事人行使诉讼权利,对当事人在适用法律上一律平等。”该条是当事人诉讼权利平等原则的法律依据。

我国《宪法》第 33 条规定“公民在法律面前一律平等”,当事人诉讼权利平等原则是对该宪法规范在民事诉讼法中的贯彻和具体化,没有诉讼权利的平等,宪法规定的平等权利就得不到保障。民事诉讼是当事人为保护其民事权利,请求国家司法机关裁判民事争议的程序,因此诉讼权利平等是民事实体法平等原则的必然要求,没有诉讼权利的平等,民事实体法权利平等原则就无法实现。民事诉讼程序建立在当事人对抗的基础上,当事人诉讼权利平等是程序公正的基本要求,没有诉讼权利的平等,法院就难以从诉讼中发现案件的真实情况,正确适用法律,也就不能为当事人提供公正的司法保障。

二、当事人诉讼权利平等原则的内容

当事人诉讼权利平等原则包括以下三方面内容:

1. 当事人双方诉讼地位完全平等。当事人双方诉讼地位完全平等既是宪法和民事实体法基本原则的要求,也是由民事诉讼程序的特点决定的。在民事诉讼程序中,无论当事人自身特性如何,即不论是本国人、外国人或者无国籍人,不论其民族、性别、职业、社会地位、政治背景、宗教信仰、文化程度和经济状况如何,诉讼地位都完全平等,任何一方都不享有诉讼上的特权,或者受到诉讼上的歧视。当事人诉讼地位完全平等要求当事人双方享有均衡的攻击和防御手段,维护各自的程序利益和实体利益。但当事人双方诉讼地位完全平等并不意味着他们的诉讼权利和诉讼义务完全一样。当事人诉讼地位完全平等具体表现为:(1) 当事人享有相同的诉讼权利。如双方当事人都有委托代理人、申请回避、提供证据、请求调解或自行和解、进行辩论、提起上诉、申请再审、提出申诉、申请执行等诉讼权利。(2) 当事人享有对等的诉讼权利。由于双方当事人在诉讼中担负的具体角色不同,民事诉讼法设置了一系列对等的诉讼权利,以实现当事人诉讼地位平等。如原告有提起诉讼的权利,被告有提出反诉的权利;原告有放弃或者变更诉讼请求的权利,被告有承认或者反驳诉讼请求的权利。(3) 当事人平

等地承担诉讼义务。诉讼权利和诉讼义务是互相对应的,双方当事人的诉讼权利平等,也相应的要求其承担的诉讼义务平等。如双方当事人都必须依法行使诉讼权利,履行诉讼义务,遵守诉讼程序等。由于当事人在诉讼中担负的具体角色不同,在某些情况下,他们所承担的诉讼义务不尽相同,不履行诉讼义务的后果也有差异。因此,无论是从诉讼权利看,还是从诉讼义务看,当事人双方平等都不意味着其诉讼权利义务完全相同。

2. 当事人有平等行使诉讼权利的手段,法院应当保障和便利当事人平等行使诉讼权利。作为立法准则是民事诉讼法基本原则的重要功能,民事诉讼法的基本制度和具体规则中必须体现当事人诉讼权利平等原则,为当事人平等行使诉讼权利提供法律依据。当事人诉讼权利平等原则作为诉讼行为准则,要求人民法院和当事人在诉讼中必须遵守该基本原则。法院在民事诉讼中处于引导地位,推动民事诉讼的进行。保障当事人平等地行使诉讼权利,为当事人创造平等行使诉讼权利的机会,不偏袒、不歧视任何一方,是人民法院依法承担的责任。当事人在诉讼中也必须遵守诉讼权利平等原则,不得滥用自己的诉讼权利,妨碍对方当事人行使诉讼权利以及诉讼的进行。

3. 对当事人在适用法律上一律平等。当事人诉讼权利平等首先表现在立法上,通过民事诉讼法的基本制度和具体规则得以具体化。但是,当事人诉讼权利平等原则不能仅仅停留在法律条文中,法院在审判工作中应当对所有诉讼当事人平等适用法律。任何诉讼当事人,不分民族、种族、性别、职业、社会地位、宗教信仰、受教育的程度、财产状况、居住期限,只要参加民事诉讼活动,都应毫无例外地遵守法律,享有法律规定的权利,履行法律规定的义务。任何当事人的合法权利都应受到保护,任何当事人的违法行为都应受到制裁,这是诉讼权利平等原则的必然要求。

第三节 辩论原则

一、辩论原则的含义和内容

辩论原则,是指当事人在民事诉讼活动中,有权就案件所争议的事实和法律问题,在法院的主持下进行辩论,各自陈述自己的主张和根据,互相进行反驳与答辩,从而查明案件事实,维护自己的合法权益。《民事诉讼法》第12条规定:"人民法院审理民事案件时,当事人有权进行辩论。"《民事诉讼法》的这一规定是辩论原则的法律依据。

辩论原则的具体含义应包括以下几个方面的内容:

1. 辩论权是当事人的一项重要诉讼权利。在民事诉讼中,当事人包括第三人对诉讼请求有权陈述事实和理由,有权就对方当事人的陈述和诉讼请求进行反驳和答辩。当事人之间的攻击和防御以辩论形式表现出来,当事人维护自己合法权益最为重要的方法就是辩论。辩论权建立在当事人权利平等的基础上,只有在辩论权平等的条件下,当事人才能够获得均等的攻击、防御的手段和机会。

2. 辩论原则贯穿于民事诉讼的全过程。自人民法院受理案件之时起,直到诉讼终结,当事人均有权进行辩论。比如案件受理后,被告收到起诉状副本之日起,应当在法定期间内提交答辩状,即进行书面形式的辩论。因此,当事人的辩论不仅包括法庭辩论,还包括其他庭审程序以外的辩论。辩论原则不仅适用于一审、二审程序,同样也适用于审判监督程序。

3. 辩论的表现形式可以是口头形式,也可以是书面形式。口头辩论是辩论原则最重要的表现形式,在庭审程序中,当事人通过口头辩论可以全面详尽地陈述事实,反驳对方当事人提出的事实和主张。口头辩论也是法官形成心证的最重要的途径,与直接原则有着密切的联系。辩论也包括书面形式,如原告提出起诉状,被告提出答辩状。

4. 辩论的内容广泛。辩论的内容既可以是事实问题,也可以是法律问题;既可以是实体方面的问题,也可以是程序方面的问题。事实问题包括实体上的事实和程序上的事实,如原告提出的请求权要件事实是否成立,被告提出管辖权异议依据的事实以及所主张的法官与当事人之间的关系是否真实。法律问题包括实体法和程序法的适用,如请求权要件事实成立时对法律的适用,基于某一事实主张的民事权利请求有无法律上的根据,当事人是否适格,受理案件的人民法院有无管辖权等。

5. 法院的判决必须经过和基于当事人的辩论作出。法院的判决直接针对当事人之间的法律关系,因此案件的事实和适用的法律必须经过当事人的辩论,否则就会造成突袭判决,影响程序公正,当事人难以接受判决的结果,其实体权利也得不到维护。

6. 法院应当充分保障当事人的辩论权。辩论权是当事人维护自己实体与程序权利的最重要的手段,因此法院必须为当事人充分行使辩论权提供机会,使当事人能够充分陈述事实,提出主张。

二、辩论原则与大陆法系辩论主义的区别

大陆法系的辩论主义形成于自由资本主义阶段,当时欧洲国家刚刚摆脱封建主义的束缚,个人对物质和精神财富的追求成为社会和经济发展的根本动力。以个体为中心的自由主义在私法领域表现为自治原则。民事诉讼法虽然属于公法范畴,但在当时的历史背景下,被赋予浓重的自由主义色彩,当事人主义在民

事诉讼中占据了极其重要的地位,辩论主义则是当事人主义的重要内容。辩论主义又称为提出主义,包括以下内容:(1) 直接决定法律效果发生的主要事实必须在当事人的辩论中出现,法院不能以当事人没有主张的事实作为判决的基础;(2) 对于双方当事人没有争议的事实,法院应当作为判决的基础,换言之,法院应当受当事人自认的约束;(3) 法院对证据的调查,原则上仅限于当事人提出的证据,不允许法院依职权主动调查证据。可见,辩论主义的出发点是当事人的意思自由,法院的审理和裁判应受当事人提出的事实和证据范围的限制。

通过比较大陆法系的辩论主义和我国民事诉讼法的辩论原则,可以发现二者之间的区别:(1) 调整的关系不同。辩论主义调整的是当事人与法院之间的关系,法院审理和裁判的范围由原告的起诉主张的范围决定,因此辩论主义与处分主义之间有着密切的关系。辩论原则调整的是当事人之间的关系,强调当事人对争议问题享有辩论权。但辩论原则没有规定当事人辩论与法院裁判之间的关系,法院裁判可能超出当事人辩论的范围,出现"你辩你的,我判我的"情况。(2) 对法院的约束力不同。辩论主义对法院和当事人的裁判与诉讼活动有实际的法律拘束力,当事人自行决定提出事实和证据的范围,在诉讼期间内不能完成诉讼行为,则引起失权的后果;法院裁判必须以当事人在辩论中提出的事实和证据为基础,尊重当事人对审理对象的选择,不得在当事人主张的事实和提出的证据之外主动调查事实和证据。现行辩论原则的一般阐释虽然要求法院充分保障当事人能够实施辩论行为,但没有使当事人的辩论结果对法院的裁判形成约束。(3) 引起的结果不同。辩论主义使法院受当事人提出事实和证据范围的约束,使其在诉讼中保持裁判者的中立地位,能够真正保障当事人的意思自治;辩论原则强调对当事人辩论权的尊重,并不能排除职权主义对当事人意思自由的干涉,充分保障当事人诉讼主体的地位。

第四节 处分原则

一、处分原则的含义

处分原则是指当事人在民事诉讼中,有权在法律规定的范围内依自己的意思决定是否行使以及如何行使自己享有的民事权利和诉讼权利,法院应当尊重当事人的处分行为,不得干涉。《民事诉讼法》第 13 条第 2 款规定:"当事人有权在法律规定的范围内处分自己的民事权利和诉讼权利。"该条款的规定是我国民事诉讼处分原则的法律依据。处分原则是民事诉讼的特有原则,不适用于刑事诉讼和行政诉讼,它体现了民事诉讼的特征和基本规律。

现代法治国家的民事诉讼法确立处分原则,是由民事诉讼的目的决定的。

民事诉讼的首要目的是保护私法权利,民事诉讼法的基本制度和具体规则都是围绕这一目的建立的。私法自治是民事实体法的基本原则,民事实体权利是私权利,权利人享有自由处分的权利。民事诉讼法是实现私法权利的手段之一,因此,当事人同样应当有权在民事诉讼中处分民事实体权利和诉讼权利。在实体法律领域,民事主体可以基于私法自治原则(缔约自由),与他人订立合同,设立债权债务关系,主张或者放弃某项财产权;在民事诉讼中当事人不但可以行使和放弃诉讼权利,比如反驳、撤诉或者缺席,还可以通过行使诉讼权利处分实体权利,比如认诺、申请调解或者与对方达成和解。但当事人只能在法律规定的范围内处分自己的民事权利和诉讼权利,不得违反法律的禁止性规定。

二、处分原则的内容

处分原则包括以下几方面内容:

(一)处分权的主体是当事人

《民事诉讼法》规定的处分权主体只限于当事人,其他诉讼参与人不享有处分权。当事人除单一诉讼的原告、被告外,还包括共同诉讼人、诉讼代表人、第三人。单一诉讼的原告和被告、普通共同诉讼人、有独立请求权的第三人有权依自己的意思行使处分权,但是必要共同诉讼人、诉讼代表人以及无独立请求权的第三人的处分权受到不同程度的限制。诉讼代理人不享有处分权,法定诉讼代理人的诉讼地位相当于当事人,依法律规定代表当事人实施处分权;委托诉讼代理人经当事人授权代表当事人行使处分权。

(二)处分的对象包括民事权利与诉讼权利

根据处分原则,当事人有权处分民事实体权利与诉讼权利。在民事诉讼中当事人对民事实体权利的处分一般是通过处分诉讼权利来实现的,但是对诉讼权利的处分不一定引起实体权利状态或者法律关系的改变。原告在起诉时,通过提起的诉讼请求处分民事权利,法院必须根据诉讼请求确定诉讼标的,不得超出原告请求的范围作出判决;在诉讼中原告可以变更诉讼请求,扩大或者缩小请求的范围,法院必须尊重当事人的决定,不得主动依职权变更原告请求的范围;当事人双方可以提出调解申请,就双方的争议达成调解协议,实现对实体权利的处分。当事人对一些诉讼权利的处分不会影响到实体权利,比如原告在诉讼中撤诉,并不代表放弃了实体权利,仍然可以再次起诉。处分的方式包括积极处分和消极处分,积极处分是对权利的行使,比如提起上诉、反诉,消极处分是对权利的放弃,比如在答辩期内不提交答辩状;处分有明示的处分和默示的处分,被告认诺原告的诉讼请求是明示的处分,当事人在上诉期内不提上诉则是默示的处分。

（三）处分原则贯穿于诉讼的全过程

当事人处分民事实体权利和诉讼权利的形式多种多样，自起诉、判决生效直至执行，贯穿于诉讼的全过程。(1) 根据私法自治原则，在民事争议发生后由当事人自己决定是否主张权利以及主张权利的形式，因此当事人享有启动诉讼的权利，法院不得主动开启诉讼程序。(2) 诉讼标的以及提出的诉讼材料的范围由当事人确定，法院必须尊重当事人的决定，不得超出当事人请求、提出事实与证据的范围来审理和裁判，否则就会出现突袭审理和突袭判决。(3) 在诉讼程序中，当事人可以行使一系列处分权，原告可以申请撤诉或者变更诉讼请求，被告可以提起反诉、承认原告主张的事实或者认诺原告的诉讼请求，双方可以自行和解或者申请调解。(4) 一审判决作出后，当事人自己决定是否提起上诉。在上诉期内提起上诉的，启动二审程序；当事人放弃上诉权的，上诉期届满后一审判决即发生法律效力。(5) 民事裁判或者调解书生效后，如果义务人在规定的期限内不主动履行给付义务，由权利人决定是否申请强制执行。在执行程序中双方当事人亦可达成执行和解。(6) 对于发生法律效力的民事裁判，当事人认为确有错误的，有权申请再审。

（四）处分权的行使限于法律规定的范围

《民事诉讼法》第 13 条第 2 款规定：“当事人有权在法律规定的范围内处分自己的民事权利和诉讼权利。”根据该条款的规定，当事人必须在法律规定的范围内行使处分权。当事人对诉讼权利的处分必须符合《民事诉讼法》的规定，比如原告申请撤诉必须经人民法院同意，对涉及身份关系的事项不适用自认等。当事人对民事实体权利的处分不得违反法律禁止性规定，不得损害国家利益、社会公共利益和他人合法利益。比如当事人在诉讼中自行和解，将和解协议提交法院进行确认并申请制作调解书的，法院应当对和解协议的内容进行审查，对当事人违反法律规定的处分行为不予确认。

三、处分权与审判权的关系

民事诉讼的目的是以国家权力保护当事人的私法权利，因此在民事诉讼中当事人的处分权必然与法院的审判权发生关系，公正、有效的民事诉讼程序正是建立在处分权与审判权相互协调运作的基础之上。二者之间的关系表现为以下三个方面：

1. 处分权制约审判权。司法的被动性是现代民事诉讼的基本特征，民事实体权利的保障原则上依靠权利人的推动，除非涉及国家利益、社会公共利益和第三方利益，法院不得超出当事人主张的范围主动实施职权行为。正如西方国家的法谚：“无当事人，则无法官”(Wo kein Kläger, da kein Richter)，因此民事诉讼程序的启动与否完全由当事人决定。在民事诉讼程序的进行中，当事人不仅可以通过变更诉讼请求,改变法院审理和判决的范围,也可以通过撤诉、放弃诉讼请求、自行和解等方式终结诉讼。

2. 审判权监督处分权。民事诉讼是当事人实现民事实体权利的重要工具,以国家权力作为强制性基础,因此处分权应当受到审判权的监督。审判权对处分权的监督体现在以下几个方面:(1) 民事诉讼耗费国家司法资源,如果当事人的处分行为不受监督和限制,就会造成诉讼拖延,降低司法效率。比如当事人没有及时提供案件事实材料和证明材料,法院不予采信,其目的是保障程序的有序进行。(2) 避免权利滥用,比如申请保全和先予执行的,法院有权责令申请人提供担保,以避免给被申请人造成不当的损失。(3) 如果当事人对实体权的处分损害了第三方利益,或者违反了实体法律的规定,法院应当行使审判权,认定处分行为无效。比如当事人在自行和解中存在重大误解或者欺诈事实,法院应认定和解协议无效。

3. 审判权为处分权的行使提供指导和保障。德国学者堡姆巴赫将法官的阐明和提示义务称为民事诉讼的大宪章(Magna Charta des Zivilprozesses),充分说明审判权对保障当事人处分权的重要意义。为了促进诉讼的顺利进行,充分保护当事人的民事实体权利和诉讼权利,法院应当提示当事人提出有益于案件审理的请求和证明材料,作出完整的陈述。但是,法院在民事诉讼中必须保持中立,不得偏袒任何一方,破坏民事诉讼的平衡。另外,审判权必须保持其效力的边界,不得任意侵害当事人的处分权。

第五节 法院调解原则

一、法院调解原则的含义

法院调解,是指在诉讼过程中,在审判人员的主持下,诉讼当事人就争议问题,通过自愿协商,达成协议,解决其民事纠纷的诉讼活动。《民事诉讼法》第9条规定:“人民法院审理民事案件,应当根据自愿和合法的原则进行调解;调解不成的,应当及时判决。”该条是我国民事诉讼法法院调解原则的法律依据。

根据以往法院调解的经验和教训,我们应当正确理解和对待调解与判决的关系。在理论界有人认为,法院调解原则淡化了司法机关的审判职能,带来一系列的弊端,比如不利于树立法院权威、充分保障当事人的民事权利和诉讼权利以及法治观念的形成,因此主张取消法院调解原则。我们认为此观点有失偏颇。当今世界各国都非常重视调解在民事诉讼中的地位和作用,我国应当利用现有的资源优势,在尊重当事人意愿、充分保障当事人诉讼权利和民事实体权利的前提下,为民事争议提供合意性的解决渠道。

二、法院调解的原则

法院调解的原则,是指人民法院和双方当事人在调解活动中必须遵守的行为准则。根据我国《民事诉讼法》第9条的规定,法院调解必须遵守以下三个原则:

(一) 自愿原则

法院调解的自愿原则,是指在民事诉讼中,调解方式的选择和调解程序的进行,都必须以当事人双方的真实意愿为前提条件,法院不得以任何方式强制调解。自愿原则包括以下两方面内容:

1. 程序上的自愿。私法自治是民事实体法的基本原则,根据该原则权利人有权在法律规定的范围内依照自己的意思处分民事实体权利。民事诉讼的根本目的是保护民事实体权利,解决民事纠纷,因此也必须保障私法基本原则得到贯彻和实施,其中最重要的形式是民事诉讼法的处分原则。如果当事人选择诉讼解决相互间的民事纠纷,法院应当在最大范围内为其提供处分民事实体权利的可能。绝大多数国家的民事诉讼法都规定,除了以争议性判决,还得以合意形式终止诉讼程序。比如被告自认,法院可以作出自认判决,终结案件的审理。法院调解是合意终结民事诉讼的主要形式,当事人可以行使其程序处分权,选择调解作为解决纠纷的方式。因此,法院调解程序的启动必须建立在当事人自愿的基础上,不得依职权强制调解。

程序上的自愿包括两方面的内容:启动调解的自愿和调解程序进行的自愿。原则上,调解程序依当事人申请而发动。法院提出调解建议,当事人不同意调解的,必须继续审理,在规定的期限内审结案件,不得以拖延的形式强迫当事人进行调解。另外,当事人选择调解,并不意味着该案件必须以调解形式终结,当事人有权选择退出调解程序,法院应当立即转入判决程序。

2. 实体上的自愿。《民事诉讼法》第96条规定:“调解达成协议,必须双方自愿,不得强迫。”该条是在调解中保障当事人实体权利自愿原则的法律依据。当事人选择了调解程序,并不意味着民事争议一定以调解形式结案,是否达成调解协议,还依赖于当事人对其民事实体权利的处分,法院和当事人都不得强迫另一方当事人接受自己的调解建议或者意愿。

法院调解是一种解决民事纠纷的诉讼程序,其前提条件是民事诉讼程序的启动。在民事诉讼中双方当事人无论是在诉讼地位还是在心理上都处于对抗状态,为了促使程序向合意性解决的方向发展,需要法院或者当事人一方提出调解方案,推动调解的进行。调解协议是当事人行使民事实体权利处分权的结果,如果不尊重当事人的意愿,即使强迫当事人接受调解协议,当事人仍然有权拒绝签收调解书。强制调解非但不能解决民事争议,也会浪费司法资源和降低法院的权威。因此,在调解中充分保障当事人的实体自愿原则,可以提高当事人对调解书的接受程度,保证其主动履行,避免启动强制执行程序。此外,充分尊重当事人的意愿,还可以发挥调解的更多功能,比如超出争议标的的范围达成和解,有利于提高司法效率。

(二)查明事实、分清是非原则

查明事实、分清是非原则,是指人民法院对民事案件进行调解必须建立在查明案件事实、分清是非责任的基础上。法院调解是人民法院行使审判权,解决民事纠纷,结束诉讼程序的一种结案方式。法院调解不仅是当事人处分其民事实体权利和诉讼权利的过程,同时也是法院代表国家行使审判权的过程,因此应当贯彻和落实查明事实、分清是非的司法原则。

当事人向人民法院起诉的目的在于保护民事实体权利,解决纠纷,只有查明事实、分清是非,才能使当事人对纠纷发生的事实、产生的责任有正确的认识,才能够起到解决纠纷的作用。如果事实不明、是非不清,即使以调解的形式结案,也不能消除争议的根源,将来可能再起争议。查明事实、分清是非可以使侵害权利一方当事人明确自己的错误,促使其作出让步,提高调解成功率,也有利于促进当事人主动履行调解书中的给付义务,避免启动执行程序。

(三)合法原则

合法原则,是指人民法院和双方当事人的调解活动以及协议内容,必须符合法律的规定。合法原则包括程序合法与实体合法。

1. 程序合法。我国《民事诉讼法》除了在第一章中规定了自愿合法调解原则外,亦在第八章中详细规定了法院调解的程序。在人民法院的支持下,双方当事人进行调解活动必须依照《民事诉讼法》规定的程序进行。《民事诉讼法》第93条规定:“人民法院审理民事案件,根据当事人自愿的原则,在事实清楚的基础上,分清是非,进行调解。”因此,“当事人自愿”和“查明事实、分清是非”不仅是法院调解的原则,同样也是法定的程序要求。如果法院强迫当事人进行调解、接受调解协议,或者在调解中没有查明事实、分清是非,即属程序违法。《民事诉讼法》第97条第3款规定:“调解书经双方当事人签收后,即具有法律效力。”根据该条款的规定,法院制作调解书后,必须送达双方当事人,如果一方或者双方当事人拒绝签收,调解书不发生法律效力。该条款的规定,从根本上保障了自愿原则在法院调解中的贯彻和实施,即使法院强迫当事人进行调解或者接受调解协议,当事人仍然可以拒绝签收。

2. 实体合法。在充分保障调解自愿原则的条件下,调解协议体现了当事人对其民事实体权利的处分。但是,当事人处分权的行使并不是毫无限制,既不能超出自己民事权利的范围,也不能违反法律的规定。《民事诉讼法》第96条规定:“调解协议的内容不得违反法律规定。”《最高人民法院关于人民法院民事调解工作若干问题的规定》具体细化了违反法律规定的情形,其中包括:"(一)侵害国家利益、社会公共利益的;(二)侵害案外人利益的;(三)违反当事人真实意思的;(四)违反法律、行政法规禁止性规定的"。违法的情形不仅包括侵害第三方利益、违反法律禁止性规定,还包括违反当事人真实意思。比如在调解中,一方当事人因重要证据丢失,对案件事实不能证明,因此与对方当事人达成调解协议。但嗣后发现该证据在对方当事人手中,该调解协议显然违反了当事人的真实意思。当事人双方达成的调解协议的合法性需要经过人民法院的审查,其中违反法律规定的内容人民法院不予确认。

第六节　直接言辞原则

一、直接言辞原则的含义

直接言辞原则包括直接审理原则(Unmittelbarkeit)和言辞审理原则(Mündlichkeit),二者之间关系密切,是现代民事诉讼的重要基本原则和特征。直接审理原则,是指民事判决只能由直接审理民事案件的审判庭及其成员作出。具体有以下三方面含义:(1) 法庭开庭审理民事案件,法官、当事人和其他诉讼参与人必须亲自到庭参加庭审活动;(2) 审理法官必须亲自进行法庭调查和证据调查;(3) 只能由直接参加庭审的法官作出判决。

言辞审理原则又称为言辞辩论原则,是指法庭以言辞方式审理当事人的诉讼请求,当事人以言辞方式向法庭陈述诉讼材料。具体有以下含义:(1) 参加庭审活动的各方以言辞方式进行各种诉讼行为;(2) 当事人在庭审中以言辞方式提出事实材料和证据材料;(3) 法庭以言辞方式审理当事人的诉讼请求。言辞审理原则不适用于民事诉讼的全过程,比如被告收到送达的起诉状副本以后,以书面方式进行答辩;《民事诉讼法》第 73 条规定,符合法定情形的当事人,经人民法院许可,可以通过书面证言作证。外国的民事诉讼中也有许多书面审理的规定,比如德国《民事诉讼法》第 137 条第 3 款规定:"当事人同意且法院认为适当,可以援引文件。"但是,在民事诉讼的重要阶段,所有诉讼参加方应当以言辞方式进行诉讼活动。

直接审理原则与言辞审理原则关系密切,互为表里,二者的结合体现了现代民事诉讼公正程序保障的基本理念。在开庭审理中,法庭听取当事人和其他诉讼参与人的言辞陈述,以言辞方式进行询问或者阐述、提示,直接审理原则通过言辞审理方式得到贯彻和实施。而言辞审理的最好形式是直接审理,法庭及其成员在进行直接审理程序中最为便捷、高效的形式是言辞审理。

二、直接言辞原则在诉讼中的体现

我国的民事诉讼体系大量吸收和借鉴外国的制度和理论,直接言辞原则在重要的诉讼阶段和具体程序中都有体现和贯彻。特别是在开庭审理阶段和证据调查中,法官、当事人和其他诉讼参与人的诉讼活动应当以直接审理和言辞审理的方式进行。《民事诉讼法》第 137 条第 2 款规定:"开庭审理时,由审判长核对当事人,宣布案由,宣布审判人员名单,告知当事人有关的诉讼权利义务,询问当事人是否提出回避申请。"从开庭审理阶段开始,法庭进行诉讼应当遵循直接言辞原则。根据《民事诉讼法》第 138 条至 142 条关于开庭审理的规定,当事人与其他诉讼参与人的诉讼活动以直接言辞为主要形式。同时,当事人直接以言辞方式询问证人、鉴定人、勘验人也是其诉讼权利,法庭应当给予当事人行使的机会。通过直接言辞审理可以保证当事人充分、及时地使用攻击、防御方法,使双方之间的争议充分展现出来,证据得到最充分的检验,使法官可以亲历案件审理过程,形成符合案件事实的心证,作出符合事实和法律的裁判。

在证据调查中,法院应当遵循直接言辞原则引导程序的进行。《民事诉讼法》第 68 条规定:"证据应当在法庭上出示,并由当事人互相质证。"第 72 条规定:"凡是知道案件情况的单位和个人,都有义务出庭作证。"第 75 条规定:"人民法院对当事人的陈述,应当结合本案的其他证据,审查确定能否作为认定事实的根据。"在第 80 条规定的勘察程序中,勘验人必须亲自勘验物证或者到达现场,出示人民法院的证件。以上各项规定,都要求证据调查应当以直接言辞形式进行,以保证法庭及其成员能够亲历证据调查的过程。

但是,在民事诉讼的一些具体情形中,由于诉讼阶段的特性或者实际情况,难以适用直接言辞原则,法律应当作出相应的变通。比如,《民事诉讼法》第 120 条规定:"起诉应当向人民法院递交起诉状,并按照被告人数提出副本。"第 123 条规定:"符合起诉条件的,应当在七日内立案,并通知当事人。"第 125 条规定:"人民法院应当在立案之日起五日内将起诉状副本发送被告,被告在收到之日起十五日内提出答辩状。"在该诉讼阶段,法院和当事人的诉讼活动只能以书面形式进行。在某些特殊情形中,只能以间接方式进行审理,比如,《民事诉讼法》第 131 条第 1 款规定:"人民法院在必要时可以委托外地人民法院调查。"

外国的民事诉讼制度中对直接言辞原则也有许多例外的规定,比如,德国《民事诉讼法》第 495a 条规定:"争议额不超过 600 欧元的案件,法庭可以依裁量确定审理程序。"根据该条的规定,法庭可以以书面形式审理案件。德国《民事诉讼法》第 362 条规定,审判长可以书面形式委托其他法院的法官进行证据调查。可见在外国的民事诉讼制度中,也有间接审理和书面审理的规则。总而言之,直接言辞原则的目的在于使诉讼程序公开、透明,充分保证程序公正,其例外规定则是为了保障诉讼程序高效率、经济性地运行。我国现行的《民事诉讼法》对于贯彻和实施直接言辞原则仍有欠缺,必须在司法实践和理论研究中进一步探索,使民事诉讼的基本制度和具体规则能够保障诉讼程序公正、有效率地进行,真正实现对当事人权利的保护,解决民事纠纷。

第七节 诚实信用原则

一、诚实信用原则的含义

诚实信用原则,是指诉讼主体进行民事诉讼时必须诚实和善意,不得通过诉讼行为侵害他方的利益,干扰民事诉讼的正常进行。

诚实信用原则是民法的基本原则,被称为民法的“帝王条款”,即人们在社会和经济活动中讲究信用,恪守诺言,诚实不欺,不得为追求自己的利益而损害他人利益。在20世纪30年代以前,诚实信用原则只是在私法领域确定了作为法律规范的基础。但是,当时的民事诉讼制度建立在个人本位主义的基础之上,强调个人对诉讼权利的行使和处分,缺乏对当事人恶意诉讼行为的制约。违反诚实信用原则的诉讼与诉讼行为影响到民事诉讼的进行,不利于对当事人民事实体权利和诉讼权利的保障。20世纪30年代以后,社会经济的发展使民事诉讼越来越多地具有社会性,民事诉讼不仅仅被作为保障当事人权利的途径,同时也起到了解决社会冲突,协调社会关系的作用。因此,诚实信用原则逐渐进入民事诉讼领域,对民事诉讼法的具体规则产生了重要的影响。时至今日,诚实信用原则已经成为民事诉讼的重要基本原则,大陆法系国家民事诉讼法中规定了许多的程序规则,以确保诚实信用原则的贯彻与实施。

二、诚实信用原则的内容

在私法领域,诚实信用原则要求私法主体在社会和经济活动中,在遵守诚实信用原则的基础上行使私法权利、实施法律行为。在民事诉讼领域,诚实信用原则同样要求诉讼主体在诉讼中不得滥用权利或者故意规避法律。诚实信用原则主要包括以下内容:

(一)当事人实施诉讼行为的诚实信用义务

当事人实施诉讼行为应当遵守诚实信用原则,对于违反该原则的当事人,法院应当作出裁判,使其承担诉讼上的不利。

首先,当事人实施诉讼行为不得规避法律规定,故意造成不合理的诉讼状态,以达到有利于自己诉讼或者给对方带来负担的目的。比如民事诉讼的一般地域管辖原则是原告就被告,但各国的民事诉讼法为了便利案件的审理,对侵权案件都有特殊规定,侵权行为受害者可以选择向被告住所地或者侵权行为地的法院起诉。随着互联网的发展,网上侵权案件的侵权行为地可能涉及多个地方乃至整个网络,为当事人或者诉讼代理人滥用特殊地域管辖创造了机会。为了抑制这种违反诚信原则的诉讼行为,欧洲国家法院曾作出判例,如果当事人根据特殊地域管辖选择起诉的法院,既不在被告的住所地,也不利于案件的审理,法院会驳回起诉并判令原告负担诉讼费用。[①]

其次,当事人不得实施与先前行为矛盾的诉讼行为。在发生法律争议以后,当事人必须如实地依据既存的权利状态或者法律关系提出诉讼请求,如果其主张与实际情况矛盾,法院应当以违反诚实信用原则为由驳回起诉。比如原告与被告企业之间是外包服务的关系,原告对该法律关系一直以默认的方式承认,没有主张双方之间是劳动关系。在被告企业解除双方之间业务关系之后,原告起诉至法院,主张双方之间存在劳动关系,并且继续有效。原告的诉讼请求与先前的行为矛盾,因此法院应当驳回原告的起诉。日本学者 Takeshita 认为,在下列条件下当事人在后继的诉讼中应当与先前的诉讼行为保持一致,否则违反先前判决的既判力:(1) 胜诉方当事人在后继诉讼中主张了与先前诉讼中对其有利的事实;(2) 该事实对前诉判决有重要意义;(3) 该事实构成双方当事人的一个争点。

再次,当事人应当及时主张权利,否则产生失去诉权的效力。为了保证社会和经济活动的顺利运行,对法律关系的产生和变动应当及时确定。权利人经过较长时间没有主张其权利,并且对方基于信赖,确信权利人承认既存的法律状态,不会因先前的法律关系产生争议的,应当推定该权利人不再主张其权利。为了保证法律的安全性,法院应当在司法审判中将诚实信用原则作为利益权衡的重要因素,即使争议权利的诉讼时效并未届满,权利人违反诚实信用提起诉讼的,法院应当以滥用诉权为由驳回起诉。

复次,当事人不得滥用诉讼权利。《民事诉讼法》规定当事人诉讼权利的目的在于保护当事人的程序利益,以最终实现对当事人民事实体权利的保护。如果当事人滥用诉讼权利,比如无正当理由多次申请法官回避,无正当理由提出管辖权异议,不仅拖延诉讼的进行,损害对方当事人的利益,同时也损害了司法效率。因此,对于当事人滥用诉讼权利的,法院应当以无权利保护之必要驳回其请求。

最后,当事人在诉讼中不得故意拖延诉讼的进行。民事诉讼的进行依赖于当事人实施诉讼行为和法官对诉讼的引导,因此诚实信用的当事人实施诉讼行为应当以促进诉讼顺利进行为准则。(1) 在开庭审理前的准备阶段,当事人应

① 参见德国法兰克福地方法院判决,AG Frankfurt a. M., 32 C 2323/08-72。

当遵守书面答辩的期限,同时尽量提供全面的诉讼材料,以有利于法官的审理准备工作;(2) 在法院调解程序中,当事人应当本着诚实信用原则参加调解,如果确定不能与对方达成合意,应当及时表示调解失败,不得虚与委蛇,拖延程序的进行;(3) 当事人应当尽早提出攻击和防御方法,避免给对方当事人造成突袭;(4) 当事人应当及时提出正当的异议和抗辩。

(二) 当事人的真实义务

当事人的真实义务是诚实信用原则的核心内容,它是指当事人在诉讼中必须完整和真实地陈述案件事实。真实义务的对象是当事人对案件事实的陈述,而非当事人所主张的法律观点,法院的裁判建立在对案件事实的审理基础上,当事人的法律观点不能影响法院对法律的适用。

真实义务要求当事人在诉讼中不仅应当令人信服地陈述案件事实、提出攻击和防御方法,还必须全面完整地进行陈述,使法院能够从整体上掌握案件的事实情况。这要求当事人不得为了己方的诉讼利益,故意隐瞒有利于对方当事人的案件事实,尤其是对方当事人据以提出抗辩的事实。如果负担陈述义务和证明责任的当事人没有参加事实发生的过程,不能完全了解案件事实,另一方当事人应当遵守真实义务,提供自己占有或者容易获得的事实材料。根据全面完整的要求,当事人不得隐瞒其了解的案件事实的具体情况,但不陈述仅是其主观认为可能的事实不违反完整陈述的义务。如果案件事实在当事人可以掌握的范围内,当事人不得以不知道该事实进行反驳。对于其虽然不理解,但以其能力可以容易获得的事实情况,当事人负有提供信息的义务。经过调查之后仍然不清晰的案件事实,当事人才可以提出不了解的主张。

真实义务要求当事人不得违背自己的良知陈述案件事实、提出主张、进行反驳以及提出证明方法。但是,遵守真实义务并不是要求当事人仅可以提出自己认为是真实的主张,或者仅反驳对方当事人提出的不真实的主张。根据《民事诉讼法》的规定,当事人不能作出他不记得自己的行为或者认知对方主张的真实表示,而只能反驳对方的主张,否则被视为自认。民事诉讼法要求当事人必须进行对抗,否则法官无法直接、彻底地了解案件事实,获得作出裁判的基础资料,民事诉讼程序也就无法进行。当事人在诉讼中可以根据实体法律规范要求的事实构成主张案件事实,即使发生在对方当事人内部,比如对方愿意、明知或者故意等没有表现出来的事实,甚至当事人可以主张以未来发生事实为基础的给付。真实义务的目的在于阻止当事人在诉讼中的欺诈,而不是限制当事人为实现自己权利而进行的攻击和防御。

(三) 法官在诉讼中的诚实信用义务

民事诉讼是法院行使审判权,裁判民事争议的司法程序,因此要求法官的审判行为必须遵守司法被动性的原则,而司法的被动性在民事诉讼中的重要表现形式是法官的诚实信用义务。该义务与处分原则、辩论原则有着密切的联系。另外,民事诉讼也是定分止争的过程,为了使当事人心悦诚服地接受判决的结果,实现纠纷的彻底解决,法官也应当诚实信用地领导和参与诉讼程序。

法官的诚实信用义务主要体现在以下方面:

(1) 诚实信用地对待当事人的权利。首先,民事诉讼奉行当事人主义,法院审理民事案件的范围由当事人决定,因此法官在诉讼中应当尊重当事人的处分权,不得超出其主张范围审查事实和调查证据,作出裁判。其次,法官在诉讼中不得违反中立原则,应当平等地对待双方当事人,给予双方均等的行使诉讼权利的机会。有法律规定回避事由的,应当及时提出回避,避免因与一方当事人有利害关系而影响法官的中立地位。再次,对诉讼资源不均等的当事人应适当行使阐明权和提示权,使双方的诉讼态势得以均衡,不因经济与社会地位的不同而造成诉讼上的差别,真正做到当事人诉讼权利平等。

(2) 保障程序公正地进行。① 法官的审判行为要公开透明,法律规定当事人双方参加的诉讼活动必须通知全部当事人参加,为双方提供均等参与和获得信息的机会,提高其对审判结果的接受和理解程度。② 在审判活动中依照法定的程序审理当事人的主张,进行证据的调查,尽量避免可能形成先入之见的审判行为。比如严格遵守依职权调查证据的范围,不得主动进行违法的证据调查。③ 由于民事诉讼中的裁判实行自由心证原则,法官对事实认定和法律适用要充分说明理由,以获得程序上的正当性和当事人的信任,同时也可为通过上诉或再审程序纠正错误裁判提供便利。

(3) 法官不得为自己的利益侵害当事人的诉讼和实体权利。① 不得为获得较高的调解率、避免上诉或出现错误判决而强制调解。② 不得规避或者滥用法律规定。比如已经受理案件的法院不得将自己有管辖权的案件移送给其他法院,逃避审理疑难案件。上级法院不得为了避免案件上诉到上一级法院而将案件交由下级法院审理。③ 不得为了避免审理群体性案件或者多收案件受理费,将适用普通共同诉讼或代表人诉讼的案件分别立案和审理。

三、诚实信用原则在我国民事诉讼中的体现

诚实信用原则是我国 2012 年《民事诉讼法》修改的重要内容,《民事诉讼法》第 13 条第 1 款规定:“民事诉讼应当遵循诚实信用原则。”虽然该条款是《民事诉讼法》新增的内容,但修订之前的《民事诉讼法》及有关司法解释的一些条文中已经出现了反映诚实信用原则的内容。

在举证方面,当事人有真实陈述的义务。比如,1998 年的《最高人民法院关于民事经济审判方式改革问题的若干规定》第 25 条规定:“当事人在庭审质证时对证据表示认可,庭审后又反悔,但提不出相应证据的,不能推翻已认定的证据。”根据该规定,当事人对自认不得随意反悔或者推翻,旨在促使当事人遵守

诚信。修改前《民事诉讼法》第 71 条，现第 75 条规定：“人民法院对当事人的陈述，应当结合本案的其他证据，审查确定能否作为认定事实的根据。当事人拒绝陈述的，不影响人民法院根据证据认定案件事实。”该条要求当事人遵守诚实信用原则陈述案件事实，对于不符合事实的陈述，法院不予采信。即使当事人违背良知拒绝陈述的，法院仍然可以根据其他证据认定案件事实。

在限制滥用诉讼权利方面，《民事诉讼法》规定了诉讼保全和先予执行错误赔偿制度。修改前《民事诉讼法》第 96 条，现第 105 条规定：“申请有错误的，申请人应当赔偿被申请人因财产保全所遭受的损失。”根据该条的规定，当事人不得滥用申请财产保全的权利，否则应当承担相应的不利。修改前《民事诉讼法》第 98 条第 2 款，现第 107 条第 2 款规定：“人民法院可以责令申请人提供担保，申请人不提供担保的，驳回申请。申请人败诉的，应当赔偿被申请人因先予执行遭受的财产损失。”该条规定了对当事人申请先予执行权利的制约以及对滥用权利的制裁，要求当事人应当本着诚实信用原则行使权利。

在保障民事诉讼的顺利进行方面，《民事诉讼法》规定了当事人在审理准备阶段进行答辩和举证的期限。修改前《民事诉讼法》第 113 条，现第 125 条规定：“人民法院应当在立案之日起五日内将起诉状副本发送被告，被告在收到之日起十五日内提出答辩状。被告提出答辩状的，人民法院应当在收到之日起五日内将答辩状发送原告。被告不提出答辩状的，不影响人民法院审理。”《民事证据规定》第 34 条规定：“当事人应当在举证期限内向人民法院提交证据材料，当事人在举证期限内不提交的，视为放弃举证权利。”根据上述规定，当事人应当遵守法律规定的期限，善意地进行诉讼，故意拖延诉讼的，应当承担丧失诉讼权利的结果。

在纠正判决错误方面，《民事诉讼法》第十六章规定了审判监督程序，不仅当事人可以针对法定情形提出再审申请，法院和检察院也可以发动审判监督程序。如果当事人违反诚实信用原则，通过欺诈手段获得胜诉，当事人、法院和检察院可以通过审判监督和再审程序纠正确有错误的判决。

诚实信用原则在我国民事诉讼制度中已经有了初步的适用，标志着我国法治建设和民事诉讼制度的进步。但是，与外国民事诉讼中的诚实信用原则相比，我国民事诉讼法在具体规则上仍然需要发展和完善，建立起完整的体系。随着我国民事诉讼体制、诉讼理念的转变和民事审判方式改革的深化，当事人诉讼主体地位和处分权不断强化，对诉讼公正、效率、效益提出了更高的要求，因此有必要在民事诉讼法中系统地规定旨在保障诚实信用的具体程序规则。

思考题

1. 试述民事诉讼基本原则的特征与功能。
2. 简述当事人诉讼权利平等原则。

3. 试述我国民事诉讼法的辩论原则与大陆法系辩论主义的异同。
4. 简述处分原则的内容和意义。
5. 法院在诉讼调解中应当遵守哪些原则?
6. 简述如何在民事诉讼中适用直接言辞原则。
7. 简述诚实信用原则的内容和意义。

第四章　民事诉讼基本制度

内容要点

合议庭的组成，合议庭的议事规则，回避的适用，回避的程序，违反回避规定的后果，公开审理的含义，不公开审理的案件范围，两审终审的含义，两审终审制的内容。

民事诉讼基本制度，是对人民法院的审判行为进行规范的基础性程序设置，是人民法院审判民事案件所必须遵循的一般性程序规范。与民事诉讼基本原则的抽象性和概括性不同的是，基本制度比较具体，是一套具体的、可操作的程序规范。严格遵守民事诉讼基本制度，有利于维护民事审判的公正性和民主性，有利于民事诉讼基本原则的贯彻实施，有利于提升程序正义和实体正义。

根据《民事诉讼法》第 10 条的规定，民事审判的基本制度有：合议制度、回避制度、公开审判制度和两审终审制度。

第一节　合 议 制 度

一、合议制度的概念

合议制度，指的是由三名以上单数的审判人员组成审判集体，代表人民法院行使审判权，对案件进行审理并作出裁判的诉讼制度。合议制度是相对独任制度而言的，后者指的是由一名审判员负责对案件进行审理和裁判的制度。根据《民事诉讼法》的规定，后者是基层人民法院审理简单民事案件和其他非讼案件时所适用的一种审判组织形式。所以说，合议制度和独任制度同属我国民事诉讼中的审判组织形式，但却有着各自的适用范围。

一个国家的法院对民事案件的审理究竟采用什么样的审判组织形式，是由该国法律依据本国的具体国情所决定的。例如，英美法系国家和地区除有法官审理外，还设有陪审团制度；而大陆法系国家和地区则兼采合议制度和独任审判制度。我国《民事诉讼法》之所以规定在第一审普通程序和第二审程序以及再审程序中采用合议制度对案件进行审理，主要是考虑到依这些程序审理的案件，往往案情都比较复杂，适用法律上有疑难之处，采用合议制度能够体现民主集中制原则的优势，充分发挥审判集体的法律智慧，以达公平、公正解决民事纷争之目的。

二、合议制度的组织形式

实行合议制度，就要依法组成合议庭。合议庭是实行合议制度的具体组织形式。合议庭在不同的审级程序中因审判任务的不同，由不同的审判人员所组成。

（一）第一审合议庭的组成

《民事诉讼法》第39条第1款规定："人民法院审理第一审民事案件，由审判员、陪审员共同组成合议庭或者由审判员组成合议庭。合议庭的成员人数，必须是单数。"同时，该条第3款规定："陪审员在执行陪审职务时，与审判员有同等的权利义务。"上述规定表明，第一审合议庭的组成有以下两种方式：

1. 由审判员和陪审员共同组成合议庭。至于其中审判员和陪审员各自的比例，由法院根据具体案件情况决定。但由于法律规定审判长须由审判员担任，因此合议庭不能完全由陪审员组成。

2. 全部由审判员组成合议庭。此种组成方式不吸收陪审员参加。

（二）第二审合议庭的组成

我国《民事诉讼法》第40条第1款规定："人民法院审理第二审民事案件，由审判员组成合议庭。合议庭的成员人数，必须是单数。"在第二审程序中，必须由审判员组成合议庭，而不吸收陪审员参加，这是由第二审案件的性质和任务所决定的。因为第二审案件合议庭在审理案件的同时肩负着对下级人民法院进行审判监督的职能，这就要求合议庭的审判人员具有更高的专业知识，人民陪审员难以达到二审审判任务的要求。

（三）重审合议庭的组成

我国《民事诉讼法》第40条第2款规定："发回重审的案件，原审人民法院应当按照第一审程序另行组成合议庭。"所谓另行组成，是指原审时的审判人员不得参与重审的合议庭。

（四）再审案件合议庭的组成

我国《民事诉讼法》第40条第3款规定："审理再审案件，原来是第一审的，按照第一审程序另行组成合议庭；原来是第二审的或者是上级人民法院提审的，按照第二审程序另行组成合议庭。"上述规定表明，再审案件合议庭的组成方式，原则上是依原审程序而定，按照原审程序的要求组成合议庭，但是在上级法院提审的情况下，则应按照第二审程序组成合议庭。需要指出的是，无论再审案件由哪个法院按照哪种程序进行审理，原来参加过该案审理的审判人员，均不得参与再审的合议庭。

三、合议庭的工作

（一）审判长的职责

合议庭的审判活动由审判长主持。《民事诉讼法》第41条规定："合议庭的审判长由院长或者庭长指定审判员一人担任；院长或者庭长参加审判的，由院长或者庭长担任。"上述规定表明，合议庭的审判长由符合审判长任职条件的审判员担任。院长、副院长、庭长或者副庭长参加合议庭审判案件的时候，自己担任审判长，与其他合议庭成员享有平等的表决权。审判长在审判活动中应履行下列职责：(1) 指导和安排审判辅助人员做好庭前调解、庭前准备及其他审判业务辅助性工作；(2) 确定案件审理方案、庭审提纲、协调合议庭成员的庭审分工以及做好其他必要的庭审准备工作；(3) 主持庭审活动；(4) 主持合议庭对案件进行评议；(5) 依照有关规定，提请院长决定将案件提交审判委员会讨论决定；(6) 制作裁判文书，审核合议庭其他成员制作的裁判文书；(7) 依照规定权限签发法律文书；(8) 根据院长或者庭长的建议主持合议庭对案件复议；(9) 对合议庭遵守案件审理期限制度的情况负责；(10) 办理有关审判的其他事项。

（二）合议庭成员的职责

在案件审理过程中，合议庭全体成员平等参与案件的审理、评议和裁判，依法履行审判职责。合议庭成员审理案件，遵循权利同等的原则。

开庭审理时，合议庭全体成员应当共同参加，不得缺席、中途退庭或者从事与该庭审无关的活动。合议庭成员未参加庭审、中途退庭或者从事与该庭审无关的活动，当事人提出异议的，应当纠正。合议庭仍不纠正的，当事人可以要求休庭，并将有关情况记入庭审笔录。

合议庭全体成员均应当参加案件评议。评议案件时，合议庭成员应当针对案件的证据采信、事实认定、法律适用、裁判结果以及诉讼程序等问题充分发表意见。必要时，合议庭成员还可提交书面评议意见。合议庭成员评议时发表意见不受追究。

（三）合议庭议事规则

《民事诉讼法》第42条规定："合议庭评议案件，实行少数服从多数的原则。评议应当制作笔录，由合议庭成员签名。评议中的不同意见，必须如实记入笔录。"根据上述规定，合议庭审理案件，遵循少数服从多数的原则。除提交审判委员会讨论的案件外，合议庭对评议意见一致或者形成多数意见的案件，依法作出判决或者裁定。但下列案件也可以由审判长提请院长或者庭长决定组织相关审判人员共同讨论，合议庭成员应当参加：(1) 重大、疑难、复杂或者新类型的案件；(2) 合议庭在事实认定或法律适用上有重大分歧的案件；(3) 合议庭意见与本院或上级法院以往同类型案件的裁判有可能不一致的案件；(4) 当事人反应强烈的群体性纠纷案件;(5)经审判长提请且院长或者庭长认为确有必要讨论的其他案件。这些案件的讨论意见供合议庭参考,不影响合议庭依法作出裁判。

当合议庭无法形成多数意见时,可以提交审判委员会决定。院长、副院长参加合议庭评议时,多数人的意见与院长、副院长的意见不一致的,院长、副院长可以决定将案件提交审判委员会讨论。审判委员会讨论案件时,合议庭成员中的非审判委员会委员应当列席会议。

四、合议庭和审判委员会的关系

《法院组织法》第11条规定:"各级人民法院设立审判委员会,实行民主集中制。审判委员会的任务是总结审判经验,讨论重大或疑难案件和其他有关审判工作的问题。"审判委员会一般由院长、副院长、庭长等审判骨干组成,由院长主持召集。审判委员会工作的职能有:(1)讨论疑难、复杂、重大案件;(2)结合本地区和本院实际,总结审判工作经验;(3)听取审判业务部门的工作汇报;(4)讨论决定对本院或者本辖区的审判工作具有参考意义的案例;(5)讨论其他有关审判工作的重大问题。

在现行制度中,审判委员会与合议庭的关系是审判业务领域的指导与被指导、监督与被监督的关系。首先,审判委员会有权对重大疑难案件或者合议庭争议较大的案件进行讨论,并作出最后处理意见,审判委员会的意见合议庭应当执行。其次,合议庭如对审判委员会的决定有异议,必须经报院长或者副院长决定是否重新提交审判委员会讨论。最后,合议庭作出的生效判决,如发现确有错误,必须经审判委员会讨论,才能决定再审。[①]

但审判委员会与合议庭还是存在以下差别:审判委员会是一个常设性机构,通常由院长、副院长、庭长等组成,而合议庭则由审判员和人民陪审员组成,稳定性较差。审判委员会只对审判中的重大疑难案件或重大事项享有讨论决定权且不参与案件的具体审判,而合议庭则对主管范围内的各类民事案件直接行使审判权。

第二节 回避制度

一、回避制度概述

回避制度,是指案件的审判人员以及其他有关人员遇有法律规定的情形,可能影响公正审判时依法退出诉讼的一项机制。

① 参见江伟主编:《民事诉讼法学》,复旦大学出版社2002年版,第122页。

基于“任何人都不能成为自己案件的法官”的司法理念，各国民事诉讼法均规定了回避制度。现代民事诉讼采取的是当事人对抗的模式，诉讼中的进攻和防御由当事人自行完成，法官的职责重在听讼审案。在此种诉讼模式下，为保证审判结果的公正性，就要求审判人员与双方当事人保持相等的距离，不能有任何的偏颇。而实行回避制度，一则可以防止审判人员和其他相关人员因与案件存在利害关系而影响审理的公正性；二则可以提升法院裁判的权威性和司法的公信力。现行《民事诉讼法》第44—47条对回避制度作了原则性规定，最高人民法院在2000年1月31日发布了《关于审判人员严格执行回避制度的若干规定》（法发〔2000〕5号），对回避制度作了较为详细的规定。该规定实行十年后，最高人民法院结合审判实际中的新情况于2011年6月10日又公布了《关于审判人员在诉讼活动中执行回避制度若干问题的规定》（法释〔2011〕12号，以下简称《回避规定》），上述规定随之废止。

二、回避的适用

（一）适用对象

根据我国《民事诉讼法》第44条的规定，回避的适用对象是审判人员和其他人员；《回避规定》中明确将执行员纳入到回避的人员范围中，规定执行员在执行过程中的回避问题，参照审判人员回避的有关内容执行。其中审判人员包括审判员、助理审判员和人民陪审员，以及有权参加案件讨论和作出处理决定的法院院长、副院长和审判委员会委员；其他人员有书记员、翻译人员、鉴定人、勘验人以及占法院编制的工作人员。

（二）适用情形

根据《民事诉讼法》第44条的规定，回避对象遇有下列情形之一的，应当自行回避：

1. 是本案当事人或者当事人、诉讼代理人的近亲属。当事人包括原告、被告和第三人。近亲属是指与审判人员有夫妻、直系血亲、三代以内旁系血亲及近姻亲关系的亲属。

2. 与本案有利害关系。这里的利害关系是指直接或间接的经济或人身利益，包括法律上的利害关系和事实上的利害关系。

3. 与本案当事人、诉讼代理人有其他关系，可能影响对案件公正审理的。所谓其他关系，是指除以上两种情形以外的社会关系，如朋友、恋人、邻居、仇人、同事等。不过，需要指出的是，在此种情况下并不必然引起回避的适用，可能影响案件公正审理是其必要条件。

审判人员存在上述情形没有自行回避的，当事人有权以口头或书面的形式申请他们回避。此外，《民事诉讼法》第44条还规定，审判人员接受当事人、诉讼代理人请客送礼,或者违反规定会见当事人、诉讼代理人的,当事人也有权要求他们回避。

为进一步规范审判人员的诉讼回避行为,维护司法公正,《回避规定》第1—5条对《民事诉讼法》规定的回避情形作了细化,具体为:

1. 审判人员具有下列情形之一的,应当自行回避,当事人及其法定代理人有权以口头或者书面形式申请其回避:

(1) 是本案的当事人或者与当事人有近亲属关系的;

(2) 本人或者其近亲属与本案有利害关系的;

(3) 担任过本案的证人、翻译人员、鉴定人、勘验人、诉讼代理人、辩护人的;

(4) 与本案的诉讼代理人、辩护人有夫妻、父母、子女或者兄弟姐妹关系的;

(5) 与本案当事人之间存在其他利害关系,可能影响案件公正审理的。

2. 当事人及其法定代理人发现审判人员违反规定,具有下列情形之一的,有权申请其回避:

(1) 私下会见本案一方当事人及其诉讼代理人、辩护人的;

(2) 为本案当事人推荐、介绍诉讼代理人、辩护人,或者为律师、其他人员介绍办理该案件的;

(3) 索取、接受本案当事人及其受托人的财物、其他利益,或者要求当事人及其受托人报销费用的;

(4) 接受本案当事人及其受托人的宴请,或者参加由其支付费用的各项活动的;

(5) 向本案当事人及其受托人借款,借用交通工具、通讯工具、其他物品,或者索取、接受当事人及其受托人在购买商品、装修住房以及其他方面给予的好处的;

(6) 有其他不正当行为,可能影响案件公正审理的。

上述内容都是围绕着回避法定事由展开的,通常可以理解为有因回避。根据规定,当事人提出申请回避的,还应当提交相应的证明材料。那么,如果当事人有合理怀疑,但无法提供相应的证明材料,是否可以提出回避申请呢?这种情况在国外称为无因回避。如在英美法系国家,诉讼当事人对陪审团成员申请回避时不必申明理由。当然,无因回避的申请均有次数上的限制。目前,我国民事诉讼法还没有无因回避的规定。

3. 凡在一个审判程序中参与过本案审判工作的审判人员,不得再参与该案其他程序的审判。但是,经过第二审程序发回重审的案件,在一审法院作出裁判后又进入第二审程序的,原第二审程序中合议庭组成人员不受此限制。

此外,审判人员及法院其他工作人员从人民法院离任后两年内,不得以律师身份担任诉讼代理人或者辩护人。审判人员及法院其他工作人员从人民法院离任后，不得担任原任职法院所审理案件的诉讼代理人或者辩护人，但是作为当事人的监护人或者近亲属代理诉讼或者进行辩护的除外。

三、回避的程序

（一）回避的方式

根据法律规定，回避的方式有两种，即自行回避和申请回避。

1. 自行回避，是指案件的审判人员和其他人员遇有法定的回避情形，主动退出诉讼程序。

2. 申请回避，是指案件的当事人及其诉讼代理人发现审判人员或其他有关人员具有法定的回避情形，用书面或口头形式申请其退出诉讼程序。

（二）回避的提出

对于申请回避，当事人或其诉讼代理人应当在案件开始审理时提出，并且说明理由，如果回避事由在案件开始审理后知道的，也可以在法庭辩论终结前提出。被申请回避的人员在人民法院作出是否回避的决定前，应当暂停参与本案的工作，但案件需要采取紧急措施的除外。至于自行回避，法律未作出相关规定，根据原理应当是有关人员发现自己存在法定回避情形时主动提出。

（三）回避的决定和救济

《民事诉讼法》第 46 条规定："院长担任审判长时的回避，由审判委员会决定；审判人员的回避，由院长决定；其他人员的回避，由审判长决定。"

《民事诉讼法》第 47 条规定："人民法院对当事人提出的回避申请，应当在申请提出的三日内，以口头或者书面形式作出决定。申请人对决定不服的，可以在接到决定时申请复议一次。复议期间，被申请回避的人员，不停止参与本案的工作。人民法院对复议申请，应当在三日内作出复议决定，并通知复议申请人。"

四、违反回避规定的法律后果

回避制度是我国民事审判的基本制度之一，违反其相关规定，可能导致二审发回重审，甚至构成当事人申请再审和检察院抗诉的法定事由。对明知具有《回避规定》第 1 条至第 3 条规定情形不依法自行回避的审判人员，以及明知诉讼代理人、辩护人具有《回避规定》第 8 条、第 9 条规定情形之一，未责令其停止相关诉讼代理或者辩护行为的审判人员，均依照《人民法院工作人员处分条例》的规定予以处分。

第三节 公开审判制度

一、公开审判制度的概述

公开审判制度,是指人民法院对民事案件的审理过程和判决结果应当向社会公开的制度。所谓公开,就是允许群众旁听,允许新闻媒体报道,审判活动向社会公开。审判公开是防止秘密审判、司法腐败的有效方式,也是审判获得正当性的条件之一。

近代意义上的公开审判制度源自意大利法学家贝卡利亚,他在《论犯罪与刑罚》一书中提出:审判应当公开,犯罪的证据应当公开,以便使或许是社会唯一制约手段的舆论能够约束强力和欲望。资产阶级革命取得胜利后,法国在1806年的《民事诉讼法》中首先确立了公开审判制度。随之,公开审判正式在世界大多数国家得以确立和推行。

二、公开审判制度的意义

公开审判是司法民主在民事诉讼中的重要体现,是实现司法公正的必然要求,有着重要的意义:

首先,公开审判制度将法院对民事案件的审理过程和判决结果置于社会公众的监督之下,有利于加强审判人员依法办案的意识和责任感,督促人民法院审判人员规范审判行为,防止徇私枉法,司法不公现象的发生。

其次,公开审判制度也有利于促使双方当事人及其他诉讼参与人正确行使诉讼权利,履行诉讼义务,保证庭审活动的顺利进行。

再次,公开审判制度增强了审判活动的透明度,增强了当事人和社会对法院裁判的认可度,也有利于保证法院裁判的公信力和权威性。

最后,公开审判制度有利于进行法制宣传教育。通过审判公开,把案件事实、争议焦点、法律适用等向社会公开,使群众受到直观的法律教育,有利于起到预防纠纷和减少纠纷的作用。

三、公开审判制度的内容

我国在《民事诉讼法》、《最高人民法院关于严格执行公开审判制度的若干规定》(法发〔1999〕3号,以下简称《公开审判规定》)、《最高人民法院关于加强人民法院审判公开工作的若干意见》(法发〔2007〕20号,以下简称《审判公开意见》)等法律法规中对公开审判制度作了系统的规定,并且确立了人民法院审判公开工作"依法公开,及时公开,全面公开"的三大原则。我国的审判公开制度主要内容有：

1. 人民法院审理民事案件，除非法律另有规定的，一律公开审理。根据最高人民法院《公开审判规定》的规定，第一审民事案件，除少数法律规定不公开审理的，都应当公开审理；第二审民事案件，除因一审违反法定程序发回重审，或者事实清楚可以径行裁判的之外，都应当公开审理。

2. 公开告示审判事项。人民法院对于依法应当公开审理的案件，应当在开庭三日以前公告。公告应当包括案由、当事人姓名或者名称、开庭时间和地点，以便于群众知悉和了解基本案情。

3. 公开审理过程。对于依法公开审理的案件，公民可以持旁听证旁听庭审。经人民法院许可，新闻记者可以记录、录音、录像、摄影、转播庭审实况。

4. 公开审判结果。人民法院对公开审理或者不公开审理的案件，一律公开宣告判决。宣告判决，应当对案件的事实和证据进行认定，并在此基础上正确适用法律。对于发生法律效力的判决书、裁定书，除涉及国家秘密、商业秘密和个人隐私的内容以外，公众均可以查阅。

四、公开审判制度的例外

虽然公开审判制度对于司法公正有着重要的意义，但是公开审判并不是绝对的，对于某些案件如涉及国家机密、个人隐私等，由于案件内容的特殊性，公开审判是不合适的。最高人民法院《审判公开意见》第 3 条也规定："要严格执行法律规定的公开范围，在审判工作中严守国家秘密和审判工作秘密，依法保护当事人隐私和商业秘密。"因此，我国法律也规定了某些案件不公开审理：

（一）法律规定不应公开审理的案件

1. 涉及国家秘密的案件。《保守国家秘密法》第 2 条规定："国家秘密是关系国家的安全和利益，依照法定程序确定，在一定时间内只限一定范围的人员知悉的事项"。国家秘密还包括党和政府的秘密以及军事秘密。在审理涉及国家秘密的案件时，为了保守国家秘密不被泄露，这类案件不公开审理。

2. 涉及个人隐私的案件。个人隐私是指公民个人私生活中不愿向他人或者社会公开的内容。为了保护当事人的隐私权，以及为了避免审理这类案件可能对社会产生的不良影响，涉及个人隐私的案件不公开审理。

（二）经当事人申请，法院可以决定不公开审理的案件

1. 离婚案件。离婚案件往往涉及夫妻间感情纠葛和私生活方面的情况，可能会涉及一些隐私问题，当事人申请不公开审理的，可以不公开审理。

2. 涉及商业秘密的案件。根据最高人民法院相关司法解释的规定，商业秘密主要是指技术秘密、商业情报及信息等，如生产工艺、配方、贸易联系、购销渠道等当事人不愿公开的工商业秘密。这些商业秘密可以给当事人带来经济利

益，如果公开审理，可能会给当事人的经济利益造成损失，因此经当事人申请，可以不公开审理。

值得注意的是，对于上述两类案件，必须是当事人主动申请不公开审理之后，法院经过决定同意不公开审理的，才能不公开审理。

第四节　两审终审制度

一、两审终审制度的概念

两审终审，是指一个案件经两级人民法院的审判即告终结，作出的判决即为确定判决。《民事诉讼法》第10条规定："人民法院审理民事案件，依照法律规定实行……两审终审制度。"

两审终审制度从本质上说是一种审级制度。所谓审级制度，是指在国家法律设定的法院体系中，一个案件最多可以经过几级法院的审判，作出的判决才是确定判决的制度。它是一个国家审判制度的重要组成部分。世界各国根据自己法院层级以及管辖制度的不同，配置的审级制度各不相同，主要有两种类型：一种是以德国和日本等国家为代表的四级三审制。德国的法院体系由德国联邦法院、州高等法院、州法院和初审法院构成。日本的法院体系由日本最高法院、高等法院、地方法院和简易法院四级构成。另一种是以美国和法国为代表的三级三审制。美国的法院体系为联邦法院系统与州法院系统并行，联邦法院系统由联邦最高法院、联邦上诉法院和联邦地区法院三级构成。法国的法院体系由法国最高法院、上诉法院和初审法院构成。英国的法院体系较为复杂，但大体上也属于三级制，具体包括最高法院、上诉法院和高等法院或郡法院。

在三审终审的国家，并非所有的案件都可以上诉到第三审法院。为减轻第三审法院的负担，充分发挥其法律审判的功能，各国往往对第三审法院的受案范围设立了种种限制，主要表现在：(1) 双方当事人订立不上诉协议的，任何一方不得再行上诉。如英国规定，对于高等法院和郡法院的裁判，双方当事人可以订立不上诉协议，但必须在判决作成之前，以书面订立并经当事人同意或其律师签字。(2) 当事人对诉额较小的案件不能提起上诉。如德国规定，关于财产权的请求，申明不服的标的价额不超过1500德国马克的，不许提起控诉。法国规定，诉讼标的不到3500法郎的，一审法院的判决同时是终审判决。(3) 对向最高法院上告的案件进行限制。如德国规定，向联邦最高法院上告的条件为，关于财产权的请求诉讼，诉讼标的金额必须为6万马克以上。即使诉讼标的超过了6万马克的上告案件，上告法院民事庭2/3的法官认为案件并无原则性意义的，得拒绝受理。关于非财产权请求的诉讼，只有经州高等法院允许才能上告。州高等法院许可提起上告的案件须有原则性的意义或原判决脱离联邦最高法院的判例。

我国的法院体系分为四级,故我国民事案件的审级制度可以称为四级两审终审制,这是符合国情的制度设置。任何一个国家的审级制度都不是孤立的,而是与法院层级、管辖制度以及再审制度相关联的,这些制度之间相互耦合,共同构建出较为合理的审判机制。因此,单独讨论两审终审、三审终审或者无审级限制孰优孰劣,未免都失之偏颇。

二、我国两审终审制的沿革

我国两审终审制度的确立经历了一个历史发展的过程。新民主主义革命时期的各个根据地法院,审级制度不统一,有的实行两审终审,有的实行三审终审。新中国成立后,1951 年 9 月 3 日中央人民政府通过的《人民法院暂行组织条例》第 5 条规定:“人民法院基本上实行三级两审制,以县级人民法院为基本的第一审法院,省级人民法院为基本的第二审法院,一般得以两审为终审,但在特殊情况下,得以三审或一审为终审。”1954 年,第一部《人民法院组织法》确立了我国统一的四级两审终审的审级制度。1979 年修改后的《人民法院组织法》明确规定:“人民法院审理民事案件,依照法律规定,实行两审终审制度。”此后,不论是《民事诉讼法(试行)》还是现行《民事诉讼法》,都肯定了两审终审这一民事诉讼的审级制度。

在我国,目前对民事案件的审判实行两审终审制度,是比较符合国情的。一般来说,一个民事案件经过两级法院审理就能够正确结案,不需要更多的审级;同时,我国的地域广阔,很多地方交通并不十分发达,审级过多,不仅会给当事人双方造成大量人力、物力和财力上的巨大浪费,而且也容易使案件缠讼不清,当事人双方的权利义务关系长期处于不稳定的状态,不利于民事流转和社会的安定。实行两审终审,绝大部分民事案件可以在当事人所在辖区解决,一方面可以方便诉讼,减少讼累;另一方面,也便于高级人民法院或最高人民法院摆脱审判具体案件的负担,从而集中精力搞好审判业务的指导、监督。[①] 此外,我国民事审判中的两审终审制是与再审制度相配合而存在的,这就是说,经二审终结的民事案件,如果当事人或上级法院等认为案件裁判仍然有误,还可以提出再审请求或作出再审决定。再审制度的设立,弥补了审级上的缺陷。所以,以两审终审制为基础,以再审制为补充的审判制度为我国民事案件、经济纠纷案件的正确、合法、及时处理提供了基础保障。[②] 由此可见,我国的两审终审制度更多的是考虑

① 参见柴发邦主编:《民事诉讼法新编》,法律出版社 1992 年版,第 119 页。
② 参见柴发邦主编:《中国民事诉讼法学》,中国人民公安大学出版社 1992 年版,第 123 页。

了诉讼效率和诉讼经济的原则。

三、两审终审制的具体内容

我国的两审终审制度是与法院设置、级别管辖制度、再审制度相配套的审级设计,其主要内容有:(1) 地方各级人民法院就诉讼案件作出的一审民事裁判,除小额诉讼案件外,当事人如果不服,都有权依法向上一级人民法院提起上诉,由上一级人民法院对案件进行二审;(2) 二审法院作出的裁判为终审裁判,当事人不得再行上诉,也不得再行起诉;(3) 最高人民法院作为我国最高审判机关,其作出的一审民事裁判即为终审裁判;(4) 两审终审制对再审案件也适用。

当然,两审终审制度主要是针对诉讼案件而言的,对于非讼案件,适用的是一审终审,如依照特别程序、督促程序和公示催告程序审理的案件等。

思考题

1. 我国《民事诉讼法》对合议庭的组成是如何规定的?
2. 审判委员会在民事审判中有什么作用?
3. 我国民事诉讼中不公开审理的案件有哪些?
4. 我国民事诉讼案件为什么实行两审终审制?

第五章　民事案件的主管和管辖

内容要点

民事诉讼主管和管辖的概念和区别，民事诉讼主管的范围及其与其他国家机关、社会团体解决民事纠纷的关系，确定管辖的原则，各级人民法院管辖的第一审民事案件，普通地域管辖的原则和例外，特殊地域管辖的种类，专属管辖的案件，协议管辖的条件，移送管辖与管辖权转移的区别和联系，管辖权异议的条件。

第一节　民事案件的主管

一、主管概述

主管一般是指国家机关、社会团体各自的职责和权限范围。在法治国家，国家机关的职权范围由法律规定，各国家机关必须在法律规定的权限范围内行使权力、履行职责。人民法院是我国的审判机关，行使审判权，审判民事案件，解决民事纠纷，是它的职能之一。我国的行政机关、仲裁机关和有关社会团体也都承担了解决一定范围内民事纠纷的任务。鉴于此种情况，哪些案件应由人民法院解决，哪些纠纷应由国家其他机关或社会团体、组织解决，应当有一个明确的分工。

民事诉讼中的主管，是指人民法院依法受理一定范围内民事纠纷的权限。民事诉讼中的主管具有两方面的功能：其一是划定法院在民事诉讼中的受案范围，以确定哪些纠纷属于法院民事审判权的作用范围，哪些纠纷不属于民事审判权的作用范围；其二是解决法院和其他国家机关、社会组织在解决民事纠纷上的分工和权限问题，以便它们按照各自职责范围，行使其法定权力、履行其法定职责。

二、法院民事诉讼主管的范围

法院主管民事诉讼的范围与民事诉讼法对事的效力实际上是同一个问题，凡可以适用我国民事诉讼法审理的案件，都属于法院民事诉讼的主管范围。

我国《民事诉讼法》第3条规定："人民法院受理公民之间、法人之间、其他组织之间以及他们相互之间因财产关系和人身关系提起的民事诉讼,适用本法的规定。"依此规定,人民法院主管的民事案件的范围包括:

1. 民法、经济法、婚姻法、继承法调整的平等主体之间因财产关系和人身关系所发生的民事案件。如财产所有权、经营权、债权、肖像权、名誉权、专利商标权、婚姻继承等纠纷。

2. 劳动法调整的因劳动关系发生的财产和人身权益纠纷。劳动关系是指因劳动合同、劳动保护、劳动工资、福利等发生的关系。当劳动关系发生争议,经调解和仲裁不能解决时,才可以诉诸法院,通过司法解决。

3. 其他法律调整的社会关系,法律明文规定按民事诉讼法的规定审理的案件,如环境污染所引起的损害赔偿案件,选民资格案件,宣告失踪人失踪、死亡案件等。

4. 最高人民法院规范性文件规定的案件。如部分专利纠纷案件,海事、海商案件等。

三、法院主管与其他组织主管的关系

根据我国宪法、法律的规定,处理人民法院主管与其他国家机关、社会团体主管关系的原则是司法最终解决原则,即一切组织不能彻底解决的纠纷,均由法院通过审判的方式作为解决纠纷的最后手段。法院的裁判具有最高的权威性和法律效力,对其他机关、团体和个人都具有约束力。如果发生民事纠纷,当事人选择解决纠纷的方式时,仲裁和审判由当事人自由选择,且仲裁与审判相排斥。当事人选择了仲裁方式解决纠纷的,就不得再向人民法院起诉;当事人选择了诉讼方式解决纠纷的,就不得再向仲裁机构申请仲裁。当仲裁裁决作出后即发生法律效力,即仲裁实行一裁终局制,当事人不服的,不得再向人民法院起诉。人民调解不是诉讼的必经程序,对调解委员会作出的调解协议当事人不服仍可向法院起诉。民事纠纷发生后,当事人向其他国家机关、社会团体申请处理的同时,又向人民法院起诉的,除法律有特别规定外,此类案件应由人民法院主管,并由人民法院作出最后裁判。

第二节　民事案件管辖概述

一、管辖的概念和意义

管辖是确定各级人民法院或同级人民法院之间受理第一审民事案件的分工和权限。它是解决在人民法院系统内部划分和确定某级或同级某个人民法院对某一民事案件行使审判权的问题。主管是确定管辖的前提和基础,管辖是主管

的体现和落实。

管辖权与审判权也不同。管辖权是各人民法院对于某一具体案件进行审理的权限,即对该案有行使审判的权力;审判权是国家赋予人民法院审理各类案件的权力,是国家权力的重要组成部分。审判权是确立管辖权的前提,而管辖权是对审判权行使的落实。

二、管辖恒定原则

管辖恒定,是指某个人民法院对某一案件是否享有管辖权,应以原告起诉时为标准,只要法院在原告起诉时依法对该案件取得管辖权的,该案件自始至终由其管辖,不因情况的变化而受到影响。管辖恒定反映了诉讼经济的要求,它既可以避免因当事人住所地或人民法院管辖区域的变化,而随之移送、变更管辖法院造成司法资源的浪费,又可以减少当事人讼累,使诉讼尽快了结。

管辖恒定既包括级别管辖恒定,也包括地域管辖恒定。级别管辖恒定,是指某一案件在起诉时按照诉讼标的金额确定了级别管辖后,不因在诉讼过程中诉讼标的金额的增加或者减少所造成的对原级别管辖标准的突破而变更级别管辖。[①] 最高人民法院1996年5月在《关于案件级别管辖几个问题的批复》中规定:"当事人在诉讼中增加诉讼请求从而加大诉讼标的金额,致使诉讼标的的金额超过受诉法院级别管辖权限的,一般不再变动。但是当事人故意规避有关级别管辖等规定的除外。"这一规定体现了级别管辖恒定的原则。

地域管辖恒定,是指案件在起诉时按照法律规定确定了管辖法院后,不因在诉讼过程中确定管辖因素的变动而改变。根据最高人民法院的相关司法解释,案件受理后,受诉人民法院的管辖权不受当事人住所地、经常居住地变更的影响;有管辖权的人民法院受理案件后,不得以行政区域变更为由,将案件移交变更后有管辖权的人民法院。这是对地域管辖恒定原则的规定。

三、确定管辖的原则

根据我国《民事诉讼法》的规定,确定民事案件的管辖应遵循如下原则:

1. 便于当事人进行诉讼,便于人民法院行使审判权。《民事诉讼法》规定了绝大部分的第一审案件由基层人民法院管辖。因基层法院的所在地大部分是当事人住所地或标的物所在地,法律规定第一审民事案件由基层人民法院管辖对当事人进行诉讼、法院做好审判工作有极大便宜。

2. 便于人民法院裁判的执行。因裁判生效后能否得到执行,关系到人民法院在群众中的威信和法律的尊严。因此,在确定管辖时,应考虑到裁判能否得到

---

① 参见宋朝武主编:《民事诉讼法学》,厦门大学出版社2008年版,第104页。

执行。

3. 原则性与灵活性相结合。民事诉讼案件具有多样性、复杂性的特点，为了适应各种特殊情况，民事诉讼法在确定法定管辖的同时，又规定机动灵活的裁定管辖。

4. 维护国家主权。在涉外民事诉讼中，人民法院行使的司法管辖权是国家主权的重要组成部分。在确定涉外民事案件的管辖时，通过专属管辖和协议管辖的规定，扩大了人民法院对涉外民事案件的管辖范围。

四、专门法院的管辖

我国除设立地方法院外，还设有军事法院、海事法院、铁路运输法院等专门法院。这些专门法院也受理一定范围的民事纠纷，并且近年来随着相关法律文件的颁布，专门法院管辖的范围也发生了不同程度的变化。我国的专门法院及其管辖的民事案件范围分别如下：

（一）军事法院

最高人民法院于2012年8月28日发布了《关于军事法院管辖民事案件若干问题的规定》，并于9月17日起开始施行，对军事法院民事案件管辖范围作出了以下规定：(1) 军事法院对于双方当事人均为军人或者军队单位的案件，涉及重要军事秘密的案件，以及适用特别程序的涉军案件实行专门管辖；(2) 对于军人或者军队单位执行职务过程中造成他人损害的侵权责任纠纷案件，当事人一方为军人或者军队单位、侵权行为发生在营区内的侵权责任纠纷案件，当事人一方为军人的婚姻家庭纠纷案件，申请宣告军人失踪或者死亡的案件，赋予地方当事人管辖法院选择权；(3) 对于当事人一方是军人或者军队单位，且合同履行地或者标的物所在地在营区内的合同纠纷案件，准许当事人书面约定由军事法院管辖。

此外，该规定还进一步健全了管辖争议的解决机制，对军事法院与地方人民法院之间相互移送管辖作出规定：与一般案件移送管辖不同的是，当受移送的地方人民法院认为受移送案件不属于地方人民法院管辖的，应当报请上级地方人民法院协调处理；仍然协商不成的，报请最高人民法院指定管辖。

（二）海事法院

根据我国法律的规定，我国海事法院主要受理当事人因海事侵权纠纷、海商合同纠纷（包括海上运输合同、海船租用合同、海上保赔合同、海船船员劳务合同等）及法律规定的其他海事纠纷提起的诉讼。

（三）铁路运输法院

2012年7月2日通过的《最高人民法院关于铁路运输法院案件管辖范围的若干规定》明确了我国铁路运输法院管辖的民事案件范围，具体包括：(1) 铁路旅客和行李、包裹运输纠纷;(2) 铁路货物运输合同和铁路货物运输保险合同纠纷;(3) 国际铁路联运合同和铁路运输企业作为经营人的多式联运合同纠纷;(4) 代办托运、包装整理、仓储保管、接取送达等铁路运输延伸服务合同纠纷;(5) 铁路运输企业在装卸作业、线路维修等方面发生的委外劳务、承包等合同纠纷;(6) 与铁路及其附属设施的建设施工有关的合同纠纷;(7) 铁路设备、设施的采购、安装、加工承揽、维护、服务等合同纠纷;(8) 铁路行车事故及其他铁路运营事故造成的人身、财产损害赔偿纠纷;(9) 违反铁路安全保护法律、法规,造成铁路线路、机车车辆、安全保障设施及其他财产损害的侵权纠纷;(10) 因铁路建设及铁路运输引起的环境污染侵权纠纷;(11) 对铁路运输企业财产权属发生争议的纠纷。

第三节 级别管辖

一、级别管辖的概念

级别管辖是指划分上下级人民法院之间受理第一审民事案件的分工和权限。我国人民法院分为四级,即基层人民法院、中级人民法院、高级人民法院、最高人民法院。级别管辖是从法院的组织系统,即从纵的方向来划分每一级人民法院各自管辖第一审民事案件的权限和范围。

民事诉讼法确定级别管辖,主要依据案件的性质、案件影响的大小以及案件的繁简程度。案件的性质主要指案件的类别及有无涉外因素。案件影响大小,是指案件的难易程度,案件涉及范围和案件审理结果可能对社会产生的影响范围。凡是案件具有特殊性或者案情复杂,涉及的地区、部门、参加人数多,诉讼金额大和处理的结果对社会影响大的,应由较高审级的法院管辖;反之,则由基层人民法院管辖。

2003 年 3 月 1 日,最高人民法院为正确审理涉外民商事案件,依法保护中外当事人的合法权益,优化司法资源配置,维护司法统一,提升我国法治的权威性和公信力,为“入世”创造良好的司法环境,依法作出了将涉外民商事案件集中管辖的规定,将(1) 涉外合同和侵权纠纷案件;(2) 信用证纠纷案件;(3) 申请撤销、承认与强制执行国际仲裁裁决的案件;(4) 审查有关涉外民商事仲裁条款效力的案件;(5) 申请承认和强制执行外国法院民商事判决、裁定的案件等五种案件的第一审管辖法院确定为:(1) 国务院批准设立的经济技术开发区人民法院;(2) 省会、自治区首府、直辖市所在地的中级人民法院;(3) 经济特区、计划单列市中级人民法院;(4) 最高人民法院指定的其他中级人民法院;(5) 高级人民法院。涉及我国香港、澳门特别行政区和台湾地区当事人的民商事纠纷案件的管辖参照涉外民商事案件的管辖规定处理。这些规定使得这类案件的管辖具有跨区域性并提高了案件的审级。

二、各级人民法院管辖的第一审民事案件

（一）基层人民法院管辖的第一审民事案件

《民事诉讼法》第17条规定："基层人民法院管辖第一审民事案件，但本法另有规定的除外。"基层人民法院是我国法院组织体系中最基层的单位，它与我国的基层行政辖区相一致，不仅数量多，分布广，而且是当事人住所地、纠纷发生地、法律事实所在地和争议财产所在地。由基层人民法院管辖第一审民事案件，符合便利群众诉讼、便利人民法院办案的管辖原则。因此，除了民事诉讼法规定的由中级人民法院、高级人民法院和最高人民法院管辖的第一审民事案件外，其余的一审民事案件，一律由基层人民法院管辖。

（二）中级人民法院管辖的第一审民事案件

《民事诉讼法》第18条规定，中级人民法院管辖下列第一审民事案件：

1．重大涉外案件。涉外案件是指具有涉外因素的民事案件，即指诉讼当事人一方或双方是外国人、无国籍人、外国企业和组织，或者当事人之间的民事法律关系的设立、变更终结的法律事实发生在国外，或者争议的诉讼标的物在国外的民事案件。重大涉外案件，指争议标的金额大，或者案情复杂，或者居住在国外的当事人人数众多的涉外案件。

2．在本辖区有重大影响的案件。本辖区，指中级人民法院所辖地区。有重大影响，指案件自身复杂，涉及面广、处理的结果影响大，远远超出了基层人民法院辖区范围。审判实践中判断有"重大影响的案件"，一般从以下三方面考虑：(1) 案情的繁简；(2) 诉讼标的金额大小；(3) 在该辖区的影响情况。这里所讲的"影响"包括政治上的影响、经济上的影响以及社会影响。如经济纠纷的诉讼单位属省、自治区、直辖市以上的，一般由中级人民法院作为一审法院。

3．最高人民法院确定由中级人民法院管辖的案件。根据最高人民法院规范性文件的规定，由中级人民法院管辖的第一审民事案件有：(1) 海事、海商案件。海事、海商案件是指在海上或通海水域发生的与船舶或运输、生产、作业相关的海事侵权、海商合同纠纷案件，如海上船舶碰撞、因追索海难救助报酬、海上运输合同、船务代理合同等发生纠纷的案件。海事、海商案件由相当于中级人民法院的海事法院管辖。我国现已设有上海、天津、广州、海口、厦门、青岛、武汉、大连、宁波、北海共十个海事法院。(2) 除专利行政案件外的其他专利纠纷案件。即各省、自治区、直辖市和经济特区在内的关于专利申请公布后，专利权授予前使用发明、实用新型、外观设计的费用等纠纷案件；关于专利侵权的纠纷案件、关于转让专利申请权的合同纠纷案件，分别由各省、自治区、直辖市人民法院

所在地的中级人民法院、各经济特区的中级人民法院、各地高级人民法院指定的经最高人民法院同意的较大城市的中级人民法院作为第一审法院。(3)著作权纠纷案件。(4)涉及港、澳、台同胞及其企业、组织的经济纠纷案件。(5)诉讼标的额较大,或者涉讼单位属于省、自治区、直辖市以上的经济纠纷案件,最高人民法院《全国各省、自治区、直辖市高级人民法院和中级人民法院管辖第一审民商事案件标准》(2008年)按照诉讼标的额规定了各中级人民法院管辖的第一审民商事案件。比如,北京市中级人民法院管辖诉讼标的额在5000万元以上的第一审民商事案件。(6)证券虚假陈述民事赔偿案件和期货纠纷案件。

(三)高级人民法院管辖的第一审民事案件

1. 诉讼标的额巨大的案件。最高人民法院《全国各省、自治区、直辖市高级人民法院和中级人民法院管辖第一审民商事案件标准》(2008年)按照诉讼标的额规定了各高级人民法院管辖的第一审民商事案件。比如,北京市高级人民法院管辖诉讼标的额在2亿元以上的第一审民商事案件,以及诉讼标的额在1亿元以上且当事人一方住所地不在本辖区或者涉外、涉港澳台的第一审民商事案件。

2. 本辖区有重大影响的一审民事案件。《民事诉讼法》第19条规定:"高级人民法院管辖在本辖区有重大影响的第一审民事案件。"

高级人民法院不仅是中级人民法院审理的第一审案件的上诉审法院,而且负责对下级法院的审判活动进行指导和监督工作,不可能负责太多的第一审案件的审判。高级人民法院只管辖在省、自治区、直辖市范围内案情重大复杂、涉及面广、影响大的案件。

(四)最高人民法院管辖的第一审民事案件

最高人民法院是国家最高审判机关,其主要任务是对地方各级人民法院和各个专门法院的审判工作进行指导和监督;审判不服高级人民法院一审裁判的上诉和抗诉案件;对在审判过程中如何具体适用法律、法规作出司法解释。《民事诉讼法》第20条规定:"最高人民法院管辖下列第一审民事案件:(一)在全国有重大影响的案件;(二)认为应当由本院审理的案件。"法律规定,由最高人民法院作为第一审管辖的民事案件是一审终审,所作的判决、裁定送达当事人后即发生法律效力。

第四节 地域管辖

一、地域管辖的概念

地域管辖,是指确定同级人民法院之间在各自的辖区内受理第一审民事案件的分工和权限。地域管辖所要解决的是案件由哪个地方的法院作为第一审法院。只有先确定级别管辖后，才能确定地域管辖。

我国民事诉讼法确定地域管辖的标准：一是人民法院的辖区与行政区域相一致。在我国，行政区域的范围就是人民法院地域管辖的范围，这是同级人民法院之间各自行使审判权的空间范围。二是当事人或诉讼标的与法院辖区的关系。这是一种隶属关系，即当事人、诉讼标的或法律事实在哪个法院辖区，案件就由该辖区人民法院管辖。

根据我国《民事诉讼法》的规定，地域管辖分为一般地域管辖、特殊地域管辖和专属管辖。

二、一般地域管辖

1. 一般地域管辖

一般地域管辖，又称普通管辖，是指以当事人所在地与法院辖区的关系来确定管辖法院。即当事人在哪个法院辖区，该案件就由哪个法院管辖。《民事诉讼法》第 21 条规定："对公民提起的民事诉讼，由被告住所地人民法院管辖；被告住所地与经常居住地不一致的，由经常居住地人民法院管辖。对法人或者其他组织提起的民事诉讼，由被告住所地人民法院管辖。同一诉讼的几个被告住所地、经常居住地在两个以上人民法院辖区的，各该人民法院都有管辖权。"根据这条规定，一般地域管辖的原则是"原告就被告"，即被告在哪个法院辖区，原告就应当到哪个法院起诉，案件就归该被告住所地的法院管辖。

当事人住所地，对于公民来说是指该公民的户籍所在地；对于法人和其他组织来说是指该法人和其他组织的主要营业地或主要办事机构所在地。经常居住地，是指公民离开住所地至起诉时已连续居住满一年以上的地方，但公民住院就医的地方除外。

此外，按照最高人民法院的有关司法解释，下列诉讼也应按照"原告就被告"的原则来确定管辖法院：(1) 双方当事人都是现役军人的离婚诉讼，由被告住所地或被告所在的团级以上单位驻地的人民法院管辖。(2) 双方当事人都是被监禁或被强制教育的，由被告原住所地的人民法院管辖；被告被监禁或被强制教育一年以上的，由被告被监禁地或被强制教育地的人民法院管辖。(3) 双方当事人均被注销城市户口的诉讼，由被告所在地的人民法院管辖。(4) 夫妻双方离开住所地超过一年，一方起诉的离婚案件，由被告经常居住地人民法院管辖；没有经常居住地的，由原告起诉时居住地的人民法院管辖。(5) 不服指定监护或变更监护关系的案件，由被监护人住所地人民法院管辖。(6) 当事人的户籍迁出后尚未落户的，当事人居住的地方能确定为经常居住地时，由该地的人民法院管辖；不能确定为经常居住地时，由其原户籍所在地的人民法院管辖。(7) 对没有办事机构的公民合伙、合伙型联营体提起的诉讼,由被告注册登记地人民法院管辖。没有注册登记地,几个被告又不在同一辖区的,被告住所地的人民法院都有管辖权。

实行"原告就被告"原则,有利于人民法院查清案件事实,及时、正确地作出裁判;有利于被告出庭应诉,在双方当事人到庭的情况下解决争议;有利于法院采取财产保全措施和生效判决的执行;可以限制原告滥用诉权,避免给被告造成不应有的经济损失。

2. 一般地域管辖的例外

在特殊情况下,适用"原告就被告"原则却不利于当事人诉讼和人民法院办案,所以《民事诉讼法》又作了例外规定。根据《民事诉讼法》第22条的规定,下列民事诉讼由原告住所地人民法院管辖;原告住所地与经常居住地不一致的,由原告经常居住地人民法院管辖:

(1) 对不在中华人民共和国领域内居住的人提起的有关身份关系的诉讼。所谓身份关系,即指个人之间发生的与人身有关的法律关系。如因婚姻、血缘等产生的夫妻关系、收养关系、亲子关系等。此种案件限定了两个条件:一是被提起诉讼的人,既包括外国人,也包括在国外居住的中国人,均不在中华人民共和国领域内居住;二是提起的诉讼仅限有关身份关系的诉讼。两个条件必须同时具备,缺一不可。

(2) 对下落不明或者宣告失踪的人提起的有关身份关系的诉讼。此种案件必须同时具备两个条件:一是被告是属于下落不明或者人民法院宣告失踪的人;二是提起的诉讼只能是有关身份关系的诉讼。

(3) 对被采取强制性教育措施的人提起的诉讼。由于被采取强制性教育措施的人离开了住所地或者经常居住地,人身自由受到一定的限制,集中在特定场所接受强制性教育,这种场所与当事人及其争议的民事法律关系没有任何联系,故由原告住所地或者经常居住地人民法院管辖。

(4) 对被监禁的人提起的诉讼。被监禁的人包括已判刑被监禁劳动改造的罪犯和依法被逮捕、拘留而监禁的未决犯。上述人在被监禁期间丧失了人身自由,监禁的场所又不是固定的,这种场所与当事人及其争议的民事法律关系没有任何联系,故由原告住所地或者经常居住地人民法院管辖。

此外,最高人民法院的司法解释还对下列特殊情况作了补充规定:(1) 追索赡养费案件,几个被告住所地不在同一法院辖区的,可以由原告住所地人民法院管辖。(2) 不服指定监护或变更监护关系的案件,由被监护人住所地人民法院管辖。(3) 非军人对军人提起的离婚诉讼,如果军人一方为非文职军人,由原告住所地人民法院管辖;离婚诉讼双方当事人都是军人的,由被告住所地或者被告所在的团级以上单位驻地的人民法院管辖。(4) 夫妻一方离开住所地超过一年,另一方起诉离婚的案件,由原告住所地人民法院管辖。夫妻双方离开住所地超过一年，一方起诉离婚的案件，由被告经常居住地人民法院管辖；没有经常居住地的，由原告起诉时居住地的人民法院管辖。(5) 在国内结婚并定居国外的华侨，如定居国法院以离婚诉讼须由婚姻缔结地法院管辖为由不予受理，当事人向人民法院提出离婚诉讼的，由婚姻缔结地或一方在国内的最后居住地人民法院管辖。(6) 在国外结婚并定居国外的华侨，如定居国法院以离婚诉讼须由国籍所属国法院管辖为由不予受理，当事人向人民法院提出离婚诉讼的，由一方原住所地或在国内的最后居住地人民法院管辖。(7) 中国公民一方居住在国外，一方居住在国内，不论哪一方向人民法院提起离婚诉讼，国内一方住所地的人民法院都有权管辖。如国外一方在居住国法院起诉，国内一方向人民法院起诉的，受诉人民法院有管辖权。(8) 中国公民双方在国外但未定居，一方向人民法院起诉离婚的，应由原告或者被告原住所地人民法院管辖。(9) 夫妻双方原在内地结婚，后到我国港、澳或台湾地区定居，因特殊原因，一方当事人向内地人民法院起诉离婚的，可由当事人原婚姻缔结地或被告原住所地人民法院受理。

三、特殊地域管辖

特殊地域管辖是以被告住所地及诉讼标的或者引起法律关系发生、变更或消灭的法律事实所在地为标准所确定的管辖。根据《民事诉讼法》第 23 条至 32 条的规定，特殊地域管辖有以下几种：

1. 因合同纠纷提起的诉讼，由被告住所地或合同履行地人民法院管辖。合同履行地，是指合同规定履行义务和接受该义务的地点，主要是指合同标的物的交付地。合同履行地应当在合同中明确约定。对履行地约定不明确的合同，应当根据《合同法》第 62 条确定履行地，即履行地点不明确，给付货币的，在接受货币一方所在地履行；交付不动产的，在不动产所在地履行；其他标的，在履行义务一方所在地履行。在司法实践中，合同履行地的确定是一个非常复杂的问题，对此，最高人民法院的有关司法解释和批复作了许多具体规定：

(1) 因合同纠纷提起的诉讼，如果合同没有实际履行，当事人双方住所地又都不在合同约定的履行地的，应由被告住所地人民法院管辖。

(2) 购销合同的履行地按下列情况确定：① 当事人在合同中明确约定履行地点的，以约定的履行地点为合同履行地。当事人在合同中未明确约定履行地点的，以约定的交货地为合同履行地。合同中约定的货物到达地、到站地、验收地、安装调试地等，均不应视为合同履行地。② 当事人在合同中明确约定了履行地点或交货地点，但在实际履行中以书面方式或双方一致认可的其他方式变更约定的，以变更后的约定确定合同履行地。③ 当事人在合同中对履行地点、交货地点未作约定或约定不明确的，或者虽有约定但未实际交付货物，且双方当事人住所地均不在合同约定的履行地，以及口头购销合同纠纷案件，均不依履行地确定管辖。

(3) 加工承揽合同,以加工行为地为合同履行地,但合同中对履行地另有约定的除外。

(4) 财产租赁合同、融资租赁合同以租赁物使用地为合同履行地,但当事人在合同中对履行地另有约定的除外。

(5) 补偿贸易合同,以接受投资一方主要义务履行地为合同履行地。

(6) 借款合同,以贷款方所在地为合同履行地,但当事人另有约定除外。

(7) 证券回购合同。凡是在交易场所内进行的证券回购业务,交易场所所在地为合同履行地,在交易场所之外进行的证券回购业务,最初付款一方(返售方)所在地为合同履行地。

(8) 名称与内容不一致的合同。当事人签订的合同名称与约定的权利义务内容不一致的,应当以该合同约定的权利义务内容确定合同的性质,从而确定合同的履行地;合同名称与合同约定的内容不一致,而根据该合同约定的内容难以区分合同性质,以及合同的名称与该合同约定的部分内容相符的,则以合同的名称确定合同的履行地。

(9) 因联营合同纠纷提起的诉讼,其地域管辖因不同的联营形式而有区别:① 法人型联营合同,由其主要办事机构所在地法院管辖;合伙型联营合同,由其注册地法院管辖;协作型联营合同,由被告所在地法院管辖。② 主要办事机构所在地或注册地法院管辖确有困难的,如法人型联合体已经办理了注销手续,合伙型联营体应经工商部门注册登记而未办注册登记,或联营期限届满已经解体的,可由被告所在地法院管辖。

(10) 债权人依据《合同法》第 73 条、第 74 条规定提起代位权、撤销权诉讼的,由被告住所地人民法院管辖。

2. 因保险合同纠纷提起的诉讼,由被告住所地或者保险标的物所在地人民法院管辖。保险合同是依当事人双方约定,由投保方支付保险费,保险方在保险事故发生后,负给付保险金义务的协议。保险标的物,是指当事人权利义务所指向的对象,如财产、人身以及以其他形式表现出来的财产利益等。另据相关司法解释,如果保险标的物是运输工具或运输中的货物,应由被告住所地或运输工具登记注册地、运输目的地、保险事故发生地的人民法院管辖。

3. 因公司设立、确认股东资格、分配利润、解散等纠纷提起的诉讼,由公司住所地人民法院管辖。《民事诉讼法》第 26 条所规定的公司纠纷主要涉及与公司组织行为有关的纠纷,主要包括以下几种情形:(1) 因公司设立产生的纠纷,主要是指违反《公司法》有关公司设立规定引起的纠纷;(2) 因确认股东资格产生的纠纷,一般是实践中发生因为出资不足导致出资人是否具有股东资格的纠纷,出资人本人或其他股东要求人民法院对出资人的股东资格进行确认;(3) 因分配利润产生的纠纷，在实践中常见于因股东会、股东大会或者董事会违反《公司法》的规定，在公司弥补亏损和提取法定公积金之前向股东分配利润，在这种情况下股东必须将这些利润退还公司；(4) 因公司解散产生的纠纷，在公司解散过程中，清算组成员利用职权侵占公司财产，或者因故意或者重大过失给公司或者债权人造成损失的，应当承担赔偿责任。根据《民法通则》及《公司法》的规定，公司以其主要办事机构所在地为住所，公司主要办事机构所在地区别于公司注册地及公司营业场所，是公司经营管理及业务活动的核心机构所在地。

4. 因票据纠纷提起的诉讼，由票据支付地或被告住所地人民法院管辖。票据是指出票人签发给持票人的，以无条件支付一定金额为基本效能的有价证券。票据主要有汇票、本票、支票三种。票据纠纷是指因票据的签发、取得、使用、转让、承兑、保证等引起的纠纷。票据支付地是指票据上载明的付款地。根据《最高人民法院关于审理票据纠纷案件若干问题的规定》第 6 条，票据上未载明付款地的，汇票付款人或代理付款人的营业场所、住所地或经常居住地，本票出票人的营业场所，支票付款人或代理付款人的营业场所所在地为票据付款地。代理付款人是指根据付款人的委托代为支付票据金额的银行、信用合作社等金融机构。

5. 因铁路、公路、水上、航空运输和联合运输合同纠纷提起的诉讼，由运输始发地、目的地或被告住所地人民法院管辖。运输合同纠纷，是指托运人和承运人之间在运输法律关系中所发生的权利义务争议。运输合同包括客运与货运合同两大类。运输中的始发地，是指货物起运或旅客出发的地点。目的地，是指运输合同规定的最终到达地。水上运输或水陆联合运输合同纠纷发生在我国海事法院辖区的，由海事法院管辖；铁路运输合同，由铁路运输法院管辖；其他运输合同纠纷，由始发地、目的地或被告住所地法院管辖。

6. 因侵权行为提起的诉讼，由侵权行为地或被告住所地法院管辖。侵权行为地，是指构成侵权行为的法律事实所在地，包括侵权行为实施地和侵权结果发生地。一般情况下，侵权行为实施地和结果地是一致的，在同一地点，但有时两地也存在不一致的情况，则两地法院对该案均有管辖权，被告住所地也有管辖权，当事人可任选其一向人民法院起诉。因产品质量不合格造成他人人身、财产损害提起诉讼的，产品制造地、产品销售地、侵权行为地和被告住所地的人民法院都有管辖权。

7. 因铁路、公路、水上和航空事故请求损害赔偿提起的诉讼，由事故发生地或车辆船舶最先到达地、航空器最先降落地或被告住所地的人民法院管辖。该种诉讼属于交通工具在运行中引起的损害赔偿诉讼。航空事故，是指航空器在空中或地面碰撞、坠毁，在飞行中抛物、排油而引起的事故。航空器，指能在空中运行的人造物体，如飞机、飞艇、火箭、热气球、卫星等。事故发生地，指侵权行为实施地和损害结果发生地,可以是发生事故的具体地点,也可以泛指一定范围如国界和省界。车船最先到达地,是指事故发生后,车辆、船舶首先到达的地点。航空器最先降落地,是指航空事故发生后(时),航空器首先降落或坠毁地。

8. 因船舶碰撞或其他海事损害事故请求损害赔偿提起的诉讼,由碰撞发生地、碰撞船舶最先到达地、加害船舶被扣留地或被告住所地人民法院管辖。海事损害事故,是指船舶在运行过程中所发生的损害事故,包括船舶碰撞、触礁、搁浅、失火、沉没、失踪、损坏港口设施等。碰撞船舶最先到达地,即碰撞事故发生后,船舶首先到达的地点。加害船舶被扣留地,即实施侵权行为船舶被扣留的地点。

9. 因海难救助费用提起的诉讼,由救助地或被救助船舶最先到达地人民法院管辖。海难救助,是指对遭遇海难的船舶及船舶上的人员、货物给予的救助。海难救助费用,是指遭遇海难的船舶受到救助后,根据救助的事实和效果应支付救助船舶一定的报酬,双方对此可能出现纠纷引起诉讼。此类案件由实施救助行为地点的法院或被救助船舶最先到达地法院管辖是世界惯例。实施救助的行为人,既可以是专业救护组织,也可以是邻近过往的船舶。救助地,是实施救助行为所在地。被救助船舶最先到达地,即被救助船舶经过救助脱险后,首先到达的港口或码头。

10. 因共同海损提起的诉讼,由船舶最先到达地、共同海损理算地或航程终止地人民法院管辖。共同海损,是指船舶在海上运输中遭遇自然灾害、意外事故或其他特殊危险时,为了摆脱险情而采取一定的挽救措施所造成的特殊损失和支出的额外费用。如抛弃部分货物、拆毁船上的某些设施、自动搁浅和在避险港停留所花费的费用等。共同海损应由全体受益人合理分摊,一般由船、货、运费三方分担。全体受益人因共同海损分担比例发生争议而引发的诉讼属于海事案件,由有关海事法院管辖。共同海损理算地,即确定共同海损受到补偿的损失和费用项目、金额,以及应当参加分摊的受益方应收或应付的金额及结算办法,进行审核计算工作的机构所在地。关于共同海损的理算,目前在国际上通用的理算规则是1890年制定的《约克·安特卫普规则》;而我国于1975年1月1日颁布的《中国国际贸易促进委员会共同海损理算暂行规则》(简称《北京理算规则》)在国际上也具有普遍的适用性。目前,中国国际贸易促进委员会在北京、上海和天津设有三个理算中心,在烟台等地设有七个办事处。航程终止地,即船舶航程的最终目的地。

四、专属管辖

专属管辖,是指法律强制规定某些案件只能由特定的人民法院管辖,其他人民法院无管辖权,当事人也不得协议变更管辖法院。专属管辖是强制性最强的一种管辖，具有管辖上的排他性，即凡法律规定专属管辖的案件不得适用一般地域管辖和特殊地域管辖；当事人也不得采用协议管辖变更专属管辖；属于我国人民法院专属管辖的案件，外国法院无权管辖。根据《民事诉讼法》第 33 条的规定，下列案件的诉讼为专属管辖：

1. 因不动产纠纷提起的诉讼，由不动产所在地人民法院管辖。不动产，是指不能移动或移动后会引起性质、状态、价值改变的财产。土地、附着于土地的建筑物及其他定着物、建筑物的固定附属设施，都是不动产。如房屋、山林、水利等。因不动产纠纷提起的诉讼包括涉及不动产的所有权确认、买卖、抵押、典当、互易、赠与、征用拆迁、侵权损害等方面的诉讼案件。这类案件由不动产所在地人民法院管辖，便于受诉法院对不动产进行勘验、保全和生效裁判的执行。

2. 因港口作业中发生纠纷提起的诉讼，由港口所在地人民法院管辖。港口作业中发生纠纷提起的诉讼，一是与港口作业有联系的纠纷，如货物装卸、驳运、仓储、理货等发生纠纷提起的诉讼；二是在港口作业中侵权的纠纷，如损坏港口设施、违章操作、污染港口或造成的其他损害提起的诉讼。这类案件发生在港口，由港口所在地人民法院专属管辖，有利于迅速查明案情，采取保全措施，作出正确裁判。

3. 因继承遗产纠纷提起的诉讼，由被继承人死亡时住所地或者主要遗产所在地人民法院管辖。所谓遗产，是指死者生前个人的合法财产，既包括动产也包括不动产。此种案件，往往涉及有无继承权和遗产的分割等，因此由被继承人死亡时住所地或主要遗产所在地人民法院管辖，便于确定继承人和被继承人之间的身份关系，开始继承的时间、地点；便于确定遗产的范围和制订清理、分配方案等，有利于法院正确解决纠纷。在继承遗产诉讼中，即使遗产是不动产，也应按照上述规定确定管辖法院。

五、共同管辖、选择管辖和合并管辖

共同管辖，是指依照法律规定，两个以上的人民法院对同一案件都有管辖权。共同管辖可分为两种情况：一是因诉讼主体的牵连关系发生的共同管辖。如同一诉讼的几个被告住所地、经常居住地在两个以上人民法院辖区内，各该人民法院都有管辖权。二是因诉讼客体的牵连关系发生的共同管辖。如同一案件的标的物分散在两个以上法院辖区或者侵权行为地跨越两个以上法院辖区的，各该人民法院都有管辖权。我国《民事诉讼法》自第 23 条至第 32 条和第 33 条第 3 款的规定均属共同管辖。

《民事诉讼法》第 35 条规定："两个以上人民法院都有管辖权的诉讼，原告可以向其中一个人民法院起诉；原告向两个以上有管辖权的人民法院起诉的，由最先立案的人民法院管辖。"这是解决共同管辖中管辖冲突的法律规定，也是管

辖制度中选择管辖的根据。所谓选择管辖，是指依照法律规定，对同一案件两个以上人民法院都有管辖权，当事人可以选择其中一个人民法院起诉。根据最高人民法院司法解释的规定，两个以上人民法院都有管辖权的诉讼，先立案的人民法院不得将案件移送给另一个有管辖权的人民法院。人民法院在立案前发现其他有管辖权的人民法院已先立案的，不得重复立案；立案后发现其他有管辖权的人民法院已先立案的，应裁定将案件移送给先立案的人民法院。根据共同管辖和选择管辖的规定，可以看出，共同管辖和选择管辖是一个问题的两个方面，即共同管辖是从法院行使管辖权角度考虑的，选择管辖是从当事人行使起诉权角度考虑的。共同管辖是选择管辖的基础和前提，选择管辖是对共同管辖的落实和实现。两者都是对一般地域管辖、特殊地域管辖和专属管辖法律规定适用的进一步落实和补充。

合并管辖，又称牵连管辖，是指对某个案件有管辖权的人民法院可以一并审理与该案有牵连的其他案件。合并管辖是因为对某个案件有管辖权的法院，基于另外案件与该案件存在某种牵连关系，有必要进行合并审理而获得对该另外案件管辖权的管辖。例如，原告增加诉讼请求，被告提出反诉，第三人提出与本案有关的诉讼请求时，人民法院应当适用合并管辖。

六、协议管辖

协议管辖是意思自治原则在民事诉讼领域的延伸和体现，是指双方当事人在纠纷发生前或纠纷发生后，以书面的方式约定管辖法院。因其是以当事人的意愿确定管辖法院的，又称为合意管辖或约定管辖。《民事诉讼法》第 34 条规定："合同或者其他财产权益纠纷的当事人可以书面协议选择被告住所地、合同履行地、合同签订地、原告住所地、标的物所在地等与争议有实际联系的地点的人民法院管辖，但不得违反本法对级别管辖和专属管辖的规定。"

据此规定，民事诉讼适用协议管辖，必须同时具备以下条件：

1. 只能对第一审法院管辖的合同或者其他财产权益纠纷案进行协议选择，对于第二审以及重审、再审、提审的案件，只能由人民法院依法决定管辖法院，当事人无权协议选择。

2. 只有合同或者其他财产权益纠纷的双方当事人可以协议选择管辖法院，因身份关系产生的民事纠纷的当事人不能协议选择管辖法院。

3. 选择协议管辖必须采用书面形式。这是协议管辖的协议要件，要求当事人双方必须以书面合同的形式选择管辖法院，口头协议无效。

4. 双方当事人可以从被告住所地、合同履行地、合同签订地、原告住所地和标的物所在地等与争议有实际联系的地点的人民法院中选择一个管辖法院，如果合同的双方当事人的协议对管辖法院选择不明确的，仍应由被告住所地或合同履行地的人民法院管辖。

5. 双方当事人协议选择管辖法院,不得违反本法对级别管辖和专属管辖的规定。

协议管辖可以分为明示协议管辖和默示协议管辖。明示协议管辖要求当事人在约定管辖时须订立书面协议;默示协议管辖是从原告向无管辖权的法院起诉,法院受理后被告不对管辖权提出异议并应诉答辩的情形,推断出双方当事人均同意由该法院管辖。我国《民事诉讼法》对涉外诉讼既规定了明示协议管辖,又规定了默示协议管辖,而对非涉外诉讼,仅规定了明示协议管辖。[①] 当事人订立有效的选择管辖法院的协议后,出现新情况时,可以在双方协商一致的情况下,变更已经选择的管辖法院,选择其他与争议有实际联系的人民法院处理争议。[②]

第五节 移送管辖和指定管辖

根据人民法院的裁定确定管辖法院的,称为裁定管辖。裁定管辖是法定管辖的必要补充。我国《民事诉讼法》规定的指定管辖、移送管辖和管辖权的转移均属裁定管辖。

一、移送管辖

移送管辖,是指人民法院受理民事案件后,发现本法院对该案无管辖权,依法将案件移送给有管辖权的人民法院审理。它是无管辖权的人民法院在受理了不属其管辖的案件的情况下所采取的一种纠正措施,实质上是人民法院之间对案件的移送,而不是对案件管辖权的移送。《民事诉讼法》第 36 条规定:"人民法院发现受理的案件不属于本院管辖的,应当移送给有管辖权的人民法院,受移送的人民法院应当受理。受移送的人民法院认为受移送的案件依照规定不属于本院管辖的,应当报请上级人民法院指定管辖,不得再自行移送。"据此规定,移送管辖须具备以下三个条件:第一,移送的案件必须是本法院已经受理的案件;第二,移送的人民法院对案件没有管辖权;第三,受移送的人民法院必须对该案件有管辖权。然而,根据《民事诉讼法》和相关司法解释的规定,在以下情况下,不得移送:(1) 根据管辖恒定原则,案件受理后,受诉人民法院的管辖权不受当事人住所地、经常居住地变更的影响。有管辖权的人民法院受理案件后,不得以

① 参见江伟主编:《民事诉讼法学原理》,中国人民大学出版社 1999 年版,第 364 页。

② 参见全国人大常委会法制工作委员会民法室编著:《〈中华人民共和国民事诉讼法〉释解与适用》,人民法院出版社 2012 年版,第 40 页。

行政区域变更为由,将案件移送给变更后有管辖权的人民法院。(2) 两个以上人民法院都有管辖权的诉讼,先立案的人民法院不得将案件移送给另一个有管辖权的人民法院。(3) 移送案件的人民法院所作出的移送案件的裁定,对受移送的人民法院具有法律约束力,受移送的人民法院应当及时受理,不得以任何理由再自行移送。如受移送案件的人民法院认为该院依法确无管辖权时,应报请上级人民法院指定管辖。对于将案件移送上级人民法院管辖的裁定,当事人未提出上诉,但受移送的上级人民法院认为确有错误的,可以依职权裁定撤销。这样做可以避免法院之间相互推诿或争夺管辖权,又可防止拖延诉讼。

判决后的上诉案件和依审判监督程序提审的案件,由原审人民法院的上级人民法院进行审判;第二审人民法院发回重审或者上级人民法院指令再审的案件,由原审人民法院重审或者再审。实践中,无管辖权的人民法院已经对案件进行了实体审理,而当事人又未提出管辖权异议的,视为已接受了本法院的管辖,由受理案件的法院继续审理,此后不得再提出管辖权异议。

二、指定管辖

指定管辖,是指上级人民法院用裁定的方式将某一案件指定由某个下级人民法院管辖。《民事诉讼法》第 37 条规定:“有管辖权的人民法院由于特殊原因,不能行使管辖权的,由上级人民法院指定管辖。人民法院之间因管辖权发生争议,由争议双方协商解决;协商解决不了的,报请它们的共同上级人民法院指定管辖。”指定管辖制度的设置,是法律赋予上级人民法院一定的权力,以便在下级人民法院管辖出现困难或发生争议时,能及时依职权确定案件的管辖法院,保证案件及时正确地裁判。

依据《民事诉讼法》第 36 条、第 37 条的规定,指定管辖适用于以下三种情形:

1. 受移送的法院认为自己对移送来的案件无管辖权。

2. 有管辖权的法院由于特殊原因不能行使管辖权,由上级法院指定管辖。特殊原因既包括事实上的特殊原因,如有管辖权法院所在地区发生了地震、水灾等;也包括法律上的特殊原因,如有管辖权法院的审判人员均需回避而无法组成合议庭对案件进行审理。

3. 因管辖权发生争议而又协商不成的,应报请它们的共同上级人民法院指定管辖。所谓管辖权发生争议,是指两个或两个以上的人民法院对同一案件互相推诿或互相争夺管辖权而发生的纠纷。通常是由于人民法院之间辖区界限不明或对法律规定在理解上产生歧义而发生的,也有因地方保护主义为保护其局部经济利益而争先立案。不论属于哪种原因引起的争议,应由双方协商解决,协商不成时应报请它们的共同上级人民法院指定管辖。如双方为同属一地、市的基层人民法院,由该地、市的中级人民法院指定管辖;同属一省、自治区、直辖市的两个人民法院,由该省、自治区、直辖市的高级人民法院指定管辖;如双方为跨省、自治区、直辖市的人民法院,先由双方的高级人民法院协商,协商不成的,由最高人民法院指定。报请上级人民法院指定管辖应逐级进行。上级人民法院指定管辖时,应书面通知报送的人民法院和被指定的人民法院。报送的人民法院接到通知后,应及时告知当事人。

三、管辖权转移

管辖权的转移,是指经上级人民法院决定或同意,将某个案件的管辖权由上级人民法院转交给下级人民法院,或由下级人民法院转移给上级人民法院。它是级别管辖的一种变通和补充。《民事诉讼法》第38条规定:"上级人民法院有权审理下级人民法院管辖的第一审民事案件;确有必要将本院管辖的第一审民事案件交下级人民法院审理的,应当报请其上级人民法院批准。下级人民法院对它所管辖的第一审民事案件,认为需要由上级人民法院审理的,可以报请上级人民法院审理。"据此规定进行管辖权转移,须具备以下条件:(1) 移送的是人民法院已经受理了的第一审民事案件;(2) 移送案件的人民法院对所移送的案件有管辖权;(3) 案件的移送必须是在有隶属关系的上下级人民法院之间进行。管辖权的转移有两种情形:

(一) 提审和报请

提审,是指上级人民法院认为下级人民法院管辖的第一审民事案件由自己审理更好或由下级人民法院审理会有很大困难,因而决定将案件调上来由本院审理。报请,是指下级人民法院管辖的第一审民事案件,因特殊原因需要由上级人民法院审理,因而报给上级人民法院审理。凡是上级人民法院决定提审的案件,案件的管辖权就发生转移,下级人民法院不得拒绝。而下级人民法院报请上级人民法院审理的案件,必须经上级人民法院同意后,案件的管辖权才会发生转移。对于应由上级人民法院管辖的第一审民事案件,下级人民法院不得报请上级人民法院交其审理。

(二) 交下级人民法院审理

交下级人民法院审理,是指上级人民法院将依法由自己管辖的第一审民事案件,交给下级人民法院审理。上级人民法院在确有必要时,可以将本院管辖的第一审民事案件交下级人民法院审理,但应当报请其上级人民法院批准。上级人民法院将案件交给下级人民法院审理,下级人民法院不得推托,必须审理。上级人民法院将其管辖的第一审民事案件交由下级人民法院审理的,应当作出裁定。当事人对裁定不服提起上诉的,第二审人民法院应当依法审理并作出裁定。

学术界有人认为,管辖权向上转移的规定具有很大的合理性,有利于案件的公正审理,但管辖权向下转移未必科学,实际上是把按照法定标准已被认定为重要的应由上级人民法院审理的案件交给下级人民法院审理,对这类情形应进行限制,除应当报请其上级人民法院批准外,还应赋予当事人对上级法院交下级法院审理裁定的异议权,这样做,既可避免上级法院无正当理由将案件下放给下级人民法院审理,又强化程序保障和维护了当事人的利益。

管辖权的转移与移送管辖不同,主要表现为:

1. 管辖权的转移,是指有管辖权的人民法院将案件的管辖权转移给无管辖权的人民法院,其转移的是案件的管辖权;移送管辖是受理案件的人民法院无管辖权,将案件移送给有管辖权的人民法院,其移送的是案件。

2. 管辖权的转移只能在上、下级人民法院之间进行,是对级别管辖的补充和变通;移送管辖一般是在同级人民法院之间进行,但并不排除在上、下级人民法院之间进行,是用其纠正管辖错误。

3. 管辖权转移应经上级人民法院决定或者同意,否则不得转移;移送管辖无须经受移送法院同意或者决定。

第六节　管辖权异议

一、管辖权异议的概念

管辖权异议,是指当事人认为受诉人民法院对该案无管辖权,而向受诉人民法院提出的不服该人民法院管辖的意见或主张。《民事诉讼法》第 127 条规定:"人民法院受理案件后,当事人对管辖权有异议的,应当在提交答辩状期间提出。人民法院对当事人提出的异议,应当审查。异议成立的,裁定将案件移送有管辖权的人民法院;异议不成立的,裁定驳回。当事人未提出管辖异议,并应诉答辩的,视为受诉人民法院有管辖权,但违反级别管辖和专属管辖规定的除外。"

二、管辖权异议的条件

根据上述法律规定,提出管辖权异议,应当具备下列条件:

1. 人民法院已经受理案件,但尚未进行实体审理。没有受理的案件或者已经进入实体审理的,不得提出管辖权异议。

2. 管辖权异议只能对第一审人民法院提出,对于第二审人民法院不得提出管辖权异议。

3. 提出管辖权异议的主体,必须是本案的当事人,通常是被告。原告是否有权提出管辖权异议,法律未作限制性规定。关于第三人能否提出管辖权异议的问题,根据《最高人民法院关于第三人能否对管辖权提出异议问题的批复》的规定,有独立请求权的第三人主动参加他人已开始的诉讼,应视为承认和接受了受诉人民法院的管辖,故不发生提出管辖权异议的问题。如果是受诉人民法院通知其参加诉讼,该第三人如认为受诉人民法院对他的诉讼无管辖权,可以拒绝参加诉讼,以原告身份另行向有管辖权的人民法院提起诉讼,而不必提出管辖权异议。无独立请求权的第三人参加他人已开始的诉讼,是通过支持一方当事人的主张而维护自己的利益,故无权对受诉人民法院的管辖提出异议。

4. 对管辖权的异议,应当在提交答辩状期间以书面形式提出。即被告在收到起诉状副本15日内提出,逾期提出的,人民法院不予审议。但是,根据最高人民法院《关于审理民事级别管辖异议案件若干问题的规定》的规定,提交答辩状期间届满后,原告增加诉讼请求金额致使案件标的额超过受诉人民法院级别管辖标准,被告提出管辖权异议,请求由上级人民法院管辖的,人民法院应当审查并作出裁定。

三、管辖权异议的程序

人民法院对当事人提出的管辖权异议,应当进行审查。被告以受诉人民法院同时违反级别管辖和地域管辖规定为由提出管辖权异议的,受诉人民法院应当一并作出裁定。

在管辖权异议裁定作出前,原告申请撤回起诉,受诉人民法院作出准予撤回起诉裁定的,对管辖权异议不再审查,并在裁定书中一并写明。

最高人民法院批准的第一审民事案件级别管辖标准的规定,应当作为审理民事级别管辖异议案件的依据。经审查,异议成立的,裁定将案件移送给有管辖权的人民法院审理。如果认为该案件为共同管辖时,应当征求原告的意见,移送给共同管辖中的哪一个法院。[①] 如果认为该异议不成立的,应裁定驳回;裁定应当送达双方当事人,当事人对裁定不服的,可以在10日内向上一级人民法院提起上诉,对该上诉,二审法院应当依法审理并作出裁定。当事人在第二审人民法院确定该案件的管辖权后,即应按照人民法院的通知参加诉讼。

为了维护当事人的诉讼权利,人民法院对当事人提出的管辖权异议,未经审查或审查后尚未作出裁定的,不得进入对该案的实体审理。

思考题

1. 什么是法院主管?它的范围有哪些?
2. 什么是管辖?确定管辖的基本原则有哪些?

---

① 参见张卫平:《民事诉讼法》,法律出版社2004年版,第105页。

3. 什么是级别管辖？各级法院管辖范围如何确定？

4. 什么是一般地域管辖？它的主要例外情形有哪些？

5. 什么是特殊地域管辖？它是如何适用的？购销合同案件的管辖法院应如何确定？

6. 什么是专属管辖？什么是协议管辖？

7. 共同管辖和选择管辖的联系和区别是什么？

8. 什么是裁定管辖？它有哪些种类？

9. 什么是管辖权的异议？

第六章　诉讼当事人

内容要点

民事诉讼当事人的概念和特征,诉讼权利与义务,诉讼权利能力和诉讼行为能力,当事人适格,当事人诉讼权利义务的承担。

第一节　当事人概述

一、当事人的概念与特征

(一)当事人的概念

在我国,对民事诉讼当事人的概念和特征的理论界定,学者们有不同的观点,主要有实体利害关系人说、权利保护人说和程序当事人说。实体利害关系人说,是指因民事权利义务发生纠纷,以自己的名义进行诉讼,并受人民法院裁判拘束的直接利害关系人。这是我国民事诉讼传统理论对当事人概念的一般表述。这种观点,被称为传统当事人理论。传统当事人理论的基本特点,就是要求当事人与案件有直接利害关系,直接利害关系以外的人不能成为该案的当事人。此概念中的当事人是依照实体法确定的,不仅反映了我国诉讼法依附于实体法而不独立的状态,而且对司法实践产生了负面影响,表现在法院的立案审查制度十分严格,甚至出现了民众告状难的问题。[①] 权利保护人说,是把利害关系人作扩大解释,认为无论是保护自己的民事权益还是保护他人的民事权益的人,都是民事诉讼当事人。[②] 为保护自己的民事权益而进行诉讼的人,是案件的直接利害关系人;为保护他人的民事权益而进行诉讼的人,主要指对争议的民事权益享有管理权和支配权的人,这些人不是案件的直接利害关系人,但也可以成为民事诉讼当事人。这种观点有一定的积极意义,但仍然没有跳出民事诉讼当事人等于实体利害关系人的思路,这种理论要求当事人与案件有间接的利害关系。程序当事人说,认为当事人就是程序当事人,是实际进行诉讼的人。民事主体是否与民事权利或者法律关系有直接利害关系,不影响其成为民事诉讼当事人。从程序意义上认识当事人概念,是当事人概念学说不断演变的结果。我们认为,民

---

① 参见谭兵主编:《民事诉讼法学》,法律出版社 2004 年版,第 153 页。

② 参见柴发邦主编:《民事诉讼法学新编》,法律出版社 1992 年版,第 148 页。

事诉讼中的当事人,是指因民事权利义务关系发生争议,以自己的名义进行诉讼,要求人民法院行使民事裁判权的人。

当事人有广义和狭义之分。广义的当事人,除单一的原告、被告外,还包括第三人、共同诉讼人和诉讼代表人;狭义的当事人仅指原告和被告。人们通常所说的当事人,是指狭义的当事人,即指原告和被告。

民事诉讼的当事人在不同的程序中有不同的称谓。当事人在第一审程序中称为原告和被告,在第二审程序中称为上诉人和被上诉人。在审判监督程序中,适用第一审程序进行再审的,仍称原告和被告;适用第二审程序进行再审的,仍称上诉人和被上诉人。在特别程序中一般称为申请人,但在选民资格案件中称为起诉人。在督促程序和破产程序中称为申请人和被申请人,在公示催告程序中称为申请人和利害关系人,在执行程序中称为申请执行人和被执行人。当事人称谓不同,表明他处于不同的诉讼程序和阶段,处于不同的诉讼地位,具有不同的诉讼权利和义务。

(二) 当事人的特征

在审判实践中,识别民事案件的诉讼当事人,主要是从程序方面进行的。一般来说,当事人应具备的主要特征是:(1) 以自己的名义进行诉讼。这是当事人区别于诉讼代理人的一个重要特征。(2) 是因民事权利义务关系发生争议。(3) 受人民法院裁判的拘束。人民法院的判决、裁定、调解协议对当事人有拘束力,民事诉讼当事人必须按照发生法律效力的裁判行使权利或履行义务。

二、诉讼权利能力与诉讼行为能力

(一) 当事人的诉讼权利能力

诉讼权利能力,是指公民、法人和其他组织能够享有民事诉讼权利和承担民事诉讼义务的能力,即能够成为民事诉讼当事人的法律资格。它又称为当事人能力。《民事诉讼法》第 48 条规定:“公民、法人和其他组织可以作为民事诉讼的当事人。法人由其法定代表人进行诉讼。其他组织由其主要负责人进行诉讼。”据此规定,有诉讼权利能力,可以作为民事诉讼当事人的有公民、法人和其他组织。但是,他们的诉讼权利能力的起止期限有所不同:公民的诉讼权利能力自出生时开始,至死亡之时终结;法人和其他组织的诉讼权利能力自该法人和其他组织成立之时开始,至撤销、解散时终结。

当事人的民事诉讼权利能力与民事权利能力是紧密联系的。在通常情况下,两者是一致的。有民事权利能力的人,一般都有民事诉讼权利能力。因为民事权利主体的民事权益受到侵犯或与他人发生争议时,有要求司法保护的资格。但是,两者又有明显的区别:民事权利能力是一种实体上的权利能力,是指作为民事主体的资格;而诉讼权利能力则是程序上的权利能力,是指作为诉讼主体的资格。

（二）当事人的诉讼行为能力

诉讼行为能力，是指能够亲自进行民事诉讼活动，具有独立行使诉讼权利和履行诉讼义务的能力。它又称为诉讼能力。有诉讼权利能力，又有诉讼行为能力的人，才能够亲自实施诉讼行为，行使诉讼权利，履行诉讼义务。如果只有诉讼权利能力而无诉讼行为能力，则只能由其法定代理人或法定代理人委托的诉讼代理人代为实施诉讼行为。

当事人的诉讼行为能力与民事行为能力有着密切的联系。在通常情况下，有民事行为能力的人就有诉讼行为能力，但也有不一致的情形。在民事诉讼法学理论上诉讼行为能力采用两分法：有诉讼行为能力和无诉讼行为能力，而民事行为能力则采用三分法：完全民事行为能力、限制民事行为能力和无民事行为能力。限制民事行为能力人，可以独立地进行与他们年龄、智力相适应的民事活动，但不能独立地进行诉讼活动。与其有关的民事法律关系发生争议，必须进行诉讼时，也只能由其法定代理人代为进行诉讼。在我国，成年公民是有完全民事行为能力的人，在诉讼上也就是有诉讼行为能力的人。无民事行为能力人和限制民事行为能力人，都为无诉讼行为能力的人。

法人和其他组织的诉讼行为能力，自依法成立时产生，至撤销时终止。

三、当事人的诉讼权利和诉讼义务

为了使当事人能够充分利用民事诉讼程序解决纠纷，维护自己或自己所管理的他人的民事权益，我国《民事诉讼法》赋予了双方当事人充分而又广泛的诉讼权利。同时为了保障诉讼程序的顺利进行，《民事诉讼法》也为当事人设定了相应的诉讼义务。

（一）当事人的诉讼权利

当事人应享有的诉讼权利包括：（1）一方当事人所享有的诉讼权利：① 原告有提起诉讼的权利，起诉后有放弃、变更诉讼请求和撤诉的权利；② 被告有承认或者反驳原告的诉讼请求和提起反诉的权利。（2）双方当事人所共同享有的诉讼权利：① 有使用本民族语言文字进行诉讼的权利；② 有委托代理人，提出回避申请，收集、提供证据，进行辩论，请求调解，提出上诉，申请执行的权利；③ 当事人可以查阅与本案有关的材料，并可以复制本案有关材料和法律文书，但当事人应根据最高人民法院的具体规定行使这项权利；④ 双方当事人可以自行和解；⑤ 有申请证据保全，申请顺延诉讼期间，申请财产保全和先予执行的权利；⑥ 有要求重新调查、鉴定或者勘验的权利；⑦ 认为法庭笔录确有错误，有申请补正的权利；⑧ 认为发生法律效力的判决、裁定、调解协议有错误，有申请再审和申诉的权利。

（二）当事人的诉讼义务

当事人应履行的诉讼义务主要包括：(1) 双方当事人必须严格依法行使诉讼权利。不得滥用法律赋予的诉讼权利，损害他人的合法权益。(2) 必须严格遵守诉讼秩序。服从人民法院的统一指挥，不得实施妨害民事诉讼秩序的行为。(3) 必须履行发生法律效力的法律文书。负有义务的一方当事人不履行的，人民法院可根据权利人的申请或依职权依法强制执行。

当事人行使诉讼权利与承担诉讼义务是一致的。法律既要保障当事人享有充分的诉讼权利，使其不受非法的干涉和限制，又要强调双方当事人必须履行应尽的义务。不允许只享受权利而不履行义务，也不存在只尽义务而不享受权利的情况。

第二节 当事人的认定

当事人的认定，是指在某一诉讼中，确定何人现实地享有当事人的地位。[①] 在一般情况下，诉状中所载明的原告和被告与实际进行诉讼并受法院裁判约束的人是一致的。但在特定情况下，如冒用他人名义进行诉讼或者诉状中载明的当事人已经死亡，法院就必须根据一定的标准来确定当事人。

一、当事人适格

（一）当事人适格的概念

当事人适格，又称为正当当事人，是指对于特定的诉讼，有资格以自己的名义成为原告或被告，因而受本案判决拘束的当事人。[②] 这种以自己的名义实施诉讼，并受本案判决拘束的权能，称为诉讼实施权或诉讼行为权。具有诉讼实施权的原告，称为正当原告；具有诉讼实施权的被告，称为正当被告。

与正当当事人对应的概念是非正当当事人，它是指当事人与特定诉讼标的没有事实上和法律上的关系，不是该诉讼标的权利义务主体，对有关的诉讼标的没有诉讼实施权。在实际诉讼中，起诉时的当事人有可能是非正当当事人，这时就会出现当事人不适格，就需要更换当事人。

（二）诉讼担当

诉讼担当，又称诉讼信托，是指非争讼的实体权利关系主体以诉讼当事人的身份代替争讼的实体权利关系主体进行诉讼，但是实体权利义务仍归属于争讼的实体权利义务主体。诉讼担当的意义在于，通过诉讼上的授权（信托），使本

---

① 参见常怡主编：《民事诉讼法学》，中国政法大学出版社 2008 年版，第 129 页。

② 参见谭兵主编：《民事诉讼法学》，法律出版社 2004 年版，第 163 页。

来不适格的当事人成为适格当事人。[①]

一般情况下,当事人参加民事诉讼是为了保护自身的合法权益。但是,我国立法允许非实体权利义务主体在少数情况下成为当事人,他们参加诉讼并非因为其本人的民事权益发生纠纷,而是因为他们按照法律的规定对他人的民事权益负有管理、支配和处分的职责。他们参加诉讼的目的是保护他人的民事权益,而诉讼的最终结果归于实体权利人和义务人,此情形为诉讼担当。他们成为当事人必须有法律的明文规定。根据我国现行法律规定,诉讼担当有以下情形:

1. 对财产拥有管理和处分权的管理人。如破产程序中的管理人,遗产继承中的遗嘱执行人、遗产管理人。

2. 失踪人的财产代管人。当失踪人的债务人不偿还债务时,基于财产管理权,失踪人的财产代管人可以作为原告提起诉讼。[②]

3. 死者的近亲属为保护死者名誉权和著作权可以作为原告提起诉讼。我国法律规定死者的名誉权应受法律保护,其配偶、父母、子女等近亲属可以原告身份起诉。另外,我国《著作权法》第20、21条规定的权利在著作权人死后,由其继承人通过诉讼担当来实现。

4. 当胎儿的继承权受到侵犯时,胎儿的母亲有权作为原告起诉。这是基于身份权而引发的诉讼担当,为维护胎儿的民事权益而充当当事人。在涉及胎儿的继承诉讼中,由于胎儿不是法律意义上的人,故不能为诉讼当事人。我国《继承法》规定应当为胎儿保留适当的份额,侵犯胎儿的继承权的,胎儿的母亲有诉讼实施权。

(三)公益诉讼的当事人

公益诉讼是和传统诉讼相区别的一类新型诉讼,2012年我国《民事诉讼法》修正案增加了对公益诉讼的规定,对保护公共利益,促进经济社会的发展以及落实宪法、物权法等实体法的规定具有重要意义,其中哪些主体可以提起公益诉讼是该制度的核心问题。《民事诉讼法》第55条规定:"对污染环境、侵害众多消费者合法权益等损害社会公共利益的行为,法律规定的机关和有关组织可以向人民法院提起诉讼。"首先,根据法律规定,提起公益诉讼的机关原则上应当与案件涉及的公共利益相关联,并且是法律明确规定的机关。其次,可以提起公益诉讼的组织也应作一定的条件限制,应当与所起诉的事项有一定的关联,具体哪些组织适宜提起公益诉讼,可以在今后的法律制定中进一步明确,在司法实践中逐步探索。这类诉讼担当人主要是职务上和公益上的当事人,由法律明文规定,以维护国家利益或社会公共利益而被赋予当事人的适格。这类当事人的适格基

---

① 参见江伟主编:《民事诉讼法学》,复旦大学出版社2002年版,第171页。

② 参见宋朝武主编:《民事诉讼法学》,厦门大学出版社2008年版,第148页。

础不是对他人的实体权利义务或财产所拥有的管理权或处分权,而是法律赋予其拥有对他人实体权利义务或者财产的纠纷管理权。[①]

二、当事人的变更

当事人的变更,是指在诉讼过程中,人民法院发现起诉或者应诉的人不具有当事人条件的,通知符合条件的当事人参加诉讼,让不符合条件的当事人退出诉讼的行为。人民法院在立案阶段只是对当事人进行形式审查,因此不符合条件的当事人有可能进入诉讼程序。但是,为了使诉讼能够在争议的法律关系的真正主体之间进行,避免司法资源的浪费,各国在诉讼实务和理论上都允许对非正当当事人进行更换。

(一)法定的当事人变更

法定的当事人变更,是指在诉讼过程中出现了某种情况,根据法律规定所发生的当事人变更,这种情况在民事诉讼理论中也称为当事人诉讼权利义务的承担。[②]

诉讼权利义务的承担,是指在诉讼进行过程中,由于某种特定事由的出现,当事人的诉讼权利义务转移给案外人,由其承担原当事人的诉讼权利义务。在诉讼过程中这种当事人的变化就叫做诉讼权利义务的承担。

根据法律和有关司法解释的规定发生诉讼权利义务承担的情形包括:

1. 一方当事人死亡

在诉讼中,一方当事人死亡,有继承人的,裁定中止诉讼。人民法院应及时通知继承人作为当事人承担诉讼,被继承人已经进行的诉讼行为对承担诉讼的继承人有效。

2. 法人或其他组织合并或分立

法人或其他组织作为诉讼当事人,在诉讼过程中法人或其他组织合并或分立,设立了新的法人或其他组织,原法人或其他组织的民事权利和民事义务转移给了合并或分立后的法人或其他组织。合并或分立后的法人或其他组织作为当事人继续进行诉讼,就要承担原法人或其他组织所应承担的诉讼权利和诉讼义务。

3. 法人解散、依法被撤销或宣告破产

在诉讼过程中,如果法人被解散、依法被撤销或宣告破产,将由其清算组织或管理人接管法人的财产,对其保管、清理、估价、处理和分配,了结债权、债务。清算组织或管理人还可以依法进行必要的民事活动,参加诉讼,由此发生当事人

---

① 参见江伟主编:《民事诉讼法学》,复旦大学出版社 2002 年版,第 182 页。

② 参见张卫平:《民事诉讼法》,法律出版社 2004 年版,第 141 页。

变更。因此,清算组织或管理人在诉讼中应是该破产企业的诉讼权利、义务的承担者。

诉讼权利义务的承担,在第一、二审和再审程序中都可能发生。在民事诉讼中,不论何时发生诉讼权利义务承担,都是新的当事人继续原当事人已经开始的诉讼,诉讼程序是继续进行而非重新开始。原当事人所实施的一切诉讼行为,对承担诉讼的新当事人都有拘束力。

(二) 任意的当事人变更

任意的当事人变更是相对于法定当事人变更而言的。任意的当事人变更不是因为出现了某种情况,根据法律规定所发生的当事人变更,而是指在诉讼过程中,因原当事人不适格发生的当事人变更。①

我国在 1982 年颁布的《民事诉讼法(试行)》中,曾有过更换不符合条件的当事人的规定。该法第 90 条规定:“起诉或应诉的人不符合当事人条件的,人民法院应当通知符合条件的人参加诉讼,变换不符合条件的当事人。”最高人民法院在 1984 年《关于贯彻执行〈民事诉讼法(试行)〉若干问题的意见》中对该条规定作了进一步的解释:在诉讼进行中,发现当事人不符合条件的,应根据《民事诉讼法(试行)》第 90 条的规定进行更换。通知更换后,不符合条件的原告不愿意退出诉讼的,以裁定驳回起诉,符合条件的原告全部不愿参加诉讼的,可终结案件的审理。被告不符合条件,原告不同意更换的,裁定驳回起诉。我国 1991 年《民事诉讼法》取消了更换当事人的规定,现行《民事诉讼法》也没有作出更换不符合条件的当事人的规定,但在学术界,有学者认为,应在《民事诉讼法》中对当事人的更换作出相应规定。在司法实践中,对于当事人不符合条件的情形,一般按照《民事诉讼法》第 119 条的规定,以裁定驳回起诉。

诉讼权利义务的承担,虽然也是变更当事人的问题,但它与当事人的更换有着本质的不同。诉讼权利义务的承担,是由于民事权利义务的转移而发生的,而且新的当事人承担原当事人的诉讼地位后,诉讼程序要继续进行,原当事人所为的诉讼行为,对新参加诉讼的当事人具有拘束力,而当事人的更换是由于起诉或应诉的人不符合当事人的条件而发生的。更换当事人后,诉讼程序要重新开始,不符合条件的当事人所为的诉讼行为,对符合条件的当事人而言,不发生任何法律效力。

三、原告与被告

(一) 原告与被告的概念

民事诉讼中的原告,是指认为自己的民事权益或者受其管理支配的民事权

① 参见张卫平:《民事诉讼法》,法律出版社 2004 年版,第 142 页。

益受到侵害,或者与他人发生争议,为维护其合法权益而向人民法院提起诉讼,引起诉讼程序发生的人。

民事诉讼中的被告,是指被诉称侵犯原告民事权益或与原告发生民事权益争议,被人民法院传唤应诉的人。

公民、法人和其他组织都可以作为民事诉讼中的原告和被告。原告与被告处于相对的地位,没有原告就无所谓被告,没有被告,原告也就不能成立。原告与被告在诉讼中地位不同,所享有的诉讼权利和应承担的诉讼义务也就不相同,但彼此对等。

在民事诉讼中,原告控诉被告侵犯了自己的民事权益,或者与自己对某一民事权益发生争议,都只是一种假定。原告不一定就是实体权益的享有者,被告也不一定就是应对原告承担义务的人。原告与被告之间的民事权利义务关系到底如何,有待人民法院将案件审理完后才能得出结论。

(二) 原告与被告的确定

《民事诉讼法》第48条规定:"公民、法人和其他组织可以作为民事诉讼的当事人。法人由其法定代表人进行诉讼。其他组织由其主要负责人进行诉讼。"但在诉讼实务中,这三类当事人的情形错综复杂,最高人民法院对如何确定当事人作出如下司法解释:

1. 公民

公民在民事活动中与他人发生纠纷,可以作为原告起诉或被告应诉,是主要民事主体之一。

根据最高人民法院的司法解释,公民作为诉讼当事人的情形还包括:

(1) 个体工商户、农村承包经营户、合伙组织雇用的人员在进行雇佣合同规定的生产经营活动中造成他人损害的,其雇主是当事人。

(2) 个体工商户以营业执照上登记的业主为当事人,有字号的,应在法律文书中注明登记的字号。

(3) 法人或者其他组织应登记而未登记即以法人或其他组织的名义进行民事活动,或者他人冒用法人、其他组织名义进行民事活动,或者法人或其他组织依法终止后仍以其名义进行民事活动的,以直接责任人为当事人。

2. 法人

法人可以成为原告,也可以成为被告。法人作为民事诉讼的当事人,是由其法定代表人进行诉讼。法定代表人,必须是依照法律或组织章程代表行使职权的正职负责人。根据相关司法解释,法人的正职负责人是法人的法定代表人,没有正职负责人的,由主持工作的副职负责人担任法定代表人。设有董事会的法人,以董事长为法定代表人;没有董事长的法人,经董事会授权的负责人可作为法人的法定代表人。在诉讼中,法人的法定代表人更换的,则由新的法定代表人继续进行诉讼,并应向人民法院提交新的法定代表人的身份证明书,原法定代表人进行的诉讼行为有效。法人的法定代表人的更换,不能理解为是当事人的更换。根据最高人民法院司法解释,法人作为诉讼当事人有如下几种特殊情形:

(1) 法人非依法设立的分支机构,或虽依法设立但没有领取营业执照的分支机构,以设立该分支机构的法人为当事人;

(2) 法人的工作人员因职务行为或授权行为发生的诉讼,该法人为当事人;

(3) 企业法人合并的,因合并前的民事活动发生的纠纷,以合并后的企业为当事人;

(4) 企业法人未经清算即被撤销,有清算组织的,以该清算组织为当事人,没有清算组织的,以作出撤销决定的机构为当事人。

3. 其他组织

其他组织是指合法成立、有一定的组织机构和财产,但又不具备法人资格的组织。其他组织可以作为民事诉讼的当事人,既可以成为民事诉讼中的原告,也可以成为民事诉讼的被告,作为民事诉讼的当事人,其他组织必须具有独立的民事权利主体的组织。民事诉讼法和我国司法实践承认不具备法人资格的其他组织具有当事人的地位,是对民法的突破。根据相关司法解释的规定,这些组织包括:

(1) 依法登记领取营业执照的私营独资企业、合伙组织;

(2) 依法登记领取营业执照的合伙型联营企业;

(3) 依法登记领取我国营业执照的中外合作经营企业、外资企业;

(4) 经民政部门核准登记领取社会团体登记证的社会团体;

(5) 法人依法设立并领取营业执照的分支机构;

(6) 中国人民银行、各专业银行设在各地的分支机构;

(7) 中国人民保险公司设在各地的分支机构;

(8) 经核准登记领取营业执照的乡镇、街道、村办企业;

(9) 符合本条规定条件的其他组织。

其他组织进行民事诉讼活动,由其主要负责人为代表人。其他组织的工作人员因职务行为或授权行为发生的诉讼,以该其他组织为当事人。民事诉讼法既承认其他组织的当事人能力,同时在其他组织作为被告或者可能被判决承担民事责任时,将其成员或举办单位也列为被告,或追加为共同被告。

思考题

1. 如何理解当事人的概念?
2. 当事人的特征有哪些?
3. 什么是诉讼担当?什么是诉讼承担?两者有什么区别?

第七章　多数当事人

内容要点

共同诉讼的分类和构成要件，诉讼第三人的概念、种类和参加诉讼的法律地位，代表人诉讼的适用条件。

第一节　共同诉讼人

一、共同诉讼概述

共同诉讼，是指当事人一方或双方为两人以上，诉讼标的是共同的，或者诉讼标的是同一种类的，人民法院认为可以合并审理并经当事人同意，一同在人民法院进行的诉讼。一同起诉或应诉的人，称为共同诉讼人。

共同诉讼是将多数人纳入同一诉讼程序进行诉讼，即几个原告或几个被告或原被告均属多数，以同一诉讼请求作为诉讼标的之诉，属于诉的主体合并。

共同诉讼是我国民事诉讼法规定的一项重要诉讼制度。通过这个制度，人民法院使必须共同参加诉讼的人都参加到诉讼中来，可以一并彻底解决与本案有关的当事人所发生的纠纷，从而简化诉讼程序，避免人民法院对同一案件或同类案件作出互相矛盾的裁判；可以节省人力、物力、财力，符合诉讼经济原则；同时，有利于保护当事人的合法权益。

二、共同诉讼的种类和要件

（一）必要的共同诉讼

1．必要的共同诉讼的概念和构成要件

必要的共同诉讼是指当事人一方或双方为两人以上，诉讼标的是共同的，必须共同进行的诉讼。构成必要的共同诉讼，必须具备以下要件：

诉讼标的是共同的，就是共同诉讼人与对方当事人之间争议的是共同的实体法律关系。全体共同诉讼人在争议的实体法律关系中存在着共同的利害关系，即共同享有权利或共同承担义务。它包括：(1) 共同诉讼人对诉讼标的原先就有共同的权利或义务。多数当事人原先对诉讼标的是否具有共同的权利或义务关系，取决于当事人之间原先是否就存在一定的民事法律关系。在诉讼实务中，不少当事人原先就有某种民事法律关系，如析产案件中的财产共有人、继承案件中的共同继承人等，他们在案件中所享受的权利或承担的义务都是共同的。(2) 基于同一事实或法律上的原因，共同诉讼人之间才产生了共同的权利或义务。如因共同侵权引起的诉讼，当事人共同致人损害，受害人起诉要求赔偿时，数个加害人均负有赔偿义务，应当作为共同被告参加诉讼。

人民法院必须予以合并审理。共同诉讼人一方，无论是共同原告还是共同被告，都必须共同参加诉讼。人民法院对其民事权利义务关系进行裁判时，所有的共同诉讼人都必须以自己的名义共同参加诉讼，人民法院对他们所主张的权利或应履行的义务必须合一进行审理，一并作出判决。因必要共同诉讼人如不全体参加诉讼，就会影响查明案件事实，难以作出正确的裁判，未参加诉讼的当事人的合法权益就可能得不到保护。

2. 必要的共同诉讼的特点

(1) 共同诉讼人必须共同参加诉讼。

(2) 共同诉讼人诉讼行为的一致性。在诉讼过程中，必要的共同诉讼人应当作为一个整体，一人的诉讼行为，只有经过全体承认后，才能具有法律效力；如果一人的诉讼行为未经全体同意，则不能对全体发生效力。这里的承认可以是书面承认，也可以是口头承认，但口头承认必须记入笔录，并经全体共同诉讼人签名或者盖章。共同诉讼人中一人的诉讼行为不能取得其他共同诉讼人承认的，这一诉讼行为只对实施行为的本人有效。但是，共同诉讼人中一人所作的有利于全体的诉讼请求、陈述的有利事实、提出的有利证据，则对全体发生效力。这是因为每一个共同诉讼人虽是独立的诉讼主体，有权处分自己的民事权利和诉讼权利，但共同诉讼人之间还存在相互关联性，因此，一个共同诉讼人遵守期间，对全体发生效力。共同诉讼人对第一审人民法院的裁判不服都有权单独提起上诉。但不论其他共同诉讼人是否承认上诉行为，上诉的效力都及于全体共同诉讼人，都视为全体共同诉讼人的上诉。这是承认原则的一个例外。当然，这种诉讼行为的一致性是指形成必要共同诉讼以后的诉讼行为，不包括提出诉的行为。

(3) 诉讼中止的共同性。在必要共同诉讼中，如果其中一人因发生了特殊情况，需要中止诉讼时，其他共同诉讼人也必须同时中止诉讼，待造成诉讼中止的原因消除后，再恢复诉讼程序。不管是共同诉讼中一人死亡，需要等待继承人参加诉讼，还是共同诉讼人中一人丧失诉讼行为能力，尚未确定法定代理人的，或者共同诉讼人中一人发生了因不可抗拒的事由，无法参加诉讼的情况，其他共同诉讼人皆应随之而中止诉讼活动。

3. 必须共同进行诉讼的情形

根据最高人民法院司法解释的规定，以下情形应列为共同诉讼人参加诉讼：

(1) 个体工商户、个人合伙或私营企业挂靠集体企业,并以集体企业的名义从事生产经营活动的,在诉讼中,该个体工商户、个人合伙或私营企业与其挂靠的集体企业为共同诉讼人。

(2) 个体工商户在诉讼中,营业执照上登记的业主与实际经营者不一致的,以业主和实际经营者为共同诉讼人。

(3) 个人合伙的全体合伙人,在诉讼中为共同诉讼人。个人合伙有依法核准登记的字号的,应在法律文书中注明登记的字号。全体合伙人可以推选代表人进行诉讼,被推选的代表人,应由全体合伙人出具推选书。

(4) 企业法人合并或分立的,因合并或分立前的民事活动发生的纠纷,以合并或分立后的企业为共同诉讼人。

(5) 借用业务介绍信、合同专用章、盖章的空白合同书或者银行账户的,出借单位和借用人为共同诉讼人。

(6) 因保证合同纠纷提起的诉讼,债权人向保证人和被保证人一并主张权利的,人民法院应当将保证人和被保证人列为共同被告;债权人仅起诉保证人,除保证合同明确约定保证人承担连带责任的以外,人民法院应当通知被保证人作为共同被告参加诉讼。

(7) 在继承遗产的诉讼中,部分继承人起诉的,人民法院应通知其他继承人作为共同原告参加诉讼,被通知的继承人不愿意参加诉讼又不明确表示放弃实体权利的,人民法院仍应把其列为共同原告。

(8) 被代理人和代理人承担连带责任的,为共同诉讼人。

(9) 共有财产权受到他人侵害,部分共有权人起诉的,其他共有权人应当列为共同诉讼人。

(10) 因新闻报道或其作品发生的名誉权纠纷,根据原告的起诉确定被告。只起诉作者的,列作者为被告;只起诉新闻出版单位的,列新闻出版单位为被告;将作者和新闻出版单位一并起诉的,列为共同被告,但作者与所属单位为隶属关系,作品系作者履行职务所形成的,只列单位为被告。

4. 当事人的追加

在诉讼开始后,人民法院发现有必须共同进行诉讼的当事人没有参加到诉讼中来,而这些人不参加诉讼就不利于查明案件事实和纠纷的解决,人民法院应当通知其参加诉讼;当事人也可向人民法院申请追加。人民法院对当事人的申请应进行审查,申请无理的,裁定予以驳回;申请有理的,应当及时书面通知被追加的当事人参加诉讼。追加的当事人可能参加到原告一方而成为共同原告,也可能参加到被告一方而成为共同被告。人民法院在追加当事人时,应通知其他共同诉讼的当事人。应追加的原告已明确表示放弃实体权利的,可不予追加;既不愿意参加诉讼,又不放弃实体权利的,仍应追加为共同原告,如其不参加诉讼,不影响人民法院对案件的审理和判决。追加当事人可以在第一审程序中进行,也可以在第二审程序中进行。在第二审程序中追加当事人时,如不能以调解方式结案的,应将案件发回原第一审人民法院重审,以保证追加的当事人能充分行使诉讼权利。

学术界有人认为,从理论和实务来讲应像大陆法系的德国、日本和我国的台湾地区一样将必要共同诉讼分为固有的必要共同诉讼和类似的必要共同诉讼:[①]

(1) 固有的必要共同诉讼:指当事人一方或双方为两人以上,诉讼标的是同一的共同诉讼。要求共同诉讼人必须一同起诉或应诉,否则,应予以追加,人民法院必须予以合并审理,且作出合一判决。固有的必要共同诉讼之所以必要,是因为共同诉讼人之间诉讼标的的共同性。而诉讼标的的共同性又是由实体法律关系所决定的。共同诉讼人在争议的实体法律关系中存在着共同的利害关系,即共同享有权利或共同承担义务。固有的必要共同诉讼的实体法基础在于,当事人在实体上的处分权或管理权以及作为诉讼标的的形成权必须由全体权利人共同行使,单独行使将不合法。

(2) 类似的必要共同诉讼:指数人对作为诉讼标的的法律关系,虽然不要求必须一同起诉或应诉,当事人有选择一同起诉或应诉或者分别起诉或应诉的权利,但一旦选择共同诉讼,则必须对共同诉讼人的诉讼标的作合一确定。如果选择单独诉讼,在法律上当事人有单独实施诉讼的权能。但法院对其中一人的起诉或应诉的诉讼所作出的判决,其效力及于可以作为共同诉讼的其他人。类似必要共同诉讼制度的意义在于,缓解了因为固有必要共同诉讼要求所有共同诉讼人必须一同起诉、应诉所带来的紧张。

我国以往的民事诉讼理论并不承认类似必要共同诉讼,但在诉讼实务中已经存在了类似共同诉讼的情形。如企业歇业后,无清算组织负责清理债权债务的,债权人既可以将歇业企业作为被告起诉,也可将歇业企业和清算主体作为共同被告。在一般保证中债权人可以将债务人和保证人列为共同被告,也可以只起诉债务人。[②]

正是由于我国民事诉讼理论和实务中类似必要共同诉讼制度的缺失,导致理论与实践的脱节,尤其在对待因连带关系所发生的诉讼的场合。一方面,法律给予了诉讼请求主体的选择权,债权人可以选择连带债务人中一人作为被告进行诉讼;另一方面,法律也许可债权人将全体债务人作为被告。在只有单一的固有必要诉讼形式的情况下,连带关系的诉讼必须是一同起诉和应诉,而这种要求

---

① 参见宋朝武:《民事诉讼法学》(第二版),厦门大学出版社 2008 年版,第 152 页。

② 参见张卫平:《民事诉讼法》,法律出版社 2004 年版,第 148 页。

实际上否定了债权人请求对象的选择权。[①]

(二) 普通的共同诉讼

1. 普通的共同诉讼的概念和构成要件

普通的共同诉讼,是指当事人一方或双方为两人以上,诉讼标的属于同一种类的,人民法院认为可以合并审理,并经当事人同意的诉讼。构成普通的共同诉讼,必须具备以下要件:

(1) 诉讼标的是同一种类的。它是指各个共同诉讼人与对方当事人争议的法律关系的性质相同,也就是共同诉讼人各自分别享有的权利或者承担的义务属于同一类型。共同诉讼人之间没有共同的权利和义务。

(2) 人民法院认为可以合并审理。它是指在客观上存在合并审理的条件,在主观上有合并审理的意愿。只有人民法院认为可以合并审理,并决定予以合并审理的,才能发生普通的共同诉讼人的共同诉讼。

(3) 当事人同意合并审理。人民法院认为可以合并审理的,还必须征求当事人的意见,经当事人同意后才能予以合并审理。当事人不同意合并审理的,人民法院不能合并审理。

(4) 属同一诉讼程序,归同一人民法院管辖。多数当事人之间同一种类的诉讼,都必须属人民法院受理民事诉讼的范围,归同一人民法院管辖,适用同一诉讼程序,人民法院才能予以合并审理。

(5) 必须符合合并审理的目的。即符合简化诉讼程序,节省时间、费用,避免人民法院对同类性质的纠纷作出相互矛盾的判决。

只有符合以上条件,人民法院才能予以合并审理。由于普通共同诉讼人对诉讼标的没有共同的权利义务关系,对此类案件既可以合并审理,也可以分开审理。即使合并审理,也要分别查明各当事人发生纠纷的事实,分别确定当事人的权利义务,分别作出判决。

2. 普通共同诉讼的特点

(1) 人民法院受理普通共同诉讼案件时均为单一诉讼,要分别进行审查,如果其中有人在起诉的事实根据和理由等方面不具备条件,只对不具备起诉条件的人不予受理,不影响其他共同诉讼人的诉讼活动,因普通共同诉讼案件在法院受理后才依法合并审理。

(2) 每个共同诉讼人的诉讼行为只对自己发生法律效力,对其他共同诉讼人没有约束力。

(3) 如果有的共同诉讼人遇到了诉讼中止或者诉讼终结的情况,只对个人的诉讼活动发生中止或者终结的后果,不影响其他共同诉讼人诉讼活动的正常

---

① 参见张卫平:《民事诉讼法》,法律出版社 2004 年版,第 152 页。

进行。

3. 必要共同诉讼与普通共同诉讼的差异

(1) 诉讼标的的共同性与同类性不同。必要的共同诉讼人对诉讼标的享有共同的权利和承担共同的义务,他们的诉讼标的是共同的。普通共同诉讼人在诉讼中没有共同的权利义务关系,他们的诉讼标的只是属于同一种类的。

(2) 共同诉讼人之间的关系不同。必要共同诉讼人在诉讼中的关系是紧密相关而不可分割的,一人的诉讼行为,只要经其他共同诉讼人同意或者认可,则对其他共同诉讼人发生效力。普通共同诉讼人在诉讼中没有内在的必然联系,各自处于独立的地位,每个人的诉讼行为只由各自负责,对他人不发生法律效力。

(3) 审判方式与审判结果不同。人民法院对必要共同诉讼必须合并审理;对普通共同诉讼可以合并审理,也可以分别审理。对必要共同诉讼人的裁判,必须统一作出,内容不得相左;对普通共同诉讼人的裁判,应当分别作出,裁判的结果各不相同。

第二节　诉讼代表人

一、诉讼代表人概述

(一) 代表人诉讼制度的历史沿革

代表人诉讼制度类似于外国的集团诉讼制度和选定当事人制度。这种制度最早产生于公元 1676 年英国的衡平法院,但在美国得到发展并逐步完善。19 世纪初期,美国根据英国代表人诉讼制度的原则,发展为集团诉讼制度。随后《菲尔德民法典》确定了该种制度。从此以后,美国州法院到联邦最高法院,采用了代表人参加诉讼的集团诉讼制度。1938 年《美国区法院联邦民事诉讼规则》规定了集团代表人诉讼的构成要件,并将该诉讼分为真实型、虚假型和混合型三种类型。1966 年《美国联邦民事诉讼规则》进一步规定了集团代表人诉讼制度的构成要件、适用范围和应审查的事项。由此可见,集团诉讼制度在美国已被广泛应用,并取得了显著的效果。

(二) 诉讼代表人的概念和意义

诉讼代表人,是指当事人人数众多的一方推选出代表,由其为维护本方当事人的利益而进行诉讼活动的人。

20 世纪 80 年代以后,随着改革开放的深入,市场经济的发展,我国出现了涉及众多人利益的群体性纠纷。例如,因生产和销售不合格的商品而损害广大消费者利益的案件、因环境污染使广大居民群众遭受损失的案件、出售不合格的种子使广大农民遭受损害的案件，以及劳动争议案件等等。有的案件，一方当事人有数百人、数千人，这就需要在《民事诉讼法》中确立一种新的诉讼制度。1991年颁行的《民事诉讼法》从我国的实际情况出发，借鉴外国民事诉讼立法中关于选定当事人制度和集团诉讼制度的原理和规定，确立了代表人诉讼制度。这种保障多数当事人合法权益制度的确立，对稳定我国社会秩序起到了很好的作用。确立代表人诉讼制度的意义具体体现在：

1. 建立代表人诉讼制度扩大了司法解决纠纷的功能。群体性纠纷的大量出现，已经从单独个体的私人利益问题，变成了一个广泛的公益问题。为了避免公益遭受侵害，法律许可有共同利益的多数人选任代表人进行诉讼。我国代表人诉讼制度是共同诉讼和诉讼代理制度的结合，解决了主体众多与诉讼程序空间容量有限之间的矛盾，扩大了司法解决纠纷的功能。①

2. 建立代表人诉讼制度，是正确、合法、及时解决民事纠纷的需要。这种程序可以大大地简化诉讼程序，能够节省大量的人力、物力和财力，有利于当事人诉讼，有利于人民法院办案；还可以避免众多当事人分头进行诉讼，造成人民法院对同一或同类事实的案件作出相互矛盾的裁判，有利于提高办案质量。

3. 代表人诉讼制度是完善当事人制度的需要。数千人都是共同诉讼人，都按共同诉讼程序进行，不仅达不到共同诉讼的目的，而且还会造成根本无法进行诉讼的情形。民事诉讼法确立代表人诉讼制度，不仅丰富完善了我国的民事诉讼立法，也发展完善了我国的诉讼当事人制度。

（三）代表人诉讼制度的性质

代表人诉讼制度实质上是共同诉讼人与诉讼代理人两项制度相结合的一种诉讼形式，是在共同诉讼的基础上，吸收诉讼代理制度的某些特征而设立的、解决众多当事人纠纷的一种制度。它体现了两种诉讼制度各自功能的互补和伸展，既不同于共同诉讼人制度，也不同于诉讼代理人诉讼：

1. 与共同诉讼的区别：一是共同诉讼制度要求全体共同诉讼人参加诉讼，每个共同诉讼人都是该案的诉讼当事人，都直接行使诉讼权利、承担诉讼义务。诉讼活动可由诉讼代理人进行，也可以由共同诉讼人自己进行。而代表人诉讼制度，众多的权利人或义务人可不直接参加诉讼行使诉讼权利或承担诉讼义务，诉讼活动由他们推选的诉讼代表人代为进行。二是共同诉讼人制度中必要共同诉讼人的诉讼行为经全体共同诉讼人一致承认，才对其有效；不经承认，对其无效，只对行为实施人有效。普通共同诉讼中每个共同诉讼人的诉讼行为只对自己发生法律效力，对其他共同诉讼人没有约束力。而诉讼代表人的诉讼行为，除及于代表人外，还及于被代表的同一方共同诉讼人。

---

① 参见谭兵主编：《民事诉讼法学》，法律出版社2004年版，第194页。

2. 与诉讼代理人的区别

(1) 与诉讼标的之利害关系不同。推选的诉讼代表人是本案的当事人,与被代表人之间有共同的利益,与本案的诉讼标的有着直接的利害关系;诉讼代理人则不是本案的当事人,与本案的诉讼标的没有利害关系。

(2) 保护权益的范围不同。诉讼代表人参加诉讼,既维护自己的合法民事权益,又维护被代表的其他共同诉讼人的合法权益;诉讼代理人参加诉讼则只是为了维护被代理人的合法权益。

(3) 法律后果不同。诉讼代表人参加诉讼,既以被代表人的名义,也以自己的名义进行诉讼,诉讼的法律后果是由被代表的共同诉讼人和本人承担;诉讼代理人则是以被代理人的名义进行诉讼,在代理权限范围内所实施的诉讼行为,其法律后果由被代理人承担。

二、诉讼代表人

(一) 诉讼代表人的条件和人数

1. 条件:(1) 本人是该案的利害关系人,与所代表的全体当事人有相同的利益;(2) 具有相应的诉讼行为能力;(3) 乐于担任诉讼代表人,并为全体或多数当事人所信赖。

2. 人数:当事人可以推选 2 至 5 名诉讼代表人,每位代表人还可以委托 1—2 名诉讼代理人。

(二) 诉讼代表人权限

诉讼代表人代表被代表的一方当事人进行诉讼,行使诉讼权利,承担诉讼义务。代表人的诉讼行为,原则上对其所代表的当事人发生效力。但是,在被代表人没有特别授权的情况下,不能行使涉及实体权利的诉讼权利。如代表人变更、放弃诉讼请求或者承认对方当事人的诉讼请求,进行和解等,必须经被代表的当事人同意。

代表人在诉讼中如果不能履行职责,应当予以更换。如诉讼代表人下落不明或死亡的,诉讼代表人丧失诉讼行为能力的,诉讼代表人不尽职责,不能维护被代表人的合法权益的,或者与对方当事人合谋,损害被代表人利益,被代表人要求更换的,应及时予以更换。更换诉讼代表人可由当事人推选,也可以由人民法院与当事人商定。更换后的新的诉讼代表人继续原诉讼代表人的职责,原诉讼代表人的诉讼行为,对新的诉讼代表人有拘束力。

三、我国诉讼代表人的两种形式

根据《民事诉讼法》第 53 条和第 54 条及相关司法解释的规定,代表人诉讼制度有两种形式:人数确定的代表人诉讼制度和人数不确定的代表人诉讼制度。

（一）人数确定的诉讼代表人

人数确定的诉讼代表人，是指由起诉时人数已确定的众多的共同诉讼人推选出代表来代替全体共同诉讼人参加诉讼，实施诉讼行为的人。

构成人数确定的代表人诉讼，须符合以下四个条件：

（1）当事人一方人数众多，人数众多一般指 10 人以上；

（2）当事人人数在起诉时已经确定；

（3）众多当事人之间具有共同的或同一种类的诉讼标的；

（4）人数确定的代表人诉讼，可以由全体当事人推选共同的代表人，也可以由部分当事人推选自己的代表人；推选不出代表人的当事人，在必要的共同诉讼中可由自己参加诉讼，在普通的共同诉讼中可另行起诉。

（二）人数不确定的诉讼代表人

人数不确定的诉讼代表人，是指当事人一方人数众多，在起诉时人数尚未确定，由向人民法院登记权利的人推选或由人民法院与其商定出代表，并代表全体共同诉讼人参加诉讼，实施诉讼行为的人。

构成人数不确定的代表人诉讼须具备下列条件：

（1）当事人一方人数众多，并且在起诉时人数尚未确定。这类诉讼通常是同一种侵权行为或标准合同引起的诉讼，受害人多，分布地域广，因而起诉时当事人的人数不易确定。

（2）诉讼标的属于同一种类。

（3）这种诉讼代表人只能从登记的权利人中产生。登记的权利人如推选不出代表人，可以由人民法院提出人选与当事人协商确定代表人；协商不成的，也可以由人民法院在起诉的当事人中指定代表人。

四、人数不确定的代表人诉讼的特殊程序

（一）案件的管辖法院

人数不确定的代表人诉讼案件，往往涉及众多法院的管辖权问题。当事人往往分散居住在数个法院辖区，有的还可能遍布全国各地，要确定案件的管辖法院，这就需要各有关法院根据案件的具体情况，协商确定；如协商不成，则应由其共同的上级人民法院指定管辖。

（二）发布公告

人民法院受理部分当事人的起诉后，可以发出公告。公告的目的在于，向未起诉的权利人说明案件的情况和诉讼请求，通知权利人在一定期间内向人民法院登记权利，以便共同推选代表人进行诉讼，保护自己的权益，彻底解决纠纷。公告期间由人民法院根据案情确定，但最少不得少于 30 日。公告内容应告知基本案情，告知权利人登记的内容、期限、逾期不登记的法律后果。人民法院根据

案情,决定公告的方式和范围。

(三) 当事人登记权利

登记权利,是指权利人向人民法院讲明自己在本案中的实体权利及其请求事项。向人民法院登记的当事人,应证明其与对方当事人的法律关系和所受到的损害。证明不了的,不予登记,但当事人可以另行起诉。权利人未在指定的期间内向人民法院登记,且没有正当理由的,视为权利人放弃对诉讼权利的行使,不参加推选诉讼代表人的活动,但不影响其享有的实体权利。

(四) 审理与裁判

人民法院审理诉讼标的同一种类,当事人一方人数众多,起诉时人数尚不确定的案件,除法律规定不公开审理的案件外,应公开审理。被代表的当事人应允许到庭旁听,有权监督诉讼代表人是否在为维护被代表人的合法权益而进行诉讼。

人民法院应对这类案件的损害事实,侵害人应承担的民事责任进行审理和确认。所作的判决与裁定,应确定侵害人所应赔偿的标的物种类和总数,以及赔偿的财产在权利人之间的分配方法。判决与裁定生效后,对参加登记的全体权利人发生效力。参加登记的全体权利人必须按照生效裁判确定的内容行使权利,承担义务,不得再行起诉。

人民法院制作的法律文书,对人数众多的一方当事人,可只写明诉讼代表人,其他当事人列入法律文书所附的登记名单中,法律文书除送达登记的人外,还应当公告,以便未登记的权利人知晓诉讼已结束。

未参加登记的权利人在诉讼时效期内向人民法院提起诉讼,人民法院认定其请求成立的,可以不对案件进行实体审理,直接裁定适用人民法院已作出的判决与裁定,即按该生效判决与裁定所确定的权利义务执行。超过诉讼时效期间起诉的,人民法院受理案件后可以用判决驳回诉讼请求,但义务人自愿按生效裁判履行的,人民法院不得干预。

五、不宜适用诉讼代表人的情形

在某些情况下,如果适用诉讼代表人可能不利于纠纷的解决,不宜适用代表人诉讼制度。根据最高人民法院 2002 年 1 月 15 日颁布的《关于受理证券市场因虚假陈述引发的民事侵权纠纷案件有关问题的通知》,对于虚假陈述的民事赔偿案件,人民法院应当采用单独或者共同诉讼的形式受理,而不宜以集团诉讼的形式受理。该通知所指的集团诉讼形式实际上就是代表人诉讼。集团诉讼在我国并不是一个法律上的概念。①

① 参见张卫平:《民事诉讼法》,法律出版社 2004 年版,第 159 页。

第三节 第 三 人

一、第三人概述

(一) 第三人的概念

《民事诉讼法》第 56 条规定,民事诉讼中的第三人,是指对他人争议的诉讼标的有独立的请求权,或者虽无独立的请求权,但案件的处理结果与其有法律上的利害关系,而参加到正在进行的诉讼中来的人。以对他人之间的诉讼标的是否具有独立请求权为标准,第三人分为有独立请求权的第三人和无独立请求权的第三人。在诉讼理论上,他人之间正在进行的诉讼,称为本诉;第三人提起之诉,称为参加之诉。

(二) 第三人的特征

(1) 对原告、被告争议的诉讼标的认为有独立请求权,或者案件处理结果与其有法律上的利害关系,这是区别于共同诉讼人和诉讼代理人的根本之处;

(2) 参加诉讼的目的在于维护自己的合法权益,这也是与诉讼代理人的根本区别;

(3) 在诉讼开始以后,审理终结前参加诉讼,且是他人正在进行的诉讼;

(4) 在诉讼中具有独立的地位。

二、有独立请求权的第三人

(一) 有独立请求权的第三人的概念

根据《民事诉讼法》第 56 条第 1 款的规定,有独立请求权的第三人是指对原告、被告之间争议的诉讼标的认为有独立的请求权,参加到原告、被告已经开始的诉讼中进行诉讼的人。有独立请求权的第三人参加诉讼的依据是,对本诉原告和被告之间的诉讼标的有独立请求权。例如,A、B 和 C 三个继承人中 A 与 B 二人因遗产分割发生纠纷而诉诸法院,另外一个继承人 C 想参加诉讼,主张被继承人在书面遗嘱中将全部遗产留给了自己,那么 C 就可以提起独立的诉讼,防止已经起诉的原告和被告通过诉讼侵害自己的利益。此时,C 就是有独立请求权的第三人。

(二) 有独立请求权的第三人的特征

1. 对原告、被告之间争议的诉讼标的认为有全部或部分的独立请求权。所谓独立请求权是指第三人认为自己对本诉中原告和被告争议的诉讼标的享有全部或部分的权利。

2. 将本诉的原告、被告作为被告以提起诉讼的方式参加诉讼。有独立请求权的第三人参加诉讼的目的是维护自己的合法权益。他既不同意原告的主张,也不同意被告的主张。他认为,无论原告胜诉还是被告胜诉,都是对自己合法权益的侵犯。因此,他有权以本诉的原告、被告作为被告以提起诉讼的方式而参加诉讼,请求人民法院保护自己的合法权益。

3. 在诉讼中处于原告的诉讼地位。有独立请求权的第三人是以向人民法院提出参加之诉的方式成为当事人。在这个新诉中,有独立请求权的第三人居于原告的诉讼地位,被告则是本诉中的原告和被告,诉讼标的是本诉中的诉讼标的的全部或部分,诉讼理由是有独立请求权的第三人主张的事实和理由。有独立请求权的第三人参加诉讼后,享有原告所享有的诉讼权利,承担原告所承担的诉讼义务。

我们认为,有独立请求权的第三人参加诉讼的根据,还应当包括因本诉的诉讼结果将侵害到自己的合法权益,有独立请求权的第三人可以依法提起独立之诉,以维护自己的合法权益。日本《民事诉讼法》第 71 条以及我国台湾地区 2003 年颁行的“民事诉讼法”第 54 条有类似的规定。[①] 这就是所谓的“诈害防止参加”。例如,甲对乙主张 100 万元金钱债权已诉诸法院,丙则请求确认乙与甲之间的债权债务关系不成立。丙认为,甲、乙是共谋提起诉讼,意图使乙的财产减少,诈害丙对乙的债权。因此,丙对乙、甲提起了参加之诉,因为乙、甲之间的诉讼结果将对自己的权利造成损害。我国《民事诉讼法》尚未见防止诈害作为有独立请求权的第三人参加诉讼的根据,但是《合同法》已经确立了合同当事人以外的第三人的撤销权。确立第三人为防止诈害可提起参加之诉,对于维护诚实信用的市场交易秩序,保障第三人的利益,防止债务人恶意转移财产,具有重要意义。[②]

三、无独立请求权的第三人

(一) 无独立请求权的第三人的概念

根据《民事诉讼法》第 56 条第 2 款的规定,无独立请求权的第三人是指对原告、被告双方争议的诉讼标的没有独立的请求权,但案件的处理结果可能与其有法律上的利害关系,为维护自己的利益而申请参加或由法院通知他参加到已经开始的诉讼中来的人。无独立请求权的第三人参加诉讼的根据是本诉案件的处理结果可能与其有法律上的利害关系。也就是说,第三人的民事权利义务将受到他人案件处理结果的影响。例如,甲工厂以乙公司没有按合同要求支付价款为由提起诉讼。在诉讼过程中,乙以甲的产品质量不符合合同约定进行抗辩。

---

① 参见谭兵主编:《民事诉讼法学》,法律出版社 2004 年版,第 186 页。

② 参见肖建华:《主参加诉讼的诈害防止功能》,载《法学杂志》2000 年第 5 期。

甲产品的重要配件是由丙提供的。如果甲败诉,丙可能受到法律上的不利影响。因此,丙申请参加到甲、乙已经开始的诉讼中,丙此时的身份就是无独立请求权的第三人。再如,一方当事人因第三人的原因造成违约的,第三人可能成为无独立请求权的第三人;债的转让后,因转让之债发生的纠纷,让与人(原债权人或债务人)可能成为无独立请求权的第三人;在代位权诉讼中,债务人可能成为无独立请求权的第三人;在撤销权诉讼中,债权人仅以债务人为被告的撤销权诉讼中,受益人或受让人可能成为无独立请求权的第三人等等。①

(二) 无独立请求权的第三人的特征

1. 参加诉讼的根据是案件处理的结果同他有法律上的利害关系。所谓法律上的利害关系,是指当事人双方争议的诉讼标的涉及的法律关系,与第三人参加的另一法律关系有牵连。而在后一个法律关系中,第三人是否行使权利、履行义务,对前一个法律关系中当事人行使权利、履行义务有直接的影响。在原告、被告进行诉讼的法律关系中,因一方当事人不履行或者不适当履行义务给对方造成的损失,直接责任虽应由不履行或不适当履行义务的一方当事人承担,但究其原因,是因为无独立请求权的第三人在另一有牵连的法律关系中未按法律要求履行义务造成的。因此,如果人民法院裁判一方当事人承担法律责任或履行法律义务,该当事人有权请求无独立请求权的第三人承担相应的法律责任或履行法律义务。

2. 参加到当事人一方进行诉讼。由于案件的处理结果与其可能有法律上的利害关系,影响他的合法权益,所以,在表面上支持与其存在法律关系的一方当事人的主张,反对另一方的主张,为他所支持的一方提供证据,进行辩论。无独立请求权的第三人参加诉讼,既可能参加到原告一方进行诉讼,也可能参加到被告一方进行诉讼。不论参加何方都必须与参加的一方有法律上的利害关系。

3. 在诉讼中具有独立诉讼地位。无独立请求权的第三人虽然参加到当事人一方进行诉讼,但他既不是原告,也不是被告,而是一种具有独立诉讼地位的诉讼参加人。他参加诉讼虽然支持一方当事人的主张,但实质上是维护自己的民事权益。根据相关司法解释,在诉讼中,无独立请求权的第三人有当事人的诉讼权利义务,人民法院判决承担民事责任的无独立请求权的第三人,对地方第一审人民法院的判决不服的,有权提出上诉,但该第三人在第一审中无权对案件的管辖权提出异议,无权放弃、变更诉讼请求或者申请撤诉。

4. 无独立请求权的第三人以申请或法院通知的方式参加诉讼。《民事诉讼法》第 56 条第 2 款规定:“对当事人双方的诉讼标的,第三人虽没有独立请求权,但案件处理结果同他有法律上的利害关系的,可以申请参加诉讼,或者由人

① 参见江伟主编:《民事诉讼法学》,复旦大学出版社 2002 年版,第 195 页。

民法院通知他参加诉讼。"申请参加诉讼的,应向人民法院递交申请书,说明理由,经人民法院审查同意后才能参加诉讼。人民法院通知参加诉讼的无独立请求权的第三人,应当参加诉讼,经人民法院用传票合法传唤,无正当理由拒不到庭的,可以缺席判决。

（三）不得作为第三人通知其参加诉讼的几种情形

在司法实践中,为防止法院在审判中不适当地扩大无独立请求权的第三人的范围,防止法院或本诉当事人将与案件处理结果没有利害关系的人拉入诉讼,最高人民法院在1994年12月22日公布了《关于在经济审判工作中严格执行〈中华人民共和国民事诉讼法〉的若干规定》,明确了几种不得作为第三人通知其参加诉讼的情形,具体如下:

1. 受诉人民法院对与原被告双方争议的诉讼标的无直接牵连和不负有返还或者赔偿等义务的人,以及原告或被告约定仲裁或有约定管辖的案外人,或者专属管辖案件的一方当事人,均不得作为无独立请求权的第三人通知其参加诉讼。

2. 人民法院在审理产品质量纠纷案件中,对原被告之间法律关系以外的人,证据已证明其已经提供了合同约定或者符合法律规定的产品的,或者案件中的当事人未在规定的质量异议期内提出异议的,或者作为收货方已经认可该产品质量的,不得作为无独立请求权的第三人通知其参加诉讼。

3. 人民法院对已经履行了义务,或者依法取得了一方当事人的财产,并支付了相应对价的原被告之间法律关系以外的人,不得作为无独立请求权的第三人通知其参加诉讼。

（四）两种第三人的区别

1. 参加诉讼的根据不同。有独立请求权的第三人,基于对他人争讼标的的独立请求权;无独立请求权的第三人,基于对他人争讼标的无独立请求权,但案件的处理结果与其有法律上的利害关系,是法律上的利害关系而非事实上的利害关系。

2. 参加诉讼的方式不同。有独立请求权的第三人,以起诉的方式参加到他人之间已开始的诉讼中;无独立请求权的第三人,或是自己申请,或由人民法院通知。

3. 诉讼地位不同。有独立请求权的第三人,相当于原告;无独立请求权的第三人,既非原告,也非被告,而是具有一种独特社会地位的参加人。

4. 享有的诉讼权利不同。有独立请求权的第三人,享有原告的权利;无独立请求权的第三人参加诉讼后,即享有当事人的诉讼权利,但其无权对管辖权提出异议,无权承认原告的诉讼请求,无权请求和解,法院判决其承担民事义务的,有权提起上诉。

四、第三人撤销之诉

2012年新《民事诉讼法》第56条增加了第3款对第三人撤销之诉进行了规定。根据规定,第三人撤销之诉是指未参加诉讼的第三人,有证据证明发生法律效力的判决、裁定、调解书的部分或者全部内容错误,损害其民事权益的,向作出该判决、裁定、调解书的人民法院提起诉讼,请求改变或者撤销原判决、裁定、调解书的制度。设置该诉讼种类的目的可区分为两个方面:一方面是给以因故未能参加诉讼而没有获得程序保障却可能受到判决既判力扩张效果拘束的第三人提供救济途径;另一方面,则是防止第三人的合法利益受到他人通过利用诉讼审判骗取法院生效法律文书等方式的不当侵害。从比较法上看,第三人撤销之诉可见于法国和我国台湾地区的民事诉讼立法,且这些程序设置之目的多侧重于上述第一方面。但我国本次《民事诉讼法》修改新增加此项制度,在很大程度上却是缘于侵害第三人利益的虚假民事诉讼频频发生,为遏制当事人通过恶意诉讼等手段损害第三人的合法权益,才增设该诉讼种类。①

我国规定的第三人撤销之诉主要内容如下:

(一)第三人提出撤销之诉的条件

根据新《民事诉讼法》第56条第3款的规定,第三人提出撤销之诉应当满足以下条件:第一,因不能归责于自己的事由未参加诉讼,知道原诉会损害自己的利益并且能够参加诉讼而未参加的第三人不得提出撤销之诉;第二,为防止第三人滥用诉讼权利,影响生效判决、裁定和调解书的稳定性和权威性,立法者对第三人提起撤销之诉设定了相对严格的条件,即有证据证明发生法律效力的判决、裁定、调解书的部分或者全部内容错误,损害其民事权益;第三,自知道或应当知道其民事权益受到损害之日起六个月内提起该诉讼。

实践中,第三人提起撤销之诉的撤销事由主要有以下几类:(1)当事人恶意串通进行诉讼,损害其利益;(2)第三人对原判决、裁定和调解书所处分的财产拥有物上请求权;(3)原诉遗漏了必要的共同诉讼当事人,损害了其利益。②

(二)第三人撤销之诉的管辖

根据《民事诉讼法》第56条第3款的规定,第三人应当向作出原生效判决、裁定、调解书的人民法院提起诉讼。之所以这样规定是由于作出原生效判决、裁定、调解书的人民法院比较了解案情,可以充分发挥原审法院的自我纠错功能,同时避免出现下级法院撤销或者变更上级法院作出的生效判决、裁定、调解书的

---

① 参见王亚新:《第三人撤销之诉的解释适用》,载《人民法院报》2012年9月26日第7版。

② 参见全国人大常委会法制工作委员会民法室编著:《〈中华人民共和国民事诉讼法〉释解与适用》,人民法院出版社2012年版,第83页。

情况。[1]

（三）第三人撤销之诉的效果

人民法院审理第三人撤销之诉的案件时，先对第三人提出的撤销理由进行审理，撤销理由成立的，法院应当改变或者撤销原判决、裁定、调解书对第三人不利的部分，并同时对第三人与原审当事人之间、原审当事人之间的实体权利义务关系重新作出判决；诉讼请求不成立的，驳回诉讼请求。

由于第三人提起的撤销之诉是依据新事实提起的新诉，对新诉的裁判，第三人和原诉当事人可以提起上诉。另外，若在执行过程中，第三人发现原裁判有损害自己利益的情形，既可以依照《民事诉讼法》第 56 条第 3 款的规定提起第三人撤销之诉，也可以以案外人身份依据《民事诉讼法》第 227 条的规定提起执行异议，若对执行异议裁定不服，认为原裁判错误的，可以依照审判监督程序提起再审。执行标的与原裁判无关的，该案外人只能依据《民事诉讼法》第 227 条的规定，自执行法院作出的执行异议裁定送达之日起 15 日内向人民法院提起诉讼。

思考题

1. 共同诉讼有哪几种？它们之间有什么区别？
2. 什么是诉讼第三人？它有哪几种？它们之间的区别是什么？
3. 代表人诉讼的适用条件和诉讼程序是什么？
4. 第三人撤销之诉的概念和主要内容是什么？

① 参见全国人大常委会法制工作委员会民法室编著：《〈中华人民共和国民事诉讼法〉释解与适用》，人民法院出版社 2012 年版，第 83 页。

第八章　诉讼代理人

内容要点

诉讼代理人的概念、特征和种类，法定诉讼代理人和委托诉讼代理人的代理权限和诉讼地位。

第一节　诉讼代理人的概念和特征

一、诉讼代理人的概念

民事诉讼代理人，是指在一定权限内代替或协助当事人进行民事诉讼的人。被代替或被协助的当事人称为被代理人。一定权限又称为诉讼代理权限，即诉讼代理人为诉讼行为和接受对方当事人诉讼行为的权利范围。民事诉讼一般由当事人亲自进行，但在当事人不能或难以亲自进行诉讼时，就需要有人代替或帮助其诉讼。民事诉讼代理就是适应这一客观需要而设立的一种法律制度。

史料表明，民事诉讼代理制度萌芽于奴隶社会，发达于资本主义社会。早在公元前5世纪至公元前4世纪，雅典民主共和国便已产生和存在着民事诉讼代理。比如，陪审法院审理虐待孤儿案、虐待继承人案、损害孤儿财产案等，当事人本人出庭诉讼确有困难，为了使诉讼能顺利进行，可以由他们的保护人或与继承人同居之亲属提出诉讼。另外，法律还允许某些拙于言辞的诉讼当事人聘请那些能言善辩的人充当帮手。假如当事人病了，也准许其至亲契友出庭为之辩护。在罗马共和国有所谓“靠里托”(Cogritar)制度。在中国古代有“命夫、命妇不躬坐狱讼”的规定，“若取辞之时，不得不坐，当使其属或子弟代坐”。全面、系统地以成文法的方式规定民事诉讼代理制度的法律，首推1806年的《法国民事诉讼法典》。该法典论及诉讼代理的达四十余条之多，对民事诉讼代理人的资格、地位、权利、义务和代理手续等均作了规定。[①] 自此以后，意大利、德国、土耳其、日本等国家纷纷仿效，先后在自己国家的民事诉讼法典中规定了诉讼代理制度。

---

① 参见常怡主编:《民事诉讼法学》，中国政法大学出版社2002年版，第176页。

二、民事诉讼代理人的特征

诉讼代理制度有别于当事人制度,故民事诉讼代理人具有区别于当事人的特征:

(一)诉讼代理人始终是以被代理人名义进行诉讼活动

设立诉讼代理制度是解决当事人不能或难以亲自诉讼的困难。诉讼代理人参加诉讼活动的唯一目的是维护被代理人的合法权益。参加诉讼活动始终是以被代理人名义,不能也不允许他以自己的名义为诉讼行为或接受对方的诉讼行为。否则,他就不是诉讼代理人而是当事人了。可见,以谁的名义进行诉讼活动是区分诉讼代理人和当事人的重要标志。

(二)诉讼代理人必须具有诉讼行为能力和一定的诉讼基本知识

诉讼代理人具有诉讼行为能力是他充当代理人的首要条件。只有具备这一条件他才能代替那些没有诉讼行为能力的当事人参加诉讼。在诉讼持续期间,如果诉讼代理人突然丧失诉讼行为能力,他就丧失了代理人的资格。

诉讼代理人还须具备一定的诉讼基本知识。例如,具备社会所需的社会经验、文化知识、表达能力和一定的法律修养。否则就难以代为诉讼,也难以维护被代理人的合法权益。

(三)诉讼代理人必须在诉讼代理权限范围内进行活动

当事人在民事诉讼活动中依法享有广泛的诉讼权利。作为当事人的诉讼代理人却不一定享有广泛的诉讼权利。诉讼代理人享有诉讼权利的多寡,全由诉讼代理权限决定。诉讼代理权限或由法律规定或由当事人授予。诉讼代理权限由法律规定的称为法定诉讼代理人;由当事人授予者称为委托诉讼代理人。如果诉讼代理人不充分行使代理权限即构成失职;超越代理权限视为越权。前者会遭到被代理人反对,后者不会被人民法院认可。

(四)诉讼代理人进行诉讼活动的终极后果由被代理人承担

终极后果是指人民法院对案件的最后判决结果。在当事人亲自进行诉讼时,诉讼行为人与诉讼终极结果承受人是一致的。当诉讼由诉讼代理人代为进行时,诉讼行为人与终极结果承受人就要发生分离,即终极后果由被代理人承担,而不由诉讼代理人承担。因为诉讼代理人在代理权限范围内的诉讼行为是一种法律上的劳务行为。诉讼代理人是帮人打官司,而不是为自己争输赢。值得说明的是,诉讼代理人不承担终极后果,不等于诉讼代理人不享有诉讼权利或不负有诉讼义务。诉讼代理人是民事诉讼法律关系主体,在诉讼中他要依法行使诉讼权利、履行诉讼义务。诉讼代理人的违法行为,如妨害民事诉讼顺利进行的行为所产生的法律后果,则直接由诉讼代理人承担,不得转嫁给被代理人。

三、民事诉讼代理人与民事代理人、刑事辩护人的区别

(一) 民事诉讼代理人与民事代理人的区别

1. 担负的任务不同。民事代理人是代当事人完成某种民事行为,实现当事人的实体权利义务;民事诉讼代理人是代替或协助被代理人实施某些诉讼行为,维护被代理人的合法权益。

2. 法律依据不同。民事代理人实施代理行为的法律依据是民事实体法;民事诉讼代理人实施诉讼行为的法律依据是民事诉讼法。

3. 完成任务的方式不同。民事代理人完成任务的基本方式是与第三者以合同形式建立的某种实体法律关系,从而实现被代理人意愿,如代为买卖;民事诉讼代理人完成任务的基本方式是代为诉讼行为,如进行辩论等,从而争取胜诉达到维护被代理人权益的目的。

4. 代理范围略有不同。依据《民法通则》规定,凡具有人身性质的行为,具有人身性质的债务和侵权行为是不能请人代理的。民事诉讼代理的范围则广泛得多,无论是具有人身性质的案件或者是侵权案件,不管当事人有理或无理、合法或非法,代理人均可代理。即使是涉及人身关系的离婚案件,法律规定也可代理诉讼。

(二) 诉讼代理人与刑事辩护人的区别

诉讼代理人尤其是委托诉讼代理人与刑事辩护人属于两种性质不同的诉讼参与人。他们之间有许多不同点:

1. 法律性质不同。刑事辩护人辩护的是刑事案件;民事诉讼代理人代理的是民事、经济纠纷案件。一为"刑",一为"民",性质截然不同。

2. 为诉讼行为的法律依据不同。刑事辩护人在诉讼中依据的是刑事实体法和刑事诉讼法;民事诉讼代理人在诉讼中依据的是民事实体法和民事诉讼法。

3. 责任不同。刑事辩护人的责任是根据事实和法律,提出证明犯罪嫌疑人、被告人无罪、罪轻或者减轻、免除其刑事责任的材料和意见,维护犯罪嫌疑人、被告人的合法权益,针对被告是否犯罪,是否存在从轻或减轻情节进行辩护;民事诉讼代理人是为维护被代理人的民事合法权益而进行诉讼。

4. 范围不同。刑事辩护人仅为犯罪嫌疑人、被告人提供辩护;民事诉讼代理人不仅为被告方也为原告方代理诉讼,有第三人存在时,还为第三人代理诉讼。

四、民事诉讼代理人的种类

《民事诉讼法》第 57 条规定:"无诉讼行为能力人由他的监护人作为法定代理人代为诉讼。法定代理人之间互相推诿代理责任的,由人民法院指定其中一

人代为诉讼。";《民事诉讼法》第 58 条规定:"当事人、法定代理人可以委托一至二人作为诉讼代理人。"可见我国现行《民事诉讼法》规定了两类诉讼代理人,即法定诉讼代理人和委托诉讼代理人。这两种诉讼代理人区分的标准是诉讼代理人的产生基础。诉讼代理权由法律规定的,则为法定诉讼代理人;诉讼代理权为当事人授权产生的,则为委托诉讼代理人。

值得注意的是,我国 1982 年《民事诉讼法(试行)》规定了三类诉讼代理人,除了法定诉讼代理人和委托诉讼代理人外,还有指定诉讼代理人。这主要是针对无民事行为能力人和限制民事行为能力人的监护人互相推诿,无人愿意代为诉讼而言的。现行《民事诉讼法》第 57 条规定:"法定代理人之间推诿代理责任的,由人民法院指定其中一人代为诉讼。"因为法院指定诉讼代理人是在有监护资格的人或有监护职责的组织中指定的,所以,在本质上仍是法定诉讼代理人。①

五、民事诉讼代理制度的作用

民事诉讼代理制度作为民事诉讼中的一项重要制度,自产生之日起就发挥着重要作用。主要体现为:

1. 有利于民事诉讼顺利进行和纠纷合理解决。在民事诉讼中经常出现当事人没有诉讼行为能力的情况,如无民事行为能力人或限制民事行为能力人,虽然享有诉讼权利能力,却不具有诉讼行为能力。但他们又不可避免地会与他人发生民事纠纷,需要参加诉讼,如果没有诉讼代理制度,他们的诉讼就无法进行。此外,有的当事人因种种原因不能出庭参加诉讼,或不愿出庭参加诉讼,这些都将妨碍诉讼的顺利进行和纠纷的合理解决。所以,为了解决这些问题,民事诉讼代理制度就有了存在的必要性。

2. 有利于当事人合法权益的充分保护。在经济发展迅速、社会关系日益复杂,民事纠纷越来越多的今天,诉讼对当事人提出了更高的要求。当事人通常只能具备某一领域的专门知识,对于该领域外的知识则并不能很好地掌握。尤其是一般诉讼当事人往往不具备法律专业知识和诉讼技巧,无法在诉讼中及时、有效地实施相应的诉讼行为,从而导致无法保护其合法权益。因此,通过设立民事诉讼代理制度,为当事人寻求诉讼代理人,尤其是律师的帮助,可以充分运用诉讼代理人的专业知识和诉讼技能,保护当事人的合法权益。

3. 有利于人民法院正确及时地审理案件。在多种诉讼代理案件中,由律师担任诉讼代理人。他们具备专门的法律知识,经过专业的法律职业培训,熟练掌握诉讼规则和实体法律的规定。所以,在诉讼中在维护当事人的合法权益的同

① 参见常怡主编:《民事诉讼法学》,中国政法大学出版社 2002 年版,第 179 页。

时，还可以为法官正确处理案件提供建议，促进诉讼程序的顺利进行，保证案件及时、准确、合法地解决。

第二节 法定诉讼代理人

一、法定诉讼代理人概述

法定诉讼代理人，是指依照法律规定代理无诉讼行为能力的当事人进行民事诉讼的人。

法定诉讼代理人最大的特征是法定。表现在法定诉讼代理人的范围由法律直接规定，法定诉讼代理人的代理权限也由法律直接规定。《民事诉讼法》第57条规定："无诉讼行为能力人由他的监护人作为法定代理人代为诉讼。"监护人既可以是公民，也可以是一定社会组织。相关司法解释规定，在诉讼中，无民事行为能力人、限制民事行为能力人的监护人是他的法定代理人。事先没有确定监护人的，可以由有监护资格的人协商确定，协商不成的，由人民法院在他们之间指定诉讼中的法定诉讼代理人。当事人没有《民法通则》第16条第1、2款或者第17条第1款规定的监护人的，可以指定该法第16条第4款或者第17条第3款规定的有关组织担任诉讼期间的法定代理人。《民法通则》第16条规定："未成年人的父母是未成年的监护人。未成年人的父母已经死亡或者没有监护能力的，由下列人员中有监护能力的人担任监护人：(一)祖父母、外祖父母；(二)兄、姐；(三)关系密切的其他亲属、朋友愿意承担监护责任，经未成年人的父、母的所在单位或者未成年人住所地的居民委员会、村民委员会同意的。……没有第一款、第二款规定的监护人的，由未成年人父母的所在单位或者未成年人住所地的居民委员会、村民委员会或者民政部门担任监护人。"第17条规定："无民事行为能力或者限制民事行为能力的精神病人，由下列人员担任监护人：(一)配偶；(二)父母；(三)成年子女；(四)其他近亲属；(五)关系密切的其他亲属、朋友愿意承担监护责任，经精神病人的所在单位或者住所地的居民委员会、村民委员会同意的。……没有第一款规定的监护人的，由精神病人的所在单位或者住所地的居民委员会、村民委员会或者民政部门担任监护人。"从《民法通则》的规定看，无民事行为能力人和限制民事行为能力人的监护人范围是比较广泛的。按民法原理，监护人既要保护被监护人的人身权益，又要保护他的财产权益和其他权益。当被监护人的合法权益遭到外力的侵扰或发生争议，监护人有职责挺身而出保护被监护人，必要时以法定诉讼代理人的身份进入诉讼领域，借助司法手段维护被监护人的合法利益。

如果事先没有确定监护人而现实又需要法定诉讼代理人，解决的办法是，由有监护资格的人先自行协商确定，协商不成者，由人民法院从他们中间指定法定诉讼代理人。如果事先已确定监护人，但他们互相推诿诉讼代理责任的，也由人民法院指定其中一人代为诉讼。

二、法定诉讼代理权限的取得和消灭

法定诉讼代理权的取得与监护权的取得同步。监护权的取得大致有三种情况：第一，因某种身份关系的存在；第二，基于自愿而发生的某种扶养义务；第三，基于人道主义而产生的社会保障措施。监护权一旦取得，监护人就要正当履行职责。一旦被监护人与他人发生纠纷，监护人即依法取得代理诉讼权。

法定代理权的消灭与监护权的丧失同步。在诉讼持续期间，法定诉讼代理人的监护权的丧失必然导致法定诉讼代理权的消灭。代理权一旦消灭，原法定诉讼代理人即应退出诉讼。司法实践表明，法定诉讼代理权消灭的情形有：(1) 被监护人取得或恢复民事行为能力，如被监护人年龄达到 18 周岁或精神病痊愈；(2) 监护人丧失民事行为能力，如监护人突患精神病；(3) 基于婚姻关系而发生的监护权因解除婚姻关系而使一方丧失监护权；(4) 监护人或被监护人死亡；(5) 收养关系解除。

三、法定诉讼代理人的代理权限和诉讼地位

法定诉讼代理人在诉讼中所处法律地位应当根据其代理权限判断。虽然《民事诉讼法》并未明文规定法定诉讼代理人的代理权限，但可以根据法定诉讼代理人代理权的取得、消灭和监护权的取得、消灭同步的事实出发，推论出法定诉讼代理人的代理权限。根据《民法通则》第 18 条的规定，监护人有权"保护被监护人的人身、财产及其他合法权益"，第 133 条规定"无民事行为能力人、限制民事行为能力人造成他人损害的，由监护人承担民事责任"。《婚姻法》第 23 条也规定："父母有管教和保护未成年子女的权利和义务。未成年子女对国家集体或他人造成损害时，父母有赔偿经济损失的义务。"既然实体法已经规定监护人有全面保护被监护人权益的职责，当然也应包括监护人拥有保护被监护人权益的手段和方式，其中包含诉讼手段。可以推定，监护人一旦成为法定诉讼代理人进入民事诉讼领域，为了维护被监护人的利益就应该享有被监护人所享有的全部诉讼权利，包括与对方和解，承认、放弃、变更诉讼请求，提起反诉或者上诉的权利。

鉴于存在监护与被监护关系，当事人与法定诉讼代理人之间无法商量亦无须商量。法定诉讼代理人在诉讼中与被代理的当事人的诉讼权利义务大体相同，其法律地位相当于被代理的当事人。当然，法定诉讼代理人相当于当事人不等于就是当事人。事实上，法定诉讼代理人与被代理的当事人之间也存在某些

区别。例如,人民法院确定管辖时是以被代理的当事人住所地为准,并不以法定诉讼代理人住所地为转移;又如人民法院的判决不是为代理人制作的,而是专为被代理的当事人制作的等等。

第三节 委托诉讼代理人

一、委托诉讼代理人概述

(一)委托诉讼代理人的概念和特点

《民事诉讼法》第58条第1款规定:"当事人、法定代理人可以委托一至二人作为诉讼代理人"。这是委托诉讼代理人的法律依据。

所谓委托诉讼代理人,是指受当事人、法定代理人委托并以他们的名义在授权范围内进行民事诉讼活动的人。与法定诉讼代理人相比,委托诉讼代理人具有下列特点:首先,代理诉讼的权限、范围和事项不由法律直接规定,而是由被代理人委托和授予;其次,委托诉讼代理人与被代理人之间不存在监护与被监护的关系;最后,委托诉讼代理人进入诉讼须向人民法院提交被代理人的授权委托书,而法定代理人进入诉讼只需提交表明监护关系的证明文件。

(二)委托诉讼代理人的范围和人数

在我国,可以充当委托诉讼代理人的范围是比较广泛的。根据《民事诉讼法》第58条第2款的规定,下列人员可以被委托为诉讼代理人:

1. 律师、基层法律服务工作者。律师即指取得律师执业执照的专、兼职律师。允许基层法律服务工作者像律师一样可以面向当事人提供民事诉讼代理服务,对于充分发挥基层法律服务工作的作用,更好地满足人民群众的法律服务需求具有重要意义。

2. 当事人的近亲属或者工作人员。当事人是自然人的,其近亲属可以作为诉讼代理人,包括当事人的配偶、父母、成年子女和同胞兄弟姐妹。当事人是法人或其他组织的,其工作人员可以作为诉讼代理人。

3. 当事人所在社区、单位以及有关社会团体推荐的公民。当事人所在社区推荐的公民,这里的社区主要是指当事人所在的居委会、村委会。当事人所在单位推荐的公民,指当事人工作单位举荐并能胜任代理之责的人,当事人所在单位为保护职工的合法权益可以在单位中推荐一人作为当事人的诉讼代理人。有关的社会团体推荐的人,主要指与当事人有关的存在某种保护之责的社会团体,如与女当事人有关的妇联组织,与青年当事人有关的青联组织或共青团组织所推荐的人。

当事人、法定代理人委托诉讼代理人的人数,以二人为限。如委托二人代理诉讼，授权委托书应分别记明代理诉讼事项和权限。

二、委托诉讼代理权的取得、变更和消灭

委托诉讼代理权基于当事人、法定代理人的授权委托而产生。换言之，没有当事人、法定代理人的授权，委托诉讼代理人无权进入诉讼。授权委托以书面方式进行。《民事诉讼法》第 59 条第 1 款规定：“委托他人代为诉讼，必须向人民法院提交由委托人签名或盖章的授权委托书。”授权委托书中应载明受托人、委托人的基本情况、委托事项和权限。为保证授权委托书的真实可信度，委托人必须在授权委托书中亲自签名或者盖章。侨居在国外的中华人民共和国公民从国外寄交或者托交的授权委托书，必须经中华人民共和国驻该国的使领馆证明；没有使领馆的，由与中华人民共和国有外交关系的第三国驻该国的使领馆证明，再转由中华人民共和国驻该第三国使领馆证明，或者由当地的爱国华侨团体证明。

至于授权范围，概由当事人、法定代理人自行决定。授权是单方行为，在诉讼存续期间，当事人、法定代理人可以变更授权。例如，增大或缩小原授权范围。代理权限的大小关系到对方当事人的利益和整个诉讼的推进，故当事人、法定代理人变更代理权限后应及时告知人民法院，并由人民法院通知对方当事人。

在审判实践中，存在委托诉讼代理人受托后能否转委托的问题，对此法无明文规定。我们认为，原则上应该允许转委托，但必须严加掌握。委托诉讼代理人转委托他人代为诉讼时，必须事先或事后征得原委托人的认可，新的委托诉讼代理人必须严格在授权范围内为诉讼行为和接受诉讼行为。人民法院亦应严格审查转委托合同。

委托代理权限因下列情况而消灭：(1) 诉讼代理任务完成，诉讼结束；(2) 委托诉讼代理人辞去代理职务；(3) 委托人解除委托；(4) 委托诉讼代理人在诉讼中丧失诉讼行为能力或死亡。

三、委托诉讼代理人的权限和诉讼地位

委托诉讼代理人的权限由委托人授予，但在授权委托书中如何表述授予权限，在实践中做法极不统一。有的写代理，有的写全权代理，还有的写代理诉讼，也有的写特别代理等等。上述写法均不准确，既不利于人民法院审查授权委托书，又不利于委托诉讼代理人参加诉讼活动。科学的办法是写实，即委托人授予何种权限就写何种权限。根据诉讼权利和实体权利联系的紧密度不同可对诉讼权利分类：第一类属一般的诉讼权利，如起诉权、应诉答辩权、申请回避权、提供证据权、辩论权等；第二类是与实体权利联系紧密的诉讼权利或特别权利，如承认、放弃、变更诉讼请求，进行和解，提起反诉或者上诉。如果委托人愿意授予代理人承认、放弃、变更诉讼请求，进行和解，提起反诉或者上诉的权利，必须在授

权委托书中一一写明。根据相关司法解释的规定,“当事人向人民法院提交的授权委托书,应在开庭审理前送交人民法院。授权委托书仅写‘全权代理’而无具体授权的,诉讼代理人无权代为承认、放弃、变更诉讼请求,进行和解,提起反诉或者上诉”。之所以这样严格规范,目的是杜绝委托诉讼代理人越权,避免被代理人或者对方当事人可能的节外生枝。

委托代理权采取写实办法并不等于委托诉讼代理人只能按授予权限机械地操作。恰恰相反,他应以事实为根据,以法律为准绳,充分发挥自己的主观能动性,运用自己的经验、知识和技巧,在权限范围内最大限度地维护被代理人的合法利益。根据《民事诉讼法》第 61 条的规定,代理诉讼的律师和其他诉讼代理人有权调查收集证据,可以查阅本案有关材料。但查阅本案有关材料的范围和办法应遵循最高人民法院的规定。

鉴于离婚诉讼直接涉及当事人的人身关系,且离婚与否的唯一标准是双方感情是否彻底破裂。而夫妻感情变化微妙,即使是有特别授权的委托诉讼代理人也不能对“离与不离”问题表态。所以,法律要求离婚案件有诉讼代理人的,本人除不能表达自己的意志以外,仍应出庭。确因特殊情况无法出庭的,本人应向人民法院提交离婚与否的书面意见。

值得说明的是,委托诉讼代理人取得代理权限后,并不等于被代理人就丧失了相应的诉讼权利。因此,被代理人仍然可以与委托诉讼代理人一道出庭诉讼,并行使同样的诉讼权利。当然,除必须到庭者外,被代理人因故不能出庭时,单独由委托诉讼代理人出庭亦是可以的。委托诉讼代理人与法定诉讼代理人不同,无论有多大代理权限,在诉讼中始终居于诉讼代理人的地位,不是当事人。

思考题

1. 诉讼代理人具有哪些特征?
2. 不同种类诉讼代理人的诉讼代理权限有何不同?
3. 什么是委托诉讼代理人? 它有哪些特征?
4. 法定诉讼代理人与委托诉讼代理人有什么区别?

第九章　民事诉讼证据

内容要点

了解、掌握民事诉讼证据、民事诉讼证据特征、证据能力、证明能力等概念，熟知民事诉讼证据的分类、民事诉讼证据的种类之区分。

第一节　民事诉讼证据概述

一、民事诉讼证据的概念

民事诉讼证据，是指能够证明民事案件事实的各种依据。在民事诉讼中，法院要对当事人有争议的民事法律关系作出正确的裁判，必须建立在对该民事法律关系产生、变更或消灭的事实予以认定的基础上，而案件事实本身是发生在过去的事实，要认定这些事实，就只能借助于各种证据。因此，证据在民事诉讼中具有十分重要的作用。

首先，证据是人民法院查清案件事实、正确作出裁判的基础和依据。

案件中的某一事实是否存在，其存在的具体状况如何，审判人员只能通过证据这一媒介来认识。只有通过依法审查、判断和运用证据才能弄清案件事实的真相，才能分清双方当事人的是非责任，进而对案件作出正确的处理。正确的裁判只能建立在证据可靠的基础上，否则就难以保证处理的合法性与公正性。

其次，证据也是当事人进行诉讼和维护其合法权益的手段。

当事人进行诉讼，目的是维护自己的合法权益，因而在诉讼中就必然会提出有利于自己的主张或反驳对方的主张。而要使审判人员对自己的主张形成内心确信，作出有利于本方的裁判，当事人必须提供充分的证据，唯有如此，才能达到维护其合法权益的目的。如果提供的证据不充分，除非属于法定的免证事实，否则审判人员无法对当事人主张的相关事实作出认定。

最后，证据是裁判正当性的基础。

自从告别神明裁判进入理性裁判的历史之后，人们对裁判正当性的判断主要委之于裁判所依据的证据。审判人员对案件的认定只有建立在确实、充分的证据和相关证据规则的基础上，相应的裁判才被认为是正当的。当社会公共普遍认为裁判具有正当性时，也会促使当事人，特别是受到不利裁判的当事人从心理上接受该裁判。如果对案件事实的认定缺乏证据的支撑,裁判的正当性就会受到质疑。

因此,在民事诉讼中,对于当事人和审判人员来说,证据的运用都是一个十分重要的问题。证据是整个案件的基础,无论对当事人提起诉讼还是对法院进行诉讼审判,都是如此。所以,俗话称“打官司就是打证据”。证据制度无疑构成了民事诉讼制度的核心。我国《民事诉讼法》对证据问题作出了原则性规定,最高人民法院也出台了一系列司法解释,其中2002年4月1日颁布实施的《民事证据规定》是目前最为完整、最为系统的民事诉讼证据制度规范。

需要指出的是,我国现行法律法规中使用的“证据”一词有时是指证据材料,即没有对证据和证据材料作严格的区分。从学理的角度来说,证据不同于证据材料,证据材料是当事人为实现证明目的提交的各种材料,而证据是指已经过质证被认定为具有证据能力的那些材料。由于立法上未作区分,而习惯上也认为无区分必要,所以本书在行文时对“证据”一词也作概括使用。

二、民事诉讼证据的特征

民事诉讼证据的特征在不同的书籍中有着多种表述,有的称作证据的属性,有的称作证据的构成要件,还有的称作证据的资格标准,但含义都是相同的,即指一份证据材料能够作为认定案件事实的证据在案件中使用所要满足的条件。在此问题上,我国学界历来存有争议,因而形成了两特征说(即客观性和关联性)、三特征说(即客观性、关联性和合法性)、四特征说(即客观性、关联性、合法性和目的性)和六特征说(即客观性、法律性、科学性、整体性、层次性和非线性)等等不同观点。其中,三特征说为我国学界的通说。

(一) 客观性

民事诉讼证据的客观性,又被称作真实性,是指作为民事诉讼证据的必须是客观存在的事实,这种存在是独立于人的主观意志之外,不以人的意志为转移的。客观性是民事诉讼证据最基本的特征,具体有三层含义:一是其民事诉讼证据的存在是客观的,表现为客观存在的实体;二是民事诉讼证据所反映的内容是源自案件本身的,因而具有真实性;三是民事诉讼证据的内容与待证事实之间的联系是客观的。虽然证据呈现出物证、书证、证人证言等不同的表现形式,但其内容都必须是客观存在的,这一点无论是法院还是当事人都是不能否认和改变的。客观性标准确立的意义在于,要求当事人和法院在收集、提取、出示和运用证据材料时,不应改变或使之丧失客观性,否则将无法作为证据使用。

当然,对于证据的认识仍属于主观见之于客观的活动,具有主观性,但不能就此认为证据不具有客观性。承认对证据的认识具有主观性,恰恰是提醒人们要避免主观臆断,更加客观地去认识和使用证据。当我们的主观认识符合实际情况时,这不仅正确反映了案件的各种客观真实情况,同时也符合法律对提供、收集、运用证据的要求;当我们的主观认识出现片面或错误时,我们就无法获知案件的真相,但这与证据本身的客观性无涉。

（二）关联性

民事诉讼证据的关联性,是指作为证据的事实必须与案件中的待证事实有客观的联系,能够对待证事实起到说明作用。人们对案件事实的认识只能通过证据这一媒介来实现,如果所提供的证据材料与所要证明的事项没有逻辑上的说明与被说明的关系,那么证明的目标就无从实现,即使这种材料是客观存在的,于本案来说也没有任何实际意义。因此,与待证事实的关联性是某一证据材料能够成为证据的决定性因素,对此我国法学理论界和实务界有着普遍的共识。

作为证据的事实与待证事实之间的内在联系也是一种客观存在,是不以人们的意志为转移的。在具体的诉讼中,这种联系可能是直接的、内在的,也可能是间接的、外在的,但只要证据能够反映一定的案件情况,能够对案件中待证事实的一部或者全部予以说明,该证据就具有关联性。当然,能够认识和揭示出这种联系,则与证据使用者的认知能力不无关系,有时还特别受经验等主体因素的影响。

（三）合法性

证据的合法性,是指作为证据的某些事实必须以法律规定的特殊形式存在,并且证据的提供、收集、调查和保全应符合法定程序。对于一个实质上能证明案件事实但不符合法律规定的材料,法官也不得作为认定事实的依据。一般来说,证据的合法性有以下几个方面的含义:一是符合实体法对证据形式的规定。例如,《海商法》规定,船舶所有权的转让应当签订书面合同,因此,要想证明船舶买卖合同关系的存在,应当向人民法院提交相应的书面合同。二是符合程序法对证据形式的规定。例如,律师对证人进行询问的笔录,虽然能够对案件事实起到说明的作用,但并不属于《民事诉讼法》所规定的八类证据中的任何一种,因而无法作为证据在案件中使用。三是符合程序法对证据的收集、调查、保全和运用的程序规定。违反法定程序收集、调查、保全的证据,不能作为证据使用,即通常所说的非法证据应予排除。

证据的合法性是国家法律为人们追求证据客观真实性的活动所提供的基本规范,也是程序正义的必然要求,对于法官和当事人调查、收集、保全和运用证据的行为有着重要的指引和规范意义。

三、证据能力与证明能力

证据能力也称证据资格,是指证据能够被法官采信,作为认定待证事实依据所应具备的条件,又称为证据的适格性。证据是否具有证据资格,取决于证据与待证事实之间是否存在关联性,以及是否具备真实性与合法性。不具备证据资格的材料,不得作为认定案件事实的依据。在诉讼中,有些证据尽管对待证事实具有一定的说明作用,但由于可能使法律保护的更大的利益遭受到损害或者破坏诉讼程序的公正进行,因而被排除在证据之外,如以损害他人合法权益的方法取得的材料不能作为证据使用,这是基于利益衡量的结果;再如逾期提交的证据,法院不组织质证,这是基于程序公正的考虑。

证明能力又称证明力,是指证据对待证事实的说明程度。只要某证据客观存在,且能够在逻辑上一定程度地证明待证事实,该证据就具有或大或小的证明力。证明力的大小一般与证据本身所附着的、对案件事实有说明作用的信息多少有关。依据经验,我们一般认为原始证据的证明力大于传来证据,直接证据的证明力大于间接证据。证据的证明力是证据本身固有的属性,是证据在形成过程中客观生成的,法律不应该也不可能预先作出机械性的规定,而应由法官根据法律和理性自主作出判断。

可以看出,证据能力与证明能力是两个相互联系又明显不同的概念。证据能力是指证据是否具有证明案件事实的资格,而证明能力是指证据在多大程度上说明了案件事实。证据仅具有证明能力是不够的,还必须为法律所容许才能作为证据使用;而虽具有证据能力,但证明能力非常弱,一般也无法依据其来认定案件事实。因此,作为认定案件事实的证据,二者必须同时具备。总之,证明能力是证据的自然属性,取决于证据与待证事实之间的逻辑联系;证据能力是证据的法律属性,取决于证据是否被法律许可用来作为证明待证事实的依据。证据能力由法律事先加以规定,证明能力则由法官在诉讼中进行判断。

第二节 民事诉讼证据的分类

民事诉讼证据根据其来源、作用及特点,可以从不同的角度加以分类。进行证据分类的意义在于掌握不同证据的特点,为我们制定合理的证据规则提供理论支撑,同时为当事人和审判人员准确运用证据提供指引。

证据的分类是学理上的做法。在诉讼法学界,有人主张把证据分为本证与反证、直接证据与间接证据;也有人主张分为独立证据与辅助证据、主要证据与次要证据;还有人主张分为一般证据与特殊证据,积极证据与消极证据,原始证据与传来证据,实物证据与言词,事先证据、事后证据与当时证据等等。在这些分类中,有的存在明显的缺陷,如有的分类不能完全穷尽证据材料,有的分类标准模糊含混,但应当说这些分类都具有一定的道理,为我们认识实际存在的证据提供了不同的视角。

目前,我国学界认为,民事诉讼证据在学理上可以分为以下最基本的三类:

一、本证与反证

本证与反证的划分标准是证据的提出者对相应待证事实是否负有证明责任,简单一点来说,就是按照证明责任来划分证据。所谓本证,是指对相应待证事实负有证明责任的当事人所提出的证据。一般来说,原告就其请求的原因事实或被告就其抗辩的事实所提出的证据均系本证。例如,原告诉称被告借款逾期未还,并提出署名被告的借条为证,而被告抗辩说该借款已还,出示了一份署名原告的收据为证,本案中的借条和收据均为本证。所谓反证,是指对相应待证事实不负有证明责任的当事人所提出的证据。一般来说,当事人为否定对方所主张的事实而提供的证据,为反证。例如,在前例中被告答辩称借条是假的,并提供自己的亲笔签名进行对比来证明,该亲笔签名就是反证,因为对于借条的真实性是由原告来承担证明责任的。

一般来说,由于证明责任是由法律预先划分给一方当事人承担,因此,承担的一方在诉讼中不得不积极地提出证据,即本证的提出具有受迫性和必须性,而对方当事人就反证的提出不具有这种受迫性和必须性。划分本证和反证的实践意义在于,当事人提供的本证对待证事实的证明必须达到高度盖然性的标准,才能获得利己的目的,即待证事实得到认定;而当事人提供的反证只要能使待证事实处于真伪不明,即可达到利己的目的,即在待证事实真伪不明的情况下,作对对方当事人不利的认定。

二、原始证据与派生证据

以证据的来源为标准,可以把民事诉讼证据分为原始证据和派生证据。原始证据是指来源于原始出处的证据,即证据本身直接来源于案件本身,也就是人们通常所说的“第一手资料”。如合同的原件、遗嘱的手稿、日记的原本等等,都属于原始证据。派生证据又称传来证据,是指从原始证据衍生出来的证据,即通常所说的“第二手资料”。如合同的复印件、物品的照片、复制品等等。

经验证明,原始证据比派生证据更具可信性,究其原因在于,原始证据在向派生证据衍生的过程中,其附着的相关信息会有所增减、变动,有些是基于自然原因,而有些是基于人为原因。因此,在诉讼中,当事人应当尽量提供原始证据,审判人员应当尽可能地采用原始证据。《民事证据规定》第 10 条规定:“当事人向人民法院提供证据,应当提供原件或者原物。如需自己保存证据原件、原物或者提供原件、原物确有困难的,可以提供经人民法院核对无异的复制件或者复制品。”当然,在没有原始证据或原始证据不充分的情况下,派生证据也不是没有证明力。派生证据具有印证或补充原始证据的作用,也具有独立的证明力。在可以与原始证据印证的情况下,或者能够与其他证据形成证据链时,派生证据也是可以作为定案依据的。

三、直接证据与间接证据

按照与证明对象的联系来划分,诉讼证据可分为直接证据和间接证据。直接证据,是指能够直接用以证明案件主要事实的证据。例如,合同可以直接证明当事人之间存在合同关系;借条可以直接证明双方当事人发生借贷关系;房产证可以直接证明房屋的所有权人等等。直接证据的最大特点是能单独直接证明案件的主要事实。通过直接证据的运用,法官要么得出肯定的结论,要么得出否定的结论,不可能得出真伪不明的结论。一般来说,直接证据具有最强的证明力。

间接证据,是指不能单独或直接证明案件主要事实的证据。间接证据的最大特点是证明力的或然性,它的单独存在会使法官对案件主要事实得出几种可能的结论。间接证据一般只能证明案件的部分事实或片段,因此须与其他证据结合起来通过逻辑推理证明案件的主要事实。一般来说,间接证据的证明力不如直接证据的证明力强,但这不等于说间接证据在诉讼中没有意义。在实践中,间接证据具有以下主要作用:一是成为发现其他证据(包括直接证据)的线索;二是成为印证其他证据(包括直接证据)的有效手段;三是多个间接证据形成证据链时成为认定案件事实的依据。

第三节 民事诉讼证据的种类

根据证据表现出的外在形态,我国《民事诉讼法》明文列举了八种证据,即当事人的陈述、书证、物证、视听资料、电子数据、证人证言、鉴定意见和勘验笔录。依据证据合法性的要求,不能归入这八种之内的材料不得作为民事诉讼证据在案件中使用。但考虑到立法的滞后性,将来出现新型证据材料时,应当根据实际情况赋予其证据资格,这种认识体现在 2012 年《民事诉讼法》修改时将“证据有下列几种”的表述改为“证据包括”之中。

一、当事人的陈述

当事人陈述,是指当事人就有关案件的事实情况向人民法院所作的口头表述。它包括当事人自己说明的案件事实和对案件事实的承认。对案件事实的陈述,是当事人就争议的民事法律关系发生、变更或者消灭的事实所提出的各种情况的说明。当事人为了获胜,一般都要陈述对自己有利的事实,对对方陈述的不利于自己的事实,则提出不同的事实根据进行反驳。对于这种陈述能否作为证据,存在着逻辑上和理论上的障碍。因为当事人就案件事实作自己有利的陈述,属于主张,若与对方当事人存在争议,则属于证明对象,而不能作为证据来对待。

因此,一般认为当事人的陈述对对方当事人的主张具有说明作用时,才具有证据的性质。因此,《民事证据规定》第76条明确规定:"当事人对自己的主张,只有本人陈述而不能提出其他相关证据的,其主张不予支持。但对方当事人认可的除外。"

二、书证

(一) 书证的概念和特征

书证是用文字、符号、图表等所表达的思想内容对案件事实起证明作用的证据。这种证据之所以称为书证,不仅因为它的外观呈书面形式,更是由于它以记载或表示的思想内容对案件事实起到证明作用。表意性是书证的根本特征,也是区别于其他证据的标志。

书证是民事诉讼中最普遍也是数量最多的一种证据,因此在民事审判中起着非常重要的作用。当事人和法院在诉讼中应充分重视书证的运用,积极提供、调查、收集能证明案件真实情况的各种书证。民事诉讼中常见的书证有合同、文件、文书、票据、证书、通信、借据、欠条等。

书证具有以下三个特征:(1) 书证并不是一般的物品,而是用文字符号记载和表达人的思想或行为内容的物品。当然,其所记录的思想或行为内容应当能够为一般人认识和了解,否则就只能通过有关专家的解读后转为专家证言或鉴定意见来对案件起证明作用。(2) 书证具有较强的稳定性。书证不论其存在的时间长短,只要载体物没有被污染、毁损,就能反映出它应当反映的事实。因此,书证与证人证言和当事人陈述有很大的不同,后两者易受人的主观意识的影响,或因时间久远而造成记忆不清或遗忘从而影响其证据的证明力。书证无论多久,它始终会保持固有状态和本初的证明力。(3) 书证是固定在一定物件上的思想或者行为内容,可见书证有载体。常见的载体有纸张、金属、石块、竹、木、布、塑料、磁盘等。书证的制作方法可以是手书,可以是印刷、刻划。

(二) 书证的分类

为了更好地认识、运用书证,理论上可从不同角度按不同标准对书证进行分类,常见的有以下几种:

(1) 按书证制作主体的不同,可分为公文性书证和非公文性书证。公文性书证是指国家机关、社会团体依照一定程序和格式,在行使自己职权范围内制作的各种文书。如公证机关制作的公证书,婚姻登记机关颁发的结婚证、离婚证等。非公文性书证是指公文性书证以外的其他书证,不仅包括具有民事行为能力的自然人制作的私人文书,也包括法人以及作为国家机关、社会团体从事民事活动所制作的文书。如买卖合同、借条、收据、商函、商业订单、提单等。《民事证据规定》第77条第1款规定:"国家机关、社会团体依职权制作的公文书证的证明力一般大于其他书证”。

(2) 按书证内容的不同,可分为处分性书证和报道性书证。处分性书证,是指书证记载的内容是以设立一定法律权利义务关系为目的的书证。它能说明某种法律关系在当事人之间发生、变更或消灭的事实,如委托书、遗嘱、协议、合同等。报道性书证,是指书证记载的内容并不以产生特定的法律后果为目的,只是反映某种具有法律意义的事实,也称记录性文书,如日记、信件等。

(3) 按书证的形成是否需要特定的格式、形式和要件,可以将书证分为一般书证和特别书证。凡是法律不要求具备特定的形式或履行特别的程序,只要记载具有法律意义的意思表示的文书,就是一般书证,如收条、借据等。而特别书证是指法律规定,某一法律关系成立、变更或者消灭必须经过特定程序或履行特定手续,否则为无效的书证,如公证机关公证收养关系成立的文书、涉外公证的认证书等就是特别书证。

(4) 按书证的制作方式不同,可将书证分为原本、正本、副本、复印件、节录本以及影印件等。原本(或原件)是指文件制作人最初做成的文本;照原本全文抄录、印制并对外具有与原本同一的效力的文件,称为正本;照原本全文抄录、印刷而具有正本效力的文件,称为副本;复印件是对原本进行复印形成的文件;节录本是指仅摘抄原本或正本文件部分内容的文本;影印件是对原本进行拍照、扫描形成的文件。书证的原本、正本与副本一般均为原始制作,因而具有较强的真实性和可信度,而复印件、节录本等复制件则属于派生证据,因此在证明力上不如前三者。故而,《民事证据规定》明确要求当事人提供书证以提供原件为原则,只有在提供原件确有困难时才允许提供复印件、影印件或节录本等复制件。

对书证作上述分类,有助于掌握各种书证的不同特点并认定其法律效力,便于当事人举证,也便于法院审查核实和判断书证的真实性与证明力。

三、物证

(一) 物证的概念与特征

物证是指以自身存在的外形、重量、规格、质量、场所等物理属性对案件事实起证明作用的物品或痕迹。物证是民事诉讼中广泛使用的一种证据,对于查明案件事实、正确裁判具有重要意义。在民事诉讼中常见的物证有:所有权有争议的物品;履行合同时争议的标的物;因侵权行为而被损害的物体和侵权所用工具;遗留在现场的痕迹等。

与其他证据相比,物证具有如下一些特征:(1) 物证具有较强的客观性。一切争议的案件事实都是已发生的和客观存在的。物证对案件事实的证明就是以其自身客观存在的形状、特征、规格、质量、痕迹等来证明一定事实是否发生和存在,不受人们主观因素的影响和制约。只要判明物证是真实的,不是虚假的,用其来证明案件事实,其真实性和可靠性都是较大的,因而有较强的证明力。即使有人蓄意毁灭、伪造证据,其毁灭、伪造的行为也会留下新的痕迹或物品,只要充分运用就能查清事实真相。物证由于具有较强的客观性,因而证明价值较高,被称为“哑巴证人”。(2) 物证具有独立的证明性。在某些案件中,物证能独立证明案件事实是否发生或存在,不需要其他证据加以印证即可作为认定事实的依据。(3) 物证具有不可代替的特定性。物证作为一种客观存在的具体物体和痕迹,是在案件发生过程中形成的,不仅具有客观性,还具有特定性。因此,在一般情况下,它是不能用其他物品或者同类物品来替代的,否则就不能保持原物的特征。正因为如此,《民事诉讼法》规定当事人提交物证应当提供原物,只有在提交原物确有困难时,才可以提交复制品、照片,但提交的复制品的一切特征必须与原物相同,照片也只能是原物真实情况的反映。同时还需注意,这种复制品和照片只是对物证固定和保存的方法,作为证据的仍是原来的物品和痕迹,而不是复制品和照片。

(二) 物证的分类

为便于当事人举证和人民法院审查核实各种物证,可以按不同的标准和要求对其作一定的分类:(1) 按物证是不是争议的标的物来区分,可分为争议的标的物的物证和非争议的标的物的物证;(2) 按物证的存在状态来区分,可以分为实体物证与痕迹物证;(3) 按物证能否当庭出示或存入案卷来区分,可分为能拿到法庭出示或存卷的物证和不能拿到法庭出示或存卷的物证;(4) 按物证是否易于保存来区分,可分为易保存的物证和不易保存的物证;(5) 按物品的类别来区分,可分为特定物证和种类物证;(6) 按物证的出处来区分,可分为原始物证和复制物证等。

(三) 书证和物证的联系和区别

物证是物体,书证也是物体,如何区分两者呢?最根本的区别在于,书证是以其记载和反映具有某种思想或者行为的内容对案件事实进行证明,而物证是以其外部特征、形状、大小、规格、质量等物理属性对案件事实进行证明。也就是说,同一个物体,我们将其作为不同的证明手段来使用,就形成不同种类的证据。如当事人的一份亲笔信,如果我们使用其文字所表达的意思内容对案件事实进行证明,它就是书证;如果我们使用其呈现的笔迹对案件事实进行证明,它就是物证。此外,书证一般都有特定的制作主体,能反映制作人的思想或者主观动因,而作为物证的物体,并不具有这种特征。还有些书证,法律要求必须具备一定的法定形式或完成一定的法定手续才具有效力,不具备法定形式或规定的法律手续则不发生效力,而对所有物证来说则没有这样的特定要求。

四、视听资料

（一）视听资料的概念及意义

视听资料，是指采用先进的科学技术，利用图像、音响来证明案件真实情况的一种证据。它包括录音、录像、传真资料和胶卷等。视听资料是随着科学技术的发展而进入民事诉讼证据领域的，也会随着科学技术的发展而不断出现新的形式。

由于视听资料是通过图像、音响等来再现案件事实，因此，它能较准确地反映案件的真实情况，不仅可以用来检验和印证其他证据的真伪，而且在某些特定情况下，只要有视听资料，就可以直接把案件中某一个事实或者全部情况弄清楚，从而直接认定案件事实。视听资料不仅为人民法院查明案情，提高审判质量，正确审理民事纠纷提供了更为有利的证据基础，而且为我国的民事诉讼证据增添了新的种类，使之更趋于完善。因此，不论在诉讼理论上，还是在民事诉讼实践中都有重要的价值。

（二）视听资料的特征及分类

与其他证据相比，视听资料有以下特征：(1) 视听资料有较大的科学性、真实性、可靠性和准确性。由于视听资料是采用现代科学技术手段记录下的有关案件的原始材料，而且通过它能够再现当事人的声音或图像，对案件事实进行动态重现。在一般情况下，它不受主观因素的影响，能较客观地反映一定的案件事实。(2) 视听资料不论在来源上还是应用上，都具有广泛性。随着现代科学技术的普及和应用，录音机、录像机、录音笔等各种电子产品已逐渐融入人们的日常生活之中，录音、录像等资料随之增加。在出现纠纷后，这些资料开始大量地出现在仲裁、诉讼等纠纷解决活动中。(3) 视听资料具有体积小、重量轻等优点，易于收集、保管和使用，为人民法院和当事人充分利用带来了便利。

对视听资料如何分类，目前还没有统一的定论。一般是以获得视听资料的手段或者以其存在的形式来划分，大致可分为录音资料和录像资料两类，随着电子产品的丰富，这两种分类以及它们与电子数据呈现出交叉的状态。

（三）视听资料与书证、物证的区别

视听资料既有书证的特点又有物证的特点，但它既不同于书证又不同于物证。书证是以文字、图案或符号形式记载的思想或者行为内容来证明案件事实的，视听资料中也有文字、图案或符号形式，也有反映人的思想的内容，但并不是单纯以文字和符号来表达思想或者行为内容，它不仅能静态地反映案件事实，而且能动态地对案件事实进行情景再现。物证是以自己的形态、质量、规格、特征等物理属性来证明案件事实的；视听资料也能反映物体的外部形状、规格、质量、特征，但却是以科技手段为载体的再现，因此，不能把视听资料列入物证的范畴。

五、电子数据

（一）电子数据的概念

所谓电子数据，是指以电磁或者光信号等物理方式存储于计算机系统和存储设备中的数据和信息，主要包括文字、图形符号、数字、字母等。电子数据的出现与计算机的发明和运用密切相关，故有人称其为计算机数据。从严格意义上说，电子数据包含计算机程序以及程序运行所处理形成的信息资料。在民事诉讼中，作为证据的电子数据常见的有电子邮件、网络聊天记录、电子签名、网络访问记录、网络存储数据等。

（二）电子数据的特征

与传统的书证、视听资料等其他证据相比较，电子数据具有以下特征：

（1）载体的特殊性。存储电子数据的介质是磁性盘片，它利用电流的磁效应进行工作，以二进制代码的方式进行数据录入、存储和读取。这就意味着，对于其中的信息读取，不可能像书证那么直接，而是必须借助于电子仪器、设备以及特定的程序。

（2）信息的精确性。电子数据以现在技术手段为依托，受主观因素的影响较小，具有较高的精密性，相对于证人证言等其他证据形式而言，对案件事实的反映较为客观和准确。

（3）保存的稳定性。作为电子数据证据，只要保存好相应的存储器，就可以长期保存，反复使用。电子数据也可以无限制地复制，且复制前后没有任何区别，这也便于电子数据的保存。

（4）数据的易变性。所有的电子数据都是以二进制代码存储在相应介质上的，而二进制代码在介质上表现为光学材料中光信号的变化或磁性材料中磁向的变化等。这些光信号和磁向的变化本身很容易被人为改变，而且不通过相应的技术手段难以发现其中的改变。另外，存储介质对外部环境也有一定要求，如温度、湿度、磁场等，也会引起电子数据的改变。

此外，电子数据还具有收集迅速、容量大、呈现直观、传送和运输方便等特点。

六、证人证言

（一）证人的概念

证人是指在民事诉讼中就自己了解的案件情况进行陈述作证的人。《民事诉讼法》第 72 条第 1 款规定："凡是知道案件情况的单位和个人，都有义务出庭作证。有关单位的负责人应当支持证人作证。"该条第 2 款规定："不能正确表达意思的人，不能作证"。以上规定大致说明了作为证人的条件：(1) 知道案件情况。这是出于证人作证目的性的要求。证人作证就是协助当事人和审判人员查明案件事实,如果一个人并不了解案件情况,其所作的陈述就无法起到查明案件事实的作用。(2) 能够正确表达意思。证人作证是要对自己了解的案件情况进行客观、如实的陈述,这就要求证人必须具有一定的认知、理解能力以及相应的表达能力,才能够对自己了解的案件情况作陈述。不能正确表达意思的人,如精神病人或婴幼儿,不能作为证人。但间歇性的精神病人在间歇期间能辨别是非,正确表达意思,可以作为证人。而未成年人也是具有一定的认知和表达能力的,只要表达的内容与其认识能力相一致,也应当允许作为证人。(3) 证人主要指自然人。我国立法上规定单位可以作为证人,对此理论上一直存有异议。有人认为,单位可以作为证人,因为某些单位因业务了解案件事实,不是以个人身份作证,而是代表单位作证。有人认为,单位不可以作为证人,因为证人对案件情况的了解是通过感官感知的,而单位没有感官。在实践中,根据证人需要到庭作证的要求,单位作证也要落实到具体的人员即自然人身上。(4) 只能以证人身份参与诉讼。一个了解案件情况的第三人(非当事人)只能以证人的身份参与该案件的诉讼,不能再以其他身份参与诉讼,更不能同时以两个以上的身份参与诉讼。如在同一案件里不能既当诉讼代理人或审判人员又当证人。如果诉讼代理人对查明事实有重要作用,应通知被代理人终止委托代理关系,让其作为证人。这是由证人具有不可替代性所决定的。

(二) 证人的权利与义务

证人是民事诉讼的参与人,他在诉讼中自然要与其他参与主体发生一定的诉讼法律关系,因而享有一定的诉讼权利并承担一定的诉讼义务。根据《民事诉讼法》的相关规定和基本精神,证人享有以下诉讼权利:(1) 使用本民族语言文字提供证词的权利。证人如果不通晓法庭审判所用的语言文字,有权要求为其提供翻译。(2) 要求宣读、查阅、补充、更正自己证言笔录的权利。(3) 因作证耽误工作而请求给予适当补偿或报酬的权利。如误工工资、误工补贴和差旅费等。(4) 请求人民法院保障其人身及财产安全的权利。鉴于打击报复证人的现象时有发生,一些证人因作证致使自身的名誉、人身和财产受到威胁或侵害的实际情况,立法上应考虑设立相应的证人保护机制。此外,在特定情形下,证人应当有拒绝作证的权利。当然,证人也应履行相应的诉讼义务,主要有:(1) 按时出庭的义务;(2) 如实向法庭陈述并回答质询的义务;(3) 保守国家秘密的义务。

(三) 证人证言

证人证言是指证人就所了解的案件事实向法庭所作的陈述。这里所说的陈述主要指口头陈述,包括特殊证人的动作陈述,如聋哑人所用的手语等肢体语言。证人作证的方式是出庭作证,这样便于双方当事人或诉讼代理人以及审判人员对其进行质询，以确保证言的真实性。只有在证人确因法定情形不能出庭作证时，经法院许可，可以提交书面证言、视听传播技术或者视听资料等方式作证。依据《民事诉讼法》第73条的规定，这些法定情形有：(1) 因健康原因不能出庭的；(2) 因路途特别遥远，交通不便不能出庭的；(3) 因自然灾害等不可抗力不能出庭的；(4) 其他有正当理由不能出庭的。

在大多数的民事案件中都存在着证人，证人证言也是民事诉讼中广泛采用的一种证据形式。但在具体运用时，应对证人证言的特点有所了解，不能盲目轻信，也不能轻易否定。证人证言有三个主要特征：(1) 证人证言是证人就自己所了解的案件情况所作之陈述。如果证人所作的是与案件无关的陈述，不得作为证人证言予以采纳。如果陈述的内容不是证人本人亲自感知，只是别人看到或听到后转告的，一般不可以作为证人证言来采纳，即传闻一般应予以排除。(2) 证人证言只能是证人对自己耳闻目睹的案件情况进行客观陈述，而不是对这些事实作出的分析评价，也不得含有推想、猜测的内容。对于证人所作的意见性陈述，应当在认证时予以排除。(3) 证人证言是证人主观对客观的认识和反映，有时易受主观因素的影响。由于客观事物本身较为复杂，人们主观反映客观的情况又有所不同，加之各种主观因素，就使得证言内容真假混杂。因此，对证人证言必须进行认真的审查核实，通过前后逻辑分析以及与其他证据验印属实，才能作为定案依据。

七、鉴定意见

（一）鉴定人

民事诉讼中的鉴定人，是指那些接受聘请或指派凭借自己的专门知识对案件中的专业问题或疑难问题进行科学分析并给出相应专业意见的人。鉴定人不是案件事实发生、进行或终结的见证人，他们感知案件往往是在案后而不是案前。

在国外，有的将鉴定人纳入证人范畴称为专家证人。但在我国，鉴定人与证人是分开的。鉴定人和证人有相同之点也有不同之处。相同之处在于，二者都是民事诉讼参与人；在诉讼中二者都享有一定的诉讼权利；在某种意义上可以说鉴定人和证人在诉讼中具有相同的作用，都有助于人民法院查明案件的真实情况。鉴定人又与证人存在诸多不同之处：首先，鉴定人必须具备某种专门知识，且能够解决案件中的专门性问题；而对于证人，法律并不要求他们具备专门知识，只要他了解案情并能表达意思即可出庭作证。其次，鉴定人是在案件发生后通过阅卷、查验和访谈等途径才了解案件情况的；而证人是在案件发生的过程中凭其感官直接感知案件的。再次，鉴定人不具有特定性，是可以替代的；而证人具有特定性，是不可替代的。

根据鉴定人的特征和与证人的不同点，法院在选择鉴定人时必须充分考虑两个条件:一是必须要有解决所鉴定问题的能力,能够运用自己的专门知识对所鉴定的专门性问题作出科学判断,否则不能选任为鉴定人;二是必须能够客观公正地进行鉴定。为了确保鉴定人能够作出公正的鉴定意见,鉴定人也适用民事诉讼法所规定的回避制度。遇有本人是案件当事人或是当事人的近亲属的,本人或者近亲属与案件有利害关系的;本人与案件当事人有其他关系可能影响公正地进行鉴定的以及是本案的证人或代理人的,都不能再担任案件的鉴定人。

(二) 鉴定人的诉讼权利与义务

为了保证鉴定人能顺利地进行鉴定和认真地作出科学鉴定意见,鉴定人在鉴定活动中依法享有一定的权利并承担一定的义务。

鉴定人的主要诉讼权利是:有权查阅进行鉴定所需要的案件材料;有权询问当事人或证人;有权参加现场勘验;同一问题的鉴定人可以互相讨论,意见一致的可共同写出鉴定结论,不一致的各人均有权写出自己的鉴定结论;有权拒绝鉴定;对以威胁、收买、欺骗等非法手段强迫自己作违背事实的结论的行为有权向有关部门提出控告;因鉴定受到侮辱、诽谤、诬陷、殴打或者其他方法打击报复的,有权请求法律给予保护;有权用本民族语言文字作鉴定结论和有权要求支付相应的鉴定报酬等。

鉴定人的主要诉讼义务有:对接受鉴定的任务须按时出具鉴定意见,应最大限度地保证鉴定意见的科学性,并在鉴定书上签名盖章;在收到法院的出庭通知书后应按时出庭,在法庭上应对鉴定事项作出如实陈述,实事求是地回答审判人员、当事人及其诉讼代理人针对鉴定意见提出的询问;要遵守鉴定纪律,妥善保管提交鉴定的物品的材料;不允许徇私、受贿或弄虚作假;对故意作假鉴定用以陷害他人的,应承担法律责任等。

(三) 鉴定的启动

在诉讼中,当事人认为就查明案件事实的专门性问题需要鉴定的,可以向法院提出鉴定申请。法院予以准许后,由双方当事人协商确定具备资格的鉴定人;协商不成的,由法院指定。当事人没有提出鉴定申请,但法院认为需要就专门性问题进行鉴定的,可以依职权委托具备资格的鉴定人进行鉴定。

(四) 鉴定意见

所谓鉴定意见,是指鉴定人运用自己的专门知识,对民事案件某些专门性或疑难问题进行分析研究后所给出的结论性意见。民事诉讼中的鉴定意见,通常有医学鉴定意见、文书鉴定意见、痕迹鉴定意见、事故鉴定意见、产品质量鉴定意见、会计鉴定意见、行为能力鉴定意见等。

鉴定意见是诉讼证据之一,它具有三个基本特点:(1) 独立性。它是鉴定人根据案件的事实材料,按科学技术标准,以自己的专门知识,独立对鉴定对象分析、研究、推论,最后作出判断的一种理性活动。(2) 结论性。其他证据仅就某一个方面或某几个方面进行证明,通常不可能有结论性意见,结论只能由法官去做。鉴定意见则不然,它不仅要求鉴定人叙述根据案件材料所观察到的事实,而且更重要的是必须对这些事实作出结论性的鉴别和判断。在对与错、真与假、是与非的问题上作出明确表态。(3) 范围性。对这种专门性问题所作出的鉴别和判断,只限于就应查明的案件事实本身,而不直接涉及对案件的有关法律问题作评价。对法律问题的评价,应由审判人员去解决,不属于鉴定意见的范围。

鉴定意见不同于证人证言。证人证言是证人就其所知的案件事实所作的陈述;而鉴定意见则是鉴定人根据有关案件的材料和事实运用专门技术进行分析鉴别后所作出的结论。鉴定意见也不同于勘验笔录。勘验笔录是勘验人员对有争议的现场或物品进行勘查检验所作的记录,并不包括勘验人员对所见情况的分析和判断。

当事人对鉴定意见有异议的,可以向法院提出要求鉴定人出庭作证;当事人没有提出,但人民法院认为鉴定人有必要出庭的,也可通知鉴定人出庭作证。经法院通知后,鉴定人应当出庭,拒不出庭作证的,鉴定意见不得作为认定事实的根据,同时对于当事人已支付的鉴定费用,当事人有权要求返还。

此外,根据《民事诉讼法》的规定,就专门性问题当事人除了可以申请鉴定外,还可以申请法院通知有专门知识的人出庭提出意见。这些出庭的专业人士被称作专家辅助人,他们可以就鉴定人作出的鉴定意见或者专业问题当庭提出意见,辅助当事人进行诉讼。

八、勘验笔录

(一) 勘验笔录的概念和意义

勘验是法院审判人员在诉讼过程中为了查明一定的事实,对与案件争议有关的现场、物品或物体亲自进行或指定有关人员进行查验、拍照、测量的行为。对勘验的情况与结果制成的书面记录叫勘验笔录。

在民事诉讼中,常常会遇到与案件有关的物证或者现场,由于某种原因不便于或根本不可能拿到法庭,为了弄清事实真相,就要求审判人员必须到现场勘验。如房屋纠纷、宅基地纠纷、相邻关系纠纷以及土地山林纠纷中涉及的标的物具体位置、相互关系、状态等。通过勘验,可以对现场情况有具体、直观的了解。将勘验情况制成笔录,使与案件有关的现场和物品在诉讼中得以再现出来,并能附卷保存。

勘验人员进行勘验时,必须出示法院的证件,并邀请当地基层组织或者当事人所在单位派员参加。当事人或者他的成年家属应当到场,拒不到场的,不影响勘验的进行。有关单位和个人根据法院的通知,有义务保护现场,协助勘验工作。勘验时除用文字制成笔录,还可以用拍照、录像、测量、绘图、检验和询问有关人员等方式进行。

在开庭审理时,应当庭宣读出示勘验笔录和照片、绘制的图表,使当事人都能了解勘验的事实情况,并听取他们的意见。当事人要求重新勘验,如要求合理、确有必要的,可重新勘验。

（二）勘验笔录与书证的区别

勘验笔录是以其文字、图表等记载的内容来说明一定的案件事实,也表达了一定的内容,从这个意义上说,它与书证有相似之处,但不能认为它是书证。两者主要区别是:

（1）产生的时间不同。书证一般是在案件发生前或发生过程中制作产生的;而勘验笔录则是在案件发生后诉讼过程中,为了查明案件事实,对物证或者现场进行查验后形成的。

（2）制作主体不同。书证一般是由当事人或有关单位及公民制作的,不具有诉讼文书的性质;而勘验笔录则是办案人员或法院指定的勘验人员执行公务依法制作的一种诉讼文书。

（3）反映的内容不同。书证一般是用文字、符号等来表达一定的思想内容,本身能直接证明案件的事实情况,是制作人主观意志的外在表现;而勘验笔录的文字、图片记载的内容,是对物证或者现场的重新再现,其内容不能有制作人的主观意思表示,完全是对客观情况的如实记载。

（4）能否重新制作不同。书证不能涂改,也不能重新制作,要保持其原意;勘验笔录则不同,若记载有误或不明确,可以重新勘验,并作出新的勘验笔录。

（三）制作勘验笔录应当注意的事项

勘验笔录是对物证或者现场情况的客观再现,是一种独立的证据,因此要求制作时全面客观、认真细致,千万不能粗枝大叶、简单行事。具体应注意以下几点:(1）笔录内容必须保持客观真实。勘验时的情况,应如实记载,不扩大、不缩小、不走样,不能掺入勘验人员的任何主观推测和分析判断。(2）笔录文字用语必须确切肯定,不能模棱两可,含混不清,切忌使用“大概”、“可能”、“较高”、“较远”等不确定的词句。(3）笔录必须是勘验过程中当场制作,不能事后追忆。对某个物证或者现场进行勘验时,应分别制作每次的笔录,不能采用在原笔录上补充修改的方式。(4）必须完成法定的手续。勘验笔录制作完成后,要由勘验人、当事人和被邀请参加的人签名或者盖章。

思考题

1. 试述民事诉讼证据的基本特征。
2. 试比较证据能力和证明能力。
3. 试述民事诉讼证据在学理上的分类。
4. 试述书证与物证的异同。
5. 《民事诉讼法》对证人的作证方式是如何规定的?

第十章　民事诉讼证明

内容要点

了解和掌握证明对象、证明标准、证明责任等概念；了解免证的事实；熟知证明责任分配的规则；掌握证据的收集、提供和保全的程序规范；熟悉质证与认证的有关规则。

第一节　证明对象

一、证明对象的概念

在民事诉讼中，当事人为支持自己的诉讼请求或反驳对方的诉讼请求都会主张一定的事实，而就该事实存在争议时，需要当事人提供证据来加以证明。我们将这些需要运用证据加以证明的案件事实称为证明对象，又称待证事实或要证事实。

作为民事诉讼中的证明对象，应当符合两个条件：

1. 该事实对处理民事案件具有法律意义，即该事实在诉讼中具有判断当事人的诉讼请求是否成立的价值。这种法律意义既可以体现在实体法上，也可以体现在程序法上。

2. 该事实属当事人双方争议的事实，且不在法律规定的免证范围内。不存争议的事实一般不需要证明，如当事人自认的事实，除非是需要依职权查明，或者法官认为该事实涉及社会公共利益或第三人的合法权益且存在双方当事人恶意串通之嫌时。对于法律规定的免证事实，当事人在主张时也无须举证证明，如众所周知的事实、推定的事实等，法官可以直接予以认定。

明确证明对象，有利于明确审理的范围，确定当事人争议的焦点；还能够正确指导当事人的举证、质证活动，指导法院的审核、认定证据的活动，从而提高诉讼效率，避免诉讼活动出现偏差。

二、证明对象的范围

在民事诉讼中，需要运用证据证明的案件事实因案而异，各个案件中具体的证明对象各不相同。但从类型上概括来说，民事诉讼中的证明对象主要包括以下几个方面：

1. 实体法上的事实

实体法上的事实是指民事实体法规定的，引起当事人的民事实体权利义务关系发生、变更和消灭的事实，如合同的签订、变更和履行等。实体法上事实主要包括民事权利义务发生、变更和消灭的事实以及当事人权利义务关系发生争议的事实两部分，具体表现为权利形成事实、权利妨碍事实、权利消灭事实等。权利形成事实是指引起民事实体权利产生的事实；权利妨碍事实是指在权利形成之时，导致权利无法发生，或者制约权利实现的事实；权利消灭事实是指致使既存的权利归于消灭的事实。实体法上的事实对解决民事纠纷具有实质意义，一般也是当事人争议的焦点，所以是诉讼证明的重点对象。

2. 程序法上的事实

程序法上的事实是指对解决诉讼程序问题具有法律意义的事实，如诉讼法规定的引起诉讼权利义务发生、变更和消灭的事实。程序法上的事实一般不直接涉及实体问题，但如不予以证明，就会影响诉讼程序的顺利进行。如当事人申请回避、提出管辖权异议或申请不公开审理时所依据的事实等，如不予查明，诉讼活动就无以为继。

3. 证据事实

对于证据事实能否作为证明对象，学界一直存在争议，本书持肯定说，即证据事实应当作为证明对象。在实践中，一方当事人对对方当事人所提证据的资格持有不同意见，从而发生争议。对于当事人在案件中发生争议的又具有法律意义的事实，当然应当作为证明对象，借助证据来予以查明。例如，在借款纠纷案件中，被告就原告出示的借条真实性提出异议，对该借条的真伪就需要通过其他证据来予以证明。因此，在民事诉讼中，证据事实既是证明手段，也是证明对象。作为证明手段，其对证明案件主要事实起到证据的作用，而在对证据事实本身的真实性、合法性等产生争议时，它又是证明对象，需要其他证据来予以证明。正是基于此，证据事实往往又被称为中间事实。

4. 外国法以及地方性法规和习惯

法院审理民事案件，依据法官应当知悉法律的一般原则，国内法是不需要当事人证明的，法官有义务了解并熟悉这些法律。对于外国法，有些国家将之视为法律，对外国法的查明是由法官负责的；但更多的国家则主张外国法不属于法官职务上应当知悉的范围，如果特定案件的审判需要依据外国法时，该外国法则成为案件事实的组成部分，当事人援引相关的外国法证明其主张时，必须将外国法作为案件事实的一部分予以证明。此时，该外国法也就成了证明对象。另外，在我国由于地方性法规和习惯较多，且不具有普遍适用性，因此也不能要求法官全然知晓。所以，当事人对自己在案件中主张的地方性法规和习惯也应提供证据予以证明。

三、免证的事实

法律规定当事人对于所主张的事实无须提供证据证明,法官就应予以认定的,称为免证的事实,又称作不要证的事实。《民事诉讼法》对免证的事实没有作出规定,而是通过司法解释的方式予以明确的。根据《民事证据规定》第8、9条及相关司法解释的规定,民事诉讼中免证的事实有以下几种:

1. 众所周知的事实

众所周知的事实是指在一定条件下为一般人所知晓的事实。它包括自然现象、常识、一般性经验、习俗以及政治、经济、文化重大事件,同时也包括法官应当知晓的行政事务和司法事务。

"众所周知的事实,无须证明"是西方古老的诉讼格言,也为各国诉讼法所认可。但以什么标准确定众所周知存在不同的学说,即普遍性说、相对性说和区域性说。普遍性说认为,众所周知即社会上的一般成员,其中包括法官都应知悉的事实。相对性说认为,众所周知的事实具有相对性,也许公众普遍知晓的事实,而承审法官不清楚,或者相反。因此,众所周知的程度是相对的,要视时间、地域和对象而定。区域性说认为,众所周知应限于一定范围内的一般人知晓。我们认为,之所以将众所周知的事实规定为免证的事实,就在于无须提供证据证明,审判人员对该事实也能形成内心确信。从审判人员无须借助证据就能形成内心确信的角度来说,众所周知的地域范围应当界定为审理案件的法院辖区较为合理。

众所周知的事实在诉讼法理论上属于司法认知的范围,其效力是免除主张众所周知事实的当事人的证明责任,法院应当依当事人的请求直接认定该事实存在。当然,我国法律将众所周知作为免证事实不是绝对的,而是相对的,即在对方当事人否认时,只要能提供充分的证据是可以将其推翻的。

2. 自然规律及定理

自然规律及定理具有科学性,其真实性已经科学证明,不容置疑。自然规律及定理与众所周知的事实不同,有些自然规律及定理已经被普通的公众所知晓,而有些只有从事特定领域的专业人员才知晓。但不管是否具有公知性,自然规律及定理在诉讼中都免于证明。

自然规律及定理的效力是:当事人主张自然规律及定理时,免除当事人的证明义务,法院应当依当事人的请求或依职权直接认定该事实的存在。自然规律及定理的免证是绝对的,即不容推翻,法官也不得作相反认定。如果自然规律及定理与当事人的自认、证人证言、专家意见等不一致时,法官应当认定自然规律及定理的效力,而排斥其他证据。

3. 推定的事实

民事诉讼中的推定是指根据法律规定或经验法则,在某一事实存在的情况下,认定另一事实存在或不存在的司法活动。例如,互有继承关系的几个人在同一事件中死亡,不能确定死亡先后时间,死亡人又各有继承人的,依据民法的相关规定,推定长辈先于晚辈死亡;夫妻关系存续期间所生的子女,如果没有相反证据,推定为婚生子女。推定所依据的事实称为基础事实或前提事实,被推导出的事实称为推定事实或结论事实。

法律之所以设置推定制度,是出于解决实践中证明困难的问题。实践中对推定的事实进行直接证明存在着客观上无法克服的困难,对基础事实进行证明则相对较为容易,而根据我们的经验,推定事实与基础事实之间又存在着较高的或者必然的因果和逻辑关系,在有了推定规则后,当事人就可以通过证明基础事实来证明推定事实了。不难看出,推定是一种运用经验法则判断事物存在与否的思维方式,其推断的过程有演绎式、归纳式。推定也是长期的司法经验的总结,是经司法实践反复证明了的一种行之有效的认定案件事实的方式。其合理性在于,基础事实与推定事实之间存在高度或必然的因果或逻辑关系,所以推定的事实的真实性比较可靠。推定规则的运用能够降低证明的难度,节省诉讼资源,易被公众所接受。因此,推定是现代审判活动中认定案件事实的一种重要手段。

根据推定的依据,可将其分为法律推定和事实推定。依据法律规定所作的推定称为法律推定,依据经验法则所作的称为事实推定,而法律推定中的法律规定实质上也是由经验法则上升而来的。事实推定又被称为裁判上的推定,在德国又称为表见证明。在诉讼证明中,推定的事实都不是绝对的免证事实。无论是根据法律规定推定的事实还是根据经验法则推定的事实,都是可以反驳的,即允许证据予以推翻。其理由在于,推定的事实并非由证据来证实,基础事实与推定事实之间的因果或逻辑关系也不是必然的、绝对的。

4. 预决的事实

预决的事实是指已为法院生效裁判或者仲裁机构生效裁决所认定了的事实。如果该事实成为后案中的案件事实,无须证明,已生效裁判或裁决对该事实的认定具有预决效力。预决效力的理论依据是,既然预决事实已经过正当程序证明,则应维护其证明价值,这样一方面可以防止法院在不同的案件判决中对同一事实作出前后矛盾的认定,另一方面可节约诉讼成本,提高诉讼效率。

对于预决的事实,允许当事人有相反证据时予以推翻。此时有可能涉及前案认定事实错误的问题,法院应当依法慎重处理,防治出现前后矛盾的认定。

5. 公证的事实

公证是法定的公证机构依据严格的法定程序对具有法律意义的事项予以证

明的活动。经公证证明的事实具有极高的真实性和可信度，因此我国《民事诉讼法》规定："经过法定程序公证证明的法律事实和文书，人民法院应当作为认定事实的根据。但有相反证据足以推翻公证证明的除外。"可见，对于已经公证的事实当事人在诉讼中主张时，只要能提供相应的公证书，法院就应当予以认定，即公证的事实具有诉讼证明上免证的效力。当然，公证的事实也不属于绝对的免证事实，它只是免除主张该公证事实一方当事人的提供证据责任。当对方当事人否认该事实并提出足以推翻公证事实的证据时，主张该事实的一方当事人为获得利己裁判，就不得不积极举证证明公证的事实。

6. 自认的事实

只要当事人对对方当事人所主张的案件事实予以承认，即免除对方当事人的证明责任，这是基于辩论主义的要求。我国《民事诉讼法》虽然没有吸取辩论主义的趣旨，但对自认仍然作为免证的事实予以了规定。《民事证据规定》第8条规定："诉讼过程中，一方当事人对另一方当事人陈述的案件事实明确表示承认的，另一方当事人无需举证。但涉及身份关系的案件除外。"

诉讼上自认的要件是：

(1) 适用于有关财产的案件，不适用于身份关系的案件。身份关系案件包括两大类，一类是婚姻关系案件，如离婚之诉、撤销婚姻之诉、确认婚姻成立或不成立之诉；另一类是亲子关系案件，如收养无效之诉、撤销收养之诉、终止收养关系之诉等。这类案件中当事人对身份关系的自认不具有法律效力，因为身份关系属于法院职权探知的事项。当然，这类案件中当事人对非身份关系事项的承认，仍然具有自认的效力。

(2) 自认的对象是案件事实，而且是能够成为判决基础的直接事实。对双方当事人无争议但涉及国家利益、社会公共利益或者他人合法权益的事实，法院可以责令当事人提供有关证据。

(3) 该事实是由对方当事人主张的事实。

(4) 自认必须在诉讼中进行，并向法院作出。自认是对法院的诉讼行为，对方当事人不在场也产生自认效果。但当事人在诉讼外的自认不产生诉讼上自认的法律后果，即使这种自认被审判人员所知晓。

自认依据作出的形式，可以分为明示的自认和默示的自认。明示的自认是指一方当事人对对方主张的事实以口头或书面的形式明确表示承认。默示的自认是指当事人一方对另一方所主张的事实，既未明确承认，也未明确否认，法律上视为自认，又称为拟制自认或准自认。《民事证据规定》中规定以下情形视为自认：

(1) 对一方当事人陈述，另一方当事人既未表示承认也未否认，经审判人员充分说明并询问后，其仍不明确表示肯定或否定的，视为对该事实的承认。

（2）当事人委托诉讼代理人参加诉讼的，代理人的承认视为当事人的承认。但未经特别授权的代理人对事实的承认直接导致承认对方诉讼请求的除外。

（3）当事人与诉讼代理人同时参加诉讼，当事人在场但对其代理人的承认不作否认的，视为当事人的承认。

当事人对案件事实的自认，对法院和当事人均产生约束力。主要表现为：

（1）对于当事人自认的事实，法院应当直接予以认定，不得再作不同于当事人自认的认定。

（2）对自认的当事人来说，自认一经作出，便不得随意撤回。当事人作出自认后要求撤回的，只能是在法庭辩论终结前并经对方当事人同意，或者是有充分的证据证明其承认行为是在受胁迫或者重大误解下作出且与事实不符的。

（3）对于对方当事人来说，自认直接免除其在自认事实上的证明责任，当然，涉及身份关系的事项除外。

此外，为了引导当事人调解，法律规定当事人为达成调解协议或者和解的目的作出妥协所涉及的对案件事实的认可，不得在其后的诉讼中作为对其不利的证据。即当事人在调解或和解中对案件事实的承认，不具有诉讼上自认的效力。

第二节 证明责任

一、证明责任概述

证明责任的概念具有两种含义：一是指客观上的证明责任，也称为结果意义上的证明责任、实质上的证明责任、说服责任，即在案件事实真伪不明时由哪一方当事人承担不利后果；二是指主观上的证明责任，也称行为意义上的证明责任、形式上的证明责任、证据提出责任，即当事人对自己主张的事实应当提供证据予以证明。

从历史渊源来说，证明责任这一概念可以追溯到古代罗马，当时在罗马法中有“谁主张，谁举证”的程序规则。而从其最初的含义上看，只有一种，即当事人向法院提出证据的责任。直到 1883 年，德国诉讼法学家尤利乌斯·格尔查（Julius Glaser）在其著作《刑事诉讼导论》（Handbuch des Strafprozesses）中才首次将证明责任区分为客观的证明责任和主观的证明责任。同样的情况也出现在英美法系国家，直到 1890 年才有美国学者塞耶（Thayer）在其论文《证明责任论》中指出“burden of proof”具有双重含义。

西方国家关于证明责任的概念在 19 世纪末被介绍到了日本，日本将德语“Beweislast”译为“举证责任”“立证责任”。在清末大规模移植西方现代法律体系时，就借用了日语中的“立证责任”“举证责任”。其中“举证责任”一直延续至今,并成为我国民事诉讼法上的立法用语,究其原因与最初的翻译和语义的历史沿革不无关系。

新中国成立后,我国法学深受苏联的影响,但此时苏联在证明责任方面也仅限于提供证据责任的层面,因此也就导致在相当长的一段时间里我国将证明责任就定义为提供证据责任。这也反映到了立法之中,1982 年的《民事诉讼法(试行)》和 1991 年制定的现行《民事诉讼法》都规定:当事人对自己提出的主张,有责任提供证据。到了 20 世纪 80 年代,通过王锡三教授等人的介绍,国外有关证明责任的理论逐渐被我们所了解。此后经过学界的努力,证明责任的双重含义获得了普遍认同,而结果意义的证明责任是证明责任的本质方面也成为共识。对此,2002 年 4 月 1 日生效的《民事证据规定》予以明确,第一次完整地规定了证明责任的含义包括行为意义和结果意义两个层面。由于上文所介绍的原因,对我国民事诉讼法中所用的“举证责任”应当作结果意义上的证明责任的理解,而不能按照字面理解为行为意义上的。基于上述缘由,除特别说明,本书也在结果意义上使用“证明责任”和“举证责任”的概念,对于行为意义上的证明责任则使用“提供证据责任”一语。

从审判人员认定案件事实的角度来说,证明责任与提供证据责任存在着这样的关系:当事人如果没有完成提供证据责任,则无须考虑证明责任,直接认定当事人主张的事实不成立;在当事人完成提供证据责任后,若根据证明标准能够直接认定相关案件事实成立或者不成立,也无须考虑证明责任;只有在当事人完成提供证据责任,但案件事实仍然处于真伪不明时,才需要考虑证明责任,即根据证明责任分配的规则,在相关事实上作出对承担者不利的认定。

二、证明责任分配的学说

证明责任的分配,是指在案件事实真伪不明时,由哪一方当事人承担不利后果,即法官作对哪一方当事人不利的裁判。由此可以看出,证明责任的分配直接关系到实体权利和义务的确定,因而也历来受到高度重视。对于证明责任的分配应当依据一定的原则,由法律预先明确分配的规则,这样可以督促当事人为维护自己的合法权益而积极提供证据,同时也为法院在案件事实真伪不明时如何裁判提供依据。而围绕着证明责任如何分配,即分配规则的理论依据为何,历来有着不同的见解,形成了不同的学说,主要有以下几种学说:

1. 法规分类说。此说认为,在实体法内有原则规定与例外规定的区别,以原则规定或例外规定来适用其证明责任分配的标准。一般来说,在实体法中的本文为原则规定,但书为例外规定。因此,该学说主张:凡要求适用原则规定的当事人,仅应就原则要件事实的存在负证明责任,无须进一步证明例外规定要件事实的不存在,如果对方当事人主张例外规定要件事实的存在,就应由其承担证明责任。

2. 待证事实分类说。此说从证明的可能性着手，主张依待证事实的性质来确定证明责任的分配标准。例如，它将当事人主张的事实分为积极事实和消极事实、外界事实和内界事实，认为凡主张积极事实、外界事实的当事人，就应当负担证明责任；凡主张消极事实、内界事实的当事人，不负担证明责任。因为消极事实、内界事实证明起来非常困难或者根本就不具有证明的可能性。

3. 法律要件分类说。此说也是从实体法入手，但着眼于证明的必要性，即当事人主张适用某个实体规范，必须就相关的要件事实承担证明责任。法律要件分类说具体又分为因果关系说、通常事实说、最低限度事实说、特别要件说和规范说，其中以罗森贝克的规范说最为著名，几乎成为现代各国证明责任分配的一般原则。规范说将实体规范分为权利存在规范、权利妨碍规范、权利消灭规范和权利受限规范，继而提出：主张权利存在的人，应当对权利产生的法律要件事实承担证明责任；主张权利受妨碍的人，应当就权利受妨碍的法律要件事实承担证明责任；主张权利消灭的人，应当就权利消灭的法律要件事实承担证明责任；主张权利受限的人，应当就权利受限的法律要件事实承担证明责任。

上述三种证明责任分配学说，都从一定的角度对证明责任的分配给出了相应标准，但也都无法解决所有案件中证明责任分配的问题。因此，任何一个国家的立法都不能依据某一个学说，就可以确定完善的证明责任分配标准。更何况在第二次世界大战之后，法律要件分类说也受到了“危险领域说”和“盖然性说”等的挑战。

三、我国民事诉讼中的证明责任分配

在相当长的一段时期里，学界以及实务界对证明责任及其分配的问题并未给予应有的重视，这与我国民事诉讼实行高度的职权主义诉讼模式有密切的关系。根据《民事诉讼法（试行）》的规定，人民法院应当全面地、客观地收集与本案有关的证据材料，以保证正确处理民事案件，因而当事人的证明责任以及如何分配证明责任就显得没有太大必要。20 世纪 90 年代，随着民事审判方式的改革以及诉讼证据理论的发展，证明责任的分配以及与之相关的一系列理论问题日益受到重视。在 1991 年实施的现行《民事诉讼法》以及随后最高人民法院的一系列司法解释中，逐步确立并发展了证明责任分配的规则。《民事诉讼法》第 64 条规定：“当事人对自己提出的主张，有责任提供证据”，确立了“谁主张，谁举证”这一证明责任分配的一般原则，随后有关的民事实体法及最高人民法院的司法解释又作出了一些具体规定。

但基于当时的理论认识，《民事诉讼法》第 64 条规定的仅仅是提供证据的责任，即在行为意义上的证明责任，并未触及证明责任的本质方面——结果意义

上的证明责任。因此,“谁主张,谁举证”这一原则仅是就提供证据责任而言的,若将其理解为结果意义上证明责任的分配原则,无疑是错误的。结果意义上证明责任分配原则的缺失,给诉讼实践带来了很大的负面影响。在审判实务中,遇有具体案件事实不清时该如何裁判,审判人员往往非常困惑。为解决这一问题,最高人民法院制定了《民事证据规定》。就证明责任的分配,该规定较《民事诉讼法》给出了更为丰富和具体的规则。结合《民事诉讼法》、《民事证据规定》以及其他相关法律和司法解释,我国初步形成了较为完善的证明责任分配规则的体系,现归纳如下:

关于提供证据责任,确立了“谁主张,谁举证”的分配规则。对于《民事诉讼法》第 64 条的规定,《民事证据规定》作出了进一步的阐释:“当事人对自己提出的诉讼请求所依据的事实或者反驳对方诉讼请求所依据的事实有责任提供证据加以证明。”这就意味着,当事人对自己所主张的案件事实,除属于免证的之外,都应当提供证据加以证明。如果对于自己主张的案件事实没有提供任何证据,即没有负担起提供证据的责任,法院无从认定该案件事实的存在。

关于结果意义上的证明责任,即民事诉讼法条所称的举证责任,确立了以法律要件分类说之规则为一般原则,以相关法律和司法解释中相关规定为具体规则,以法官自由裁量为兜底规则的分配规则体系。

我国目前举证责任分配的一般原则为法律要件分类说所主张的相关规则,即主张权利存在的人,应当对权利产生的法律要件事实承担证明责任;主张权利受妨碍的人,应当就权利受妨碍的法律要件事实承担证明责任;主张权利消灭的人,应当就权利消灭的法律要件事实承担证明责任;主张权利受限的人,应当就权利受限的法律要件事实承担证明责任。这不是源于相关法律的明确规定,而是对相关法律和司法解释中具体分配规则进行归纳后得出的结论。主张将法律要件分类说作为我国举证责任分配的一般原则的另外一个原因是,如前文所说,法律要件分类说已几乎为世界各国所采纳,其理论本身的合理性已得到公认。有人认为,我国目前举证责任分配的一般规则是《民事证据规定》的第 2 条,这是对法条内容的错误理解。《民事证据规定》第 2 条第 1 款是对提供证据责任及其分配的规定,第 2 款是为弥补《民事诉讼法》中结果意义上证明责任概念的缺失而提出了举证责任,通过与第 1 款的对比来显示其与提供证据责任的区别。第 2 款的规定是这样的:“没有证据或者证据不足以证明当事人的事实主张的,由负有举证责任的当事人承担不利后果。”即在没有证据或者证据不足以证明当事人的事实主张时,并不是一定由主张该事实的当事人承担不利后果,而是由负有举证责任的当事人承担。到底谁是负有举证责任的当事人呢?仅依据本条的两个条款是无法给出答案的。因此,对于举证责任分配的一般原则,我国立法中并没有直接规定,但我们可以根据有关举证责任分配的具体规则予以归纳。

《民事证据规定》第 5 条关于合同纠纷案件中举证责任分配的规定、第 6 条关于劳动争议案件中举证责任分配的规定，以及第 4 条中被认为属于举证责任分配特殊规定中的大多数，都是法律要件分类说的直接体现。

举证责任分配的具体规则为审判提供了直接而明确的法律依据。目前根据有关法律和司法解释的规定，我国举证责任分配的具体规则主要有：

1. 在下列侵权诉讼中，按照以下规定承担举证责任：

(1) 因新产品制造方法发明专利引起的专利侵权诉讼，由制造同样产品的单位或者个人对其产品制造方法不同于专利方法承担举证责任；

(2) 高度危险作业致人损害的侵权诉讼，由加害人就受害人故意造成损害的事实承担举证责任；

(3) 因环境污染引起的损害赔偿诉讼，由加害人就法律规定的免责事由及其行为与损害结果之间不存在因果关系承担举证责任；

(4) 建筑物或者其他设施以及建筑物上的搁置物、悬挂物发生倒塌、脱落、坠落致人损害的侵权诉讼，由所有人或者管理人对其无过错承担举证责任；

(5) 饲养动物致人损害的侵权诉讼，由动物饲养人或者管理人就受害人有过错或者第三人有过错承担举证责任；

(6) 因缺陷产品致人损害的侵权诉讼，由产品的生产者就法律规定的免责事由承担举证责任；

(7) 因共同危险行为致人损害的侵权诉讼，由实施危险行为的人就其行为与损害结果之间不存在因果关系承担举证责任；

(8) 因医疗行为引起的侵权诉讼，由医疗机构就医疗行为与损害结果之间不存在因果关系及不存在医疗过错承担举证责任。

此外，有关法律对侵权诉讼的举证责任有特殊规定的，从其规定。如 2010 年 7 月 1 日实施的《侵权责任法》，其中规定了一些不承担责任或者减轻责任的情形，就由主张该情形存在的人承担举证责任。

2. 在合同纠纷案件中，主张合同关系成立并生效的一方当事人对合同订立和生效的事实承担举证责任；主张合同关系变更、解除、终止、撤销的一方当事人对引起合同关系变动的事实承担举证责任。对合同是否履行发生争议的，由负有履行义务的当事人承担举证责任。对代理权发生争议的，由主张有代理权一方当事人承担举证责任。

3. 在劳动争议纠纷案件中，因用人单位作出开除、除名、辞退、解除劳动合同、减少劳动报酬、计算劳动者工作年限等决定而发生劳动争议的，由用人单位负举证责任。

从立法技术上说，列举规定只能基于目前能够预见到的一般情形，难免会出现法律漏洞和法律滞后的问题。举证责任分配规则的设定也同样存在这个问题,因此在一定程度上赋予法官自由裁量权就很有必要。《民事证据规定》第7条规定:“在法律没有具体规定,依本规定及其他司法解释无法确定举证责任承担时,人民法院可以根据公平原则和诚实信用原则,综合当事人举证能力等因素确定举证责任的承担。”这赋予了我国法官在举证责任分配上的自由裁量权。当然,自由裁量不是任意裁量,必须满足相应的条件,在法律规制的框架内来进行。

就上述举证责任分配规则的适用来说,应当遵循这样的规则:首先看有没有具体规定,有就应当直接适用具体规定;没有具体规定的,应当适用一般原则;没有具体规定而适用一般原则,又有违实体公正时,可以由法官本着公平原则和诚实信用原则来进行自由裁量。

第三节　证明标准

一、证明标准的概念与作用

证明标准是运用证据证明待证事实所应达到的程度,又称为证明要求。证明标准可以从两方面看待。从承担证明责任的主体角度看,是指负有证明责任的当事人就其主张的事实予以证明应达到的水平、程度,没有达到这个程度其证明责任就没有卸除,就要承担主张事实不能成立的不利后果;从审判人员的角度看,是指对被证明的事实审判人员能够形成内心确信的程度,没有达到这个程度,审判人员就应作对负有证明责任一方当事人不利的认定。

在证明活动结束时,案件事实在审判人员看来总是呈现三种状态:一种是真,一种是伪,第三种便是真伪不明。对前两者,审判人员可以直接依据证据进行事实的认定和裁判,而第三种情况出现时就只能依据证明责任的分配规则来进行裁判。从诉讼目的的角度来说,应当尽量减少依据证明责任分配规则进行裁判,因为这样的裁判虽具有可接受性,但难免会与当事人感知的案件真相不一致,引起当事人实体不公的情绪。因此,设定科学合理的证明标准就显得尤为重要,它有助于判断当事人证明的案件事实是否成立,其所负担的证明任务是否完成,其证明责任能否卸除;也有助于法官确定是依据已被证明的案件事实进行裁判,还是案件事实无法认定从而依据证明责任分配规则进行裁判。标准设定得过高,证明和认定事实的难度就大;标准设定过低,对案件事实的认定就会过于轻率。这两种情况都会导致认定事实的错误率增加,不仅无法实现诉讼对实体权利的救济功能,而且还会严重削弱司法权威和公信力。

在确立证明标准时,一般应考虑以下几个制约要素:首先,证明标准应当是具体标准,即是一种明确的、可操作的法律标准。其次,证明标准的确立应考虑诉讼真实与效率的合理关系。证明标准过高和过低,都无助于事实认定的准确性,反而会引起诉讼真实与效率的失衡。证明标准过高,当事人和法官查明案件事实的难度就随之加大,投入的诉讼成本会急骤增加,审判人员认定成立的事实的正确性会增加,但不予认定的事实的错误率也会增加;证明标准过低,审判人员不予认定的事实的正确性会增加,但认定成立的事实的错误率也会增加。再次,证明标准还应根据待证事实的性质不同而加以区别。案件事实可以分为主要事实和次要事实、实体事实与程序事实。证明标准也应根据不同类型的事实设立相应的标准。一般认为,实体事实的证明标准应高于程序事实的证明标准;主要事实的证明标准应高于次要事实的证明标准。

二、证明标准的分类

纵观世界各国立法和诉讼实践,证明标准主要有以下几种:

1. 排除合理怀疑

排除合理怀疑(Beyond Reasonable Doubt)是英美法系国家普遍采用的一种证明标准。依据此标准,负有证明责任的当事人对案件事实的证明应当达到令人深信不疑的程度,根据现有证据,任何有理性的人都不会提出合乎逻辑的质疑。排除合理怀疑并不意味着在证明过程中不存在任何疑问,而是说所有出现的疑问都得到了合理的解释和排除。作为一个求证过程,诉讼证明恰恰就是排除疑问的活动,这也是证明的本质特征。

排除合理怀疑是一种较高的证明标准,一般适用于刑事诉讼。在民事诉讼中,对于涉及公民人身权利的事项,也会适用该标准,其目的在于保障公民的人身权利不受侵犯。

2. 优势证据

优势证据(Preponderance of Evidence),又称证据占优,是指对于双方当事人就同一待证事实提供的正反两方面证据,审判人员通过证明力的比较后,认为一方当事人提供的证据的证明力较强,足以采信,从而依据证明力较强的证据来认定待证事实。

优势证据是英美法系国家在民事诉讼中普遍采用的证明标准,该标准明显低于排除合理怀疑,原因在于民事诉讼的性质有别于刑事诉讼。需要特别指出的是,英美法系国家所用的优势证据标准,不仅仅要求一方当事人提供的证据的证明力要强于对方当事人提供的证据,而且还要求证明力较强的证据对待证事实的证明也要达到可信的程度。

优势证据的证明标准有别于我国《民事证据规定》第 73 条第 1 款的规定:“双方当事人对同一事实分别举出相反的证据,但都没有足够的依据否定对方证据的,人民法院应当结合案件情况,判断一方提供证据的证明力是否明显大于另一方提供证据的证明力,并对证明力较大的证据予以确认。"该款是一条认证规则,要求对证明力较大的证据予以确认,但证明力较大的证据对待证事实的证明也未必就能达到足以确认的程度,即从该款规定中,我们不能得出根据证明力较大的证据来确定待证事实的裁判规则。该条第 2 款的规定也很好地说明了这个问题:"因证据的证明力无法判断导致争议事实难以认定的,人民法院应当依据举证责任分配的规则作出裁判。"这就是说,依据证明力较大的证据对争议事实也会存在难以认定的情况,此时应当根据举证责任分配的规则作出裁判。

3. 内心确信

内心确信(Inner Conviction),是指经过对证据的审查判断之后,审判人员对待证事实的存在确信无疑,从另外一个角度又可称作自由心证,是大陆法系国家所采用的证明标准。从其含义上说,大陆法系的内心确信与英美法系的排除合理怀疑基本一致,因为两者都强调所有的怀疑都得到了合理的解释和排除,审判人员对待证事实的存在深信不疑,只不过内心确信是从肯定的方面来定义证明标准,而排除合理怀疑是从否定的方面来定义证明标准。因此,在大陆法系国家,内心确信的证明标准也主要适用于刑事诉讼,在民事诉讼中只有一些特殊事项的证明才会适用这一标准。

4. 高度盖然性

盖然性是指一种事实发生的可能性,即几率。高度盖然性(High Degree of Probability)则是指一定事实的发生具有相当高的可能性。作为证明标准的高度盖然性,意味着审判人员通过对证据的审查判断后,认为相应的待证事实发生的可能性远远大于没有发生的可能性。高度盖然性为大陆法系国家在民事诉讼中普遍所采用的证明标准,相对英美法系的优势证据来说,它主要是从结果意义上对证明程度提出要求,即不论正反两方面的证据如何,最终审判人员对待证事实是否能形成确信,而不像优势证据强调对正反两方面的证明力进行比较。

上述证明标准是民事诉讼中都有可能采用的。虽然它们之间还存在着一定的差异,但由于证明标准本身的抽象性和证明活动本身的主观性,深究其中的细微差异于审判实务似乎并无必要,可是理论上的探讨对于立法和司法实践的意义却不容忽视。

三、我国民事诉讼的证明标准

长期以来,我国诉讼法坚持"客观真实"的一元化标准。无论刑事诉讼,还是民事诉讼,证明标准都是"证据确实、充分"。所谓确实是对证据质的要求,即是真实可靠的;所谓充分是对证据量的要求,即证据是丰富的而不是单薄的。这种证明标准是比较理想的,而在传统的职权主义诉讼模式下也是恰当的,因为证据的收集、调查、采信都是由法院负责,客观真实的标准可以有效地督促司法人员尽心尽责地调查收集证据，查明案件事实，防止司法机关疏于职守。然而，随着民事审判方式的变革，证明责任主要由当事人承担，如果仍然以“客观真实”为证明标准，与诉讼法对案件事实调查的内在要求不符。对当事人而言，一般不拥有法院调查取证的手段，“客观真实”所要求的证明负担过重，会使许多当事人因无法提供充分的证据而无法维护自己的合法权益。对法院而言，由于法院调查取证受到了严格限制，要完全做到“客观真实”已无实际可能。此时，法院若仍然按照“客观真实”的标准进行裁判，对案件事实的认定不是更接近客观真实，而是更偏离客观真实。“客观真实”是诉讼证明所应追求的理想状态，但不宜作为可操作的具体标准。

对于证明标准，我国《民事诉讼法》并没有予以明文规定。根据相关规定和理论，人们普遍认为我国采用了高度盖然性的标准，其理由如下：

1. 有法律依据。《民事证据规定》第 73 条第 1 款规定：“双方当事人对同一事实分别举出相反的证据，但都没有足够的依据否定对方证据的，人民法院应当结合案件情况，判断一方提供证据的证明力是否明显大于另一方提供证据的证明力，并对证明力较大的证据予以确认。”这里的“明显大于”即是高度盖然性的证明标准。

2. 能够获得广泛的社会认同和较强的司法公信力。人们对日常事务的认知往往是基于经验，而不是什么科学真理，那么这种基于经验的认识就不能确保百分之百的准确。所以，确立与人们依据经验进行认知的模式相一致的高度盖然性标准，能够获得普遍认同。

3. 能够保障法官心证的客观化。排除合理怀疑和内心确信都是从主观的角度来讲的，因此不宜为审判人员之外的人所理解和辨别。虽然诉讼证明活动本身具有主观性，但证明标准应当尽量客观，这样能够使得审判人员对事实的认定为当事人和社会公众所了解和检验。确定高度盖然性的证明标准，当审判人员对事实的认定不符合这一标准时，人们根据自己的经验就能够立即感受到，从而也能很好地规制审判人员的审判行为。

在笔者看来，《民事证据规定》第 73 条第 1 款只是对认证规则的规定，从中无法推导出证明标准的设定，因此，确立高度盖然性标准更多的是学界和实务界一种应然的主张。

第四节　证 明 过 程

一、证据的收集与提供

《民事诉讼法》第 64 条规定：“当事人对自己提出的主张，有责任提供证据。

当事人及其诉讼代理人因客观原因不能自行收集证据，或者人民法院认为审理案件需要的证据，人民法院应当调查收集。”这对证据的收集和提供主体作出了原则性规定。

（一）当事人收集和提供证据

当事人收集证据是民事诉讼中证据取得的主要来源。民事诉讼的目的是依法处理当事人之间的民事权利义务之争。根据私法自治原则，当公民、法人或其他组织的民事权利受到侵害或与他人发生争议时，有义务向法院提供对该权利进行保护的相关证据。另外，当事人是一定案件事实的亲历者，最了解案件事实的发生、发展、演变的情况，离诉讼证据的“距离”也最近，最有条件获得有关证据。

当事人应按照自己承担的证明责任的范围收集提供证据。根据《民事证据规定》第 2 条，凡是主张权利保护或一定民事法律关系存在的，应当收集提供该权利存在和一定民事法律关系存在的证据；反驳对方诉讼请求的，应当收集提供反驳所依据的证据。

当事人收集证据应当符合法律规定。根据《民事证据规定》第 68 条，以侵害他人合法权益或者违反法律禁止性规定的方法取得的证据，不具有证据资格，不能作为认定案件事实的依据。法律对证据的收集提供有特别要求的，应按其规定的程序和要求取得证据，比如应当在举证期限内提出和交换证据，否则将承担不利的法律后果。

当事人向法院提供证据，应当提供原件或者原物。需自己保存证据原件、原物或者提供原件、原物确有困难的，可以提供经法院核对无异的复制件或者复制品。当事人向法院提供的证据系在中华人民共和国领域外形成的，该证据应当经所在国公证机关予以证明，并经中华人民共和国驻该国使领馆予以认证，或者履行中华人民共和国与该所在国订立的有关条约中规定的证明手续。当事人向人民法院提供的证据是在我国香港、澳门、台湾地区形成的，应当履行相关的证明手续。当事人向人民法院提供外文书证或者外文说明资料，应当附有中文译本。

当事人应当对其提交的证据材料逐一分类编号，对证据材料的来源、证明对象和内容作简要说明，签名盖章，注明提交日期，并依照对方当事人人数提出副本。法院收到当事人提交的证据材料，应当出具收据，注明证据的名称、份数和页数以及收到的时间，由经办人员签名或者盖章。

法院应当向当事人说明举证的要求及法律后果，促使当事人在合理期限内积极、全面、正确、诚实地完成举证。当事人因客观原因不能自行收集的证据，可申请法院调查收集。

（二）法院调查收集证据

从保持审判人员的中立性来说，法院不应积极主动地调查收集证据，只有在当事人自行收集证据遇阻时，可以动用职权，排除当事人收集证据的阻碍。但基于我国的实际情况，法律在一定范围内赋予了法院依职权调查收集证据，这是有必要的，可以在一定程度上更好地实现诉讼公正和诉讼目的。

根据《民事证据规定》第15条，“人民法院认为审理案件需要的证据”是指以下情形：(1) 涉及可能有损国家利益、社会公共利益或者他人合法权益的事实；(2) 涉及依职权追加当事人、中止诉讼、终结诉讼、回避等与实体争议无关的程序事项。除此之外，法院对证据的调查收集都应当以当事人申请为前提，不得主动依职权调查收集。

《民事证据规定》对当事人及其诉讼代理人因客观原因不能自行收集证据可以向法院申请调查收集的情形作了细化，具体为以下三种情况：(1) 申请调查的证据属于国家有关部门保存并须法院依职权调查收集的证据；(2) 涉及国家秘密、商业秘密、个人隐私的材料；(3) 当事人及其诉讼代理人确因客观原因不能自行收集的其他材料。前两种情形较为明确具体，而第三种情形仍然非常宽泛，在具体适用时应严格把握。一般来说，当事人及其诉讼代理人以第三种情形为由向法院申请调查取证的，应当说明自己已尽到充分努力，证据仍无法获取，否则法院不予调查收集。

当事人及其诉讼代理人申请法院调查收集证据，应当在法院规定的举证期限届满七日以前提出。申请书应当载明被调查人的姓名或者单位名称、住所等基本情况、所要调查收集证据的内容、申请理由及需要证明的事实。当事人的申请符合条件的，法院应及时调查收集；法院对当事人及其代理人的申请不予准许的，应当向当事人或其诉讼代理人送达通知书。当事人及其诉讼代理人可以在收到通知书的次日起三日内向受理申请的法院书面申请复议一次。法院应当在收到复议申请之日起五日内作出答复。

法院调查人员调查收集的书证，可以是原件，也可以是经核对无误的副本或者复制件。是副本或者复制件的，应当在调查笔录中说明来源和取证情况。调查人员调查收集的物证应当是原物。被调查人提供原物确有困难的，可以提供复制品或者照片。提供复制品或者照片的，应当在调查笔录中说明取证的情况。调查人员调查收集计算机数据或者录音、录像等视听资料的，应当要求被调查人提供有关资料的原始载体。提供原始载体确有困难的，可以提供复制件。提供复制件的，调查人员应当在调查笔录中说明其来源和制作经过。

二、证据保全

证据保全是指当事人在证据可能灭失或者以后难以取得时，向法院申请对证据采取预先确认或者固定的保护措施。当事人在诉讼开始之前或诉讼进行中发现基于人为因素或自然的原因,致使证据可能灭失的,有权申请法院采取保全措施。

《民事诉讼法》第81条第1款规定:"在证据可能灭失或者以后难以取得的情况下,当事人可以在诉讼过程中向人民法院申请保全证据,人民法院也可以主动采取保全措施。"第2款规定:"因情况紧急,在证据可能灭失或者以后难以取得的情况下,利害关系人可以在提起诉讼或者申请仲裁前向证据所在地、被申请人住所地或者对案件有管辖权的人民法院申请保全证据。"诉讼保全的目的是收集到更充分的证据,保证诉讼活动的顺利进行。由于当事人是证据收集提供的主体,因此,证据保全一般应由当事人申请,法院只对自己依职权调查收集的证据主动采取保全措施。

当事人在诉讼中申请证据保全的条件为:(1) 证据有灭失的危险或者以后难以取得。其原因可能是人为的原因,如证据有可能被故意损毁或隐匿;也可能是自然的原因,如证人生命垂危,如不及时获得证言,以后便无法获取。又如,具有物证价值的标本、样品等因受环境影响,有腐败、变质的危险,不及时进行采取措施加以固定就会失去物证的价值。(2) 证据保全申请不得迟于举证期限届满前七日。这是对证据保全时间上的要求,这样便于审前准备和诉讼的顺利进行。当然,法院依职权进行证据保全的不在此限。(3) 提出书面申请。申请书应载明:当事人及其基本情况;申请保全证据的具体内容、范围、所在地点;申请保全的证据所能证明的对象;申请的理由。

证据保全申请不仅可以在起诉时和法院受理后提出,也可以在起诉前提出。在前一种情况下,法院可以根据当事人及其诉讼代理人的申请来采取,也可以就自己依职权调查收集的证据主动采取保全措施。在后一种情况下,申请人可以向证据所在地、被申请人住所地或对案件有管辖权的法院申请,也可以向被保全证据所在地的公证机关申请。此时,无论法院还是公证机关都只能依据申请进行证据保全,不能依职权来采取。

证据保全的范围限于当事人申请的范围。人民法院在进行证据保全时,可以要求当事人或者诉讼代理人到场。

证据保全常见的方法有查封、扣押、拍照、录音、录像、复制、鉴定、勘验、制作笔录等。法院进行证据保全,应根据不同证据的特点,采用不同的方法。如书证,一般采用复印、拍照的方法。证人证言,一般采用笔录、录音、录像的方法。

三、举证时限

举证时限是证明责任制度的重要组成部分,是指法律规定或法院指定的当事人提供证据的期限,当事人若无正当理由逾期未提供证据的,将产生相应不利的法律后果。

2002 年实施的《民事证据规定》最早采纳了证据适时提出主义，建立了举证时限制度。2012 年修改《民事诉讼法》时，针对举证时限制度实际运行情况，又作出了一定的调整。根据这些规定，我国民事诉讼举证时限制度有以下内容：

1. 举证期限确定的方式。《民事诉讼法》第 65 条第 2 款规定："人民法院根据当事人的主张和案件审理情况，确定当事人应当提供的证据及其期限。……"《民事证据规定》第 33 条第 1 款规定："人民法院应当在送达案件受理通知书和应诉通知书的同时向当事人送达举证通知书。举证通知书应当载明举证责任的分配原则与要求、可以向人民法院申请调查取证的情形、人民法院根据案件情况指定的举证时限以及逾期提供证据的法律后果。"该条第 2 款规定："举证期限可以由当事人协商一致，并经人民法院认可。"由此可见，举证期限确定的方式有两种：一是由当事人协商一致后人民法院予以认可；二是由人民法院依职权指定。

2. 当事人逾期举证的法律后果。《民事诉讼法》第 65 条第 2 款规定："……当事人逾期提供证据的，人民法院应当责令其说明理由；拒不说明理由或者理由不成立的，人民法院根据不同情形可以不予采纳该证据，或者采纳该证据但予以训诫、罚款。"即当事人逾期提交的证据，可能出现三种结果：一是有正当理由的，予以采纳；二是拒不说明理由或说明的理由不成立的，予以采纳，但对当事人予以训诫、罚款；三是拒不说明理由或说明的理由不成立的，不予采纳。

如果当事人逾期提交的属于《民事诉讼法》第 139 条第 1 款和第 200 条第 1 款第 1 项规定的"新的证据"，则不受《民事诉讼法》第 65 条规定的限制。这些"新的证据"分别是指：

(1) 一审程序中的新的证据，包括：当事人在一审举证期限届满后新发现的证据；当事人确因客观原因无法在举证期限内提供，经人民法院准许，在延长的期限内仍无法提供的证据。

(2) 二审程序中的新的证据，包括：一审庭审结束后新发现的证据；当事人在一审举证期限届满前申请人民法院调查取证未获准许，二审法院经审查认为应当准许并依当事人申请调取的证据。

(3) 再审程序中的新的证据，是指原审庭审结束后新发现的证据。

当事人在一审程序中提供新的证据的，应当在一审开庭前或者开庭审理时提出。当事人在二审程序中提供新的证据的，应当在二审开庭前或者开庭审理时提出；二审不需要开庭审理的，应当在人民法院指定的期限内提出。当事人在再审程序中提供新的证据的，应当在申请再审时提出。

3. 举证期限的起止点。《民事证据规定》第 33 条第 3 款规定："由人民法院指定举证期限的，指定的期限不少于三十日，自当事人收到案件受理通知书和应诉通知书的次日起计算。”人民法院指定举证期限的,其起始点是当事人收到案件受理通知书和应诉通知书的次日。而由当事人协商,人民法院认可的举证时限,其起始点显然是以当事人的协商为准。当然,在实践中协定举证期限的起始点并无太大意义,当事人通常只协定终点期日。《民事证据规定》第 38 条第 2 款规定:“人民法院组织当事人交换证据的,交换证据之日举证期限届满。当事人申请延期举证经人民法院准许的,证据交换日相应顺延。”根据以上规定可以看出,举证期限的终点有以下几种情况:(1) 有证据交换程序的,且举证期限晚于证据交换日结束时,证据交换之日举证时限届满;(2) 虽有证据交换程序,但举证期限早于证据交换日结束时,就以人民法院认定或指定的期日为举证时限届满之日;(3) 无证据交换程序时,也以人民法院认定或指定的期日举证时限届满。

4. 举证期限的变更。根据《民事证据规定》,举证时限的变更主要有两种情况:一种是重新指定。《民事证据规定》第 35 条第 2 款规定:“当事人变更诉讼请求的,人民法院应当重新指定举证期限。”此外,根据《适用举证时限规定的通知》的规定,在当事人提出管辖权异议、对人民法院依职权调查收集的证据提出相反证据的、增加当事人的以及在一审举证期限内增加、变更诉讼请求或提出反诉的情况下,也应重新指定举证期限。另一种是延长。《民事诉讼法》第 65 条第 2 款规定:“人民法院根据当事人的主张和案件审理情况,确定当事人应当提供的证据及其期限。当事人在该期限内提供证据确有困难的,可以向人民法院申请延长期限,人民法院根据当事人的申请适当延长。……”《民事证据规定》第 36 条规定:“当事人在举证期限内提交证据材料确有困难的,应当在举证期限内向人民法院申请延期举证,经人民法院准许,可以适当延长举证期限。当事人在延长的举证期限内提交证据材料仍有困难的,可以再次提出延期申请,是否准许由人民法院决定。”

5. 当事人增加、变更诉讼请求或者提起反诉的,应在举证时限届满前提出。上述事项不仅与举证时限有着密切关系,而且直接影响诉讼的效率,作出这一规定有利于尽早固定诉讼请求,确定争执焦点,并围绕争执焦点提供证据。

四、证据交换

(一) 证据交换的概念与功能

证据交换,是指在人民法院组织和主持下,当事人于开庭审理前相互披露各自调查收集的证据,并明确具体争议点的诉讼活动。证据交换具有如下功能:

1. 整理证据。通过证据交换,对当事人准备作为证据在诉讼中使用的材料予以明确。根据《民事证据规定》的规定,证据交换之日即为举证期限届满之时,没有在证据交换中提出的材料此后再提出的,将作为逾期提交的证据对待。

经过证据交换,法院可以对当事人无争议的证据加以认定,对有争议的证据则予以记明并作为法庭调查的重点。

2. 明确争议点。通过证据交换,当事人一般能够迅速发现与对方的分歧所在,可以有针对性地为庭审抗辩、反驳作准备;而人民法院也能迅速查明当事人之间的争议点,明确庭审的重点,对当事人之间没有争议的事实也同时记录在案。

3. 促成和解。经过证据交换,当事人彼此都了解了对方所掌握的证据,在双方经过全面的信息交流后,对诉讼结果的预见性也大大提高。当事人结合自身的实际情况,对继续进行诉讼会有一个更加理性的权衡,形成和解或达成调解协议的可能性就会增加。

4. 提升程序正义。组织证据交换可以有效防止"证据突袭",增加当事人对程序以及法院的信任感,增加他们对诉讼结果的认可和接纳度,彰显程序正义。

（二）证据交换制度的内容

根据《民事证据规定》及其他司法解释的规定,证据交换制度的具体内容有:

1. 启动方式。证据交换的启动方式有两种,一是当事人申请,法院准许;二是法院依职权决定。对于当事人申请的,法院可以根据案件的具体情况决定是否准许。对于证据较多或者复杂疑难的案件,法院应当组织证据交换,即使当事人没有申请,法院也可依职权决定进行证据交换。

2. 证据交换的次数。证据交换一般不超过两次。但重点、疑难和案情特别复杂的案件,人民法院认为确有必要再次进行证据交换的除外。

3. 证据交换的时间。证据交换期日的确定也有两种方式,一是当事人协商一致确定后经法院认可;二是由法院依职权直接指定。但无论是哪种方式,证据交换的期日都应在答辩期届满后,开庭审理前。

4. 证据交换的主持人。证据交换应当在审判人员的主持下进行。不具有法官资格的人员,如书记员、不具有审判员资格的法官助理,不能主持证据交换。

5. 证据交换的记载。在证据交换的过程中,审判人员对当事人无异议的事实、证据应当记录在卷;对有异议的证据,按照需要证明的事实分类记录在卷,并记载异议的理由。通过证据交换,确定双方当事人争议的主要问题。

五、质证

质证是指当事人在诉讼中对已进入诉讼程序的证据进行辨认、质疑、说明和辩驳,以揭示其是否具有证据资格以及证明力大小的诉讼活动。质证有广义和狭义两种含义。广义的质证,是指在整个诉讼过程中当事人对证据进行的质证;狭义的质证,仅指在开庭审理时当事人当庭对证据进行的质证。我们认为应当作广义的理解,即只要是当事人在诉讼中所为的有关证据资格和证明力的辨别说明行为都是质证,都应当遵循相应的程序规则并具有相应的法律效力。如在证据交换中所为的质证,在不开庭审理时所为的质证,也是实践中常见的情形。在庭审中的质证只是质证的典型方式和集中体现。

质证的主体是当事人,当然也包括其诉讼代理人,具体有原告、被告和第三人及其诉讼代理人。审判人员不是质证的主体,但质证活动应当由其主持。

质证的客体是已进入诉讼程序的各种证据,其中包括当事人向法院提交的证据和法院依职权调查收集的证据。当事人自己调查收集的证据由当事人出示,经当事人申请人民法院调查收集的证据也交由申请的当事人出示,出示后由当事人相互质证。人民法院依职权调查收集的证据由审判人员出示,出示后由当事人进行质证。

质证的内容是证据资格和证明力。质证时,当事人首先是就证据的客观性、关联性和合法性发表意见,在此基础上再对证明力大小进行说明和辩驳。因此,质证的目的就是要解决有无证据资格和证明力大小的问题。未经质证的材料不得作为证据在案件中使用,审判人员也不得将其作为裁判的依据。需要注意的是,经证据交换当事人无异议而记录在卷的证据,在庭审中经审判人员说明,不需要再进行质证,可以直接作为认定案件事实的依据。

关于质证的具体程序,请参阅本书一审普通程序的法庭调查部分。

六、认证

(一) 认证的概念和基本要求

认证是指审判人员对经过当事人质证的证据进行审查、判断,确定其是否具有证据资格,证明力大小如何,能否作为认定案件事实依据的诉讼活动。认证的目的是确认证据可否作为认定案件事实的依据,因此是准确认定案件事实、正确裁判的前提和基础。认证的过程,就是对各种证据进行"去粗取精,去伪存真,由此及彼,由表及里"的过程。通过这一过程,使审判人员对案件基本事实的认识,由感性认识上升到理性认识,进而对案件事实作出客观、合理的判定。

《民事证据规定》第 64 条规定:"审判人员应当依照法定程序,全面、客观地审核证据,依据法律的规定,遵循法官职业道德,运用逻辑推理和日常生活经验,对证据有无证明力和证明力大小独立进行判断,并公开判断的理由和结果。"这是对审判人员认证的基本要求。虽然认证是审判人员对证据所作的判断,但这种判断不是主观随意的,而是要满足其基本要求和原则。没有遵循这些基本要求和原则的认证是违法的、错误的认证,不应具有法律效力。出于对程序正义的考虑,审判人员应当公开认证的理由和结果,以增加当事人对认证的信服和接纳。

(二) 认证的基本方法

认证的基本方法有两种:一是对单一证据进行个别审查判断;二是对全部证据进行综合审查判断。

对单一证据进行个别审查判断的目的,是要甄别其真伪、与案件的关系以及来源是否合法等,即主要是要判断出其有无证据资格和证明力大小的问题。依据《民事证据规定》第65条,审判人员对单一证据应从以下方面进行审核认定:(1) 证据是否原件、原物,复印件、复制品与原件、原物是否相符;(2) 证据与本案事实是否相关;(3) 证据的形式、来源是否符合法律规定;(4) 证据的内容是否真实;(5) 证人或者提供证据的人,与当事人有无利害关系。

对全部证据进行综合审查判断,就是要将所有的证据材料放在与案件事实之间的内在证明关系中进行审查判断。通过对各证据与案件事实的关联程度、各证据之间的联系等方面来判断证据整体的综合证明力。对全部证据要进行综合判断之所以必要,是因为通常仅凭单一证据的审核认定无法达到确认案件事实的目的,而在实践中就同一待证事实往往存在多份证据,各个证据之间存有逻辑上的关联。只有进行综合审查判断,才能够准确地认定案件事实。

(三) 认证的规则

认证规则是指审判人员在对证据进行审核认定时应当遵循的准则。认证规则是证据规则中非常重要的组成部分,是否依据认证规则,依据什么样的认证规则直接关系到认证结果的正确与否。法律对认证规则的明确规定是程序正义的体现,也是对长期司法实践经验的科学归纳。根据《民事证据规定》和司法实践,认证规则主要有:非法证据排除规则、完全证明力证据规则、补强证据规则、最佳证据规则、推定规则等。

1. 非法证据排除规则

非法证据排除规则,是指证据虽具有客观性、关联性,但按照法律规定和诉讼程序的要求应当予以排除的规则。

《民事证据规定》第68条是我国现行非法证据排除规则的依据,该条规定:“以侵害他人合法权益或违反法律禁止规定的方法取得的证据,不能作为认定案件事实的依据。”

2. 完全证明力证据规则

完全证明力证据规则,是指对一方当事人提出的证据,对方当事人没有提出异议,或虽提出异议但没有足以反驳的相反证据的,法院应当确认其证明力。

《民事证据规定》第70条规定:“一方当事人提出的下列证据,对方当事人提出异议但没有足以反驳的相反证据的,人民法院应当确认其证明力:(一) 书证原件或者与书证原件核对无误的复印件、照片、副本、节录本;(二) 物证原物或者与物证原物核对无误的复制件、照片、录像资料等;(三) 有其他证据佐证并以合法手段取得的、无疑点的视听资料或者与视听资料核对无误的复制件；（四）一方当事人申请人民法院依照法定程序制作的对物证或者现场的勘验笔录。”第71条规定：“人民法院委托鉴定部门作出的鉴定结论，当事人没有足以反驳的相反证据和理由的，可以认定其证明力。”第72条规定：“一方当事人提出的证据，另一方当事人认可或者提出的相反证据不足以反驳的，人民法院可以确认其证明力。一方当事人提出的证据，另一方当事人有异议并提出反驳证据，对方当事人对反驳证据认可的，可以确认反驳证据的证明力。”

3. 补强证据规则

补强证据规则，是指某一证据不能单独作为认定案件事实的依据，只能在有其他证据予以佐证的情况下，才能作为认定案件事实的依据。

《民事诉讼法》及最高人民法院司法解释中都规定有补强证据规则。《民事诉讼法》第71条规定：“人民法院对视听资料，应当辨别真伪，并结合本案的其他证据，审查确定能否作为认定案件事实的根据。”《民事证据规定》第69条规定：“下列证据不能单独作为认定案件事实的依据：（一）未成年人所作的与其年龄和智力状况不相当的证言；（二）与一方当事人或者其代理人有利害关系的证人出具的证言；（三）存有疑点的视听资料；（四）无法与原件、原物核对的复印件、复制品；（五）无正当理由未出庭作证的证人证言。”上述这些证据的证明力均需其他证据补强，否则不能单独作为认定案件事实的证据。

4. 最佳证据规则

最佳证据规则又称优先证据规则，是指在法院就证明同一案件事实的多份证据的证明力进行分析判断时应当遵循的规则。依据最佳证据规则，法院应对证明力较大的证据予以认定。

《民事证据规定》第77条确立了最佳证据规则，该条规定：“人民法院就数个证据对同一事实证明力，可以依照下列原则认定：（一）国家机关、社会团体依职权制作的公文书证的证明力一般大于其他书证；（二）物证、档案、鉴定结论、勘验笔录或者经过公证、登记的书证，其证明力一般大于其他书证、视听资料和证人证言；（三）原始证据的证明力一般大于传来证据；（四）直接证据的证明力一般大于间接证据；（五）证人提供的对与其有亲属或者其他密切关系的当事人有利的证言，其证明力一般小于其他证人证言。”

5. 推定规则

推定规则，是指根据法律规定或者法院按照经验法则，从已知的事实推断未知的事实的一种证据规则。推定规则是在长期实践中依据事物之间因果关系形成的经验法则，因而从推定的结果看，它往往与事实的真相相符，具有盖然性优势。推定有利于降低人们认识案件事实的难度，减轻当事人的举证负担，符合公平原则。推定规则不仅与当事人的证明责任有关，而且与法院认证也有着密切关系。

如前文所述,在证据理论上,推定分为法律推定和事实推定两种,前者是依据法律的明确规定进行推定,后者是依据经验法则进行推定。当然,推定毕竟不是依据直接证据得出结论,因此对于推定的事实,当事人若能提供充分的相反证据,是可以推翻的。

《民事证据规定》第75条规定:“有证据证明一方当事人持有证据无正当理由拒不提供,如果对方当事人主张该证据的内容不利于证据持有人,可以推定该主张成立。”这一规定是“妨碍举证的推定”,从性质上讲属于法律推定。根据这一规定,负有证明责任的一方当事人主张事实所依据的证据为对方当事人所持有时,在法院要求持有人提供的情况下,其无正当理由拒绝提供的,可适用本条的规定,推定该持有人的行为构成“妨碍举证的行为”,进而认定一方当事人关于该证据的内容不利于持有者一方的主张是成立的。此时,持有该证据的当事人若要避免这种不利的推定,就只能将所持有的证据提交给法庭,或者提交其他足以推翻该推定的证据。

思考题

1. 证明对象的范围包括哪些?
2. 民事诉讼中免证的事实有哪些?
3. 试比较结果意义上的证明责任同行为意义上的证明责任。
4. 试述高度盖然性作为我国民事诉讼证明标准的原因。
5. 试述当事人申请证据保全所应具备的条件。
6. 简述认证的规则。

第十一章　期间、送达

<u>内容要点</u>

了解期间的计算，理解送达的效力，重点掌握期间的补救、期间与期日的区别以及六种送达方式的内容。

第一节　期　　间

一、期间的概念和意义

（一）期间、期限与期日

民事诉讼中的期间通常称为诉讼期间，简称期间，是指法院、当事人或其他诉讼参与人进行或完成诉讼行为必须遵守的时间。期间可以从广义和狭义两种意义上理解，广义的期间包括期限和期日，狭义的期间仅指期限。

期限，是指法院、当事人或其他诉讼参与人各自进行或完成某项诉讼行为必须遵守的时间。

期日是指法院、当事人及其他诉讼参与人会合进行某种诉讼活动的时日。譬如，指定某月某日某时为开庭审理某个民事案件的期日，在这一日某时，法院、当事人和其他诉讼参与人（如果有的话）都必须准时到庭进行诉讼活动。根据法院和诉讼参与人在期日中所进行的诉讼活动，可将期日分为证据交换期日、开庭审理期日、调解期日、宣判期日、强制执行期日等。

狭义的期间（即期限）和期日的主要区别在于：（1）期间是民事诉讼法律关系主体各自或单独进行或完成某项诉讼行为的时间限制；期日则是民事诉讼法律关系主体会合或共同进行诉讼活动必须遵守的时间。（2）期间有法定期间和指定期间之分；而期日只有指定期日。（3）期间以确定的起止时间的到来为开始和终结，既有明确的开始日期，又有准确的终止日期；期日则仅有开始的时间而无终止的时间，即以诉讼行为的开始为开始，以诉讼行为的实际完毕为终结。

（二）期间的意义

期间是一项体现诉讼活动规律的重要的法律制度，它贯穿于整个民事诉讼之中，从诉权的保护到案件的审理到裁决的执行，法律都规定了明确的期间。约束不同诉讼行为的期间把诉讼程序的各个环节和内容统一起来，把法院、当事人和其他诉讼参与人的诉讼行为联系起来,从根本上保证了诉讼活动的整体性、规范性和有序性。

二、期间的种类

根据《民事诉讼法》第 82 条第 1 款的规定,期间包括法定期间和人民法院指定的期间两种。法定期间,是指由法律直接明文规定的期间。这种期间以某一法律事实的出现而开始,以法定的时间延续终了为止。例如,《民事诉讼法》第 125 条第 1 款规定,人民法院应当在立案之日起 5 日内将起诉状副本发送至被告,被告在收到之日起 15 日内提出答辩状。法律的严肃性决定了法定期间具有确定性。这种期间一经法律规定,不得任意改变,因此法定期间又称为不变期间。除法律另有规定外,法院、当事人和其他诉讼参与人均无权延长或缩短。指定期间,是指法院根据案件的具体情况,依职权对当事人或其他诉讼参与人进行某项诉讼行为所指定的期间。指定期间是相对于法定期间而言的,也可以说是法定期间的补充,广泛适用于审判实践。例如,《民事证据规定》第 33 条第 3 款规定:“由法院指定举证期限的,指定的期限不得少于三十日,自当事人收到案件受理通知书和应诉通知书的次日起计算。”同时规定,适用简易程序审理的除外。在由法院指定举证期限的具体个案中,当事人的举证期限究竟多长,应由法院根据案件情况决定,但这个期限应在 30 日以上。指定期间具有一定的灵活性。在指定期间内,如果当事人因特殊情况难以完成某种诉讼行为时,法院可以主动依职权或依当事人申请而加以变更,所以指定期间又称为可变期间。

三、期间的计算

期间的开始和终结关系着法院、当事人和其他诉讼参与人进行或完成诉讼行为的效力,直接影响到当事人诉讼权利的行使和实体权益的保护与实现,因此,期间的计算,既是技术性问题,又是法律问题。

《民事诉讼法》第 82 条第 2 款至第 4 款具体规定了期间的计算方法。期间的计算单位是时、日、月、年,何种诉讼活动以时或日或月或年为计算标准,则根据法律规定或者法院指定来确定。比如,《民事诉讼法》第 100 条第 3 款关于保全的规定:“人民法院接受申请后,对情况紧急的,必须在四十八小时内作出裁定”;又如,第 101 条规定:“申请人在人民法院采取保全措施后三十日内不依法提起诉讼或者申请仲裁的,人民法院应当解除保全”。期间以时、日计算的,其开始的时和日,不计算到期间内,即从下一个小时或从第二日起算;期间届满的时刻应根据期间的实际时数或日数加以确定。期间以月计算的,不分大月、小月;以年计算的,不分平年、闰年。期间届满的日期,应当是最后一个月的相当于开始月份的那一日;没有相当于开始月份的那一日的,应当是最后一个月的最后一日。期间届满的最后一日是节假日的，以节假日后的第一个工作日为期间届满的日期。这里所说的节假日，是法定节假日，如双休日、元旦、端午节、国庆节等，而不包括某些民间的节日或单位自定的假日，如七夕节、厂庆日等。

在计算期间时应当扣除诉讼文书的在途时间。所谓在途时间，即法院需要通过邮寄的方式送达诉讼文书，或者当事人需要通过邮寄递交诉讼文书时，在邮寄途中用去的时间。正因为期间不包括在途时间，所以在期间届满前诉讼文书交邮的，视为诉讼行为仍然有效，确定期间届满前是否交邮，应以邮局的邮戳为证。

四、期间的耽误及补救

（一）期间的耽误

期间的耽误，是指当事人及其诉讼代理人在法定期间或指定期间内因故没有完成应当或有权进行的诉讼行为。期间的耽误的实质，是当事人本想进行相应的诉讼行为，但由于某种原因而未能在期间内进行或完成。如果当事人基于自愿而放弃在期间内进行相应的权利行为，则属于当事人对其诉讼权利的处分，而不属期间的耽误。

在实践中引起期间耽误的原因很多，既有主观方面的原因，也有客观方面的原因。因当事人主观方面的故意或过失导致期间耽误的，是当事人自己的责任，并因此承担丧失进行某项诉讼行为的权利。例如，当事人因遗忘超过了上诉期间，就意味着丧失了上诉的权利；原告经传票传唤无正当理由拒不按期到庭的，可以按撤诉处理。因客观上不可抗拒的事由或其他正当理由致使期间耽误的，并非当事人或其代理人的责任，因而应当依法予以补救。

（二）耽误期间的补救

《民事诉讼法》第 83 条规定了当事人因客观方面的原因造成耽误期间的补救条件和方法。补救耽误期间的条件是：期间的耽误是客观上不可抗拒的事由或其他正当理由造成的。所谓不可抗拒的事由，一般是指当事人、诉讼代理人不可预见、无法避免，以自身的力量和条件不能克服的客观事件。如诉讼期间开始以后，当事人所在地突然发生洪灾、地震等自然灾害，致使正常的工作和生活秩序混乱，交通中断，当事人无法或无力完成应当在诉讼期间内完成的诉讼行为。其他正当理由，系指除不可抗拒的事由之外的导致当事人、诉讼代理人不能在期限内完成诉讼行为的客观事实和理由。如当事人突患重病，诉讼文书被他人迟误而未及时收到等，客观上造成当事人无法在诉讼期间内实施应为的诉讼行为。

基于上述原因耽误期间的，当事人可以在不能实施诉讼行为的障碍消除后的 10 日内向法院提出顺延期限的申请。所谓顺延期限，就是把耽误的时间补上，在原则上耽误几天补几天。法院接到当事人的申请后应当进行审查，并根据实际情况作出准予或不准予顺延期间的决定。

第二节 送 达

一、送达的概念

民事诉讼中的送达，是指法院按照法定的程序和方式，将诉讼文书送交当事人和其他诉讼参与人的诉讼行为。在实施送达时，代表法院、负责送达诉讼文书的人称为送达人，接受诉讼文书的人称为受送达人。送达是民事诉讼中的重要制度，也是法院在诉讼上必须向当事人、其他诉讼参与人履行的程序保障职责。

二、送达的方式

我国《民事诉讼法》根据案件的不同情况，分别规定了不同的送达方法。在具体适用时可根据客观需要和可能，灵活选择，但应以直接送达为原则，其他送达方法为补充。

（一）直接送达

直接送达，是指送达人将诉讼文件直接交给受送达人或其同住成年家属或其代收人签收的送达方法。直接送达是最基本的送达方式，凡是能够用直接送达方法送达的，都应当尽可能用直接送达的方法。

根据《民事诉讼法》第85条的规定，送达人送达诉讼文书，应当直接送交受送达人。受送达人是公民的，本人不在交他的同住成年家属签收；受送达人是法人或者其他组织的，应当由法人的法定代表人、其他组织的主要负责人或者该法人、组织负责收件的人签收或盖章；受送达人有诉讼代理人的，可以送交其代理人签收；受送达人已向法院指定代收人的，送交代收人签收。但是，在离婚诉讼中，除夫妻双方外无其他同住成年家属的，如果受送达的一方当事人不在，不宜交由对方当事人签收。

（二）留置送达

留置送达，是指受送达人或者他的同住成年家属拒绝接受诉讼文书的，送达人依法将应送达的文书留在受送达人住所的送达方法。留置送达与直接送达具有同等的效力。

适用留置送达时，要注意法定程序，即送达人可以邀请有关基层组织或者所在单位的代表到场，说明情况，在送达回证上记明拒收事由和日期，由送达人、见证人签名或者盖章，把诉讼文书留在受送达人的住所；也可以把诉讼文书留在受送达人的住所，并采用拍照、录像等方式记录送达的过程，即视为送达。向法人或者其他组织送达诉讼文书的，遇到拒绝签收或者盖章的，适用留置送达。法院在定期宣判时,当事人拒不签收判决书、裁定书的,应视为送达,并在宣判笔录中记明。

（三）委托送达

委托送达,是指受诉法院直接送达诉讼文书有困难时,委托其他方便的法院代为送达的方法。受托法院往往是位于受送达人所在地的法院,具有实施送达的方便,故应尽力为之,并尽量以直接送达的方法送达,如果受送达人及同住成年家属拒绝接受诉讼文书的,可以采用留置送达的方法送达。

（四）邮寄送达

邮寄送达,是指法院将诉讼文书交由邮政机构以挂号信的方式投送受送达人的送达方法。根据相关司法解释的规定,以挂号信方式邮寄送达,应当附有送达回证。挂号信回执上注明的收件日期与送达回证上注明的收件日期不一致的,或者送达回证没有寄回的,以挂号信回执上注明的收件日期为送达日期。

当事人起诉或者答辩时有义务向法院提供或者确认自己准确的送达地址,并填写送达地址确认书。当事人在第一审、第二审和执行终结前变更送达地址的,应当及时以书面方式告知人民法院。当事人拒绝提供自己的送达地址,经法院告知后仍不提供的,自然人以其户籍登记中的住所地或者经常居住地为送达地址;法人或者其他组织以其工商登记或者其他依法登记、备案中的住所地为送达地址。

（五）转交送达

转交送达,是指法院在不宜或不便直接送达的情况下,通过受送达人所在单位将诉讼文书转交给受送达人的送达方法。根据《民事诉讼法》第 89 条、第 90 条的规定,转交送达适用于下列情形:(1) 受送达人是军人的,通过其所在部队团以上单位的政治机关转交;(2) 受送达人是被监禁的,通过其所在监所转交;(3) 受送达人被采取强制性教育措施的,通过其所在强制性教育机构转交。

（六）公告送达

公告送达,是指法院在受送达人下落不明,或者以其他方式无法送达的情况下,以张贴公告、登报等办法将诉讼文书公之于众,经过法定期限,即视为送达的方式。公告送达的前提条件是受送达人下落不明,或者受送达人有音讯,但行踪不定,没有通讯地址,无法联系,采用其他方式均无法送达。公告送达的具体方式有以下几种:(1) 在法院的公告栏、受送达人原住所地张贴公告;(2) 在报纸上刊登公告;(3) 对公告送达方式有特殊要求的,应按要求的方式进行公告。公告送达,自发出公告之日起,经过 60 日,即视为送达。

在适用公告送达时应注意,公告送达起诉状或上诉状副本的,应说明起诉或上诉要点、受送达人答辩期限及逾期不答辩的法律后果;公告送达传票的,应说明出庭地点、时间及逾期不出庭的法律后果;公告送达判决书、裁定书的,应说明裁判主要内容，属于一审的，还应说明上诉权利、上诉期限和上诉的法院。

三、送达回证

由于诉讼文书的送达会产生相应的法律后果，因此法院无论采取何种送达方式，都应当保有送达的证明手续。公告送达，以张贴公告、登报等办法将诉讼文书公之于众，经过法定期限，即视为送达，所以公告行为和过程本身就可视为一种证明。除此之外，其他方式送达的证明手续主要是送达回证。所谓送达回证，是指法院制作的，用以证明完成送达行为并返回法院的凭证。它能证明法院和受送达人之间已发生了送达关系这一事实，并能以书面形式记载送达的准确日期。以法院专递方式邮寄送达中使用的邮件回执，是送达回证的一种具体表现形式。

法院向当事人及其他诉讼参与人送达诉讼文件必须有送达回证，由受送达人在送达回证上记明收到日期，签名或者盖章。受送达人在送达回证上的签收日期为送达日期。此外，送达行为完成后，送达回证退回法院附卷存查。

四、送达的效力

送达的效力，是指诉讼文书送达后所产生的法律后果。具体表现为对当事人及其他诉讼参与人行使诉讼权利，履行诉讼义务的影响作用：(1) 诉讼文书送达后，有关人员即具有诉讼法律关系上的权利和义务，或者使得有关法律关系归于消灭或终结。例如，自送达起诉状副本并通知被告应诉之日起，法院和被告之间就产生了诉讼法律关系，被告应向法院提交答辩状。又如，原告自行撤诉，经法院批准，并通知当事人后，诉讼法律关系即告消灭。再如，判决书送达当事人后，该法院和当事人的既有诉讼法律关系即告结束。(2) 诉讼文书送达后，诉讼参与人进行诉讼行为的期间即开始起算。因此，确定送达日期对于考察当事人和其他诉讼参与人诉讼行为的效力具有重要意义。(3) 诉讼文书送达后，如有关当事人不实施诉讼文书所要求的行为，就产生了由其承担相应法律后果的效力。例如，被告经两次传票传唤拒不到庭的，可以拘传；原告经传票传唤，无正当理由拒不到庭的，按撤诉处理。拘传、按撤诉处理等法律后果均以向当事人依法送达传票为必要的条件。

思考题

1. 试述期间和期日的区别。
2. 期间的耽误应如何处理？
3. 简述六种送达方式的具体内容。

第十二章 法院调解

内容要点

掌握法院调解的概念、法院调解的原则、与法院调解相关的先行调解制度,以及调解书的制作、效力等。

第一节 法院调解概述

一、法院调解的概念

法院调解,是指在诉讼过程中,在人民法院审判人员的主持下,诉讼当事人就争议问题,通过自愿协商,达成协议,解决民事纠纷的活动。法院调解是一种诉讼活动,又称为诉讼调解。法院调解的可能性结果表现为两个方面:一是调解不成功,则诉讼继续进行;二是调解成功,则可审结案件。因此,法院调解的概念具有调解活动的进行和以调解方式结案两层含义。

在我国的民事诉讼中,法院调解具有悠久的历史和重要的地位。它是我国民事诉讼制度的重要组成部分,是法院行使民事审判权的重要方式。通过调解解决纠纷,有利于化解社会矛盾,实现案结事了,有利于修复当事人之间的关系。根据《民事诉讼法》的规定,法院调解是我国进行民事诉讼的一项原则,人民法院在审理民事案件的过程中,除没有调解可能或在一些特殊程序中不具备条件而不进行调解外,都可以以调解的方式解决纠纷。法院调解原则是我国民事诉讼法的一项基本原则之一,在民事诉讼中具有广泛的适用性。除了特别程序、督促程序、公示催告程序和企业法人破产还债程序审理的案件外,其余民事案件在当事人自愿的前提下,在第一审程序、第二审程序和审判监督程序中法院均可进行调解,并可以调解方式结案。在这些案件的审理过程中,法院为了调解结案的目的对当事人所做的思想工作以及其他一切调停工作,无论当事人是否达成调解协议,均属于法院调解的范畴。在我国司法实践中,调解结案方式颇受法院重视,在民事案件审判中起到了不容忽视的作用,但由于其本身制度缺陷及其各种因素的影响,它也产生了诸多负面效应,因此,法院调解制度的改革和完善问题,成为我国目前民事审判方式改革中的一个重要课题。

关于法院调解的性质,我国民事诉讼法学界主要有三种看法:一是审判行为说。该说认为,法院调解与开庭审判一样,也是法院行使民事审判权的一种方式。二是行为处分说。该说认为,法院调解虽然也是在法官主持下进行的,但其明显不同于开庭审判,因为法院调解是以各方当事人的合意处分为基础的,其本质是在当事人合意处分的基础上对于纠纷的“柔性解决”,而在开庭审理基础上的判决方式则是以既判力为后盾的对纠纷的“强制性解决”,根本与当事人的合意无涉。三是审判行为与处分行为相结合说。该说主张,应当从人民法院的审判行为与当事人的处分行为两个层次去认识法院调解的性质,应当把我国法院调解制度看做是当事人行使处分权和人民法院行使审判权相结合的产物。我们认为,法院调解以各方当事人的合意处分为基础,同时又离不开法院(通过法官)对于调解活动的主持和适当调解,故法院调解体现了当事人的处分权与法院审判权的结合。

《民事诉讼法》第 9 条规定了自愿、合法调解原则。作为基本原则的法院调解具有如下特征:

1. 法院调解具有广泛的适用性,除适用特殊程序审理的案件以及其他不适合调解的案件外,对于有可能通过调解解决的民事案件,人民法院均应在当事人自愿的基础上,通过调解方式解决争议。

2. 法院调解适用于民事审判的始终,即在第一审程序、第二审程序以及再审程序中均可适用法院调解。在每一诉讼程序中法院调解应当贯穿于诉讼的全过程,即开庭审理之前、开庭审理过程之中直至开庭审理结束后法院作出判决前均可调解。

3. 法院调解必须遵循自愿、合法的原则。调解的基础是当事人自愿,而不是强迫的结果,这是由调解自身规律所决定的。当事人自愿也是当事人对自己的程序权利和实体权利行使处分权的表现。

二、法院调解与其他组织调解的区别

作为解决纠纷的一种手段或方式,调解历来在纠纷解决机制中占有重要的地位,而在崇尚“和为贵”这一纠纷解决理念的我国更是如此。在我国,以调解方式解决纠纷的种类繁多,除民事诉讼中的法院调解以外,还包括民间调解、行政调解等类型,我们称这些纠纷解决方式为法院外调解。在我国,民间调解主要是指人民调解、仲裁调解。民间调解还包括具有专业知识的人或组织进行的调解。例如,由律师或者律师事务所作为中立的第三人进行调解,或者由行业委员会主持进行调解。法院调解和法院外调解在所适用的程序、所依据的实体规范以及效力上各有不同,其主要有以下区别:

1. 性质不同。法院调解是在人民法院审判人员的主持下进行的,是人民法院行使审判权的一种体现,是审判组织对案件进行审理的有机组成部分,具有司法性质。诉讼外调解的主持者是仲裁机构的仲裁员、行政机关的工作人员或者人民调解委员会的调解员,诉讼外进行的调解活动不具有司法性质。应当指出的是,根据《最高人民法院关于人民法院民事调解工作若干问题的规定》的规定,在诉讼中经各方当事人的同意,人民法院可以委托与当事人有特定关系或者与案件有一定联系的企事业单位、社会团体或其他组织,以及具有专门知识、特定社会经验以及与当事人有特定关系的个人对案件进行调解,达成调解协议后,人民法院应当依法予以确认。

2. 法律依据和程序要求不同。法院调解以民事诉讼法为依据,诉讼外调解以仲裁法、行政法规、人民调解法规等为依据。同时,两者在程序上要求也不完全相同,法院组织调解需要一定的程序,而诉讼外调解则比较灵活,不像法院调解那样规范、严格。

3. 调解结果的效力不同。经过法院调解达成协议并由当事人签收或者签名后,无论是制作调解书还是只记入调解笔录的,都与生效的判决具有同等的法律效力,其中有给付内容的调解书具有执行力。同时,当事人签收调解书,或者在记入笔录的调解协议上签名或者盖章后,诉讼即告结束。而在诉讼外的调解中,仲裁机构制作的调解书对当事人具有约束力,有给付内容的具有执行力;人民调解委员会的调解书只具有民事合同的效力,当事人违反合同的可以请求法院对合同效力予以审判确认;在其他机构的主持下达成调解协议而形成的调解书没有强制执行力,只具有一定的见证作用,当事人反悔或者不履行调解协议的,可以向人民法院起诉。

三、法院调解的历史沿革

我国法院以调解解决民事案件的审判方式起源于20世纪40年代新民主主义革命时期,当时的革命根据地主要在偏远的农村地区,没有条件普及和推行现代的法律制度和理念。当时在根据地,团结一切可以团结的力量,巩固人民政权,集中所有的人力、物力和财力支援革命战争成功,为压倒一切的任务,"马锡五审判方式"成为根据地民事审判工作的基本模式。以此为基础的法院调解被作为民事诉讼法的基本原则确定下来。

新中国成立以后,原国民党政府的"六法全书"被废除,新的法律和法规尚未制定出来,民事司法仍然以调解为核心制度。1956年最高人民法院提出"调查研究、就地解决、调解为主"的十二字方针,1964年最高人民法院在此基础上又提出了"依靠群众、调查研究、调解为主、就地解决"的民事审判十六字方针。直至20世纪70年代末,我国的民事审判始终以"调解为主"。十一届三中全会以后,党和政府的工作重心转移到经济建设上,以调解为主的民事审判制度必须面对社会和经济的重大变化。1979年我国开始启动民事诉讼立法工作,立法机关、实务部门和理论界对法院调解工作进行了反思和总结。过去以调解为主的审判方针不但削弱了法院的审判功能，还导致法院片面追求调解效率，强迫调解或者变相强迫调解，侵害当事人的诉讼权利和民事权利。基于对民事审判实践和理论的新认识，我国民事审判工作方针开始发生变化，1982 年颁行的《民事诉讼法（试行）》将“调解为主”的方针修改为“着重调解”的原则，即人民法院审理民事案件，应当着重调解，调解无效的，应当及时判决。但在此后的司法实践中，调解的自愿性仍然得不到很好的保障。为了改变重调解轻判决的司法状况，1991 年颁行的《民事诉讼法》明确规定了“自愿、合法调解”原则，人民法院审理民事案件，应当根据自愿和合法的原则进行调解，调解不成的应当及时判决。这一原则强调调解的自愿性和合法性。进入 20 世纪 90 年代之后，正当法学家还在抨击法院调解的弊端和法官的调解偏好时，法院调解以明显的速度走向衰落。诉讼调解结案的比例相对于判决结案持续下降，调解越来越被视为一种落后的纠纷解决方式，我国民事诉讼的受案数量和裁判比例在世纪之交达到了顶峰。

进入 21 世纪，随着涉法上访现象的日益突出，民众对司法裁判不公的不满越来越明显，诉讼调解又一次被重视和强调，司法领域迎来了一次调解的复兴。根据《关于适用简易程序审理民事案件的若干规定》（2003 年 12 月 1 日起施行）的规定，对适用简易程序审理的婚姻家庭纠纷和继承纠纷、劳务合同纠纷、交通事故和工伤事故引起的权利义务关系较为明确的损害赔偿纠纷、宅基地和相邻关系纠纷、合伙协议纠纷和诉讼标的额较小的纠纷等民事案件，除了根据案件性质和当事人的实际情况不能调解或者显然没有调解必要的以外，人民法院在开庭审理时“应当先行调解”。根据 2004 年《最高人民法院关于人民法院民事调解工作若干问题的规定》的规定，除适用特别程序、督促程序、公示催告程序、破产还债程序的案件，婚姻关系、身份关系确认案件，以及其他依案件性质不能进行调解的民事案件，人民法院不进行调解外，对于有可能通过调解解决的民事案件，人民法院都“应当调解”。从“可以调解”到“应当调解”，这种措辞的变化可以折射出最高人民法院对诉讼调解工作的强调和重视。

2010 年 6 月 17 日最高人民法院发布了《关于进一步贯彻“调解优先、调判结合”工作原则的若干意见》（法发[2010]16 号），这一规范性文件明确提出了“调解优先、调判结合”的工作原则，认为“调解优先、调判结合”是认真总结人民司法实践经验，深刻分析现阶段形势任务得出的科学结论，是人民司法优良传统的继承和发扬，是人民司法理论和审判制度的发展创新，对充分发挥人民法院调解工作在化解社会矛盾、维护社会稳定、促进社会和谐中的积极作用具有十分重要的指导意义。这意味着我国的诉讼调解又一次获得了优于裁判的显著地位。

根据以往法院调解的经验和教训，我们应当正确理解和对待调解与判决的关系。理论界有人认为，“法院调解”原则淡化了司法机关的审判职能，带来一系列的弊端,如不利于树立法院权威、不能充分保障当事人的民事权利和诉讼权利、不利于法治观念的形成,因此主张取消“法院调解”原则。我们认为此观点有失偏颇。当今世界各国都非常重视调解在民事诉讼中的地位和作用,我国应当利用现有的资源优势,在尊重当事人意愿、充分保障当事人诉讼权利和民事实体权利的前提下,为民事争议的解决提供合意性的解决渠道。

四、法院调解的原则

法院调解的原则,是指人民法院和双方当事人在调解活动中必须遵守的行为准则。根据我国《民事诉讼法》第 9 条的规定,法院调解必须以当事人的自愿为前提,法院和双方当事人在调解活动中的行为必须合法。法院调解必须遵守以下三个原则:

(一) 自愿原则

法院调解的自愿原则,是指在民事诉讼中,调解方式的选择和调解程序的进行,都必须以当事人双方的真实意愿为前提条件,法院不得以任何方式强制调解。自愿原则包括以下两个方面内容:

1. 程序上的自愿

私法自治是民事实体法的基本原则,根据该原则,权利人有权在法律规定的范围内依照自己的意思处分民事实体权利。民事诉讼的根本目的是保护民事实体权利,解决民事纠纷,因此也必须保障私法基本原则能够得到贯彻和实施,其中最重要的形式是民事诉讼法的处分原则。即使民事纠纷的当事人选择诉讼解决民事纠纷,同样应当在最大范围内为其提供处分其民事实体权利的可能性。当今世界绝大多数国家的民事诉讼法都规定,除了以争议性判决,还可以通过合意形式终止诉讼程序,如被告自认,法院可以作出自认判决,终结案件的审理。法院调解是合意终结民事诉讼的主要形式,当事人可以行使其程序处分权,选择调解作为解决纠纷的方式。因此,法院调解程序的启动必须建立在当事人自愿的基础上,不得依职权强制调解。即使某些种类的案件,国家规定了必须先调解,如《婚姻法》第 32 条第 2 款规定:“人民法院审理离婚案件,应当进行调解。”但是,是否进行调解仍然由当事人决定,没有调解余地的,法院不得久调不决。

程序上的自愿又包括两方面的内容,即启动调解的自愿和调解程序进行的自愿。原则上,调解程序依当事人的自愿而发动。法院提出调解建议,当事人不同意调解的,必须继续审理,在规定的期限内审结案件,不得以拖延的形式强迫当事人进行调解。另外,当事人选择调解,并不意味着该案件必须以调解形式终结,当事人有权选择退出调解程序,法院应当立刻转入判决程序。只有充分尊重当事人的真实意愿才能保证当事人的处分权,保障和贯彻私法自治原则在民事诉讼中的实现。

2. 实体上的自愿

《民事诉讼法》第96条规定:"调解达成协议,必须双方自愿,不得强迫。"该条是在调解中保障当事人实体权利自愿原则的法律依据。当事人选择了调解程序,并不意味着民事争议一定以调解的形式结案,是否达成调解协议,还依赖于当事人对其民事实体权利的处分,法院和当事人都不得强迫另一方当事人接受自己的调解建议或者意愿。

法院调解是一种解决民事纠纷的诉讼程序,其前提条件是民事诉讼程序的启动。在民事诉讼中双方当事人无论是在诉讼地位还是在心理上都处于对抗关系,为了促使程序向合意性解决的方向发展,需要法院或者当事人一方提出调解方案,推动调解的进行,调解协议是当事人行使民事实体权利处分权的结果,如果不尊重当事人的意愿,即使强迫当事人接受调解协议,当事人仍然有权拒绝签收调解书。

（二）查明事实、分清是非原则

查明事实、分清是非原则,是指人民法院对民事案件进行调解必须在查明案件事实、分清是非责任的基础上进行。法院调解是人民法院行使审判权,解决民事纠纷,结束诉讼程序的一种结案方式。法院调解不仅是当事人处分其民事实体权利和诉讼权利的过程,同时也是法院代表国家行使审判权的过程,因此应当落实和贯彻查明事实、分清是非的司法原则。

当事人起诉至人民法院的目的在于保护民事实体权利,解决纠纷,只有查明事实、分清是非,才能使当事人对纠纷发生的事实、产生的责任有正确的认识,才能够起到解决纠纷的作用。否则事实不明、是非不清,即使是以调解书的形式结案,也不能消除争议的根源,将来可能再起争议。查明事实、分清是非可以使侵害权利一方当事人明确自己的错误,促使其让步,提高调解成功率,也有利于促进当事人主动履行调解书中的给付义务,避免启动执行程序。调解是人民法院行使审判权的形式,而审判权的最终目的是保障当事人的权利,只有在查明事实、分清是非的基础上,法院才可以确定当事人的权利状态和法律关系,同时使受益一方当事人清晰地了解对方作出的让步,有利于维持将来的关系。但对一些特殊案件必须区别对待,尤其涉及长期关系的案件,如离婚案件,有些事实查明了,会造成双方当事人感情的破裂,反而促使当事人离婚。

（三）合法原则

合法原则,是指人民法院和双方当事人的调解活动以及协议内容,必须符合法律的规定。合法原则包括程序合法与实体合法。

1. 程序合法。我国《民事诉讼法》除了在第一章中规定了自愿合法调解原则外,在第八章中也详细规定了法院调解程序。在人民法院的支持下,双方当事人进行调解活动必须依照《民事诉讼法》规定的程序进行。例如,《民事诉讼法》

第93条规定:“人民法院审理民事案件,根据当事人自愿的原则,在事实清楚的基础上,分清是非,进行调解。”因此,“当事人自愿”和“查明事实、分清是非”不仅是法院调解的原则,同样也是法定的程序要求。如果法院强迫当事人进行调解、接受调解协议,或者在调解中没有查明事实、分清是非,即程序违法。《民事诉讼法》第97条规定:“调解书由审判人员、书记员署名,加盖人民法院印章,送达双方当事人。调解书经双方当事人签收后,即具有法律效力。”根据该条的规定,法院制作调解书后,必须送达双方当事人,如果一方或者双方当事人拒绝签收,调解书不发生法律效力。该条的规定,从根本上保障了自愿原则在法院调解中的贯彻和实施,即使法院强迫当事人进行调解或者接受调解协议,当事人仍然可以拒绝签收。

2. 实体合法。在充分保障调解自愿原则的条件下,调解协议体现了当事人对其民事实体权利的处分。但是当事人处分权的行使并不是毫无限制,既不能超出自己民事权利的范围,也不能违反法律的规定。《民事诉讼法》第96条规定:“调解协议的内容不得违反法律规定。”《最高人民法院关于人民法院民事调解工作若干问题的规定》第12条具体细化了违反法律规定的情形,其中包括:“(一)侵害国家利益、社会公共利益的;(二)侵害案外人利益的;(三)违反当事人真实意思的;(四)违反法律、行政法规禁止性规定的。”违法的情形不仅包括侵害第三方利益、违反法律禁止性规定,还包括违反当事人的真实意思。例如,在调解中,一方当事人因重要证据丢失,对案件事实不能证明,因此与对方当事人达成调解协议。但事后发现该证据在对方当事人手中,该调解协议显然违反了当事人的真实意思。当事人双方达成的协调协议的合法性需要经过人民法院的审查,其中违反法律规定的内容人民法院不予确认。

第二节 法院调解的程序

作为人民法院审理民事案件的一种方式,法院调解是在审理程序中进行的。法院调解贯穿于整个民事诉讼过程,在诉讼的各个阶段、各审级中均可进行。调解的开始有两种方式:一是由当事人提出申请而开始的;二是法院在征得当事人同意后主动依职权调解而开始,即人民法院受理案件后,经审查,认为法律关系明确、事实清楚,在征得当事人双方的同意后,可以径行调解。审判人员依职权调解时应当征求双方当事人是否愿意调解的意见,告知有关的诉讼权利和义务,用简便的方式通知当事人和证人到庭,为调解的进行做好准备。如果当事人一方或双方坚持不愿调解的,人民法院应当及时判决。

一、法院调解的适用范围

在我国,法院调解的适用范围相当广泛,除适用特别程序、督促程序、公示催告程序、破产还债程序的案件,婚姻关系、身份关系确认的案件以及其他依案件性质不能进行调解的民事案件外,其他一切属于民事权益争议的案件都可能通过调解的方式解决。在民事诉讼中,对于有可能通过调解解决的民事案件,人民法院应当调解。当然,调解必须征得当事人双方的同意。

根据《关于适用简易程序审理民事案件的若干规定》第 14 条的规定,适用简易程序审理的某些民事案件,在开庭审理时应当先行调解,无须征求当事人的意见,这些案件包括:婚姻家庭纠纷和继承纠纷;劳务合同纠纷;交通事故和工伤事故引起的权利义务关系较为明确的损害赔偿纠纷;宅基地和相邻关系纠纷;诉讼标的额较小的纠纷。但是,根据案件的性质和当事人的实际情况不能调解或者没有调解必要的除外。

二、法院的调解阶段

在我国,法院调解贯穿于民事诉讼的全过程,在第一审程序、第二审程序以及再审程序中都可以进行调解。在诉讼程序开始前,法院同样扮演着重要的角色。依据诉讼程序和案件的性质,笔者认为,法院调解可分为诉前调解、先行调解和诉讼调解三个方面。

(一) 诉前调解

诉前调解,是指当事人向法院起诉之后法院不予受理立案,而告知当事人先经调解等其他途径解决。法院在诉前调解中的角色因地而异,有些法院成立了调解中心,直接主持诉前调解;另一些法院委托人民调解委员会进行调解;还有一些法院与人民调解联合调解。就结果而言,诉前调解达成协议的,通过法院审查确认,转换为法院调解;诉前调解不能达成协议的,法院立案受理。法院的角色是应当事人请求对争议事项作出裁判或进行调解。

1. 诉前调解的原则

(1) 有限强制原则。应当严格界定强制调解的范围,目前看,主要是一些未经基层调解组织调解而直接起诉到法院的部分家庭、邻里纠纷和简易的债权纠纷。这类纠纷如果最终判决的话并不利于解决矛盾,通过调解则更易达成合意,从而达到案结事了的理想效果。

(2) 双方自愿原则。即使是强制调解事项,法院也不能强迫当事人达成调解协议。对于非强制调解事项,当事人有选择调解的权利,法院不能强迫调解。这是调解本身必须遵循的原则。

(3) 过程快捷原则。诉前调解较诉讼调解应当更快捷、简易,一旦调解破裂,不应拖延而应迅速转入诉讼程序。这种程序的转换应确定时限并由法院自动完成,当事人无须另行申请。

(4) 费用节约原则。对于起诉至法院而选择诉前调解的,法院可比照诉讼预收费用,但诉前调解一旦达成,应当减免收费,相应地也可立法规定律师费用的减免,以此鼓励当事人达成调解。

2. 诉前调解的适用范围

诉前调解的适用范围,主要包括以下几类:(1) 婚姻、家庭和继承纠纷;(2) 宅基地和相邻关系纠纷;(3) 合伙协议纠纷和共有财产权属纠纷;(4) 增加或减少不动产租金纠纷;(5) 改变或解除抚养关系纠纷;(6) 道路交通事故和工伤事故引起的赔偿或医疗纠纷;(7) 涉农案件;(8) 涉群体性案件;(9) 矛盾容易激化的案件;(10) 其他纠纷之金额在一定数额之下的民商事案件(具体数额可根据各个省市的经济水平决定)。

禁止诉前调解的案件,主要有:(1) 适用特别程序、督促程序、公示催告程序、破产还债程序审理的案件;(2) 抗诉再审案件;(3) 需要给予民事制裁的案件;(4) 确认婚姻关系、身份关系的案件;(5) 其他依案件性质不能进行调解的民事案件。

3. 诉前调解程序的启动

(1) 合意启动。这是诉前调解最主要的启动方式。除法律有特别规定外,是否启动诉前调解完全取决于双方当事人的合意。如果双方当事人或一方当事人不同意适用诉前调解,则法院不得强制启动该程序。

(2) 半强制启动。即只要一方当事人申请适用,法院即可启动该程序。适用这种启动方式的案件应当限制在现代型诉讼,即围绕着离散性利益、扩散性利益、集团性利益引发的纷争,这种纷争的当事人之间缺乏对等性,并在诉讼领域内带有强烈的公益性色彩。

(3) 强制启动。即对某些特殊案件,法院可依法律的直接规定强制启动该程序。如离婚案件。

(二) 先行调解

先行调解,是指法院在民事诉讼程序开始之前对双方当事人之间的民事纠纷进行的调解。就其性质而言,先行调解属于替代诉讼的纠纷解决机制,在程序上既独立于诉讼程序,同时又与诉讼程序紧密相连。概言之,先行调解既不同于诉讼外的调解,也不同于诉讼中的调解。《民事诉讼法》第 122 条规定:"当事人起诉到人民法院的民事纠纷,适宜调解的,先行调解,但当事人拒绝调解的除外。"新条文规定使得先行调解制度被正式确立为民事程序机制,为诉讼当事人又提供了一条纠纷解决方式。

1. 先行调解的性质

长期以来,由于立法疏漏,我国的法院调解制度是调审合一,不仅调解法官和主审法官重合,而且也没有独立的调解程序,因此,存在着调解与审判功能混淆的问题,并在一定程度上存在"以判压调""以调拖审"的现象。先行调解制度的正式入法,即旨在通过构建独立的诉前调解程序,实现调审分离。

先行调解具有准司法的性质,是以法院为管理、监督甚至主持机构,与诉讼程序相关联但又与审判程序截然不同的裁判外纠纷解决制度,其作为案件进入法院后的非审判纠纷解决途径,基于当事人的自愿选择,在诉讼开始之前就进行,与审判途径相辅相成,共同承担着解决纠纷的司法职能。

2. 先行调解的类型

借鉴日本和我国台湾地区有关法律的规定,结合我国已有的立法规定,可根据诉讼人数、案件性质、争议内容、标的金额的不同,将案件分为强制调解、自愿调解和不适用调解三种类型:

(1) 强制调解:指根据法律规定,在诉讼程序开始之前必须先在法院的主持下进行调解的案件种类。根据程序基本权保障原理和程序与纠纷相一致原理,我国强制先行调解的案件范围应当包括离婚纠纷、收养纠纷、监护纠纷、继承纠纷、扶养纠纷、抚养纠纷、赡养纠纷、宅基地纠纷、相邻关系纠纷、不动产共有人或利用人相互间因建筑物或其共有部分的管理发生的纠纷、劳务合同纠纷、交通事故引起的损害赔偿纠纷、合伙协议纠纷、争议金额比较小的其他财产纠纷等。但是,根据案件的性质和当事人的实际情况不能调解,或者显然没有调解必要,或者向对方当事人送达需要通过公告送达或向国外送达的除外。

(2) 不适用先行调解的案件类型:根据《最高人民法院关于人民法院民事调解工作若干问题的规定》第 2 条的规定,对适用特别程序、督促程序、公示催告程序、破产还债程序的案件,婚姻关系、身份关系确认案件以及其他依案件性质不能进行调解的民事案件,人民法院不予调解。

(3) 自愿调解的案件类型:是指除了强制先行调解和不适用调解的案件类型之外,其他案件均可按照当事人的意愿,由当事人选择是否进行调解。

3. 先行调解程序的启动

先行调解程序原则上依当事人申请调解而启动。同时,如一方当事人申请先行调解,对方当事人未明确拒绝的即视为默示认可。此外,对于属于法律规定的强制调解的案件,则由人民法院依职权启动先行调解程序,这类案件无论当事人是申请调解还是提起诉讼,都必须先经过调解程序。

4. 调解结果及效力

先行调解包括调解成功和调解不成两种结果。调解成功,一是当事人之间达成调解协议;二是当事人根据调解协议向法院申请确认。调解协议对双方当事人具有法律约束力，任何一方不得随意反悔；法院调解书一经制成，产生与生效裁判同样的法律效力。先行调解不成的，应当立案，转入诉讼程序，及时进行裁判。

（三）诉讼中调解

诉讼中调解，又称庭审中的调解，是指人民法院在开庭审理案件的庭审过程中对案件所进行的调解活动。庭审中的调解可以在开庭审理的各个诉讼阶段进行，但通常应在法庭辩论结束后至裁判作出前进行。因为经过法庭调查和法庭辩论两个阶段后，案件事实已经清楚，是非责任也已明确，具备调解基础。此时，审判长或独任审判员应当询问当事人各方是否愿意进行调解，当事人一致同意调解的，可以当庭进行调解，也可以休庭后进行。此时的调查基础扎实，公正性较强，可信度较高。因此，有学者认为，庭中调解应成为法院调解的主要方式。

1. 诉讼中调解的方式

根据我国现行《民事诉讼法》及其相关司法解释的规定，诉讼调解在具体方式上有以下几种：

（1）法官主持调解的方式

人民法院进行调解，可由审判员一人主持，也可以由合议庭主持，并尽可能就地解决。所谓“由审判员一人主持”，指由独任审判员一人主持调解活动，主要适用于相对简单的民事案件，这样可以在完成调解的同时，合理控制诉讼的投入，减少诉讼成本。由合议庭主持调解活动，主要适用于相对复杂或影响较大的民事案件，这样可以充分发挥合议庭组成人员的集体智慧，尽力促成调解协议的达成。所谓“尽可能就地进行”调解，是指在条件允许的前提下，审判人员应当尽量到当事人所在地或者纠纷发生地去进行调解，以便当事人、证人参加调解活动，并借此发挥诉讼调解的教育功能。同时，《民事诉讼法》还规定，人民法院进行调解，可以用简便方式通知当事人、证人到庭。这主要是要求法院在没有条件“就地进行”调解的情况下也要尽量方便当事人、证人，以增加他们参加调解的积极性。法院可以根据案件的具体情况，采用适当的方式进行调解。

（2）协助调解的方式

协助调解是指法院邀请调解人参与诉讼调解，请调解人协助法官做当事人的思想工作，以促进纠纷的调解解决的方式。

《民事诉讼法》第 95 条规定：“人民法院进行调解，可以邀请有关单位和个人协助，被邀请的单位和个人，应当协助人民法院进行调解。”所谓“有关单位和个人”，是指与当事人有特定关系或者与案件有一定联系的企事业单位、社会团体或者其他组织，和具有专门知识、特定社会经验、与当事人有特定关系并有利于促成调解的个人（《最高人民法院关于人民法院民事调解工作若干问题的规定》第 3 条第 1 款）。但是，需要注意的是，协助调解机制的确立，并没有改变诉讼调解的主持者,调解的主持者仍然是审判人员。

(3) 委托调解的方式

委托调解是指由人民法院将相关纠纷交予法院以外的调解人进行调解,达成调解协议后,人民法院应当依法予以确认。

《最高人民法院关于人民法院民事调解工作若干问题的规定》第 3 条第 2 款规定:“经各方当事人同意,人民法院可以委托前款规定的单位或者个人对案件进行调解,达成调解协议后,人民法院应当依法予以确认。”与前述的协助调解机制的“请进来”方式不同,委托调解机制则是一种“托出去”的方式。

委托调解机制,有利于建立健全诉讼与非诉讼相衔接的矛盾纠纷解决机制,实现了调解主体的多元化和社会化,使多方主体参与到纠纷解决过程中来,避免了审判人员主持调解可能给当事人造成的过于冷冰的感觉,大大增强了诉讼调解的可接受性。同时,把一部分调解活动交给法院以外的调解人进行,可以减轻法院的工作负担,使法院更好地发挥在解决社会纠纷中的作用。

2. 主持调解的人员

在法院调解中,主持调解的人员常为审理案件的审判组织人员。适用普通程序审理的案件,既可以由合议庭主持调解,也可以由审判长指派合议庭成员之一主持调解。适用简易程序审理的案件,由独任审判员主持调解。此外,人民法院依据案件的需要,也可以邀请与当事人有特定关系或者与案件有一定联系的企业事业单位、社会团体或者其他组织,以及具有专门知识、特定社会经验,与当事人有特定关系并有利于促成调解的个人协助调解工作。经各方当事人同意,人民法院还可以委托前述单位或者个人对案件进行调解,达成调解协议后,人民法院应当依法予以确认。

3. 当事人参加

与判决不同,法院调解是在人民法院的主持下双方当事人的合意形成过程,也是当事人之间理性协商和互相妥协的过程,当事人有更多的机会和可能真正参与到纠纷解决中来。由于当事人本人参加调解过程,有利于其对纠纷解决过程的理解与接纳。因此,法院在进行调解时,双方当事人都应当出庭。因故不能出庭参加调解的当事人,可由经其特别授权的委托诉讼代理人代为参加调解,达成调解协议也可由该委托诉讼代理人签名。离婚案件当事人确因特殊情况无法出庭参加调解的,除本人不能表达意志的以外,应当向人民法院出具书面意见。无诉讼行为能力的当事人应由其法定代理人出庭参加调解。

第三节 调解协议与调解书

一、调解协议

调解协议,是指在人民法院的主持下,双方当事人经过平等协商,就确认双方民事权利义务、解决民事争议所达成的协议。根据《民事诉讼法》和相关司法解释的规定,调解协议之事项,应当遵循以下规定:

1. 调解协议达成须贯彻自愿、合法原则。按照《民事诉讼法》第 96 条的要求,"调解达成协议,必须双方自愿,不得强迫。调解协议的内容不得违反法律规定"。也即必须贯彻自愿原则与合法原则。

2. 调解协议内容超出诉讼请求范围的,人民法院可以准许。在调解协议中,当事人双方通常围绕诉讼请求确定各自的权利和义务,但当事人双方也可以超出诉讼请求的范围进行协商,达成合意。人民法院准许调解协议内容超出诉讼请求范围的,有利于纠纷的一次性解决。

3. 调解协议中约定违约责任的,人民法院应予准许。《最高人民法院关于人民法院民事调解工作若干问题的规定》第 10 条第 1 款规定:"人民法院对于调解协议约定一方不履行协议应当承担民事责任的,应予准许。"调解协议是当事人双方解决纠纷、处分实体权利所达成的合意,当事人应当自觉履行调解协议所确定的义务。为保证能够实现调解协议所确认的权利和义务,当事人双方同意约定违约责任也应当受到法律保护。此项民事责任的预设,须以各方当事人在调解协议中有明确的约定为基础。此项民事责任的实际承担,须以一方当事人不履行调解协议中确定由其承担的实体义务为前提。此项民事责任并不是相对于调解协议中原本就已确定由某方当事人承担的基本民事责任而言的替代性责任,而是一种带有加重性质或惩罚性质的民事责任。也即在一方当事人不履行调解协议时,基本民事责任与此项民事责任都必须由其承担。应当注意的是,当事人在调解协议中约定的此项民事责任应当被限制在合理范围之内,通常不能超过义务人根据相关实体法所应承担的全部民事责任的范围。

各方当事人可以在调解协议中约定一方不履行协议时所应承担的民事责任,但不能在调解协议中约定一方不履行协议时另一方可以请求法院对案件作出裁判的条款,否则法院不予准许。因为此项约定不仅明显超出了各方当事人可以合意处分的事项范围,而且若由法院据此直接作出裁判也有违诉讼机理。更重要的是,这样做的结果将造成案件实体处理上的重叠,并由此导致调解协议在事实上遭到否定。

4. 法院对调解协议负有审查责任。经调解达成协议后,法院应当对案件进行审查,并根据审查结果,或予以确认,或不予确认。调解协议如果不能得到法院的确认,便不能发生法律效力。调解协议具有以下事由的,法院不能予以确认:(1) 侵害国家利益、社会公共利益的;(2) 侵害案外人利益的;(3) 违背当事人真实意思的;(4) 违反法律、行政法规禁止性规定的。

5. 调解协议约定一方提供担保或者案外人同意为当事人提供担保的,人民法院应当允许。提供担保同样也是为了保障调解协议的履行,如果没有违反法律的禁止性规定,人民法院应当允许。案外人提供担保的,人民法院制作调解书应当列明担保人,并将调解书送交担保人。担保人不签收调解书的,不影响调解书的生效。担保条款条件成就时,当事人申请执行的,人民法院应当依法执行。民事诉讼中调解担保制度的确立,有助于督促当事人自觉履行调解协议,防止当事人在达成调解协议后随意毁约的现象发生。

二、调解书的内容与送达

调解书是指在审查合格的基础上,法院用以客观记载和依法确认当事人之间所达成的调解协议的法律文书。它记载和确认双方当事人协商的结果,并使其产生法律上的拘束力。除法律另有规定外,以调解方式结案的民事案件均应由人民法院制作调解书。调解书应当写明诉讼请求、案件的事实和调解结果。调解书由审判人员、书记员署名,加盖法院印章,送达双方当事人。调解书经双方当事人签收后,即具有法律效力(《最高人民法院关于人民法院民事调解工作若干问题的规定》第 89 条)。

根据最高人民法院有关规定,调解书由首部、正文和尾部三个部分组成:

1. 首部。首部应写明:制作调解书的人民法院全称、案件编号、当事人、第三人和诉讼代理人的基本情况,案由,主持调解的审判人员姓名。

2. 正文。正文是调解书的核心部分。这部分应当写明诉讼请求、案件事实和调解结果。其中,调解结果是对双方当事人达成调解协议的确认,是调解书的核心。此部分内容必须明确、具体,避免在履行时因产生异议而发生纠纷。另外,还应写明诉讼费用的承担。

3. 尾部。尾部应当注明,调解书经双方当事人签收后,即与发生法律效力的判决书具有同等效力。由审判人员、书记员署名,写明制作调解书的时间,并加盖人民法院印章。

当事人以民事调解书和调解协议的原意不一致为由提出异议的,人民法院审查后认为异议成立的,应当根据调解协议裁定补正民事调解书的相关内容。

根据《民事诉讼法》的规定,法院调解书的内容包括以下三项:(1) 诉讼请求。即原告向被告提出的实体权利请求。如果被告向原告提出反诉的,调解书中也应当列明。有第三人参加诉讼的,还应当写明第三人的主张和理由。

(2) 案件事实。即当事人之间有关民事权利义务争议发生、发展的全过程和双方争执的问题。(3) 调解结果。即当事人在审判人员的主持下达成的实体权利义务分配的内容,包括诉讼费用的负担。

法院制作调解书时,需要对调解协议加以整理规范。因此,调解书的内容与调解协议并不完全一致。另外,调解书中的诉讼费用负担并不是调解协议的必然内容。当事人不能对诉讼费用如何承担达成协议的,不影响调解协议的效力。人民法院可以直接决定当事人承担诉讼费用的比例,并将决定记入调解书。

当事人就部分诉讼请求达成调解协议的,人民法院可以就此先行确认并制作调解书。当事人就主要诉讼请求达成调解协议,请求人民法院对未达成协议的诉讼请求提出处理意见并表示接受该处理结果的,人民法院的处理意见是调解协议的一部分(如果制作调解书,处理意见应当记入调解书)。

法院对依法认可的调解协议,应当制作调解书。根据《民事诉讼法》第 98 条的规定,下列情形可以不制作调解书:(1) 调解和好的离婚案件;(2) 调解维持收养关系的案件;(3) 能够及时履行的案件;(4) 其他不需要制作调解书的案件。对于不需要制作调解书的案件,应当记入笔录,由双方当事人、审判人员、书记员签名或盖章。

对于前两种案件,涉及关系密切的当事人之间的权利义务,既然调解和好,再制作调解书提醒双方当事人曾经有过的纠纷,对双方未来关系的稳定并无积极意义。而后两种案件,则是没有制作调解书的必要。对于上述四种不需要制作调解书的案件,调解协议自各方当事人同意并在协议上签名或者盖章后生效。经人民法院审查确认后,应当记入笔录或者将协议附卷,并由当事人、审判人员、书记员签名或者盖章后即具有法律效力。当事人在调解协议生效后仍请求制作调解书的,人民法院应当制作调解书送交当事人,此时当事人拒收调解书的,不影响调解协议的效力。一方当事人不履行调解协议的,另一方当事人可以持调解书向人民法院申请执行。

对不需要制作调解书的案件,调解协议记入笔录,由双方当事人、审判人员、书记员签名或者盖章后,即具有法律效力;而需要制作调解书的案件,只有在调解书经双方当事人签收后,才具有法律效力。

调解书应当直接送达当事人本人,当事人本人因故不能签收的,可以由其指定的代收人签收。调解书不适用留置送达,受送达人拒绝签收调解书的,说明调解书送达前当事人反悔,调解书不发生法律效力,人民法院要及时通知对方当事人,并应对案件继续进行审理。调解书不能当庭送达双方当事人的,应将之后当事人收到调解书的签收日期作为调解书的生效日期。无独立请求权的第三人参加诉讼的案件,人民法院调解时需要确定无独立请求权的第三人承担义务的,应经第三人的同意,调解书应当同时送达第三人。第三人在调解书送达前反悔的,整个调解书不生效,人民法院应当及时判决。

对调解书的内容既不享有权利又不承担义务的当事人不签收调解协议书的,不影响调解书的效力。

三、调解协议的效力和对反悔的处理

(一)调解协议生效的时间

法院调解发生效力的时间,因调解协议的形式不同而有所区别:

1. 调解书生效时间。根据《民事诉讼法》第97条第3款的规定,人民法院制作的调解书的案件,调解书经双方当事人签收后即具有法律效力。调解书能够当庭送达并经双方当事人签收的,以该日期为调解书生效的日期;调解书不能当庭送达双方当事人的,应以后收到调解书的当事人签收的日期作为调解书生效的日期。当事人一方拒绝签收调解书的,调解书不发生法律效力。这一规定赋予了当事人在达成调解协议以后、签收调解书之前的反悔权。当事人往往在调解书送达时拒绝签收,使已经进行的调解活动归于无效,从而影响了调解的实效性,在一定程度上增加了诉讼成本,造成了诉讼拖延。

2. 调解笔录生效时间。对不需要制作调解书的调解协议,书记员应将其记入笔录,由双方当事人、审判人员、书记员签名或者盖章后,该调解笔录即发生法律效力。

3. 调解协议生效的时间。依照《最高人民法院关于人民法院民事调解工作若干问题的规定》的要求,对于不需要制作调解书,而是将调解协议附卷的案件,调解协议由当事人、审判人员、书记员签名或者盖章后即具有法律效力。当事人请求制作调解书的,人民法院应当制作调解书送交当事人。当事人拒绝调解书的,不影响调解协议的效力。一方不履行调解协议的,另一方可以持调解书向人民法院申请执行。这一要求取消了当事人在达成调解协议后签收调解书前的反悔权,实际上突破了调解书须经双方当事人签收才具有法律效力的立法规定。

(二)调解协议的效力

法院调解是民事案件的结案方式之一,民事调解的效力与民事判决的效力是相同的,一旦生效条件成就,就会产生拘束力。其法律效力具体体现在:

1. 实质上的确定力。这是法院调解在民事实体法上的效力体现。随着调解协议的送达生效,双方当事人之间存在的实体权利义务争议得到了消解,民事实体法律关系在调解书或调解笔录中重新得到确认,对同一法律关系的同一问题不得再起权利争端。调解这一效力与判决的既判力内容相同。

2. 形式上的约束力。法院主持达成或依法认可的调解协议是双方当事人在自愿的基础上行使处分权的结果,依法生效后,即起到终结诉讼程序的法律后果。当事人之间的民事争议随着协议的生效,在法律上已获得最终解决。所以,当事人不得以同一事实和理由向人民法院再行诉讼,也不得以各种理由提起上诉。另外,人民法院非经正当法律程序也不得对该民事实体争议再行审理或另行判决。

3. 形成力。如果调解的目的是形成一定法律关系,且调解又确认了一方当事人的形成权,那么该调解就具有形成力。典型的例子就是在法院的主持下双方就离婚所达成的调解。

4. 强制执行力。调解协议尽管是当事人自愿达成的,但其经过了人民法院的主持或认可,生效的调解协议与判决书有同样的法律效力,其内容应当得到当事人、法院和社会的尊重。当负有义务的当事人不履行调解协议确定的义务时,权利方当事人有权以调解协议为依据申请法院启动强制执行程序。

（三）对调解协议的反悔及其处理

由于调解协议是双方当事人自愿达成的,因此当事人一般都能自觉履行。但在司法实践中时常发生当事人对调解协议反悔的情形。这种情形主要有两种:一是调解书送达前当事人反悔;二是调解书送达后当事人反悔。人民法院对当事人反悔,应当根据反悔的不同情况进行处理。

调解书送达前当事人反悔,是指当事人双方虽经人民法院调解达成协议,但事后一方或双方又推翻协议的部分内容甚至全部内容;或者人民法院向当事人送达调解书,当事人一方或者双发拒绝签收调解书,要求重新调解或者判决。法院的调解书应在按法定程序送达当事人后才发生法律效力,如调解书送达前或送达时一方或双方当事人拒绝接受,表明当事人不同意按调解协议解决他们之间的纠纷。此时,人民法院对案件应及时进行判决。第三人在调解书送达前反悔的,人民法院也应当及时判决。

调解书送达后当事人反悔的,是指当事人一方或双方在调解协议成立后至调解书送达,对调解协议没有提出异议,而是在签收调解书后才反悔,请求人民法院重新处理。此时,由于调解书已发生法律效力,反悔的当事人必须接受调解书的拘束。人民法院只能告知当事人如果确有证据证明调解违反自愿原则或者调解协议的内容违反法律的,可以向人民法院申请再审。

思考题

1. 简述法院调解制度的历史沿革。
2. 法院调解制度的基本原则是什么？为什么？
3. 什么是先行调解制度？
4. 简述法院调解书的效力。

第十三章　民事诉讼保障制度

内容要点

掌握财产保全的概念、条件，两种财产保全的区别，财产保全的范围、措施及保全的程序；行为保全的概念、适用范围及保全的程序；先予执行的概念、案件范围、条件及先予执行裁定的效力。同时，正确适用保全和先予执行制度。掌握对妨害民事诉讼强制措施的概念、性质和意义，妨害民事诉讼行为的构成要件和种类，对各种妨害民事诉讼行为强制措施的适用情形。

第一节　财产保全

一、财产保全的概念和意义

财产保全，是指人民法院在案件受理前或者诉讼中，遇到与争议有关的财产可能被转移、隐匿或毁灭的情形，可能造成利害关系人的权益受到损害，或者使人民法院将来的判决难以执行或不能执行，根据利害关系人的申请或人民法院的决定，对有关财产采取保护措施的制度。

禁止私力救济是现代法治的基本原则，根据该原则，民事纠纷发生后当事人必须求助于国家公权力，而不是依靠私人的力量保护自己的权利。换言之，司法权由国家垄断，不容许私人侵犯。相应的，国家有义务设立有效的权利救济途径，满足当事人的司法保障请求权。但是，民事诉讼程序有严格的程序规则，必须经过法律规定的程序过程保护当事人的权利，如果在诉讼进行期间发生上述情形，将会影响法院将来判决的执行，不利于救济当事人的权利。为此世界各国在其民事诉讼制度中都设立了财产保全制度，旨在维护利害关系人和当事人的合法权益，预防恶意当事人转移、隐匿、毁灭财产等行为的出现，保证法院裁判在诉讼实践中得到真正的执行。

二、财产保全的种类

我国《民事诉讼法》以时间为标准将财产保全分为诉前财产保全和诉讼中的财产保全。

诉前财产保全，是指在利害关系人尚未起诉时实现的财产保全。《民事诉讼法》第101条第1款规定:“利害关系人因情况紧急,不立即申请财产保全将会使其合法权益受到难以弥补的损害的,可以在提起诉讼或者申请仲裁前向被保全财产所在地、被申请人住所地或者对案件有管辖权的人民法院申请采取保全措施。”诉讼中的财产保全,是指当事人已经起诉,人民法院受理案件后实行的财产保全。《民事诉讼法》第100条第1款规定:“人民法院对于可能因当事人一方的行为或者其他原因,使判决难以执行或者造成当事人其他损害的案件,根据对方当事人的申请,可以裁定对其财产进行保全、责令其作出一定行为或者禁止其作出一定行为;当事人没有提出申请的,人民法院在必要时也可以裁定采取保全措施。”

根据《民事诉讼法》的规定,诉前财产保全与诉讼中的财产保全既有相同之处又有区别。相同之处是:(1)二者均系财产保全制度;(2)二者都以可能发生影响当事人权利或者法院判决执行的危险为前提;(3)二者的目的都是为民事争议当事人提供临时的法律救济;(4)二者都是在法院作出裁判之前实行的;(5)二者的实行可能与诉讼的结果不相符合;(6)对二者都规定了担保制度;(7)措施和程序一样。

诉前财产保全与诉讼中的财产保全的区别是:(1)二者提起的主体不同。根据《民事诉讼法》第100条、第101条的规定,利害关系人在起诉前向人民法院申请实施诉前财产保全措施。在诉讼中人民法院可以根据当事人的申请,或者依职权实施财产保全措施。(2)二者提起的时间不同。诉前的财产保全由利害关系人在起诉前向人民法院申请实施;诉讼中的财产保全只能在人民法院受理案件以后由当事人申请或者由法院依职权实施。(3)二者提起的原因不同。诉前财产保全提起的原因,是情况紧急利害关系人来不及起诉,如果不立即申请财产保全其权利将遭受无法弥补的损害。诉讼中的财产保全,是因为一方当事人的行为或者其他原因,有可能使判决无法执行或者难以执行。(4)法律对二者的担保规定不同。根据《民事诉讼法》第100条、第101条的规定,利害关系人申请采取诉前财产的,应当提供担保,不提供担保的,驳回申请。换言之,诉前财产保全的实施以提供担保为前提条件。当事人申请采取诉讼中财产保全的,法院可以责令提供担保,也可以不责令提供担保。(5)法院作出裁定的时间不同。对诉前财产保全,人民法院必须在接受申请后48小时内作出裁定。对诉讼中的财产保全,人民法院接受申请后,对情况紧急的,必须在48小时内作出裁定;对情况不紧急的,可以不受48小时的限制,适当延长作出裁定的时间。(6)二者解除的条件不同。诉前财产保全,申请人在人民法院采取保全措施后30天内不提起诉讼或申请仲裁的,人民法院应当解除财产保全。诉讼中的财产保全的解除,以被申请人向人民法院提供担保为条件,被申请人提供担保的,人民法院应当解除财产保全。

三、财产保全的范围和措施

(一) 财产保全的范围

人民法院实施财产保全,必须严格遵守法律规定的范围。《民事诉讼法》第102条规定:“保全限于请求的范围,或者与本案有关的财物。”所谓限于请求的范围,是指被保全的财物的价额,应当在利害关系人的权利请求或者诉讼当事人提出的诉讼请求的财产范围之内,不得超出权利请求或者诉讼请求的标的物的价额,二者在数额上应当大致相等。限于请求的范围,也可以是利害关系人或者诉讼当事人提出保全申请指向的具体财物。所谓与本案有关的财物,是指保全的财产应当是利害关系人之间发生争议而即将起诉的标的物,或者是诉讼当事人之间发生争议的标的物,或者与本案标的物有牵连的财物。根据《最高人民法院关于在经济审判工作中严格执行〈中华人民共和国民事诉讼法〉的若干规定》第14条的规定,人民法院采取财产保全措施时,保全的范围应当限于当事人争议的财产,或者被告的财产。对案外人的财产不得采取保全措施,对案外人善意取得的与案件有关的财产,一般也不得采取财产保全措施。

严格界定财产保全的范围在司法实践中有着重要的意义,否则会造成对被申请人合法权益的侵害。如果财产保全申请人申请保全的范围超出请求的范围或者保全的财产与本案无关,申请人应当承担由此而造成的财产损失,负担赔偿责任,赔偿的范围应当与造成损失的范围相一致。

(二) 财产保全的措施

《民事诉讼法》第103规定:“财产保全采取查封、扣押、冻结或者法律规定的其他方法。人民法院保全财产后,应当立即通知被保全财产的人。财产已被查封、冻结的,不得重复查封、冻结。”财产保全措施中的查封,是指法院对被执行人的有关财产进行封存,禁止其处分或转移的措施。扣押是指法院将被执行人的财产运送到有关场所,使被执行人不能占有、使用和处分该财产的措施。冻结是指法院对被执行人的存款、股息、红利等,禁止其转移或支取的强制措施。根据最高人民法院的有关司法解释,财产保全措施中“法律规定的其他方法”,是指人民法院拍卖或变卖特殊物品、保存价款、限制被申请人支取预期的收益或到期债权以及对第三人债权的提存。

根据相关司法解释的规定,人民法院对季节性商品以及鲜活、易腐烂变质及其他不宜长期保存的物品采取保全措施时,可以责令当事人及时处理,由人民法院保存价款;必要时人民法院可予以变卖,保存价款。人民法院在财产保全中采取查封、扣押财产措施时,应当妥善保管被查封、扣押的财产。当事人、负责保管的有关单位或个人以及人民法院都不得使用该项财产。人民法院对不动产和特定的动产(如车辆、船舶等)进行财产保全时,可以采用扣押有关财产权证照并通知有关产权登记部门不予办理该项财产的转移手续的财产保全措施;必要时,也可以查封或扣押该项财产。人民法院对抵押物、留置物可以采取财产保全措施,但抵押权人、留置权人有优先受偿权。人民法院对债务人到期应得的收益,可以采取财产保全措施,限制其支取,通知有关单位协助执行。债务人的财产不能满足保全请求,但对第三人有到期债权的,人民法院可以依债权人的申请裁定该第三人不得对本案债务人清偿。该第三人要求偿付的,由人民法院提存财物或价款。

四、财产保全的程序

我国《民事诉讼法》和有关司法解释规定的财产保全程序如下:

(一)财产保全的开始

根据《民事诉讼法》第100条的规定,诉讼财产保全,一般根据当事人向受诉法院提出申请而开始。当事人没有提出申请的,人民法院在必要时也可依职权裁定采取财产保全措施。根据《民事诉讼法》第101条的规定,诉前财产保全,由利害关系人在起诉之前向受诉法院提出申请。申请财产保全应当提交申请书,写明请求保全的标的物或有关财产的种类、数量、价额及所在地,以及申请保全的理由。口头申请的,由法院记入笔录,并由申请人签名或盖章。

人民法院接到财产保全的申请后,应当依法进行审查。(1)审查申请人的主体资格。申请人必须是相关的权利人或合同的一方权利人。(2)审查是否符合财产保全的条件。首先,审查是否有使判决不能执行或者难以执行,或者使利害关系人合法权益受到难以弥补的损害的情形。比如对被申请人情况的审查,对保全标的物情况的审查。其次,对保全申请的数额进行审查,保全财物的价额应与权利请求的价额大致相等。最后,对财产保全的对象进行审查。财产保全的对象应当限于请求的范围,或者与本案有关的财物。

(二)责令申请人提供担保

申请人提供担保分为两种情形,一种是申请诉前财产保全的担保,另一种是申请诉讼财产保全的担保。根据《民事诉讼法》第101条的规定,利害关系人申请诉前财产保全的,应当提供担保,不提供担保的,人民法院裁定驳回申请。根据该条的规定,利害关系人有权在起诉之前申请财产保全,人民法院对符合法定条件"利害关系人因情况紧急,不立即申请财产保全将会使其合法权益受到难以弥补的损害的"申请,裁定采取财产保全措施。由于诉前财产保全申请发生在诉讼程序启动之前,利害关系人是否起诉尚未可知,财产保全措施直接影响到被申请人的民事实体权利,如果法院的裁定错误,被申请人的合法权益将受到侵害。因此,《民事诉讼法》严格规定了诉前财产保全的担保,一方面是为了在裁定错误时补偿被申请人的损失,另一方面也促使利害关系人慎重对待财产保全申请,避免滥用权利。

民事诉讼程序启动以后,法院对案件有一定程度的了解,与诉前财产保全相比,《民事诉讼法》对申请人提供担保的规定较为宽松。根据《民事诉讼法》第100条的规定,人民法院可以视案件的具体情况,可以责令申请人提供担保。人民法院通过对当事人的诉讼请求、所提出的案件事实和理由的审查,对于申请人有较好胜诉前景的情形,可以不责令提供担保。但人民法院也可以责令申请人提供担保,不提供担保的,裁定驳回申请。

(三)财产保全的裁定

人民法院接受保全申请后,应当尽快作出裁定,对于不符合财产保全条件的,裁定驳回申请;对于符合财产保全条件的,应当及时裁定采取财产保全措施。《民事诉讼法》对人民法院作出诉前财产保全与诉讼财产保全裁定的期限有不同的规定。根据《民事诉讼法》第101条的规定,利害关系人可以在紧急情况下申请诉前财产保全。人民法院对符合条件的申请,必须在48小时之内作出裁定,否则难以起到保护利害关系人合法权益的作用。根据《民事诉讼法》第100条的规定,当事人没有提出财产保全申请的,人民法院在必要时也可以裁定采取财产保全措施。当事人提出财产保全申请的,人民法院在接受申请后,对情况紧急的,必须在48小时内作出裁定;对情况不紧急的,该条没有规定作出裁定的期限,人民法院应当在适当的时间内作出裁定。法院经过审查,认为财产保全申请符合条件,应当裁定采取财产保全措施,如果无限期拖延,则不利于裁判的执行。

(四)财产保全的执行

人民法院采取财产保全措施的裁定一经作出,立即发生法律效力,应当立即执行。根据相关司法解释的规定,财产保全裁定的效力一般应维持到生效的法律文书执行时止。根据《民事诉讼法》第108条的规定,当事人对财产保全裁定不服的,可以申请复议一次。复议期间不停止裁定的执行。

(五)财产保全的结束

财产保全程序的结束有两种情况,即正常结束和提前解除。财产保全裁定的效力维持到生效的法律文书执行时止。如果义务人主动履行生效的法律文书,则没有必要继续采取财产保全措施,财产保全措施解除。义务人不主动履行生效法律文书的,权利人可以申请强制执行。财产保全措施的目的在于保障民事判决的执行,此时执行程序取代了财产保全程序,财产保全裁定的效力终止。

根据《民事诉讼法》第101条、第104条的规定,对下列两种情形,解除财产保全措施:

(1)被申请人提供担保的;

(2)申请人在采取保全措施后30日内不起诉的。

此外,解除财产保全措施的情形还有,申请人撤回财产保全申请,原告申请撤诉等。

（六）财产保全错误的赔偿

财产保全制度是为了确保民事判决的执行以及保护当事人的合法权益免受对方当事人恶意行为或者其他原因的损害。如果法院认为当事人的诉讼财产保全申请符合条件,则在诉讼程序进行中采取保全措施。此时案件仍然在审理中,法院未对民事争议作出事实和法律上最终的认定,财产保全裁定可能出现错误。利害关系人提起的诉前财产保全申请,在其起诉之前,人民法院尚未开始对案件的审理,财产保全裁定的正确性更难得以判定。因此,《民事诉讼法》对诉前财产保全提供担保的规定比诉讼财产保全更为严格,其目的既是为了制裁申请人滥用权利,促使其慎重申请财产保全,也是为了保障被申请人的合法权益,在财产保全错误的情况下赔偿其损失。

根据《民事诉讼法》第 105 条的规定,对于因申请人错误申请采取财产保全措施的,申请人应当赔偿被申请人因财产保全所遭受的损失。《民事诉讼法》第 100 条规定:“当事人没有提出申请的,人民法院在必要时也可以采取财产保全措施。”《民事诉讼法》没有规定,对人民法院依职权采取财产保全措施错误,造成被保全人损失的,如何进行赔偿。根据《国家赔偿法》第 31 条的规定,人民法院在民事诉讼过程中,违法采取保全措施造成损害的,赔偿请求人要求赔偿的程序,适用该法刑事赔偿程序的规定。《最高人民法院关于在经济审判工作中严格执行〈中华人民共和国民事诉讼法〉的若干规定》第 19 条规定:“因申请错误造成被申请人损失的,由申请人予以赔偿;因人民法院依职权采取保全措施错误造成损失的,由人民法院依法予以赔偿。”

第二节　行为保全

一、行为保全的概念和意义

行为保全,是指人民法院在案件受理前或者诉讼中,为了避免利害关系人或者当事人的利益受到不应有的损害或进一步的损害,有权依申请对相关当事人的行为采取的强制措施。

行为保全与财产保全、先予执行制度在目的、功能和适用条件等方面有类似之处,同时又有本质的区别,三者共同构成了我国民事诉讼的临时权利救济体系。但是,长期以来我国《民事诉讼法》仅规定了财产保全和先予执行,人民法院不能依据该法责令相关当事人作出一定行为或者禁止其作出一定行为。另外,财产保全和先予执行制度的适用仅限于财产请求,在申请人提出非财产性的临时保护请求,以避免利害关系人或当事人因违法行为而遭受损害时,财产保全和先予执行无能为力。如果类推适用财产保全和先予执行措施,不仅违反民事诉讼法律,而且还会造成司法实践中的窘境。为了完善我国的临时权力救济体系,2012年《民事诉讼法》修改时引入了行为保全的规定。

二、行为保全的适用领域

在2012年《民事诉讼法》修改之前,为了适应实际司法的需求,我国已经开始在特别程序法和实体法律中逐步建立行为保全制度,作为对原有临时救济体系的补充。具体规定行为保全制度的主要有《海事诉讼特别程序法》、《专利法》、《商标法》、《著作权法》等法律和相关司法解释。

(一)海事强制令

海事强制令是指海事法院根据海事请求人的申请,为使其合法权益免受侵害,责令被请求人为一定行为或者不作为的强制措施。海事强制令的对象限于行为,在性质上应属海事行为保全。根据《海事诉讼特别程序法》第51、52条的规定,海事请求人可以在起诉前或者诉讼中申请海事强制令。

在海事司法实践中,常见的海事强制令主要有以下三种类型:

1. 强制放货。在海事案件中,有放货义务的一方当事人对持有作为物权凭证的提单的当事人不履行放货义务,扣留货物的,提单持有人可以向海事法院申请签发海事强制令。海事法院可以签发海事强制令,责令被申请人限期向申请人放货。

2. 强制放船。光船租船是海洋运输中的一种特殊的租船方式,在租船期内船舶所有人只提供船舶的一种类似财产租赁的租船形式。对于在光船承租合同到期或因其他原因解除承租关系后,光船承租人拒不向出租人交船的,光船出租人也可以申请海事法院签发海事强制令,责令被申请人限期向申请人返还船只。

3. 强制放单。在海运业务中,承运人应当在收到承运货物以后向发货人签发提单,供其向收货人收取货款。一方当事人(包括收到货物后负有签发提单义务的人,一般指承运人)收到另一方当事人的货物,后经其要求仍拒不签发提单的,依发货方的申请,海事法院签发海事强制令,责令被申请人限期向申请人签发提单。

(二)商标诉前禁令

根据《商标法》第57条与《最高人民法院关于诉前停止侵犯注册商标专用权行为和保全证据适用法律问题的解释》第1条的规定,商标注册人或者利害关系人可以向人民法院提出诉前责令停止侵犯注册商标专用权行为的申请。

商标诉前禁令主要针对以下行为:

(1)未经商标注册人的许可,在同一种商品或者类似商品上使用与其注册商标相同或者近似的商标的行为。

（2）销售侵犯注册商标专用权的商品。

（3）伪造、擅自制造他人注册商标标识或者销售这种标识。

（4）未经商标注册人同意，更换其注册商标并将该更换商标的商品又投入市场。

（5）给他人的注册商标专用权造成其他损害。除上述四种侵权行为外，给他人的商标专用权造成损害的都可以归于这一类。《商标法实施条例》第 50 条规定，有下列行为之一的，属于《商标法》第 52 条第 5 项所称侵犯商标专用权的行为：① 在同一种或类似商品上，将与他人注册商标相同或近似的标志作为商品名称或商品装潢使用，误导公众的；② 故意为侵犯他人注册商标专用权行为提供仓储、运输、邮寄、隐匿等便利条件的。根据《最高人民法院关于审理商标民事纠纷案件适用法律若干问题的解释》第 1 条的规定，给他人注册商标专用权造成其他损害的行为有：① 将与他人注册商标相同或者近似的文字作为企业的字号在相同或者类似的商品上突出使用，容易使相关公众产生误认的；② 复制、摹仿、翻译他人注册的驰名商标或者其主要部分在不相同或者不相类似的商品上作为商标使用，误导公众，致使该驰名商标注册人的利益可能受到损害的；③ 将与他人注册商标相同或者近似的文字注册为域名，并且通过该域名进行相关商品交易的电子商务，容易使相关公众产生误认的。

（三）专利诉前禁令

《专利法》第 66 条规定："专利权人或者利害关系人有证据证明他人正在实施或者即将实施侵犯专利权的行为，如不及时制止将会使其合法权益受到难以弥补的损害的，可以在起诉前向人民法院申请采取责令停止有关行为的措施。"

专利诉前禁令主要针对以下行为：

1. 未经许可实施他人专利行为。该类行为包括以下三种具体形式：制造、使用、许诺销售、销售或进口他人发明专利产品或实用新型专利产品；使用他人专利方法以及使用、许诺销售、销售或进口依照该方法直接获得的产品；制造、销售或进口他人外观设计专利产品。

2. 假冒他人专利行为。该类行为包括以下四种具体形式：未经许可，在其制造或者销售的产品、产品的包装上标注他人的专利号；未经许可，在广告或者其他宣传材料中使用他人的专利号，使人将所涉及的技术误认为是他人的专利技术；未经许可，在合同中使用他人的专利号，使人将合同涉及的技术误认为是他人的专利技术；伪造或者变造他人的专利证书、专利文件或者专利申请文件。

3. 以非专利产品冒充专利产品、以非专利方法冒充专利方法。

（四）著作权诉前禁令

《著作权法》第 49 条："著作权人或者与著作权有关的权利人有证据证明他人正在实施或者即将实施侵犯其权利的行为，如不及时制止将会使其合法权益受到难以弥补的损害的,可以在起诉前向人民法院申请采取责令停止有关行为和财产保全的措施。”

著作权诉前禁令主要针对以下行为:

(1) 未经著作权人许可,复制、发行、表演、放映、广播、汇编、通过信息网络向公众传播其作品;

(2) 出版他人享有专有出版权的图书;

(3) 未经表演者许可,复制、发行录有其表演的录音录像制品,或者通过信息网络向公众传播其表演;

(4) 未经录音录像制作者许可,复制、发行、通过信息网络向公众传播其制作的录音录像制品;

(5) 未经许可,播放或者复制广播、电视;

(6) 未经著作权人或者与著作权有关的权利人许可,故意避开或者破坏权利人为其作品、录音录像制品等采取的保护著作权或者与著作权有关的权利的技术措施;

(7) 未经著作权人或者与著作权有关的权利人许可,故意删除或者改变作品、录音录像制品等的权利管理电子信息;

(8) 制作、出售假冒他人署名的作品。

自2013年1月1日起,行为保全成为我国《民事诉讼法》规定的重要临时权利救济措施。根据司法实践,主要有以下情形需要适用行为保全措施:(1) 在抚养权纠纷中,强制一方当事人移交子女、禁止一方当事人带子女出境;(2) 家庭暴力侵害案件;(3) 侵犯肖像权、隐私权案件;(4) 在相邻纠纷案件中,需要立即停止实施或将要实施的危害;(5) 环境危害侵权案件,需要立即停止正在发生的环境侵害;(6) 在租赁合同纠纷案件中,需要强制出租人立即交付关键设备或需要强制承租人停止损害或立即退出建筑物的;(7) 在股东争议、企业经营等纠纷中,当事人请求对经营行为进行监管或强制以及禁止召开股东会议;(8) 在特定物、特殊物买卖纠纷中,对买卖标的物实施监管;(9) 在金钱债务纠纷中,需要禁止债务人以恶意逃债为目的转让财产以及权利;(10) 在仲裁案件中需要采取行为保全的情形。[①]

三、行为保全的程序

(一) 申请人提出申请

利害关系人或者当事人向人民法院提出行为保全的申请,应当递交书面申

---

① 参见奚晓明:《〈中华人民共和国民事诉讼法〉修改条文适用解答》,人民法院出版社2012年版,第148页。

请书。申请书应记载以下内容:(1) 利害关系人或当事人及其基本情况;(2) 申请的具体内容、范围;(3) 申请的理由,包括有关行为如不及时制止,将会使当事人或者利害关系人的合法权益受到难以弥补的损害的具体说明。

(二) 责令申请人提供担保

行为保全制度为利害关系人、当事人在起诉前以及诉讼中提供了临时权利救济手段,而此时人民法院尚未开始或者完成对案件的实质审理。由于行为保全措施直接影响到被申请人的实体权利,如果法院的裁定错误,被申请人的合法权益将受到侵害,因此《民事诉讼法》严格规定行为保全的担保。利害关系人申请诉前行为保全的,应当提供担保,不提供担保的,人民法院裁定驳回申请;当事人申请诉讼中行为保全的,人民法院可以责令提供担保,申请人不提供担保的,裁定驳回申请。《民事诉讼法》规定的行为保全担保,一方面是为了在裁定错误时补偿被申请人的损失;另一方面也促使利害关系人以及当事人慎重对待财产保全申请,避免滥用权利。

(三) 人民法院审查申请

人民法院接受申请后,从以下几方面对申请进行审查:(1) 是否发生了侵权行为或者有发生侵权行为的威胁;(2) 侵权行为是否会给利害关系人或者当事人造成难以弥补的损害;(3) 申请人提供担保的情况;(4) 行为保全措施是否符合社会公共利益。与财产保全不同,行为保全措施强制被申请人为一定行为或禁止为一定行为,保全行为一旦实施就难以恢复原状。因此,人民法院不应因申请人提供了担保,就放宽对保全申请的审查,避免侵害被申请人的合法权利。

(四) 行为保全的执行

对于诉前行为保全的申请,人民法院应当在 48 小时内作出裁定;对于诉讼中的行为保全申请,情况紧急的,人民法院应当在 48 小时内作出裁定。裁定采取保全措施的,应当立即开始执行。行为保全裁定的效力持续到生效法律文书执行为止。申请人自人民法院采取责令停止有关行为的措施之日起 30 日内不起诉的,人民法院应当解除该措施。当事人对裁定不服的,可以申请复议一次,复议期间不停止裁定的执行。利害关系人或当事人对行为保全裁定提出异议,人民法院经审查,认为理由成立的,应当裁定撤销行为保全裁定。

(五) 行为保全错误的赔偿

利害关系人或当事人申请行为保全措施错误的,应当赔偿被请求人或者利害关系人因此所遭受的损失。

第三节 先予执行

一、先予执行的概念和意义

先予执行,是指人民法院在作出终局判决之前,为解决权利人生活或生产经营的急需,依法裁定义务人预先履行义务的制度。

根据司法保障请求权理论,国家有义务为权利人提供有效的权利保护途径,保障当事人的民事实体权利的实现。为了预防在诉讼前或者诉讼中出现使民事裁判不能或者难以执行的情况,世界各国都设立了临时权利救济制度。在有些特殊类型的案件中,权利人需要非常及时的救济,否则会影响其生存状态。我国的先予执行制度的目的,正是为了在权利人生活或者生产经营急需的情况下,将权利救济提前到民事裁判作出之前。

二、先予执行的适用范围

《民事诉讼法》第106条规定了先予执行制度的适用范围,人民法院对下列案件,根据当事人的申请,可以裁定先予执行:

(一)追索赡养费、抚养费、抚育费、抚恤金、医疗费用的案件

我国《婚姻法》及最高人民法院有关司法解释对赡养费、抚养费、抚育费有以下规定:

《婚姻法》第21条规定:"父母对子女有抚养教育的义务;子女对父母有赡养扶助的义务。父母不履行抚养义务时,未成年的或不能独立生活的子女,有要求父母付给抚养费的权利。子女不履行赡养义务时,无劳动能力的或生活困难的父母,有要求子女付给赡养费的权利。"第37条规定:"离婚后,一方抚养的子女,另一方应负担必要的生活费和教育费的一部或全部,负担费用的多少和期限的长短,由双方协议;协议不成时,由人民法院判决。"《最高人民法院关于人民法院审理离婚案件处理子女抚养问题的若干具体意见》第7条规定:"子女抚育费的数额,可根据子女的实际需要、父母双方的负担能力和当地的实际生活水平确定。"可见,在追索赡养费、抚养费、抚育费案件中主张权利一方多是老、弱、幼、小,应当对其诉讼权利予以特殊规定,以解决其在诉讼进行中的基本生存需要。

抚恤金有两种,一为伤残抚恤金,发放对象为革命残疾军人、因公致残的职工等;二为死亡抚恤金,发放对象是革命烈士、因公牺牲人员的家属。此类案件不同于普通民事案件,在《民事诉讼法》规定适用先予执行,可以在民事诉讼中贯彻和实施追索抚恤金案件中鼓励相关人员服务国家的公共利益。

在侵权行为引起的人身伤害案件中，受害者需要及时住院治疗。对于经济困难的受害者，医疗费用的缴纳直接影响到伤病的治疗，有时甚至关乎生死，如果等到判决生效，甚至强制执行以后才获得给付，将会降低权利救济的效果。《民事诉讼法》规定追索医疗费用案件可以先予执行，旨在保证国家司法保障的效率，更好地实现受害人的权利。

（二）追索劳动报酬的案件

在追索劳动报酬案件中，主张权利者多为以劳动报酬为家庭主要收入来源的普通劳动者。如果不及时给付其劳动报酬，权利人在诉讼进行中的生活难以为继，不但损害劳动者依法获得劳动报酬的权利，还侵害社会公平原则。

（三）因情况紧急需要先予执行的案件

《民事诉讼法》第106条第3项是一个兜底性的规定，旨在补充法律列举式规定的不足，便于灵活掌握先予执行制度。根据相关司法解释，紧急情况包括：(1) 需要立即停止侵害、排除妨害的；(2) 需要立即制止某项行为的；(3) 需要立即返还用于购置生产原料、生产工具货款的；(4) 追索恢复生产、经营急需的保险理赔费的。

三、先予执行的条件

根据《民事诉讼法》第107条和《最高人民法院关于在经济审判工作中严格执行〈中华人民共和国民事诉讼法〉的若干规定》第16条的规定，人民法院裁定先予执行，必须符合以下条件：

（一）由当事人提出书面申请

当事人对自己的生活和生产经营状况最为清楚，是否申请先予执行应当由当事人决定。另外，先予执行对被申请人的实体权利产生影响，法院不宜依职权裁定先予执行。

（二）当事人之间民事权利义务关系明确

当事人之间权利义务关系明确，是指人民法院无须对案件进行深入全面的审查，即可以判断原告是享有权利的一方，被告是履行义务的一方，并且双方之间不存在对等的给付关系。只有在当事人之间权利义务关系明确的条件下，人民法院方可裁定先予执行，如果案件复杂，则可能侵害被告的合法权益，造成执行回转的情况。

（三）具有适用先予执行的必要性

先予执行是临时权利救济制度，旨在提前实现当事人的实体权利。人民法院裁定先予执行时，尚未作出终局的民事判决，可能出现错误裁定影响被告民事实体权利的情形。因此，必须具备适用先予执行的必要性，即不先予执行将严重影响申请人的生活或者生产经营。

（四）被申请人有履行义务的能力

人民法院裁定先予执行，必须以被申请人有履行能力为前提条件。否则，即使人民法院作出先予执行的裁定，因无法执行，对申请人的权利没有任何实际上的救济效果。

（五）当事人提供担保

为了促使当事人慎重对待先予执行的申请，避免侵害被告的合法权益，人民法院可以责令申请人提供担保。申请人不提供担保的，驳回申请。

四、先予执行的程序

（一）提出申请

根据《民事诉讼法》第106条的规定，人民法院根据当事人的申请，可以裁定先予执行。因此，先予执行是完全依申请进行的诉讼行为，先予执行程序开始于当事人的申请。当事人应当以书面形式提出申请，写明先予执行的请求、理由和相应的证据，并说明对方当事人履行能力的具体情况。

《民事诉讼法》和最高人民法院司法解释没有明确规定当事人提出先予执行申请的时间，但有规定："《民事诉讼法》规定的先予执行，人民法院应当在受理案件后终审判决作出前采取。"由此规定可知，当事人提出先予执行申请的时间是，人民法院受理案件后终审判决作出前。在司法实践中，由于适用先予执行的案件具有紧迫性，当事人一般应当在起诉时同时提出先予执行的申请，以便于人民法院在受理案件后立即进行审查。

（二）审查与提供担保

当事人提交先予执行的申请后，人民法院应当立即进行审查。审查主要有以下内容：（1）本案是否属于《民事诉讼法》规定的案件范围；（2）本案是否符合先予执行的条件；（3）对既属先予执行范围又符合先予执行条件的案件，法院还可以责令申请人提供担保，以防止因错误适用先予执行而损害被执行人合法权益的情况出现。但符合先予执行条件的申请人，往往生活或者生产存在困难，难以提供担保，因此《民事诉讼法》规定"可以责令申请人提供担保"，旨在为此类当事人提供及时的权利救济。

（三）裁定先予执行及执行

《最高人民法院关于在经济审判工作中严格执行〈中华人民共和国民事诉讼法〉的若干规定》第16条规定："人民法院先予执行的裁定，应当由当事人提出书面申请，并经开庭审理后作出。"开庭审理后，人民法院认为符合法定条件的，裁定先予执行；认为不符合法定条件的，驳回申请。先予执行的裁定必须由审理法院作出，在管辖权尚未确定的情况下，不得裁定先予执行。

人民法院对符合先予执行条件的申请，应当及时作出先予执行的裁定。裁定一经作出,立即发生法律效力,人民法院应当尽快执行,情况紧急的应当立即执行。根据相关司法解释的规定,先予执行应当限于当事人诉讼请求的范围,并以当事人的生活、生产经营的急需为限。当事人对先予执行裁定不服的,可以申请复议一次。复议期间不停止裁定的执行。人民法院应当及时审查当事人不服先予执行裁定的复议申请。裁定正确的,通知驳回当事人的申请;裁定不当的,作出新的裁定变更或者撤销原裁定。

(四)先予执行裁定的最终处理

根据《民事诉讼法》与相关司法解释的规定,人民法院在案件审理终结时,应当在裁判中对先予执行的裁定及该裁定的执行情况予以说明并提出处理意见。权利人胜诉,先予执行正确的,人民法院应在判决中说明权利人应享有的权利在先予执行中已得到全部或部分的实现;权利人败诉,先予执行错误的,人民法院应在判决中指出先予执行是错误的,依照《民事诉讼法》第 233 条的规定作出裁定,责令申请人返还因先予执行所取得的利益或采取执行回转措施强制执行。被申请人因先予执行遭受损失的,申请人应当赔偿。

第四节　对妨害民事诉讼的强制措施

一、对妨害民事诉讼的强制措施的概念和意义

对妨害民事诉讼的强制措施,是指人民法院在民事诉讼中,为了维护正常的诉讼秩序,保证审判和执行活动的顺利进行,依法对妨害人所采取的各种强制手段。对妨害民事诉讼的强制措施的目的是保障民事诉讼活动的正常进行,其性质是一种排除妨害的强制性手段,主要功能在于对妨害人的教育,而不是惩罚,不同于刑事制裁、民事制裁和行政制裁。

对妨害民事诉讼的强制措施具有重要意义和作用,主要表现在以下方面:首先,消除违法行为对民事诉讼的干扰,维护正常的诉讼秩序和社会主义法制的尊严。民事诉讼是国家设立的民事纠纷解决途径,具有公权力的强制性。对于当事人、其他诉讼参与人以及案外人干扰、阻挠民事诉讼正常进行的行为,人民法院有权采取强制措施,使民事诉讼依照法律规定的程序和规则发展和进行。其次,保障当事人和其他诉讼参与人充分行使诉讼权利,并使其合法权益免受侵害。民事诉讼的根本目的在于,通过公正的程序,使当事人的民事实体权利最终得到实现。该目的必须以当事人的诉讼权利得到保障为前提,因此在法律规定的情形中,人民法院有义务采取必要的强制措施,排除妨害民事诉讼行为人的干扰,维护正常的诉讼秩序,保障当事人和其他诉讼参与人充分行使诉讼权利,最终实现对其民事实体权利的保护。最后,保证人民法院顺利完成审判任务。人

民法院对民事争议的审理和裁判，以诉讼程序合法正常进行为前提。妨害民事诉讼的行为，不仅破坏了诉讼程序的进行，侵害当事人和其他诉讼参与人的诉讼权利，也破坏了人民法院正常的审判工作。对妨害民事诉讼行为采取强制措施，有利于保证人民法院顺利完成审判任务。

二、妨害民事诉讼行为的构成和种类

（一）妨害民事诉讼行为的构成

妨害民事诉讼行为，是指民事诉讼当事人、其他诉讼参与人和案外人在民事诉讼过程中，故意干扰、破坏民事诉讼秩序，阻碍民事诉讼活动正常进行的行为。构成妨害民事诉讼的行为必须具备以下条件：

1. 有妨害民事诉讼行为的发生。妨害民事诉讼的行为有两类，包括作为和不作为。作为是指行为人以积极的活动实施妨害民事诉讼的行为，比如《民事诉讼法》第111条第1款第1项规定的“伪造、毁灭重要证据，妨碍人民法院审理案件的”行为。不作为是相对于作为而言的，指行为人负有实施某种积极行为的法律义务，并且能够实行，但是以不实施行为的方式妨害民事诉讼，比如《民事诉讼法》第109条规定的“必须到庭的被告，经两次传票传唤，无正当理由拒不到庭的”，《民事诉讼法》第111条第1款第6项规定的“拒不履行人民法院已经发生法律效力的判决、裁定的”行为。上述行为必须已经发生，如果尚未实施，不构成妨害民事诉讼行为。

2. 妨害行为在诉讼过程中实施。对妨害民事诉讼的强制措施的目的在于排除违法行为对民事诉讼程序的阻挠和干扰，因此要求必须是在诉讼过程中实施的行为。比如《民事诉讼法》第110条第3款规定的“哄闹、冲击法庭，侮辱、诽谤、威胁、殴打审判人员，严重扰乱法庭秩序的”行为发生在开庭审理阶段，《民事诉讼法》第111条第1款第3项规定的“隐藏、转移、变卖、损害已被查封、扣押的财产，或者已被清点并责令其保管的财产，转移已被冻结的财产的”行为发生在审判程序或者执行程序中。应当指出的是，由于诉前财产保全与随后启动的诉讼程序和判决的执行程序密切相关，因此对妨害诉前财产保全的行为也应当适用相应的强制措施。对妨害民事诉讼的强制措施所针对的是诉讼程序中的妨害行为，当事人、其他诉讼参与人和案外人在起诉前或者执行程序结束后实施的行为不构成妨害民事诉讼行为。

3. 行为人有主观故意。采取强制措施的目的是排除行为人出于主观故意对民事诉讼的妨害，因此故意是民事诉讼妨害行为的主观要件，即行为人明知自己的行为会产生妨害民事诉讼的后果，仍执意实施该行为，并希望通过自己的行为达到违法的目的。比如伪造证据的行为，行为人主观上希望通过伪造的证件导致法官对案件事实作出相反的判断。缺乏主观故意的行为，比如未成年人的法定代理人因交通事故或者自然灾害不能在开庭审理期日出庭,不构成妨害民事诉讼行为。

4. 足以妨害民事诉讼的进行。行为人所实施的行为必须产生妨害民事诉讼的结果,使其偏离法律规定的程序。为了排除这些结果,必须通过强制措施,使民事诉讼重新纳入法律规定的轨道。

(二) 妨害民事诉讼行为的种类

根据《民事诉讼法》和相关司法解释的规定,妨害民事诉讼的行为主要有以下几种:

1. 依法必须到庭的被告和未成年人的法定代理人拒不到庭。必须到庭的被告,经两次传票传唤,无正当理由拒不到庭。必须到庭的被告,是指负有赡养、抚育、抚养义务和不到庭就无法查清案情的被告。给国家、集体或他人造成损害的未成年人的法定代理人,如其必须到庭,经两次传票传唤无正当理由拒不到庭,构成妨害民事诉讼行为。

2. 违反法庭规则,扰乱法庭秩序的行为。开庭审理是人民法院行使审判权,审理民事案件,以及当事人和其他诉讼参与人行使诉讼权利,保护自己民事权利的重要诉讼阶段。违反法庭规则,扰乱法庭秩序的行为干扰和阻碍了庭审程序的进行,侵害了人民法院的审判权以及当事人和其他诉讼参与人的诉讼权利。此类行为主要有:违反法庭规则,比如未经允许在开庭时录音、录像、拍照;哄闹、冲击法庭;侮辱、诽谤、威胁、殴打审判人员。

3. 妨害诉讼证据的收集、调查和阻拦、干扰诉讼进行。根据《民事诉讼法》第 111 条的规定,该类行为包括:

(1) 伪造、毁灭重要证据,妨碍人民法院审理案件。伪造证据,是指行为人故意以弄虚作假的方式制造根本就不存在的证据,以达到使人民法院作出不符案件事实判断的目的。毁灭重要证据是指行为人将能够证明案件事实的证据销毁、灭失,使人民法院不能据此作出正确的判断。

(2) 以暴力、威胁、贿买方法阻止证人作证或者指使、贿买、胁迫他人作伪证。证人证言是重要的民事诉讼证据,缺乏重要的证人证言或者证人提供虚假证言,将会影响人民法院对案件事实作出正确的判断,以上述方式阻止证人作证或者使证人作伪证,均属于妨害民事诉讼的行为。

(3) 隐藏、转移、变卖、毁损已被查封、扣押的财产,或者已被清点并责令其保管的财产,转移已被冻结的财产。查封、扣押、冻结是人民法院为限制当事人对其财产的处分而实施的强制措施,旨在保障权利人的权利不受恶意当事人隐藏、转移、变卖、毁损等行为侵害,使民事判决能够顺利执行。

(4) 对司法工作人员、诉讼参加人、证人、翻译人员、鉴定人、勘验人、协助执行的人进行侮辱、诽谤、诬陷、殴打或者打击报复。许多民事案件应当在法官的指挥下,通过其他司法工作人员、诉讼参加人等的协作,促使其审判和执行程序顺利进行。侮辱、诽谤、诬陷、殴打或者打击报复将干扰上述人员的工作,使民事诉讼不能依照法定程序进行。

(5) 以暴力、威胁或者其他方法阻碍司法工作人员执行职务。人民法院是国家的审判机关,由其行使的审判权必须通过司法人员的职务行为才能得到实施,如果司法人员的职务行为受到阻碍,民事诉讼就难以依法进行,人民法院亦无从行使其审判权。

(6) 拒不履行人民法院已经发生法律效力的判决、裁定。民事诉讼是国家设立的纠纷解决途径,因此民事诉讼的程序规则具有强制性,当事人必须履行人民法院作出的民事判决,否则构成妨害民事诉讼的行为。

4. 当事人之间恶意串通,企图通过诉讼、调解等方式侵害他人的合法权益。在司法实践中,当事人之间通过虚假诉讼、调解方式侵害他人合法权益的案件数量不断增加,严重干扰了人民法院的正常诉讼秩序,因此 2012 年的《民事诉讼法》修正案增加了第 112 条,旨在打击此类妨害民事诉讼的行为,维护司法公正,提示社会的诚信理念。[①]

5. 被执行人与他人恶意串通,通过诉讼、仲裁、调解等方式逃避履行法律文书确定的义务。当事人进行民事诉讼的目的在于获得法院以判决或调解形式对其权利的确认,但胜诉一方的合法权益是否得以真正实现,依赖于债务人对判决、调解的主动履行或者强制执行程序。近年来,通过诉讼、仲裁、调解等方式与他人恶意串通,逃避执行的现象日益增多,不仅损害了申请执行人的合法权益,也严重妨碍了法院的执行工作。2012 年的《民事诉讼法》修正案增加了第 113 条,对此类行为予以规制,明确法院实施处罚的法律依据。[②]

6. 有义务协助调查、执行的单位或组织拒不履行协助义务的行为。根据《民事诉讼法》第 114 条的规定,该类行为包括:

(1) 有关单位拒绝或者妨碍法院调查取证。

(2) 有关单位接到人民法院协助执行通知后,拒不协助查询、扣押、冻结、划拨、变价财产。

(3) 有关单位接到人民法院协助执行通知书后,拒不协助扣留被执行人的收入,拒不办理有关财产权证照转移手续,拒不转交有关票证、证照或者其他财产。

(4) 其他拒绝协助执行的行为。根据最高人民法院司法解释的规定,其他

---

① 参见全国人大常委会法制工作委员会民法室编著:《〈中华人民共和国民事诉讼法〉释解与适用》,人民法院出版社 2012 年版,第 180 页。

② 同上书,第 184 页。

拒绝协助执行的行为有：其一，擅自转移已被人民法院冻结的存款或者擅自解冻；其二，以暴力、威胁或者其他方法阻碍司法工作人员查询、冻结、划拨银行存款；其三，接到人民法院协助执行通知后，给当事人通风报信，协助其转移、隐匿财产。

7. 妨害执行的行为。根据《最高人民法院关于人民法院执行工作若干问题的规定（试行）》第 100 条的规定，妨害执行的行为包括：

（1）隐藏、转移、变卖、毁损向人民法院提供执行担保的财产；

（2）案外人与被执行人恶意串通转移被执行人财产；

（3）故意撕毁人民法院执行公告、封条；

（4）伪造、隐藏、毁灭有关被执行人履行能力的重要证据，妨碍人民法院查明被执行人财产状况；

（5）指使、贿买、胁迫他人对被执行人的财产状况和履行义务的能力问题作伪证；

（6）妨碍人民法院依法搜查；

（7）以暴力、威胁或其他方法妨碍或抗拒执行；

（8）哄闹、冲击执行现场；

（9）对人民法院执行人员或协助执行人员进行侮辱、诽谤、诬陷、围攻、威胁、殴打或者打击报复；

（10）毁损、抢夺执行案件材料、执行公务车辆、其他执行器械、执行人员服装和执行公务证件。

8. 采取非法拘禁他人或者非法私自扣押他人财产的方式追索债务的行为。禁止私力救济是现代法治的基本原则，民事纠纷发生后当事人必须诉请人民法院提供司法保障，而不是依靠私人的力量实现自己的权利。根据《民事诉讼法》第 117 条的规定，任何单位和个人采取非法拘禁他人或者非法私自扣押他人财产追索债务属于妨害民事诉讼的行为。

三、对妨害民事诉讼强制措施的种类与适用

根据《民事诉讼法》的规定，对妨害民事诉讼的强制措施有拘传、训诫、责令退出法庭、罚款和拘留。

（一）拘传及其适用

拘传是对必须到庭的被告，经人民法院两次传票传唤，无正当理由拒绝出庭的，人民法院派出司法警察，强制被传唤人到庭参加诉讼活动的一种措施。

根据《民事诉讼法》第 109 条的规定，适用拘传必须具备以下三个条件：

1. 适用拘传的对象是必须到庭的被告。根据最高人民法院相关司法解释的规定，适用拘传的对象具体包括三类：

(1) 负有赡养、抚育、抚养义务和不到庭就无法查清案情的被告。赡养、抚养、抚育义务争议,直接涉及权利人的基本生活问题,原被告之间有着非常密切,有时是复杂的关系,被告不到庭难以查清事实。同时,当事人之间是长期关系,其纠纷适宜调解,如被告不到庭则不利于原告合法权益的保护和调解的进行。

(2) 给国家、集体或他人造成损害的未成年人的法定代理人,且必须到庭的。

(3) 必须到人民法院接受询问的被执行人或被执行人的法定代表人或负责人。在执行程序中,有时必须直接询问被执行人或被执行人的法定代表人或负责人,才可以查清其财产情况和履行能力。如果被执行人或者其法定代表人或负责人故意逃避询问,将会拖延执行程序。以拘传方式强制其到法院接受询问,一方面有利于执行程序的进行,另一方面也可以教育被执行人或其法定代表人或负责人,树立司法权威。

2. 必须到庭的被告,经人民法院两次传票传唤。根据《民事诉讼法》的要求,适用拘传的被告必须是经法院以传票形式,依法定程序进行了两次传唤不到庭。

3. 必须到庭的被告无正当理由拒不到庭。正当理由一般是指超出当事人主观意志控制范围并且难以克服的事由,比如自然灾害、交通事故或者重病。

由于拘传是对被拘传人人身自由的限制,《民事诉讼法》严格规定了拘传的适用条件,只有在以上三个条件同时具备的情况下,人民法院才可以对必须到庭的被告采取拘传。

采取拘传措施由合议庭或者独任审判员提出意见,报请人民法院院长批准。拘传应当采用拘传票,直接送达给被拘传人,由被拘传人在拘传票上签字。在实际拘传之前应当先向被拘传人说明拒不到场的法律后果,争取其主动到场;如果其经过批评教育后仍然不主动到场的,便可以采取强制措施拘传其到场。

在审判程序和执行程序中适用拘传有不同的时间限制。审判程序中的拘传,是为了强制必须到庭的被告、未成年人的法定代理人出庭查清案件事实,拘传的时间应当以案件事实调查完毕为限。执行程序中的拘传时间限制与审判程序不同,根据《最高人民法院关于人民法院执行工作若干问题的规定(试行)》第98条的规定,在执行程序中对被拘传人的调查询问不得超过二十四小时,调查询问后不得限制被拘传人的人身自由。

(二) 训诫及其适用

训诫,是指人民法院对开庭审理时违反法庭规则,但情节显著轻微的人,当庭进行的公开批评和告诫,并责令其改正,不得再犯。

法庭规则是法院开庭审理民事案件时,当事人、诉讼参与人与其他人应当遵守的纪律与秩序。根据《民事诉讼法》第137条的规定,在开庭审理前,书记员宣布法庭纪律。对于违反法庭规则,但尚不至于责令其退出法庭的人,审判长或者独任审判员应当庭进行训诫,训诫的内容记入庭审笔录。

(三)责令退出法庭

责令退出法庭,是指在开庭审理中,对违反法庭规则的当事人、诉讼参与人和其他人采取的命令其退出法庭的强制措施。

责令退出法庭的适用对象,是违反法庭规则的当事人、诉讼参与人或者其他人。被责令退出法庭的行为人违反法庭规则的行为,比接受训诫的行为人的行为更严重。训诫只是口头的批评、告诫,仍允许行为人留在法庭,而责令退出法庭则是强行命令其离开法庭。

适用责令退出法庭的强制措施,由合议庭或独任审判员决定,由审判长或独任审判员口头宣布,责令行为人退出法庭。作出责令退出法庭的决定后,行为人应主动退出法庭,否则司法警察可强制其离开法庭。责令退出法庭措施应当记入庭审笔录。

(四)罚款及其适用

罚款是人民法院对实施妨害民事诉讼行为情节比较严重的人,责令其在规定的时间内缴纳一定数额的金钱。

人民法院适用罚款措施,应注意以下几方面:

1. 适用的对象。根据《民事诉讼法》的规定,人民法院可以根据情节轻重对违反该法第110—114条、第117条妨害民事诉讼的人或者单位予以罚款。

2. 罚款的金额。对个人的罚款金额,为人民币10万元以下;对单位的罚款金额,为人民币5万元以上、100万元以下。

3. 罚款决定的程序。适用罚款由合议庭或独任审判员提出意见,报请法院院长批准,并由人民法院出具《罚款决定书》。被罚款人必须在指定的期限内向人民法院缴纳罚款,人民法院收到款项时应当开具收据。

4. 复议。罚款决定一经作出立即生效。被罚款人不服罚款决定的,可以向上一级人民法院申请复议一次,复议期间不停止执行。上级人民法院应在收到复议申请后五日内作出决定,并将复议结果通知下级人民法院和当事人。上级人民法院复议时认为罚款决定不当的,应当制作决定书,撤销或变更下级人民法院的罚款决定。情况紧急的,可以在口头通知后三日内发出决定书。

(五)拘留

拘留是人民法院对实施妨害民事诉讼行为情节严重的人,在一定期限内限制其人身自由的强制措施,是民事诉讼强制措施中最为严厉的一种。

人民法院适用拘留措施,应注意以下几方面:

1. 适用的对象

根据《民事诉讼法》的规定,人民法院可以对违反该法第110—114条、第

117 条妨害民事诉讼的人或者单位的主要负责人或直接责任人适用拘留措施。拘留以限制被拘留人人身自由的方式排除妨害民事诉讼的行为，因此对其适用应当非常审慎。适用拘留措施不仅要求被拘留对象实施了《民事诉讼法》规定的违法行为，同时又必须严重妨害民事诉讼，并且给民事诉讼程序的进行造成严重的后果。如果采取其他强制措施能够纠正行为人的错误，不宜适用拘留。比如根据《民事诉讼法》第 114 条的规定，人民法院可以对不履行协助义务的单位的主要负责人或者直接责任人予以罚款；对仍不履行协助义务的，可以予以拘留。

2. 拘留决定的程序

采取拘留措施由合议庭或独任审判员提出意见，报请法院院长批准，并由人民法院出具《拘留决定书》。根据相关司法解释的规定，因哄闹、冲击法庭，用暴力、威胁等方法抗拒执行公务等紧急情况，应立即采取拘留措施的，可以在实施拘留措施之后，报请法院院长补办批准手续。法院院长认为拘留不当的，应立即解除拘留措施。

3. 拘留措施的执行

根据相关司法解释的规定，对诉讼参与人和其他人采取拘留措施的，应经院长批准，作出拘留决定书，由司法警察将被拘留人送交当地公安机关看管。被拘留人不在本辖区的，作出拘留决定的人民法院应派员到被拘留人所在地的人民法院，请该法院协助执行，受委托的人民法院应及时派员协助执行。被拘留人申请复议或者在拘留期间承认并改正错误，需要提前解除拘留的，受委托人民法院应向委托人民法院转达或者提出建议，由委托人民法院审查决定。

根据《民事诉讼法》第 115 条和相关司法解释的规定，拘留的期限为十五日以下。在拘留期间，被拘留人承认并改正错误的，人民法院可以责令其具结悔过，提前解除拘留。提前解除拘留，应报经院长批准，并作出提前解除拘留决定书，交负责看管的公安机关执行。

4. 复议

被拘留人不服拘留决定的，可以向上一级人民法院申请复议一次，复议期间不停止执行。上级人民法院应在收到复议申请后五日内作出决定，并将复议结果通知下级人民法院和当事人。上级人民法院复议时认为拘留决定不当的，应当制作决定书，撤销或变更下级人民法院的拘留决定。情况紧急的，可以在口头通知后三日内发出决定书。

罚款、拘留可以单独适用，也可以合并适用。对同一妨害民事诉讼行为的罚款、拘留不得连续适用。但发生了新的妨害民事诉讼的行为，人民法院可以重新予以罚款、拘留。

思考题

1. 比较诉讼财产保全和诉前财产保全的条件。
2. 简述财产保全的范围和措施。
3. 简述行为保全与财产保全、先予执行的异同。
4. 试述先予执行的适用范围和条件。
5. 如何理解民事诉讼强制措施的特点和性质？
6. 简述妨害民事诉讼行为的构成要件。

第十四章　诉讼费用与司法救助

内容要点

诉讼费用的概念，案件受理费的交纳标准，诉讼费用的负担原则，诉讼费用的退还，司法救助的概念，诉讼费用缓交、减交与免交。

第一节　诉讼费用概述

一、诉讼费用的概念及意义

诉讼费用，是指当事人进行民事诉讼，依法应当向法院交纳和支付的费用。

诉讼费用制度，是民事诉讼制度的重要组成部分之一。在民事诉讼中向当事人征收诉讼费用，是各国民事诉讼立法中普遍规定的一项基本内容，目的在于通过让当事人自行负担因解决私权纠纷而耗费的诉讼成本，包括法院的裁判费用和其他必要的费用，以体现社会资源在利用上的公平性。我国现行《民事诉讼法》也不例外，该法第 118 条对征收诉讼费用作了原则性的规定："当事人进行民事诉讼，应当按照规定交纳案件受理费。财产案件除交纳案件受理费外，并按照规定交纳其他诉讼费用。"依据这一规定，国务院于 2006 年 12 月 19 日颁布了新的《诉讼费用交纳办法》（以下简称《交纳办法》），以替代 1989 年的《人民法院诉讼收费办法》。《交纳办法》自 2007 年 4 月 1 日起施行，是我国民事审判实践中当事人交纳诉讼费用的主要依据。

诉讼费用的法律性质表现在以下两方面：

（一）具有国家规费的性质

民事诉讼是当事人请求国家司法机关行使审判权以保护其私法上的利益，由其向国家交纳裁判费用，反映了当事人和国家之间所形成的公法上的权利义务关系。当事人之所以可请求法院给予司法保护，缘于其对国家所享有的诉权，但如果不依法向法院交纳裁判费用，其诉权的行使自然不能达到目的。裁判费用的国家规费性质，决定了当事人交纳裁判费用是其公法上的义务。

（二）具有制裁违法的性质

民事纠纷的发生通常是由于一方当事人不履行或者不适当履行民事义务而引起，法院裁判对合法权益的保护往往是通过对违法行为的制裁来完成的，实体上的制裁可以是各种承担民事责任的方式,属于直接制裁。诉讼费用则是由于诉讼程序被启动而必然发生的,倘若要由权利受到侵害的当事人来予以承担,显然是不合理的,因此由败诉的一方当事人负担诉讼费用就成为各国民事诉讼立法中普遍的规则。负担诉讼费用与承担民事责任不同,它对争议民事法律关系的确定、改变或者消灭不发生任何作用,但由败诉方负担诉讼费用,实际上是对违反民事法律当事人的一种间接制裁。

二、诉讼费用制度的意义

《民事诉讼法》规定的诉讼费用制度,具有多方面的意义:

1. 有利于减少国家的财政支出,减轻财政负担。人民法院为解决当事人之间的民事争议,必然要投入一定的人力、物力和财力。如果这些费用概由国家财政负担,那就意味着让整个社会或者是全体纳税人来为特定的少数当事人因私权纠纷进行诉讼而承担费用,这是不公平的,也是不合理的。法院向诉讼当事人征收相应的诉讼费用,就是为了实现公平。

2. 有利于加强社会成员的法治观念,防止和减少无理缠讼或滥用诉权的现象。在司法实践中,常有少数当事人滥用诉权、无理缠讼,造成司法资源的浪费。征收诉讼费用,可以促使当事人慎重地依法行使诉权,充分利用通过诉讼外的机制解决争议,降低解决纠纷的实际成本,减轻法院的诉讼压力。

3. 有利于促使当事人自觉遵守法律,自觉履行民事义务。由于诉讼费用制度采用的是败诉方负担原则,对于因不履行民事义务而引起诉讼的当事人具有经济制裁的作用。征收诉讼费用可以促使公民、法人和其他组织自觉遵守国家法律,自觉履行民事义务,以达到社会经济秩序稳定之目的。

4. 有利于维护国家主权和经济利益。征收诉讼费用是世界各国民事诉讼中的通例。在世界各国对民事诉讼普遍收费的情况下,我国若不收取相应的诉讼费用,就会使国家在经济上蒙受不必要的损失,不仅有损于国家主权,也不利于在国际交往中贯彻国家间的平等互惠原则。

第二节 诉讼费用的交纳

根据《交纳办法》的规定,诉讼费用具体包括三种费用,即案件受理费、申请费和经济补偿费用。不同种类的诉讼费用,按不同的收费标准交纳。

一、案件受理费及交纳标准

案件受理费,是指人民法院决定受理案件后,按照有关规定应向当事人收取的费用。根据《民事诉讼法》和《交纳办法》的规定,除法律另有规定外,原则上所有民事权利义务争议案件的当事人都应交纳案件受理费，具体范围包括：第一审案件、第二审案件和需要交纳案件受理费的再审案件。这里的再审案件是指当事人有新的证据，足以推翻原判决、裁定，向人民法院申请再审，人民法院经审查决定再审的案件，以及当事人对人民法院第一审判决或者裁定未提出上诉，第一审判决、裁定和调解书发生法律效力后又申请再审，人民法院经审查决定再审的案件。

案件受理费分为两类：一类是非财产案件的受理费；另一类是财产案件的受理费。如果案件的诉讼标的既涉及非财产性质，又涉及财产性质，则应分别按两类案件交纳案件受理费。

(一) 非财产案件受理费

非财产案件，是指因人身关系或人身非财产关系发生争议而提起诉讼的案件。根据《交纳办法》的规定，非财产案件受理费在规定的收费幅度内按件计征，涉及财产的部分依不同情况分别处理：

(1) 离婚案件，每件交纳 50 元至 300 元。涉及财产分割，财产总额不超过 20 万元的，不另行交纳；超过 20 万元的部分，按 0.5% 收取。

(2) 侵害姓名权、名称权、肖像权、名誉权、荣誉权以及其他人格权的案件，每件交纳 100 元至 500 元。涉及损害赔偿，赔偿金额不超过 5 万元的，不另行交纳；超过 5 万元至 10 万元的部分，按照 1% 交纳；超过 10 万元的部分，按照 0.5% 交纳。

(3) 其他非财产案件，每件交纳 50 元至 100 元。

(4) 知识产权民事案件，没有争议金额或者价额的，每件交纳 500 元至 1000 元；有争议金额或者价额的，按财产案件的收费标准交纳。

(5) 劳动争议案件，每件交纳 10 元。

(6) 当事人提出案件管辖权异议，异议不成立的，每件交纳 50 元至 100 元。

(二) 财产案件受理费

财产案件，是指因财产权益争议提起诉讼的案件。根据《交纳方法》的规定，财产案件的受理费，按照诉讼请求的金额或者价额，实行依率递减的原则计算应交纳的费用。其具体交纳标准如下：

(1) 不超过 1 万元的，每件交纳 50 元；

(2) 超过 1 万元至 10 万元的部分，按照 2.5% 交纳；

(3) 超过 10 万元至 20 万元的部分，按照 2% 交纳；

(4) 超过 20 万元至 50 万元的部分，按照 1.5% 交纳；

(5) 超过 50 万元至 100 万元的部分，按照 1% 交纳；

(6) 超过 100 万元至 200 万元的部分，按照 0.9% 交纳；

(7) 超过 200 万元至 500 万元的部分，按照 0.8% 交纳；

（8）超过500万元至1000万元的部分，按照0.7%交纳；

（9）超过1000万元至2000万元的部分，按照0.6%交纳；

（10）超过2000万元的部分，按照0.5%交纳。

案件受理费的计算方法是：以超额递减率对诉讼请求的金额或者价额分段计算，然后将各段结果相加，其总数即为应收取案件受理费的数额。

此外，《交纳办法》还对上诉案件、再审案件、调解结案的案件以及适用简易程序的案件的受理费交纳标准作出了专门规定：

（1）对财产案件提起上诉的，按照不服一审判决部分的上诉请求数额交纳案件受理费；

（2）需要交纳案件受理费的再审案件，按照不服原判决部分的再审请求数额交纳案件受理费；

（3）以调解方式结案、当事人申请撤诉的以及适用简易程序审理的案件，减半交纳案件受理费。

二、申请费及交纳标准

申请费是指当事人依照《民事诉讼法》的规定，要求人民法院启动执行程序、非诉讼程序以及若干程序保障事项而应当交纳的费用。根据《交纳办法》的规定，申请费的适用范围和交纳标准如下：

1. 依法向人民法院申请执行人民法院发生法律效力的判决、裁定、调解书，仲裁机构依法作出的裁决和调解书，公证机关依法赋予强制执行效力的债权文书，申请承认和执行外国法院判决、裁定以及国外仲裁机构裁决的，按照下列标准交纳：

（1）没有执行金额或者价额的，每件交纳50元至500元。

（2）执行金额或者价额不超过1万元的，每件交纳50元；超过1万元至50万元的部分，按照1.5%交纳；超过50万元至500万元的部分，按照1%交纳；超过500万元至1000万元的部分，按照0.5%交纳；超过1000万元的部分，按照0.1%交纳。

（3）符合《民事诉讼法》第54条第4款规定，未参加登记的权利人向人民法院提起诉讼的，按照申请执行所规定的标准交纳申请费，不再交纳案件受理费。

2. 申请保全措施的，根据实际保全的财产数额按照下列标准交纳：财产数额不超过1000元或者不涉及财产数额的，每件交纳30元；超过1000元至10万元的部分，按照1%交纳；超过10万元的部分，按照0.5%交纳。但是，当事人申请保全措施交纳的费用最多不超过5000元。

3. 依法申请支付令的，比照财产案件受理费标准的1/3交纳。

4. 依法申请公示催告的，每件交纳100元。

5. 申请撤销仲裁裁决或者认定仲裁协议效力的，每件交纳400元。

6. 破产案件依据破产财产总额计算，按照财产案件受理费标准减半交纳。但是，最高不超过30万元。

7. 海事案件的申请费按照下列标准交纳：

(1) 申请设立海事赔偿责任限制基金的，每件交纳1000元至1万元；

(2) 申请海事强制令的，每件交纳1000元至5000元；

(3) 申请船舶优先权催告的，每件交纳1000元至5000元；

(4) 申请海事债权登记的，每件交纳1000元；

(5) 申请共同海损理算的，每件交纳1000元。

三、经济补偿费用

经济补偿费用，是指在诉讼过程中证人、鉴定人、翻译人员、理算人员在人民法院指定日期出庭发生的交通费、住宿费、生活费和误工补贴。根据《交纳办法》第11条的规定，此类费用由人民法院按照国家规定标准代为收取。

四、诉讼费用的预交和管理

(一) 诉讼费用的预交

诉讼费用的预交，是指由提起诉讼或者提出申请的一方当事人预先垫付诉讼费用。之所以称其为垫付，是因为诉讼费用并非都是由预交的一方当事人负担，最终由哪一方负担，要在人民法院审理终结或执行终结后，依审理的结果和执行的情况按照一定的原则来加以确定。根据《交纳办法》的规定，诉讼费用的预交包括下列内容：

1. 案件受理费的预交。《交纳办法》第20条规定，案件受理费由原告、有独立请求权的第三人、上诉人预交。被告提起反诉的，由被告预交。案件受理费预交的具体方法是：

(1) 第一审案件的受理费，由原告自接到人民法院预交诉讼费用通知的次日起7日内交纳；被告反诉的，应当自提出反诉的次日起7日内交纳。当事人在预交期内既未申请缓交又不预交的，按撤诉处理。

(2) 上诉案件的受理费，由上诉人向人民法院提交上诉状时预交。双方当事人都提起上诉的，分别预交。上诉人在上诉期内未预交诉讼费用的，人民法院应当通知其在7日内预交。

(3) 需要交纳案件受理费的再审案件，由申请再审的当事人预交。双方当事人都申请再审的，分别预交。

2. 申请费的预交。申请费由申请人在提出申请时或者在人民法院指定的期限内预交。

3. 经济补偿费用。经济补偿费用不实行预交，待实际发生后交纳。

(二) 不交纳诉讼费用的法律后果

当事人逾期不交纳诉讼费用又未提出司法救助申请，或者申请司法救助未获批准，在人民法院指定期限内仍未交纳诉讼费用的，由人民法院依照有关规定处理。

(三) 诉讼费用的退还和补交

本着实事求是的精神，《交纳办法》依据多退少补的原则，对诉讼费用的退还和补交作出了专门规定，其主要内容是：

1. 当事人在法庭调查终结前提出减少诉讼请求数额的，按照减少后的诉讼请求数额计算退还。

2. 人民法院审理民事案件过程中发现涉嫌刑事犯罪并将案件移送有关部门处理的，当事人交纳的案件受理费予以退还。

3. 第二审人民法院决定将案件发回重审的，应当退还上诉人已交纳的第二审案件受理费。

4. 第一审人民法院裁定不予受理或者驳回起诉的，应当退还当事人已交纳的案件受理费；当事人对第一审人民法院上述裁定提起上诉，第二审人民法院维持第一审人民法院作出的裁定的，第一审人民法院应当退还当事人已交纳的案件受理费。

5. 当事人增加诉讼请求数额的，按照增加后的诉讼请求数额计算补交。

(四) 不预交诉讼费用的几种情况

1. 追索劳动报酬的案件，原告可以不预交案件受理费。

2. 执行申请费、破产申请费不由申请人预交。执行申请费执行后交纳，破产申请费清算后交纳。

五、诉讼费用的管理和监督

(一) 诉讼费用的管理

诉讼费用的管理，是指人民法院在收取、结算诉讼费用方面的运作制度。当事人向人民法院交纳诉讼费用是履行其诉讼上的义务，人民法院依法收取、结算诉讼费用则是其审判上的职责，规范诉讼费用的管理，严格诉讼费用的收支，有助于防止司法腐败，增强审判工作的透明度，提升人民法院的公信力。因此，《交纳办法》特别就诉讼费用的管理作出了比较系统的规定，其主要精神见之于以下几个方面：

1. 严格实行收支两条线管理，案件受理费、申请费全额上缴财政，纳入预算范围。

2. 人民法院收取诉讼费用应当公开、透明，诉讼费用的交纳和收取制度要予以公示。

3. 收取和交纳诉讼费用的手续应当规范和完备。人民法院收取诉讼费用按照其财务隶属关系使用国务院财政部门或者省级人民政府财政部门印制的财政票据。当事人交纳诉讼费用,则应持人民法院开具的缴费凭证到指定代理银行交费。

在边远、水上、交通不便地区,基层巡回法庭当场审理案件,当事人提出向指定代理银行交纳诉讼费用确有困难的,基层巡回法庭可以当场收取诉讼费用,并向当事人出具省级人民政府财政部门印制的财政票据;不出具省级人民政府财政部门印制的财政票据的,当事人有权拒绝交纳。

4. 建立诉讼费用结算制度。案件审结后,人民法院应当将诉讼费用的详细清单和当事人应当负担的数额书面通知当事人,同时在判决书、裁定书和调解书中写明当事人各方应当负担的数额。

需要向当事人退还诉讼费用的,人民法院应当自法律文书生效之日起 15 日内退还有关当事人。

(二) 诉讼费用的监督

诉讼费用的监督,是指国家职能部门对人民法院收取诉讼费用的行为进行管理和督察。根据《交纳办法》第 54 条的规定,有权对诉讼费用实施管理和监督的职能机构为价格主管部门和财政部门,可以对人民法院违反规定的乱收费行为,依照法律、法规和国务院的相关规定予以查处。

第三节 诉讼费用的负担

诉讼费用的负担,是指诉讼程序结束时,确定已预交和实际已发生的诉讼费用最终应如何在当事人之间进行分配的一种方法。

一、诉讼费用的负担原则

根据《交纳办法》的规定,一审案件的诉讼费用按下列规则负担:

(一) 败诉方负担

败诉方负担诉讼费用,是世界各国民事诉讼法普遍采用的规则,也是我国诉讼费用负担的最基本规则。因为诉讼的发生,往往就是由败诉的一方当事人不履行法定义务或实施了侵权行为所造成的,由此而产生的诉讼费用理应由败诉人负担。

根据《交纳办法》第 29 条第 1 款的规定,诉讼费用由败诉方负担,但胜诉方自愿承担的除外。如果是共同诉讼当事人败诉的,人民法院根据其对诉讼标的的利害关系,决定当事人各自负担诉讼费用的数额。

(二) 按比例负担

根据《交纳办法》第 29 条第 2 款的规定,部分胜诉、部分败诉的,人民法院根据案件的具体情况决定当事人各自负担的诉讼费用数额。这就是说,双方当事人对纠纷的发生都是有责任的,由人民法院按当事人在案件中各自责任的大小,决定双方分担诉讼费用的比例。按比例负担实际上是败诉人负担规则的体现。

(三) 人民法院决定负担

这一原则适用于离婚案件诉讼费用的负担。离婚案件有其特殊性,决定离与不离的标准是夫妻感情是否确已破裂,而感情又是一个非常复杂的问题,所以在离婚案件中,胜诉、败诉实难确定。因此,《交纳办法》第 33 条规定,离婚案件诉讼费用的负担由双方当事人协商解决;协商不成的,由人民法院决定。

(四) 原告负担

根据《交纳办法》第 34 条的规定,申请撤诉的案件,案件受理费由原告或者上诉人负担,减半交纳。申请撤诉本身就说明提起诉讼者认为自己提起的诉讼没有必要再继续进行下去,同时考虑到申请撤诉有利于息讼,因此,申请撤诉案件的受理费均由原告或者上诉人负担,但采取减半交纳的办法。对于人民法院驳回起诉的案件,案件受理费亦由原告负担。

(五) 协商负担

这一原则适用于调解结案和达成执行和解协议的案件。根据《交纳办法》的规定,经人民法院调解达成协议的案件或者执行中当事人达成和解协议的,诉讼费用的负担由双方当事人协商解决。协商不成的,再由人民法院决定。

(六) 自行负担

根据《交纳办法》第 40 条的规定,当事人因自身原因未能在举证期限内举证,在二审或者再审期间提出新的证据致使诉讼费用增加的,增加的诉讼费用由该当事人负担。这是因为诉讼费用的增加是由于当事人自身的失误所导致,故无论该当事人是否败诉,都应当由其负担以上费用。这一原则对于促使当事人在诉讼中及时、慎重地实施自己的诉讼行为具有积极意义。

(七) 申请人负担

这一原则适用于四种情况:

(1) 债务人对督促程序提出异议致使督促程序终结的,申请费由申请人负担;

(2) 公示催告的申请费由申请人负担;

(3) 依照特别程序审理案件的公告费,由起诉人或者申请人负担;

(4) 在海事海商案件中,诉前申请海事证据保全的、申请设立海事赔偿责任限制基金、申请债权登记与受偿、申请船舶优先权催告案件的申请费由申请人负担。

二、对诉讼费用的异议

《交纳办法》明确规定，当事人不得单独对人民法院关于诉讼费用的决定提起上诉。即人民法院关于诉讼费用的决定或者计算即使存在不当之处，当事人也不能就此以声明不服的方式提起独立的上诉，以使错误得到及时的纠正。客观地说，诉讼费用的负担确实关系到当事人的切身利益，如孰胜孰败的问题、经济上的得失问题等。本着有利益就要给予救济的理念，在法律上为当事人设立一条救济途径，以解决他们对诉讼费用决定或者计算错误持有的不同意见和主张就显得十分必要。为保护当事人行使诉讼权利，《交纳办法》首次确立了我国民事诉讼中的诉讼费用决定异议制度，该办法第43条第2、3款规定："当事人单独对人民法院关于诉讼费用的决定有异议的，可以向作出决定的人民法院院长申请复核。复核决定应当自收到当事人申请之日起15日内作出。当事人对人民法院决定诉讼费用的计算有异议的，可以向作出决定的人民法院请求复核。计算确有错误的，作出决定的人民法院应当予以更正。"

从上述两款规定可知，对人民法院诉讼费用的异议分为两种情况：一是对诉讼费用决定的异议；二是对诉讼费用计算的异议。两者在使用条件上存在如下区别：

1. 在适用范围上，前者适用于解决人民法院在判决、裁定等法律文书中对诉讼费用负担所作决定是否妥当的问题；后者则适用于解决人民法院在诉讼费用上的计算是否有误的问题。

2. 在复核主体上，前者是向作出决定的人民法院院长申请复核；后者则是向作出决定的人民法院请求复核。

3. 在复核的期限上，前者设定了复核的法定期限，即复核决定应当自收到当事人申请之日起15日内作出；后者则无期限上的要求。

第四节 司法救助

一、司法救助概述

司法救助，是指人民法院在民事、行政诉讼中，对交纳诉讼费用确有困难的当事人实行缓交、减交和免交诉讼费用的法律制度。

为了帮助缺乏经济支付能力的公民与其他公民一样享有提出诉讼的权利，世界各国都采取了不同的方式和措施对之进行救济，以使他们踏上诉讼之路。我国是一个人口大国，经济尚不发达，且地区发展也不平衡，贫困群体的存在是一个不容回避的客观事实。作为一个社会主义国家，在司法上体现公民的权利平等，让那些因确有困难而无力支付诉讼费用的人能够打得起官司，应属国家的责任。早在20世纪80年代，最高人民法院制定的《人民法院诉讼收费办法》中就有这方面的规定。2000年7月12日，最高人民法院又发布了《关于对经济确有困难的当事人予以司法救济的规定》，进一步加强和完善了我国的司法救助制度。在2007年4月1日起施行的《交纳办法》中，更是对司法救助作了专章规定，使之与过去相比，体例上更系统，内容上更完备，操作上更方便。

二、司法救助的适用范围

根据《交纳办法》的规定，司法救助的适用范围包括以下两个方面：一是享有司法救助权利的主体包括自然人、法人和其他组织，但可以申请免交诉讼费用的对象仅限于自然人。二是可适用司法救助的法定情形，即允许缓交、减交和免交诉讼费用适用的具体案件类别以及各种情况。

1. 人民法院应当准予免交诉讼费用的情形：

(1) 残疾人无固定生活来源的；

(2) 追索赡养费、扶养费、抚育费、抚恤金的；

(3) 最低生活保障对象、农村特困定期救济对象、农村五保供养对象或者领取失业保险金人员，无其他收入的；

(4) 因见义勇为或者为保护社会公共利益致使自身合法权益受到损害，本人或者其近亲属请求赔偿或者补偿的；

(5) 确实需要免交的其他情形。

2. 人民法院应当准予减交诉讼费用的情形：

(1) 因自然灾害等不可抗力造成生活困难，正在接受社会救济，或者家庭生产经营难以为继的；

(2) 属于国家规定的优抚、安置对象的；

(3) 社会福利机构和救助管理站；

(4) 确实需要减交的其他情形。

人民法院准予减交诉讼费用的，减交比例不得低于30%。

3. 人民法院应当准予缓交诉讼费用的情形：

(1) 追索社会保险金、经济补偿金的；

(2) 海上事故、交通事故、医疗事故、工伤事故、产品质量事故或者其他人身伤害事故的受害人请求赔偿的；

(3) 当事人正在接受有关部门法律援助的；

(4) 确实需要缓交的其他情形。

三、申请司法救助的程序

当事人申请司法救助应当在起诉或上诉时提交书面申请,并附随足以证明其确有经济困难的证明材料以及其他相关证明材料。因生活困难或者追索基本生活费用申请免交、减交诉讼费用的,还应当提供本人及其家庭经济状况符合当地民政、劳动保障等部门规定的公民经济困难标准的证明。人民法院对当事人符合法定情形的司法救助申请应当予以批准;若对申请不予批准,应当向当事人书面说明理由。对于当事人申请缓交诉讼费用经审查符合规定的,人民法院应当在决定立案之前作出准予缓交的决定。

四、司法救助中的诉讼费用负担

司法救助是以免交、减交和缓交诉讼费用的方式帮助确有困难的当事人援用国家的司法救济途径来维护自己在私法上的权益。除了准予缓交诉讼费用的案件外,免交、减交诉讼费用案件在诉讼费用的负担规则上不能完全等同于其他正常预交诉讼费用的案件,因为此类案件的原告、上诉人或者申请人都是司法救助的对象,缺乏正常负担诉讼费用的能力。考虑到以上的特殊性,《交纳办法》第 50 条规定:"人民法院对一方当事人提供司法救助,对方当事人败诉的,诉讼费用由对方当事人负担;对方当事人胜诉的,可以视申请司法救助的当事人的经济状况决定其减交、免交诉讼费用。"另外,人民法院准予当事人减交、免交诉讼费用的,应当在法律文书中载明。

思考题

1. 试述我国诉讼费用的负担原则。
2. 试述我国诉讼费用中司法救助的相关规定。

第十五章　第一审普通程序

内容要点

第一审普通程序是整个民事诉讼程序中最完备、适用最广泛的程序，分为起诉与受理、审理前的准备、开庭审理三个相对独立的阶段。起诉应具备法定的实质条件和形式条件，只有这样才能产生受理的必然结果。审理前准备的功能是使案件的诉讼资料能够适于集中开庭审理，提高庭审的效率。开庭审理是民事诉讼的中心环节，主要任务是审查核实证据、查明事实，分清是非责任，确认当事人之间的民事权利义务关系，正确适用法律，作出公正裁判。诉讼过程中可能出现撤诉、延期审理、缺席判决、诉讼中止和诉讼终结等特殊情况，均有各自适用的法定事由和程序。法院调解是穿插在第一审普通程序中的促成当事人达成协议的活动和结案方式。在诉讼审理中或审理程序结束时，法院要作出裁判，形式包括判决、裁定、决定等，分别针对实体事项、程序事项、特殊事项而作出，不同形式包含的内容和法律效力有所不同。

第一节　第一审普通程序概述

一、第一审普通程序的概念

第一审普通程序，是指人民法院审理第一审民事案件通常适用的程序。它相对于简易程序、第二审程序、审判监督程序以及特别程序而言，是审判程序中最完整、最系统的程序，也是民事诉讼的基础程序。

第一审普通程序从当事人起诉到法院作出判决的各个环节都有详细的规定，广泛适用于各级人民法院审理一般的和重大复杂的民事案件；同时它还针对诉讼中可能出现的特殊问题（如撤诉等）具有应对性的规定，以适应审判实践的需要。掌握第一审普通程序的理论及法律规定是把握民事审判程序的重要环节，也是研究民事审判方式改革问题的基础和前提。

二、第一审普通程序的特点

第一审普通程序与其他审判程序相比具有以下特点：

（一）第一审普通程序具有程序的完整性

第一审普通程序是整个民事诉讼程序中最完备的程序。从当事人起诉、人民法院受理、审理前的准备、开庭审理及最后裁判,全部程序都有具体明确的规定,并作了科学合理的编排,体系完整,反映了诉讼活动的基本原理。此外,对一些必要的诉讼制度也作了规定,如撤诉、缺席判决、延期审理、诉讼中止和诉讼终结。相比之下,《民事诉讼法》对其他审判程序的规定则比较粗略、概括。

(二)第一审普通程序具有广泛的适用性

第一审普通程序适用于各级各类人民法院审理受诉案件。中级以上的人民法院及各专门人民法院审理第一审民事案件,必须适用普通程序;基层人民法院除审理简单民事案件适用简易程序外,也必须适用普通程序。

普通程序由于具备完整性、系统性,因而成为民事诉讼程序的基础。人民法院在适用简易程序、第二审程序以及审判监督程序审理民事案件过程中,都要参照或借用普通程序。普通程序的这一特点反映了普通程序和其他诉讼程序的关系,也反映了诉讼程序之间的差异性和协调性。

第二节　起诉和受理

一、起诉

(一)起诉的概念

起诉,是指公民、法人和其他组织在民事权益受到侵犯或发生民事争议的情况下,依法以自己的名义向人民法院提出诉讼,要求人民法院予以审判的诉讼行为。

起诉是当事人实施的一种重要的诉讼行为,起诉权是当事人依法享有的一项重要的诉讼权利。当事人行使起诉权的目的是要引起诉讼程序的开始,从而使受侵害的合法民事权益或民事争议置于人民法院的保护或救济之下。由于民事诉讼实行“不告不理”的原则,没有当事人的起诉,人民法院不能启动诉讼程序,因此,当事人的起诉不仅对于保护合法权益和解决民事争议具有重要意义,而且对于诉讼程序的发生也具有重要意义。

起诉作为一种民事诉讼法律行为,可能导致诉讼程序的启动,引发一系列诉讼活动。为使司法保护更加及时、稳妥、准确,我国《民事诉讼法》第119条为当事人起诉规定了基本条件。

(二)起诉的条件

起诉的条件,是指当事人向人民法院起诉时必须具备的实质要件和形式要件。

1. 实质要件

(1)原告是与本案有直接利害关系的公民、法人和其他组织

与本案有直接利害关系是指公民、法人或其他组织的民事权益直接遭受他

人的侵害或者直接与他人发生了权利、义务归属的争议,以及依法保护他人权利的个人或组织因受其保护的权利被他人侵害。原告通常是在自己的或依法受自己保护的民事权益受到侵害或者与他人发生争议时才有权向人民法院提起诉讼,并导致诉讼程序的启动。

(2) 有明确的被告

有明确的被告是指原告控告的相对方的姓名或名称以及具体住址应当明白、确切。原、被告是任何一个民事案件不可缺少的当事人。如果没有明确的被告,原告的请求无人应承,争议的事实无从证实,人民法院也就无法开始审判活动。法律要求"有明确的被告",重点在"有"字,至于该被告是否必须是正当的被告,法律并未苛求。

(3) 有具体的诉讼请求和事实、理由

诉讼请求是指原告通过人民法院向对方当事人提出的实体权利要求。具体的诉讼请求是指原告提出的请求,内涵、外延应当明确、具体,如请求人民法院保护何种实体权利、保护的范围和方法是什么等,应当表达得清清楚楚、明明白白。此外,还必须指出这些诉讼请求赖以存在和确应受到法律保护的事实根据和理由,即要求原告说明民事法律关系发生、发展、变更、消灭的情况,及其所持的观点、理由,并提供相应的证据。至于原告所持观点是否正确、理由是否充分、证据是否确凿,则不是起诉阶段人民法院深究的重点。

(4) 属于人民法院受理民事诉讼的范围和受诉人民法院管辖

人民法院受理民事诉讼的范围又称主管。根据《民事诉讼法》第 3 条,人民法院受理公民之间、法人之间、其他组织之间以及他们相互之间因财产关系和人身关系提起的民事诉讼。属于受诉人民法院管辖,是指按照管辖的规定,该案件确系应由接受原告起诉的法院管辖。

以上四个条件,原告起诉时必须同时具备,缺一不可。

2. 形式要件

当事人起诉除了要具备实质要件外,还要具备形式要件。《民事诉讼法》第 120 条规定:"起诉应当向人民法院递交起诉状,并按照被告人数提出副本。书写起诉状确有困难的,可以口头起诉,由人民法院记入笔录,并告知对方当事人。"根据这一规定,起诉可以采取两种方式:一是书面形式,即原告向人民法院递交起诉状,并按被告人数提出副本。这是起诉的基本形式。二是口头起诉,即书写起诉状确有困难的当事人可以口头起诉。当事人口头起诉的,人民法院应当将口头起诉的请求与事实、理由记入笔录,并告知对方当事人。口头起诉适用于特殊情况,是书面形式的补充。

根据《民事诉讼法》第 121 条,起诉状应当包括:(1) 当事人概况。包括双方当事人的姓名、性别、年龄、民族、职业、工作单位、住所以及联系方式;法人或其他组织的名称、住所及法定代表人或主要负责人姓名、职务、联系方式。有诉讼代理人的应写明代理人的基本情况和代理权限。(2) 诉讼请求和所根据的事实与理由。(3) 证据和证据来源,证人的姓名和住所。

起诉状除要写明上述法律规定的内容外,还应写明受诉人民法院的全称和起诉的具体日期,并由原告签名或盖章。

二、受理

受理,是指人民法院接受原告的起诉,并启动诉讼程序的行为。审判实践中也称立案。原告起诉有可能启动民事诉讼程序,但可能不等于现实,由可能变成现实的中间阶段,即人民法院对起诉的审查。审查合格即接受起诉,否则裁定不予受理。

(一) 人民法院审查起诉的内容

人民法院审查起诉的内容,包括对实质要件和形式要件的审查。

1. 对实质要件的审查。审查原告的起诉是否符合实质要件,符合的通知受理,不符合的则裁定不予受理。不予受理的裁定由负责审查起诉状的审判人员署名。

2. 对形式要件的审查。人民法院应审查起诉状是否符合法定要求,有无遗漏或错误。人民法院发现起诉状有遗漏或错误,如书写不明或地址不清,或事由不具体时,应通知原告补正,但不得据此拒绝受理案件。

受理后发现起诉不符合法定条件的,由负责审理该案的审判员、书记员署名以裁定方式驳回起诉。

(二) 人民法院审查的期限

为了及时维护当事人的合法权益,避免人民法院久拖不决,《民事诉讼法》第 123 条规定,人民法院应当保障当事人依照法律规定享有的起诉权利。对于符合起诉条件的,应当在 7 日内立案,并通知当事人;认为不符合起诉条件的,亦应当在 7 日内裁定不予受理。原告对裁定不服的,可以向受诉法院的上一级法院提出上诉。

(三) 人民法院在审查期限内对以下几种情况的处理

1. 依照行政诉讼法的规定,属于行政诉讼受案范围的,应当告知原告提起行政诉讼。

2. 依照法律规定,双方当事人对合同纠纷自愿达成仲裁协议向仲裁机构申请仲裁的案件,当事人不得向人民法院起诉,如果一方当事人向人民法院起诉的,应当告知原告向仲裁机构申请仲裁。但仲裁协议无效、失效或内容不明确无法执行的,以及当事人在仲裁协议中选择的仲裁机构不存在或选择裁决的事项超越仲裁机构权限的,人民法院有权依法受理一方当事人的起诉。此外,当事人一方起诉时未声明有仲裁协议,人民法院受理后,对方当事人应诉答辩的,视为人民法院拥有对该案的管辖权。

3. 依照法律规定,应当由其他机关处理的争议,当事人一方向人民法院起诉的,应当告知原告向有关机关申请解决。如根据我国《婚姻登记办法》的规定,男女双方自愿离婚,并对子女和财产问题已有适当处理,在婚姻登记机关办理离婚登记,领取离婚证书的,他们的婚姻关系即正式解除。一方对这种已经发生法律效力的离婚及对子女和财产问题的处理反悔,在原登记机关未撤销离婚登记的情况下,向人民法院起诉的,人民法院不予受理,应当告知当事人向婚姻登记机关申请解决。

4. 对不属于本院管辖的案件,应当告知原告向有管辖权的人民法院起诉。如果原告坚持起诉的,裁定不予受理;立案后发现本院没有管辖权的,应当将案件移送有管辖权的人民法院。

5. 对判决、裁定已经发生法律效力的案件,当事人又起诉的,告知原告申请再审,但人民法院准许撤诉的裁定除外。为维护人民法院判决、裁定的权威性、稳定性和执行性,法律不允许当事人重复起诉。如果当事人对原判决、裁定不服,可以申请再审或申诉,但是准许撤诉的裁定除外。根据我国有关司法解释的规定,当事人撤诉或人民法院按撤诉处理的,当事人以同一诉讼请求再次起诉的,人民法院应予受理。

6. 依照法律规定,在一定期限内不得起诉的案件,在不得起诉期限内起诉的,不予受理。我国《婚姻法》第 34 条规定:"女方在怀孕期间、分娩后一年内或中止妊娠后六个月内,男方不得提出离婚。女方提出离婚的,或人民法院认为确有必要受理男方离婚请求的,不在此限。"

7. 判决不准离婚和调解和好的婚姻案件,判决、调解维持收养关系的案件,没有新情况、新理由,原告在六个月内又起诉的,不予受理。所谓新情况、新理由,一般是指不是原来诉讼中提出的事实和理由。六个月是一个法定期间,在六个月内原告又起诉的,人民法院不予受理。但如果是被告在六个月内就上述两类案件起诉的,则不受此限。

8. 原告撤诉或按撤诉处理的离婚案件,没有新情况、新理由,六个月内又起诉的,人民法院不予受理。

9. 病员及其亲属对医疗事故技术鉴定委员会作出的医疗事故结论没有意见,仅要求医疗单位就医疗事故赔偿经济损失而向人民法院提起诉讼的,应予受理。

10. 夫妻一方下落不明,另一方诉至人民法院,只要求离婚,不申请宣告下落不明人失踪或死亡的案件,人民法院应当受理,对下落不明人用公告的方式送达诉讼文书。

11. 追索赡养费、扶养费、抚育费的案件,裁判发生法律效力后,因新情况、新理由,一方当事人再行起诉要求增加或减少费用的,人民法院应当作为新案受理。

12. 裁定不予受理、驳回起诉的案件,原告再次起诉的,如果符合起诉条件,人民法院应予受理。

13. 当事人超过诉讼时效期间起诉的,人民法院应予受理,受理后查明无中止、中断、延长诉讼时效事由的,判决驳回其诉讼请求。

14. 当事人对有关名誉权纠纷起诉时,凡符合起诉条件的,应予受理;对缺乏侵权事实不符合起诉条件而坚持起诉的,应裁定驳回起诉。

15. 当事人在公共场所受到侮辱、诽谤,以名誉权受到侵害为由提起诉讼的,无论是否经公安机关依照《治安管理处罚法》处理,人民法院均应依法审查,符合条件的应予受理。

16. 科技拨款有偿使用合同引发的纠纷,因科研开发单位与委托单位(或主持项目的部门)之间是平等主体间的合同纠纷,应属民事争议。若当事人起诉,符合条件的,应予受理。

17. 企业经营者为请求兑现承包经营合同规定的收入而向人民法院起诉的,属于合同纠纷,人民法院应予受理。

18. 当事人一方就专利纠纷向专利管理机关请求调处,专利管理机关已经立案,同时又向人民法院起诉的,只要起诉符合法定条件和最高人民法院关于审理专利案件的有关规定,人民法院应予受理;如果另一方接到专利管理机关的答辩通知书并作了实质性答辩,在专利管理机关调处过程中又向人民法院起诉的,人民法院则不予受理;在专利管理机关调处过程中,当事人双方都向人民法院起诉的,人民法院应予受理,并告知其向专利管理机关办理撤回请求调处的手续。

19. 财政、扶贫等非金融行政机构根据国家有关规定,为扶持企业和农户发展生产,通过签订借款合同,发放支农款、扶贫资金等,实行有偿使用,定期归还。这类合同带有一定的行政管理性质,如果发生纠纷,由有关行政部门解决为宜。但合同当事人的法律地位是平等的,如果合同双方约定发生纠纷可以到人民法院起诉的,在行政管理部门未能解决而当事人一方起诉到人民法院的情况下,或者当事人一方直接向人民法院起诉的情况下,人民法院应予受理。

20. 对因政府及其所属主管部门对企业国有资产进行调整、划转过程中引起的相关国有企业之间的纠纷,国有企业作为当事人向人民法院起诉的,人民法院不予受理,并告知其向政府及其所属国有资产管理部门等有关机关申请处理。

(四) 受理的法律后果

人民法院受理原告的起诉后,产生以下法律后果:

1. 受诉人民法院对该案取得了审判权。一方面,受诉人民法院依法受理原告起诉之时,即排除了其他人民法院对该案行使审判权的可能,在法律无另外规定的情况下,其他法院即使原来对该案享有管辖权,也因受诉法院的受理而丧失审判权;另一方面,受诉法院也负有对该案进行审理并依法裁判的职责,非因法定原因,不得中途停止对案件的审判。

2. 确定了当事人双方的诉讼地位。在人民法院受理原告的起诉以前,民事诉讼程序尚未正式开启,争议双方还是非诉讼状态下的纠纷关系人。只有在人民法院受理原告的起诉以后,争议双方与人民法院的民事诉讼法律关系才得以发生,争议双方才分别取得原告和被告的诉讼地位,从而各自享有法律赋予的诉讼权利,并承担相应的诉讼义务。

3. 诉讼时效中断。人民法院受理原告的起诉,诉讼时效中断。从中断时起,诉讼时效不再继续进行,并应当重新开始计算。

4. 双方当事人不得就同一纠纷再向其他人民法院提起诉讼。当事人向其他人民法院起诉的,该法院将不予受理。根据《最高人民法院关于在经济审判工作中严格执行〈民事诉讼法〉的若干规定》,两个以上人民法院对同一案件都有管辖权并已分别立案的,后立案的人民法院得知有关法院先立案的情况后,应当在7日内裁定将案件移送先立案的人民法院。当事人基于同一法律关系或者同一法律事实而发生纠纷,以不同诉讼请求分别向有管辖权的不同法院起诉的,后立案的法院在得知有关法院先立案的情况后,应当在7日内裁定将案件移送先立案的法院合并审理。

第三节　审理前的准备

一、审理前准备的概念

根据《民事诉讼法》的规定,审理前的准备,是指人民法院受理案件后,在开庭审理之前,为保证案件审理的顺利进行所进行的一系列诉讼活动。

审理前准备是第一审普通程序的一个重要阶段,它是民事诉讼活动顺利进行尤其是庭审顺利进行的必备前提。审理前准备工作的质量高低直接关系到开庭审理的成败。

二、审理前的准备工作

(一)在法定期限内送达诉讼文书

在审理前的准备阶段,常见的诉讼文书有起诉状、答辩状和各种通知书等。

人民法院在受理案件后,应以通知形式分别向原告、被告发送案件受理通知书和应诉通知书。同时,根据《民事诉讼法》第125条,人民法院应在立案之日起5日内将起诉状副本发送给被告。被告应当在收到之日起15日内提出答辩状。答辩状应当记明被告的姓名、性别、年龄、民族、职业、工作单位、联系方式；法人或者其他组织的名称、住所、法定代表人或者主要负责人的姓名、职务、联系方式。人民法院应当从收到答辩状之日起5日内将答辩状副本发送原告。被告不提出答辩状的，不影响人民法院审理。

此外，根据《民事证据规定》第33条，法院在受理案件后，应当在送达案件受理通知书和应诉通知书的同时向当事人送达举证通知书，规定举证责任的分配原则和要求、可以向人民法院申请调查取证的情形、举证期限以及逾期提供证据的法律后果。举证期限可以由当事人协商一致，并经人民法院认可。法院指定的举证期限不得少于30日（适用简易程序审理的案件不受此限），自当事人收到案件受理通知书和应诉通知书的次日起计算。

（二）成立审判组织并告知当事人有关诉讼权利和义务

为了便于当事人及时行使申请回避权，更周密地维护当事人的利益，《民事诉讼法》第128条规定，合议庭组成人员确定后，应当在3日内告知当事人。该法第126条规定，案件受理后，应当及时告知当事人有关的诉讼权利和诉讼义务。告知的方式有两种：一是书面形式，即法院在受理通知书和应诉通知书中注明有关的内容；二是口头形式，即由审判人员或者书记员当面告知当事人，并制作笔录。

（三）审核诉讼材料，调查收集必要的证据材料

诉讼材料主要指原告提供的起诉状和被告提供的答辩状以及他们提供的证据材料。通过审核诉讼材料，合议庭能够了解双方当事人争议的焦点、应当适用的有关法律以及有关专业知识。

我国《民事诉讼法》规定，证据材料主要由当事人提供。人民法院只能在当事人提供证据材料的前提下收集部分必要的证据材料。所谓必要的证据材料，是指当事人提供有困难，人民法院认为审理案件又需要的证据。调查收集必要的证据，包括调查收集必要的物证、书证、证人证言、视听资料、勘验笔录等。必要时，法院还可以组织专家、学者对某一问题进行科学鉴定。

（四）其他准备

根据审判实践，其他准备工作包括：

1. 追加当事人。必须共同进行诉讼的当事人没有参加诉讼的，人民法院应当及时通知其参加。

2. 移送案件。人民法院立案后发现本院没有管辖权时，应当将案件移送有管辖权的人民法院。

3. 预收诉讼费用。人民法院立案后，原告应按规定预先交纳一定的诉讼费用。应当预交而未交的，经通知仍不预交或者申请减、免、缓交未获人民法院批

准而仍不预交的，人民法院应裁定按自动撤诉处理。

此外，根据《民事诉讼法》第 133 条，人民法院对受理的案件，根据下列情形，分别予以处理：一是对于当事人之间没有争议，符合督促程序规定条件的，可以转入督促程序；二是开庭前可以调解的，应当采取调解方式及时解决纠纷；三是根据案件情况，确定适用简易程序或者普通程序；四是对于需要开庭审理的案件，通过要求当事人交换证据等方式，明确争议焦点。

第四节　开庭审理

一、开庭审理的概念

审理前的准备阶段结束后，诉讼即进入开庭审理阶段。所谓开庭审理，又称法庭审理，是指人民法院在当事人和其他诉讼参与人的参加下，以法定形式和程序，对民事案件进行实体审理，并依法作出裁判或调解的活动。

开庭审理由合议庭或独任审判员主持。开庭审理既是人民法院行使国家审判权的重要阶段，又是当事人和其他诉讼参与人行使诉讼权利、履行诉讼义务最集中的环节。因此，开庭审理并不是单一主体的单方诉讼行为，而是所有诉讼法律关系主体集合性的诉讼活动。

民事诉讼法为了保证案件质量，对开庭审理作了详细的规定，人民法院必须严格按照法定程序进行。根据民事诉讼法，开庭审理的法定程序有：(1) 庭审准备；(2) 宣布开庭；(3) 法庭调查；(4) 法庭辩论；(5) 合议庭评议；(6) 宣告判决。

二、开庭审理的程序

(一) 庭审准备

庭审准备是开庭审理的预备阶段，其主要任务有：(1) 依法告知当事人和其他诉讼参与人出庭日期。开庭 3 日前人民法院应当以传票传唤当事人，以通知书通知诉讼代理人、证人、鉴定人、翻译人员按时出庭。对下落不明人用公告送达出庭通知。(2) 发布开庭审理公告。人民法院决定公开审理的，应当发布开庭审理公告。公告内容包括当事人的姓名、案由、开庭的时间和地点等。公告日期至迟应在开庭审理 3 日前决定。公告张贴地点一般在法院门前，巡回审理的亦可在案发地或其他相关地点。

(二) 宣布开庭

宣布开庭是案件进入法庭调查前的必经阶段。本阶段活动主要由书记员和审判长进行。

1. 由书记员查明当事人和其他诉讼参与人是否到庭并将结果报告合议庭，同时宣布法庭纪律。

2. 由审判长宣布审判人员和书记员名单，同时宣布案由，并核对当事人。核对顺序是原告、被告、第三人，核对内容主要有姓名、性别、年龄、民族、籍贯、工作单位、职务和住所。当事人是法人和其他组织的，核对其法定代表人或主要负责人姓名、职务。有委托代理人的，查明代理资格和代理权限。

3. 告知当事人有关的诉讼权利和义务，询问当事人是否申请回避。如果当事人提出回避申请的，按法定程序办理。不申请回避的，即按法定程序对案件进行审理。

（三）法庭调查

法庭调查是人民法院审理的重要阶段，它是将案件引入实体审理的阶段，为其后的法庭辩论、合议庭评议等阶段奠定了基础。法庭调查的中心任务是审查证据和明确争点。根据《民事诉讼法》第138条，法庭调查按下列顺序进行：

1. 当事人陈述。当事人陈述的顺序是：(1) 由原告口头陈述事实或宣读起诉状，讲明具体诉讼请求和理由；(2) 由被告口头陈述事实或宣读答辩状，对原告诉讼请求提出异议或者反诉的，讲明具体请求和理由；(3) 由第三人陈述事实或答辩。

当事人陈述时，审判人员可以发问，查清当事人之间争议的焦点，把握当事人各自所持的理由。当事人陈述或者答辩结束后，审判长或者独任审判员归纳本案争议焦点或者法庭调查重点，并征求当事人的意见。

2. 有证人作证的，告知证人其权利义务，宣读未到庭证人的证言。证人作证前，合议庭应当告知证人的权利义务。证人作证后，经合议庭许可，当事人及其诉讼代理人可以向证人提问。证人因故不能出庭的，应当众宣读其证词。

3. 出示书证、物证、视听资料和电子数据。出示证据一般首先由原告出示，被告进行质证；然后由被告出示，原告进行质证；原、被告对第三人出示的证据进行质证，第三人对原、被告出示的证据进行质证；审判人员出示人民法院调查收集的证据，原、被告和第三人进行质证。

当事人向人民法院提出的证据，应当由当事人或者其诉讼代理人宣读。当事人及其诉讼代理人因客观原因不能宣读的证据，可以由审判人员代为宣读。人民法院依法收集的证据由审判人员宣读。当事人出示的录音、录像等视听资料应当庭播放。当事人出示的物证，应当庭展示，并由对方当事人识别真伪。

案件有两个以上独立存在的事实或者诉讼请求的，可以要求当事人逐项陈述事实和理由，逐个出示证据并分别进行调查和质证。

4. 宣读鉴定意见。鉴定人宣读鉴定意见后，经法庭许可，当事人及其代理人可以向鉴定人发问，也可以对鉴定意见提出质疑。当事人要求重新鉴定的，是否准许，由人民法院决定。

5. 宣读勘验笔录。勘验笔录由勘验人员当庭宣读。经法庭许可，当事人及代理人可以提问。当事人申请重新勘验的由人民法院决定。

法庭调查中补充的证据及重新鉴定、勘验的证据，必须在再次开庭时进行质证。再次开庭的，审判长或独任审判员应总结本次开庭的情况，指出庭审已经确认的证据，并指明下次法庭调查的重点。

法庭调查结束前，审判长或独任审判员应当就法庭调查认定的事实和当事人争议的问题进行归纳总结。然后由审判长宣布法庭调查结束，进入法庭辩论。

（四）法庭辩论

法庭辩论是当事人及其诉讼代理人就案件事实和适用法律向法院阐明观点、申明理由，相互进行辩论的诉讼活动。法庭辩论是在法庭调查的基础上进行的，它有助于法庭进一步核查事实，有助于审判人员缜密思考，作出判断。法庭辩论的顺序是：

1. 原告及其诉讼代理人发言。原告及其诉讼代理人发言的中心是论证自己的诉讼请求，反驳被告的主张和根据。一般是原告先发言，诉讼代理人作补充。

2. 被告及其诉讼代理人答辩。被告及其诉讼代理人答辩主要是针对原告及其诉讼代理人提出的事实和理由进行反击和驳斥。被告提出反诉的，必须论证反诉请求的事实和根据。

3. 第三人及其诉讼代理人发言或答辩。有独立请求权的第三人发言的中心是提出自己的独立请求并用证据证明其请求的正确性，同时反驳原、被告在辩论中提出的事实和理由；无独立请求权的第三人是诉讼参加人，其任务主要是补充辩论，即根据依附方的发言或辩论内容进行必要的补充。

4. 互相辩论。互相辩论原则上按原告、被告、第三人的先后顺序进行。互相辩论的时间和轮数依案情是否清楚、各方当事人及其代理人是否表达穷尽而定。但下一轮辩论不得重复上一轮辩论的内容。

法庭辩论终结时，由审判长按原告、被告、第三人的先后顺序征询各方的最后意见。同时，如有调解可能的，在征得各方当事人同意后，人民法院可以依法进行调解，如果当庭达成调解协议的，由审判长签发调解书。如果经调解不能达成协议的，应当及时判决。

（五）合议庭评议

法庭辩论终结，由审判长宣布休庭，合议庭进行评议。合议庭评议的主要内容是：案件事实是否清楚、证据是否充分、案件如何认定、责任如何划分、适用何种法律及诉讼费用如何分担等。

合议庭评议由审判长主持。评议时实行民主集中制，少数服从多数。不同意见应当如实记入笔录，评议笔录由书记员制作，笔录经合议庭全体成员签名后有效。

(六) 宣告判决

根据《民事诉讼法》第 148 条，人民法院对公开审理或者不公开审理的案件，一律公开宣告判决。公开宣告判决有两种形式：一是当庭宣判，即在合议庭评议结束后立即宣告判决。人民法院当庭宣判的，应当在宣判之日起十日内向有关人员发送判决书。二是定期宣判，即在开庭审理日之后的某个日期公开宣告判决。定期宣判的，宣判完毕立即发送民事判决书。

宣告判决时，必须告知当事人上诉的权利、上诉期限和上诉的人民法院。宣告离婚判决的，还必须告诫双方当事人在判决书生效前不得另行结婚。

三、开庭审理笔录

开庭审理笔录，又称法庭记录，它是由书记员将开庭审理的全部活动如实记载的书面记录。

开庭审理笔录应当当庭宣读，也可以告知当事人和其他诉讼参与人当庭或者在五日内阅读。当事人和其他诉讼参与人认为笔录中记载本人的陈述有遗漏或者差错的，有权申请法庭补充、更正。如果法庭认为其申请无理，可不予补正，但应当记录在案。开庭审理笔录是重要的诉讼资料，应当由审判人员、书记员、当事人和其他诉讼参与人签名或者盖章。拒绝签名盖章的，由书记员载明原因附卷。

四、审理期限

根据《民事诉讼法》第 149 条，人民法院适用普通程序审理的案件，应当在立案之日起六个月内审结。有特殊情况需要延长的，由本院院长批准，可以延长六个月；还需延长的，报请上级人民法院批准。

这里所规定的审限，是从立案的次日起至裁判宣告、调解书送达之日止的期间，但公告期间、鉴定期间、审理当事人提出的管辖权异议以及处理人民法院之间的管辖争议期间不计算在内。

第五节 对开庭审理特殊情况的处理

审判实践表明，开庭审理过程中会出现各种特殊情况，正确处理这些特殊情况，有利于开庭审理的顺利进行。

一、撤诉

撤诉,是指当事人将已经成立之诉撤销。诉一经撤销,人民法院便不能对该案继续行使审判权,有关当事人和其他诉讼参与人也应当退出诉讼。撤诉是当事人的一项重大诉讼行为,直接涉及当事人诉权的行使。

从广义上讲,撤诉泛指当事人向法院撤回诉讼请求,不再要求法院对案件进行审理的行为。它包括原告撤回起诉、被告撤回反诉、第三人撤回参加之诉、上诉人撤回上诉等。我国《民事诉讼法》在普通程序中仅对撤诉作了狭义规定,即撤诉分为申请撤诉和按撤诉处理两种。

(一) 申请撤诉

根据《民事诉讼法》第 145 条,宣判前,原告申请撤诉的,是否准许,由人民法院裁定。原告申请撤诉必须符合以下条件:

1. 必须出于原告自己的真实意思表示,任何人(包括审判人员)不得强迫原告撤诉,也不得说服、动员原告撤诉。

2. 申请撤诉的目的必须正当、合法。申请撤诉是当事人行使处分权的重要体现,但当事人的处分行为必须在法律规定的范围内进行,以正当、合法为前提,不能回避法律或者损害他人利益和公序良俗。

3. 必须在案件受理后法院作出判决前提出。原告申请撤诉,应当向人民法院递交撤诉申请书。按简易程序审理的案件,也可以口头申请撤诉。经审查,原告的撤诉申请符合以上条件的,受诉法院应当裁定准许撤诉;原告的撤诉申请有瑕疵,尤其是撤诉的目的不正当,撤诉将导致规避法律或者损害国家、集体或他人利益的,受诉法院应当裁定驳回申请,不准许撤诉。

(二) 按撤诉处理

人民法院在审理民事案件过程中,对下列情况应按撤诉处理:

1. 原告经传票传唤无正当理由拒不到庭的,或者未经法庭许可中途退庭的。

2. 比照《民事诉讼法》第 143 条,无民事行为能力的原告的法定代理人,经传票传唤无正当理由拒不到庭的。

3. 比照《民事诉讼法》第 143 条,有独立请求权的第三人经传票传唤无正当理由拒不到庭的,或者未经法庭许可中途退庭的。

4. 根据有关司法解释的规定,原告应当预交案件受理费,法院通知其预交而仍不预交的,或者原告申请缓、减、免交未获法院批准而仍不预交的,裁定按自动撤诉处理。

人民法院裁定准予撤诉后,原告又以同一事实和理由向法院起诉的,法院应予受理。

二、延期审理

延期审理,是指在特定的情形下,人民法院将已经确定的审理期日或正在进行的审理顺延至另一期日进行审理的制度。根据《民事诉讼法》第146条,可以延期审理的法定情形主要有以下四种:

1. 必须到庭的当事人和其他诉讼参与人有正当理由没有到庭。
2. 当事人临时提出回避申请的。
3. 需要通知新的证人到庭,调取新的证据,重新鉴定、勘验,或者需要补充调查的。
4. 其他应当延期审理的情形。

具备以上情形之一的,可以延期审理。"可以"延期审理属于授权性规范,它不同于"必须"和"应当"。鉴于民事案件本身的复杂性和开庭审理的差异性,是否延期审理由人民法院决定。

三、缺席判决

缺席判决,是指人民法院开庭审理案件时,在一方当事人没有到庭的情况下依法作出的判决。

根据《民事诉讼法》第143、144、145条,缺席判决适用于以下几种情形:

1. 被告反诉的案件,本诉与反诉合并审理的,原告经传票传唤,无正当理由拒不到庭或未经法庭许可中途退庭按撤诉处理后,可以就反诉缺席判决。
2. 被告经传票传唤,无正当理由拒不到庭的,或未经法院许可中途退庭的。被告是无民事诉讼行为能力人,其法定代理人有前述同类情形的,比照处理。
3. 人民法院裁定不准许原告撤诉,原告经传票传唤,无正当理由拒不到庭的。

缺席判决作出后,与对席判决具有同等法律效力。

四、诉讼中止

诉讼中止,是指在诉讼进行中,由于发生某种法定事由,使诉讼无法继续进行,由人民法院裁定暂时停止诉讼程序,待引起中止的原因消除后再恢复诉讼程序的制度。根据《民事诉讼法》第150条,有下列情形之一的,人民法院应当裁定中止诉讼:

1. 一方当事人死亡,需要等待继承人表明是否参加诉讼的。这种案件往往涉及财产关系。诉讼中一方当事人死亡,继承人表明愿意继承则发生诉讼权利义务承担的事实,继承人将以新的当事人身份进入诉讼;继承人放弃继承,则诉讼不宜再继续进行。

2. 一方当事人丧失诉讼行为能力，尚未确定法定代理人的。在诉讼过程中，一方当事人丧失诉讼行为能力，需要为其确定法定代理人，在法定代理人尚未确定之前，暂时停止诉讼程序实属必要。

3. 作为一方当事人的法人或者其他组织终止，尚未确定权利义务承受人的。法人或者其他组织因合并或分立而终止的，合并或分立后的新法人或者其他组织应当承担诉讼。法人或其他组织因撤销、破产、解散等原因而终止的，应由清算组织或决定解散的主体承担诉讼。在新法人或清算组织等承担诉讼之前，应暂停诉讼程序的进行。

4. 一方当事人因不可抗拒的事由，不能参加诉讼的。不可抗拒的事由是非人力所能预料、抗衡的事由，如突发性的自然灾害、战争等，其致使当事人不能参加诉讼的，诉讼程序暂时中止。

5. 本案必须以另一案的审理结果为依据，而另一案尚未审结的。这是指另一案的审理结果对本案有预决性，必须待另一案确定后，本案才能进行审理。另一案可能是刑事案件也可能是行政案件，或者是其他民事、海商事案件。

6. 其他应当中止诉讼的情形。这是一项弹性规定，以利于解决审判实践中出现的上述五种中止诉讼情形之外的特殊情况。

诉讼中止的裁定一经作出即发生法律效力。诉讼中止的原因消除后，原诉讼程序继续进行，原中止诉讼的裁定自然失去法律效力。

五、诉讼终结

诉讼终结，是指在诉讼程序进行中，由于某种法定事由的出现，使诉讼继续进行已无必要或者成为不可能时，由人民法院裁定结束诉讼程序的制度。根据《民事诉讼法》第 151 条，有下列情形之一的，人民法院应当裁定终结诉讼：

1. 原告死亡，没有继承人或者继承人放弃诉讼权利的。

2. 被告死亡，没有遗产，也没有应当承担义务的人的。

3. 离婚案件一方当事人死亡的。

4. 追索赡养费、扶养费、抚育费以及解除收养关系案件的一方当事人死亡的。

终结诉讼的裁定一经作出即发生法律效力。

诉讼终结与诉讼结束不同。前者是诉讼的非正常结束，后者是诉讼的正常结束；前者诉讼程序尚未完毕，后者诉讼程序业已进行完毕；前者对当事人实体权利义务不作结论，后者则必须对当事人双方实体权利义务关系作出判定；前者只能用裁定书，后者则采用判决书、裁定书或调解书。

诉讼终结与诉讼中止也不同。前者是诉讼程序永远结束，不再恢复；后者是诉讼程序暂时停止，一旦条件成熟立即恢复。

第六节 民事判决、裁定和决定

一、民事判决

(一) 民事判决的概念

在我国,民事判决,是指人民法院对民事案件依法定程序审理后,根据事实和法律,就当事人之间的民事权利义务的争议或者就确认某种法律事实存在与否所作的判定或者宣告。民事判决只适用于处理实体问题,不解决程序问题,因此,法院只有在依法定程序审理完毕后,才能作出判决。

民事判决是人民法院最基本、最重要的权力和职责,是法院行使审判权的重要标志和结果之一。[①] 它只能由法院的审判组织依法作出,任何行政机关、团体和个人都无权审理和裁判民事案件,也不能干涉法院作出判决。

民事判决既是法院认定事实、适用法律的结果,也是当事人进行诉讼活动的结果,判决标志着民事案件程序审理的结束。法院通过判决来确认当事人之间的民事权利义务关系或者确定具有法律意义的事实,保护当事人合法的民事权益,因此判决实质上就是确定案件实体问题的法定形式。

民事判决是一种权威性的判定,这种权威性是由作出判断的权力主体、作出判断的法律依据和作出判断的正当过程等综合因素形成的必然结果。因此,它对社会具有普遍的约束力,任何人都不得推翻判决所认定的事实和法律关系,当事人也不能对已经确定的权利义务再行争议。

(二) 民事判决的分类

民事判决依照不同的标准,从不同的角度出发,可以分为不同的种类:

1. 诉讼案件判决与非讼案件判决

这是根据判决所处理的民事案件是否涉及民事权益争议而作出的分类。法院适用通常诉讼程序,就民事权益争议案件所作的判决,为诉讼案件判决。法院适用特别程序、公示催告程序等,就确认某种法律事实或者某种权利实际状况等非讼案件所作的判决,为非讼判决。

2. 生效判决与未生效判决

这是根据判决是否已经发生法律效力而作出的分类。已经发生法律效力的判决,为生效判决。尚未发生法律效力的判决,是未生效判决。地方各级人民法

---

① 法院作出判决、裁定、决定等的权力可称为裁判权,是司法权的具体权能,是人们通常所说的审判权的一个组成部分。审判权的含义比裁判权要广,一般认为应包括管辖权、审理权、裁判权、诉讼指挥权、调查取证权、法庭警察权等。如果承认执行程序也是广义上的诉讼程序,则法院的执行权应被纳入审判权的范畴之中。

院依照第一审普通程序和简易程序所作的判决，在上诉期内，都是未生效判决。法院依照第一审普通程序和简易程序所作的且当事人超过上诉期没有上诉的判决、最高人民法院作出的判决、基层法院依照小额诉讼程序作出依法不准上诉的判决、法院依照第二审程序作出的判决、法院依照特别程序和公示催告程序等所作的非讼案件判决，都是生效判决。

3. 对席判决与缺席判决

这是根据判决所针对的民事诉讼案件中的双方当事人是否出庭而作出的分类。在双方当事人都出庭参加法庭调查和法庭辩论基础上所作的判决，为对席判决。这里所指的当事人出庭，也包括当事人本人未到庭，而是由其诉讼代理人出庭代为诉讼行为的情形。民事诉讼以双方当事人对席进行诉讼为原则，纠纷的双方当事人也往往会出席庭审，所以多数情况下，法院就民事案件所作的判决都是对席判决。在一方当事人未出庭参加庭审或中途擅自退庭情况下，经审理后所作的判决，为缺席判决。缺席判决是一种例外情况，故只有在法律有明确规定的情形时，法院才能作出缺席判决。缺席判决与对席判决具有同等的法律效力。

4. 全部判决与部分判决

这是根据判决解决案件问题的范围不同所作的分类。当案件开庭审理的辩论终结时，法院对所有应判定的事项（全部实体问题或全部诉讼请求）一并作出结论的判决，为全部判决。全部判决是民事判决的基本形式。在诉讼过程中，法院对可分的实体请求或权利义务一部分作出结论的判决，为部分判决（又称“一部判决”）。我国《民事诉讼法》第 153 条规定，人民法院审理案件，其中一部分事实已经清楚，可以就该部分先行判决。通常在诉讼请求合并审理的情况下作出部分判决，如原告提出两个以上诉讼请求而合并、被告提出反诉请求而合并等。法院审理一部分，判决一部分，有助于推动诉讼进程。对于部分判决可以独立提起上诉。

5. 给付判决、确认判决与形成判决

这是根据判决所处理的诉的不同性质以及判决的内容而作出的分类。给付判决，是指在认定原告请求权存在的基础上，判令被告交付一定金钱、财物或履行一定义务的判决。例如，判令债务人支付合同价款；责令败诉方拆除违章建筑等。给付判决与给付之诉存在一定的联系，但法院审理给付之诉案件的结果不一定全部形成给付判决，只有原告胜诉的，其判决为给付判决。如果原告败诉，就确认原告与被告之间不存在法律关系，所以该种判决为确认判决。给付判决要求败诉当事人在一定时间履行一定给付义务，如果义务人拒不履行给付义务，权利人可以向法院申请强制执行。

确认判决，是指单纯确认当事人之间的法律关系或实体权利存在或不存在的判决。例如，确认合同部分内容无效、确认亲子关系存在等。其中，确认存在的判决，为积极的确认判决；确认不存在的判决，为消极的确认判决。如果原告主张的法律关系或实体权利存在，其胜诉判决即确认原告主张的法律关系或实体权利存在，其败诉判决即确认原告主张的法律关系或实体权利不存在。因此，在确认之诉中，不论原告胜诉还是败诉，其判决均为确认判决。

形成判决，在我国又称为变更判决，是指变动现存法律关系的判决。例如，离婚判决、分割共有财产判决等。形成判决确定时，不需要通过强制执行便自动发生法律状态的效果，一般情况下形成判决的效果是使已经存在的法律关系不再存在。形成判决在法律效力上具有形成力。

6. 原判决与补充判决

这是根据判决作出的时间所作的分类。法院在案件开庭审理的辩论终结时最初作出的判决，为原判决。但是，原判决漏判诉讼请求的，对于漏判的部分所作的判决，为补充判决（又称“追加判决”）。

此外，判决还可以审判程序和审级的不同，分为一审判决、二审判决与再审判决；以是否满足原告诉讼请求为准，分为胜诉判决与败诉判决等。民事判决的上述分类，除了前两种外，其他的分类都是在诉讼案件判决基础上的二次分类。

（三）民事判决书的内容

民事判决必须采用书面形式作出，称为民事判决书。民事判决书由审判组织以人民法院的名义制作。根据《民事诉讼法》第 152 条和最高人民法院印发的《法院诉讼文书样式（试行）》、《民事简易程序诉讼文书样式（试行）》，民事判决书由首部、正文和尾部三部分组成。

1. 首部

首部，即民事判决书的开头部分。首部的内容包括：作出判决的人民法院名称、案件类别和编号；当事人的基本情况，即当事人的姓名、性别、年龄、职业、住址等，当事人是法人或其他组织的，应写明其名称、住所和法定代表人的姓名和职务，当事人有诉讼代理人的，还应写明诉讼代理人的基本情况；案由①、审判组织和审判方式。

2. 正文

正文是判决书的核心部分，是判决的主要内容。判决书正文的内容包括三方面：

---

① 案由，是指审理的案件的种类，是对诉讼争议所包含的法律关系进行的概括，反映案件所涉及的民事法律关系的性质。案由一般是按照诉讼请求的内容划分，如继承、离婚、合同纠纷等案件。

(1) 诉讼请求、争议的事实和理由。这一部分是指当事人向法院陈述的内容,既有原告的具体诉讼请求及其事实和理由,也有被告答辩所根据的事实和理由,若有第三人的,还应包括第三人的诉讼请求及其事实和理由或其答辩所根据的事实和理由。这部分内容应当全面、客观、如实地反映,不得夸大或缩小当事人所陈述的案件、诉讼请求和理由。

(2) 判决认定的事实和理由、适用的法律和理由。判决所表述的这部分内容,通常称为理由部分。其具体内容是:法院已查明并予以认定的案件事实及其根据;法院对案件性质、是非责任的认定以及解决纠纷的看法;法院作出判决适用哪些法律以及如何适用法律的说明。这一部分内容是判决的根据,必须做到认定事实清楚、是非责任明确、理由充分、适用法律正确。

(3) 判决结果和诉讼费用的负担。判决结果,通常称为判决主文,就是法院根据事实和法律,对案件的实体问题所作的处理决定。判决结果必须准确、清楚和具体,切忌笼统或模棱两可。有执行内容的主文应当具有可操作性。在判决结果之后应写明诉讼费用的数额、由谁负担以及如何分担。

3. 尾部

尾部,即判决的结尾部分。这一部分的内容包括:判决是否准许上诉、上诉期间和上诉的法院;审判人员、书记员署名,加盖法院印章;注明作出判决的时间。

(四) 民事判决的效力

民事判决的效力,是指民事判决宣告和生效后的法律效果。民事判决作为人民法院处理民事案件的权威性判定,一经宣告和生效,即具有相应的法律后果,实际对法院、当事人和社会产生约束作用。其表现如下:

(1) 对当事人而言,判决一经宣告,就不能对已判决的内容再行起诉;判决一经生效,就不能对已经判决的民事权利义务再行争议。当事人必须履行已生效的判决。负有义务的当事人拒不履行判决所确定的义务时,权利人有权向法院申请强制执行。

(2) 对人民法院而言,判决一经宣告,无论生效与否,未经法定程序,均不得撤销或变更已宣告的判决。除法律另有规定外,法院也不得重新受理当事人就同一诉讼标的之再行起诉。对于具有执行力的判决,在权利人的执行申请成立时,或需要依职权主动执行时,法院有责任实施强制执行。

(3) 对社会而言,民事判决具有普遍的拘束力。任何自然人、法人和其他组织都要维护法院的判决。有义务协助执行的单位或个人,都必须履行其协助执行的义务。①

二、民事裁定

(一) 民事裁定的概念

在我国,民事裁定,是指人民法院在民事审判和执行程序中,就程序方面发生的问题所作的具有诉讼法上约束力的处理决定。民事裁定是法院行使审判权的具体体现,它主要解决审判和执行过程中的程序问题。根据我国《民事诉讼法》的规定,在个别情况下,裁定也可用于对实体问题的处理,如财产保全、先予执行等,这类裁定虽然涉及实体问题,但决非是对实体问题的最终处理。民事裁定的意义在于:协调诉讼活动,保障民事诉讼程序依法进行和依法终结。

民事裁定和民事判决都是人民法院制作的法律文书,具有权威性和法律效力。在我国法律中,两者存在着许多不同:

(1) 处理对象不同。裁定主要是处理程序问题,而判决是对案件实体问题的最终解决。

(2) 适用阶段不同。裁定在审判阶段和执行阶段均可适用,但判决只能在审判阶段适用。

(3) 法律依据不同。作出裁定的法律依据是诉讼法的规定,而作出判决的法律依据主要是实体法的规定,也有诉讼法的规定。

(4) 是否经言辞辩论不同。判决原则上须经言辞辩论,强调充分的程序保障,而裁定则无须经言辞辩论。

(5) 表现形式不同。判决必须是书面形式,而裁定既可用书面又可用口头形式。

(6) 法律效力不同。裁定所产生的主要是诉讼法的效力,而判决可以产生诉讼法和实体法的效力。而且在诉讼法的效力方面,两者也存有差异。例如,只有少数裁定可依法提起上诉,并且上诉期仅为 10 日;判决除终审判决和依法不

---

① 这里关于民事判决对当事人、法院和社会所具有的效力的内容,只是对民事判决在法律上被当然认可的那些制度性效力的一个简单介绍。按照大陆法系判决效力理论,判决的效力分为三类:判决的原有效力、判决的附随效力和判决的事实效力。判决的原有效力,是指判决本质上本身所具有的效力,即法律上被当然认可的制度性效力,包括拘束力、确定力、执行力、形成力、对世效力等。拘束力在此作狭义理解,是指判决宣告后,法院原则上不得任意撤销或变更该判决。拘束力具体包括了对本院的自缚力和对非作出该判决的法院的羁束力。确定力具体又包括形式上的确定力和实质上的确定力。形式上的确定力,又称判决的不可撤销性,是指当事人不得以上诉方法请求撤销或变更确定判决。实质确定力也就是既判力,是指确定判决对诉讼标的之判断对法院和当事人产生约束力,当事人不得在以后的诉讼中主张与该判决相反的内容,法院也不得在以后的诉讼中作出与该判决相冲突的判断。执行力是指判决的内容可以通过强制执行实现的效力。只有给付判决才有执行力。形成力,在我国又称判决的变更力,是指确定判决具有使原实体法律关系变更或使新实体法律关系产生的效力。只有形成判决才有形成力。对世效力,是指民事判决对社会具有普遍的约束力。关于判决效力理论的更多内容,请参考其他有关著述。

准上诉的判决外都允许上诉;并且上诉期为 15 日。再如,裁定的效力仅存在于一个案件的诉讼程序中,而判决则对后诉也有约束力。

(7) 一个案件中可以作出的判决与裁定的数量不同。判决必须在案件实体问题审理终结(包括全部终结或部分终结)之后作出,且一个案件通常只有一个生效判决(指全部判决,而非部分判决),而裁定可以在诉讼程序进行过程中或在案件审理终结后,根据需要作出数个裁定,也可能在案件审结时一个裁定也没有。

(二) 民事裁定的适用范围

民事裁定适用的范围较广。根据《民事诉讼法》第 154 条,民事裁定适用于下列事项:

(1) 不予受理。法院经审查起诉,认为不符合法定条件的,应当裁定不予受理。对于不予受理的裁定,当事人不服的,可以上诉。

(2) 对管辖权有异议。法院对当事人就管辖权提出的异议应当认真审查,认为异议有理的,应当把案件移送给有管辖权的法院;认为异议无理的,应当裁定驳回异议。对于管辖权异议的裁定,当事人不服的,可以上诉。

(3) 驳回起诉。法院立案后,发现原告的起诉不符合法定条件的,应当裁定驳回起诉。驳回起诉与不予受理的区别在于:驳回起诉发生于立案之后,不予受理则发生于起诉与受理阶段。对于驳回起诉的裁定,当事人不服的,可以上诉。

(4) 保全和先予执行。法院根据当事人的申请或依职权,决定采取保全或先予执行措施的,必须作出裁定。该裁定一经作出,即具有法律效力,当事人不能上诉。但当事人不服的,可以申请复议一次,复议期间不停止对该裁定的执行。

(5) 准许或者不准许撤诉。撤诉作为当事人的一种处分行为,须接受法院的监督和认可。当事人申请撤诉的,法院不论准许或者不准撤诉,都必须作出裁定。法院依法按撤诉处理,也必须作出裁定。

(6) 中止或者终结诉讼。法院根据诉讼中出现的法定事由,中止或者终结诉讼的,必须作出裁定。

(7) 补正判决书中的笔误。所谓笔误是指法律文书误写、误算,诉讼费用漏写、误算和其他笔误。对于法律文书中的笔误,法院应裁定予以补正。

(8) 中止或者终结执行。法院在执行过程中,遇有应当中止或者终结执行的情形时,应当裁定中止或者终结执行。

(9) 撤销或者不予执行仲裁裁决。根据我国《仲裁法》第 58 条、《劳动争议调解仲裁法》第 49 条的规定,当事人可以依法向法院申请撤销仲裁裁决,法院认为仲裁裁决有法律规定应当撤销的情形的,应当裁定撤销仲裁裁决。申请人申请执行仲裁裁决,被申请人提出证据证明该裁决具有我国《民事诉讼法》第

237 条和第 274 条规定情形之一的,法院经审查属实,应当裁定不予执行。

(10) 不予执行公证机关赋予强制执行效力的债权文书。申请人申请执行公证机构赋予强制执行效力的债权文书,法院经审查,认为公证债权文书确有错误的,应当裁定不予执行。

(11) 其他需要裁定解决的事项。这是一项弹性规定,目的在于适应民事诉讼中众多复杂程序问题的处理,其范围由法院自行掌握,但要以程序事项为限。例如,原判决违反法定程序,可能影响案件正确判决的,上诉法院裁定撤销原判决,发回原审人民法院重审;按照审判监督程序决定再审的案件,裁定中止原判决的执行;执行过程中,案外人对执行标的提出书面异议,法院经审查认为理由不成立的,裁定驳回;等等。

对上述裁定,其中不予受理的裁定、对管辖权异议的裁定、驳回起诉的裁定,当事人不服的,可以上诉;对保全和先予执行的裁定,当事人不服的,可以申请复议一次。对其余裁定,当事人不得上诉或者申请复议。

(三) 民事裁定的形式和内容

民事裁定可以采用书面形式,也可以采用口头形式。实践中对于可以上诉的裁定、涉及结束民事审判程序或者执行程序的裁定以及具有执行效力的裁定,应以书面裁定为宜。人民法院口头裁定的,应将裁定内容记入笔录,并向当事人和其他诉讼参与人宣布。

书面裁定的格式与民事判决书的格式基本相同,也是由首部、正文和尾部组成。它们之间的差异主要表现在正文方面。裁定的正文就是裁定的内容,包括裁定的事项、事实、理由和结论。裁定的尾部应写明能否上诉或能否复议、上诉的期间和上诉法院,并由审判人员和书记员署名。法律规定须由院长批准的裁定,还应由院长署名。

(四) 民事裁定的效力

民事裁定的效力,是指民事裁定在何时对何事何人产生法律上的拘束力。首先,不准上诉的裁定,一经送达便发生效力。对于可以申请复议的裁定,也属于不准上诉的裁定,当事人申请复议的,在作出新的裁定之前,原裁定不停止执行。准许上诉的裁定,当事人不上诉的,上诉期间届满后发生效力。其次,裁定处理的事项不同,受拘束的主体的范围不完全一致。一般地说,裁定只对法院和当事人及其诉讼参与人有拘束力,对诉讼外的第三人没有拘束力。

裁定后,如果作出裁定所依据的客观情况发生变化或消失的,法院可以自行变更或撤销原裁定,当事人也可请求法院变更或撤销原裁定。中止诉讼或者执行的障碍消除,具有恢复诉讼程序或者执行程序的条件时,法院应当作出恢复诉讼或者执行的裁定。这与判决不同,判决必须通过法定的上诉程序或再审程序予以变更或撤销。

三、民事决定

(一) 民事决定的概念

民事决定,是指人民法院对民事诉讼中发生的某些特殊事项所作的处理结论。决定权派生于审判权,是法院指挥诉讼、维持诉讼秩序、保证诉讼顺利进行以及处理有关诉讼问题的必要权能。

民事决定处理的事项不涉及案件的实体问题,故不同于民事判决。民事裁定和民事决定在处理对象方面比较难以从逻辑上加以区分,两者所处理的事项都是涉及诉讼程序的事项。对裁定和决定在处理对象上的区分主要是从法律和司法解释的已有规定出发的,并从这些规定中归纳出某些倾向和特征。一般认为,裁定处理的事项相对更为重要,对当事人的诉讼权利影响更大,故裁定有一部分是可以上诉的。而决定的处理事项是那些阻碍诉讼程序正常进行的特殊事项,从法律规定看,这些事项的处理往往具有紧迫性,由此也决定了民事决定一律不得上诉。

(二) 民事决定的适用范围

诉讼中发生的事项很多,但并非一概可以适用民事决定,是否适用决定,既取决于该事项的性质,也取决于有无适用民事决定的必要性。根据我国《民事诉讼法》的规定,民事决定主要适用于下列事项:

(1) 处理回避问题。当事人提出回避申请或有关人员自行要求回避的,法院应当作出决定。

(2) 处理妨害民事诉讼行为的问题。对妨害民事诉讼的行为,需要采取强制措施的,法院应当作出决定。

(3) 处理当事人诉讼期间的顺延问题。当事人因不可抗拒的事由或其他正当理由耽误诉讼期间后,申请顺延期限的,由法院决定是否顺延。

(4) 处理诉讼费用的缓、减、免问题。当事人因交纳诉讼费用确有困难,提出缓交、减交或免交申请的,是否准许,由法院决定。

(5) 处理案件的再审问题。各级法院院长对本院已经发生法律效力的判决、裁定,发现确有错误,认为需要再审的,应当提交审判委员会讨论并作出决定。

(三) 民事决定的形式、内容及效力

民事决定可以采用书面形式,也可以采用口头形式。人民法院决定实施罚款和拘留措施的,必须采用书面形式。书面决定由首部、正文和尾部组成。正文的内容包括:决定的事项、事实、法律依据和处理结论。口头决定也应具备正文的全部内容,并应记入笔录。

民事决定一经宣布,立即生效。民事决定是人民法院依法对特定事项作出

的处理结论,具有当然的法律效力,法院、当事人和有关人员必须遵守。当事人和有关人员如有不服,不得提起上诉,也不得就同一问题再行申请处理。有的决定一经生效,就必须立即执行。对于可以申请复议的决定,如对妨碍民事诉讼的行为人的罚款、拘留决定,对是否回避的决定等,在复议期间,不停止执行。

思考题

1. 简述第一审普通程序在民事审判程序中的地位。
2. 简述起诉的概念及条件。
3. 试述完善我国的审前准备程序。
4. 试述开庭审理各阶段及其主要任务。
5. 简述撤诉应具备的条件。
6. 适用诉讼中止和诉讼终结的法定事由各有哪些?
7. 民事判决和民事裁定的主要区别是什么?
8. 简述民事决定的适用范围。

第十六章　简易程序

内容要点

简易程序是基层人民法院及其派出法庭审理简单的民事案件所适用的程序，其最大特点就是简便化，立法及司法解释对简易程序的起诉与答辩、审理前的准备、开庭审理、宣判与送达等程序阶段的内容均作出了具体规定。我国2012年对《民事诉讼法》的修改中增设了小额诉讼程序，它是基层人民法院及其派出法庭审理数额很小的简单民事案件所适用的专门程序，实行一审终审。

第一节　简易程序的概念和适用范围

一、简易程序概述

（一）简易程序的概念

学术上有关简易程序的各种概念，可以说都是紧紧围绕简易程序简便易行这一显著特征展开的，但各国的立法对简易程序的规定有所不同，学者们对简易程序外延的把握差异也较大。对于简易程序外延的不同理解，可以归纳如下：

1. 传统的简易程序。这是最早出现的简易程序，是各国立法例中原有的与普通程序并列存在的诉讼程序。它既包括狭义的民事简易程序，也包括小额诉讼的简易程序。目前世界上许多国家传统意义上的民事简易程序已经分化。

2. 狭义的简易程序。它是指排除了小额诉讼程序、督促程序、缺席审判程序等的简易化程序。这是从传统的简易程序中分化出来的概念。目前，日本和我国台湾地区的民事诉讼法中的简易程序就是这个意义上的简易程序。

3. 小额诉讼的简易程序，即小额程序。它是从传统意义上的民事简易程序中分离出来的，用以处理比简易程序中的诉讼标的额更小的案件而适用的更加简易化的程序。它与狭义的简易程序集合，大致构成传统的简易程序。日本、韩国等国最近在修订其民事诉讼法中新增的小额诉讼程序，就是指该意义上的简易程序。

4. 最广泛意义上的简易程序，即民事诉讼中所有简化了的程序的总称。这种观点认为，不仅简易法院、简易法庭适用简易的程序，而且督促程序、缺席审判程序、简易判决程序都可以被看做特定形式的简易程序，甚至在普通程序、上诉程序、再审程序中也存在着简易程序。这种简易程序既包括狭义的简易程序、小额诉讼程序,也包括民事诉讼中其他诸如督促程序、书面审理等简易化程序;既包括整体的简易程序,也包括局部适用的简易程序;既包括初审程序中的简易程序,也包括上诉审和再审程序中的简易程序。

在以上四种观点中,英美法系的简易程序立法和理解最为宽泛;日本、韩国等国的简易程序概念更为具体。我国学者对简易程序的主流把握都是以我国《民事诉讼法》第157条的规定为根据,各种表述中并无本质区别。因此,就我国现行立法规定而言,简易程序指的是狭义的简易程序,即基层人民法院和它的派出法庭审理简单的民事案件时所适用的程序。简易程序究其实质,是与普通程序并行不悖的、独立的、简便易行的诉讼程序。

（二）简易程序的功能

在审判实践中,对简单民事案件适用简易程序既有利于维护当事人合法权益、及时化解社会矛盾,又符合完善简易程序的要求,具有深刻的现实意义。具体而言,简易程序具有以下功能:

1. 有利于降低诉讼成本,节约司法资源。一方面,简易程序通过简化起诉、送达、庭审、裁判文书以及降低诉讼费用等方式,使当事人可以较低的诉讼成本尽早从诉讼中摆脱出来,符合当事人对诉讼效率的要求;另一方面,诉讼周期的缩短、审判组织的简化可以使有限的司法资源发挥出最大的功能,最大限度节省人力、物力、财力,有效缓解"案多人少"的矛盾。

2. 有利于贯彻"两便"原则。两便原则包括便利人民群众参加诉讼和便利人民法院办案两个方面。简易程序使得司法救济途径变得简单明了,更多欠缺法律知识和诉讼能力的人民群众将因此能更方便接近司法资源,从而使参加诉讼的权利得到有效保障。

3. 有利于树立司法威信。简易程序的适用可以有效帮助人民法院实现繁简分流,让人民法院有更充裕的时间和精力来审理比较重大、复杂、疑难的案件,以确保案件的审判质量,从而树立法院威信,增强人民群众对司法公正的信任。

二、简易程序的适用范围

简易程序的适用范围包括以下几个方面:

（一）适用简易程序的人民法院

适用简易程序的人民法院,仅限于基层人民法院和它派出的法庭。中级以上人民法院审理第一审民事案件,均不得适用简易程序。

基层人民法院的派出法庭,既包括基层人民法院临时派出的法庭,也包括基层人民法院在区、乡、镇常设的人民法庭。人民法庭是基层人民法院的组成部分,其审判活动以及所作出的判决、裁定与基层人民法院的审判活动以及作出的判决、裁定具有同等的法律效力。

（二）适用简易程序的民事案件

根据《民事诉讼法》第157条，简易程序只适用于审理事实清楚、权利义务关系明确、争议不大的简单民事案件。

根据有关司法解释的规定，所谓“事实清楚”，是指双方当事人对争议的事实陈述基本一致，并能提供可靠的证据，无须人民法院调查收集证据即可判明事实，分清是非；“权利义务关系明确”，是指谁是责任的承担者、谁是权利的享受者，关系明确；“争议不大”，是指当事人对案件的是非、责任以及诉讼标的争议无原则分歧。上述三个条件必须同时具备，才能构成简单的民事案件。

此外，根据《最高人民法院关于适用简易程序审理民事案件的若干规定》（以下简称《简易程序规定》），在把握简易程序的适用范围时，应当注意以下几个问题：

1.《简易程序规定》第1条明确规定，不得适用简易程序的案件有：(1) 起诉时被告下落不明的；(2) 发回重审的；(3) 共同诉讼中一方或者双方当事人人数众多的；(4) 法律规定应当适用特别程序、审判监督程序、督促程序、公示催告程序和企业法人破产还债程序的；(5) 人民法院认为不宜适用简易程序进行审理的。

2.《民事诉讼法》第157条第2款以及《简易程序规定》第2条明确了当事人的程序选择权，即基层人民法院适用第一审普通程序审理的民事案件，当事人各方自愿选择适用简易程序，经人民法院审查同意的，可以适用简易程序进行审理。但人民法院不得违反当事人自愿原则，将普通程序转为简易程序。

3.《简易程序规定》第3条规定，简易程序可以转入普通程序的情况主要有：(1) 当事人就适用简易程序提出异议，人民法院认为异议成立的；(2) 人民法院在审理过程中发现不宜适用简易程序的。

第二节　简易程序的具体规定

一、起诉与答辩

（一）起诉

原告可以口头起诉。人民法院应当将当事人的基本情况、联系方式、诉讼请求、事实及理由予以准确记录，将相关证据予以登记。人民法院应当将上述记录和登记的内容向原告当面宣读，原告认为无误后应当签名或捺印。

当事人应当在起诉或者答辩时向人民法院提供自己准确的送达地址、收件人、电话号码等其他联系方式，并签名或者捺印确认。送达地址应当写明受送达人住所地的邮政编码和详细地址;受送达人是有固定职业的自然人的,其从业的场所可以视为送达地址。

人民法院按照原告提供的被告的送达地址或者其他联系方式无法通知被告应诉的,应当按以下情况分别处理:(1) 原告提供了被告准确的送达地址,但人民法院无法向被告直接送达或者留置送达应诉通知书的,应当将案件转入普通程序审理;(2) 原告不能提供被告准确地址,人民法院经查证后仍不能确定被告送达地址的,可以被告不明确为由裁定驳回原告起诉。

(二) 答辩

案件受理后,人民法院可以采取捎口信、电话、传真、电子邮件等简便方式随时传唤当事人和证人等。原告和被告可以同时到基层人民法院或其派出法庭,请求解决纠纷,人民法院或其派出法庭可以当即审理,也可以另定日期审理。

双方当事人到庭后,被告同意口头答辩的,人民法院可以当即开庭审理;被告要求书面答辩的,人民法院应当将答辩状提交期限和开庭的具体日期告知各方当事人,并向当事人说明逾期举证以及拒不到庭的法律后果。

二、审理前的准备

适用简易程序审理案件在审理前主要应从两个方面进行准备:

(一) 关于举证期限的适用

当事人双方同时到人民法院请求解决简单民事纠纷,但未协商举证期限,或者被告经简便方式传唤到庭,当事人在开庭审理时要求当庭举证的,应当准许。

当事人当庭举证有困难的,举证的期限由当事人协商确定,但最长不得超过15日;协商不成的,由人民法院决定。

当事人及其诉讼代理人申请人民法院调查收集证据和申请证人出庭作证,应当在举证期限届满前提出,但其提出申请的期限不受《证据规定》第19条第1款、第54条第1款的限制。

(二) 审查当事人的程序异议

当事人一方或双方就适用简易程序提出异议的,人民法院应当进行审查,并按下列情况分别处理:(1) 异议成立的,应当将案件转入普通程序,并将合议庭的组成人员及相关事项以书面方式通知双方当事人;(2) 异议不成立的,口头通知双方当事人,并将上述内容记入笔录。转入普通程序审理的民事案件的审理期限自人民法院立案的次日开始计算。

三、开庭审理

(一) 先行调解

调解是民事诉讼中的重要原则,在简易程序中尤为重要。《简易程序规定》

第 14 条规定,下列民事案件,人民法院在开庭审理时应当先行调解:(1) 婚姻家庭纠纷和继承纠纷;(2) 劳务合同纠纷;(3) 交通事故和工伤事故引起的权利义务关系较为明确的损害赔偿纠纷;(4) 宅基地和相邻关系纠纷;(5) 合伙协议纠纷;(6) 诉讼标的额较小的纠纷。但是,根据案件性质和当事人的实际情况不能调解或者显然没有调解必要的除外。

调解达成协议并经审判人员审核后,自双方当事人签名或捺印之日起发生法律效力。调解协议符合前述规定的,人民法院应当另行制作民事调解书。

人民法院可以当庭告知当事人到人民法院领取调解书的具体日期,也可以在当事人达成调解协议的次日起 10 日内将调解书发送给当事人。

当事人以民事调解书与调解协议的原意不一致为由提出异议,人民法院审查后认为异议成立的,应当根据调解协议裁定补正调解书的相关内容。

(二) 诉讼告知

以捎口信、电话、传真、电子邮件等形式发送的开庭通知,未经当事人确认或者没有其他证据足以证明当事人已经收到的,人民法院不得将其作为按撤诉处理和缺席判决的根据。

开庭前已经告知当事人诉讼权利义务,或者当事人各方均委托律师代理诉讼的,法官除告知当事人申请回避权利外,可以不再告知当事人其他诉讼权利义务。审判人员对没有委托律师代理诉讼的当事人,应当对其解释或者说明回避、自认、举证责任等相关内容,并在庭审中适当提示或者指导其依法行使诉讼权利和履行诉讼义务。

(三) 法庭调查和辩论

开庭审理采用法官独任制,但须由书记员记录。当事人在审理期日应当携带所有证据到庭。开庭时,法官可以根据当事人的诉讼请求和答辩意见归纳争点,经当事人确认后,由当事人围绕争点举证、质证和辩论。确定争点、调查证据、进行辩论可以一并进行,没有固定的顺序,不受普通程序顺序的限制。

庭审结束时,审判人员可以根据案件的审理情况对争议焦点和当事人各方举证、质证和辩论的情况进行简要总结,并就是否同意调解征询当事人的意见。

适用简易程序审理的,应当一次开庭审结,但人民法院认为确有必要再次开庭的除外。

人民法院适用简易程序审理案件,应当在立案之日起三个月内审结,并且不得延长。审判人员在审理过程中发现案情复杂需要转为普通程序的,应当在审限届满前及时作出决定,并书面通知当事人。

(四) 庭审笔录

书记员应当将适用简易程序审理民事案件的全部活动过程记入笔录。对于下列事项,应当详细记载:(1) 法官对当事人诉讼权利义务的告知、争议焦点的概括、证据的认定和裁判的宣告等重大事项;(2) 当事人申请回避、自认、撤诉、和解等重大事项;(3) 当事人当庭陈述的与其诉讼权利直接相关的其他事项。

四、宣判与送达

(一) 当庭宣判及其送达

适用简易程序审理的民事案件,除人民法院认为不宜当庭宣判的外,应当庭宣判。

当庭宣判的案件,除当事人当庭要求邮寄送达的以外,人民法院应当告知当事人或者诉讼代理人领取裁判文书的期间和地点以及逾期不领取的法律后果,并将此记入笔录。

当事人在指定期间内领取裁判文书之日即为送达之日;当事人在指定期间内未领取的,指定期间届满之日即为送达之日。上诉期从送达之日的次日起开始计算。

当事人因交通不便或者其他原因要求邮寄送达裁判文书的,人民法院可以按照当事人自己提供的送达地址邮寄送达,邮件回执上注明收到或者退回之日即为送达之日。

(二) 定期宣判及其送达

定期宣判的案件,定期宣判之日即为送达之日。在定期宣判之日,当事人确有正当理由不能到庭,并在定期宣判前已经告知人民法院的,人民法院应当按照该当事人自己提供的地址送达裁判文书。

(三) 裁判文书的简化

适用简易程序审理的民事案件,有下列情形之一的,人民法院在制作裁判文书时对认定事实或者判决理由部分可以适当简化:(1) 诉讼过程中,被告明确承认原告诉讼请求的;(2) 当事人对案件事实没有争议或者争议不大的;(3) 涉及个人隐私或者商业秘密的案件,当事人要求简化裁判文书中的相关内容,人民法院认为理由正当的;(4) 当事人双方一致同意简化裁判文书的。

第三节 小额诉讼程序

一、小额诉讼程序的概念和特征

关于小额诉讼程序的概念,立法并无明确的界定。一般将其分为广义与狭义两种。广义的小额诉讼程序与一般简易程序并无严格的区别,二者仅仅是诉讼标的额和简易程序有所不同而已,可以将之视为简易程序的再简化。狭义的小额诉讼程序则认为小额诉讼程序作为一种新型程序应运而生,其建立不仅基于对民事案件进行分流处理,减轻法院负担的一种构想,也在于实现司法大众化,通过简易化的努力使一般国民普遍能够得到具体的有程序保障的司法服务。

对小额诉讼程序的广义解读否定了小额诉讼程序作为一项诉讼程序的独立价值,使简易程序与小额诉讼程序同质化,不能正确区分和解释简易程序与小额诉讼程序的异同。与之相比,我们更认同对小额诉讼程序的狭义解读。小额诉讼程序是与普通程序、简易程序三者并列的独立诉讼程序。其独立性的核心体现在其程序价值是满足司法大众化需求。

我国现有立法虽然对小额诉讼程序尚无严格定义,但其具备小额、简易、强调效率等要件,已经取得基本共识。具体到我国司法实践,可将小额诉讼程序理解为基层法院为提高诉讼效率、实现司法大众化,在审理标的金额较小的简单民事案件时所采用的比简易程序更为简易的一审终审诉讼程序。

小额诉讼程序概念揭示了小额诉讼程序是与普通程序、简易程序并列的一种独立的诉讼程序。其主要特征包括:小额诉讼程序是民事纠纷的诉讼解决机制;其主要适用于标的金额较小的特定类型案件;审理过程简便以及审理成本低廉等。小额诉讼程序有广义和狭义两种理解,前者与传统的简易程序并无严格区别。我们这里研究狭义上的小额诉讼程序。

二、构建小额诉讼程序的意义

小额诉讼程序作为多元化民事诉讼程序之重要组成部分,虽与简易程序有诸多相似之处,但小额诉讼程序是在权衡简易程序优劣之基础上,对其局限性弥补所确立的在多元化一审程序中,比简易程序更加简便的一种独立程序。

1. 保障当事人诉权。现代法治国家对国民诉权的保障是其建构诉讼程序制度的基本理念。民事诉讼一方面需要具备处理大规模且复杂案件的能力,另一方面亦需处理零星细微的案件。小额诉讼程序的设置,在制度安排上为国民行使诉权提供了有利平台,其价值在于通过程序的多元安排,保证当事人能够在发生纠纷时以更加便捷的方式进入诉讼,根据纠纷的具体情况选择符合自己要求之程序保护其受损权益,也充分体现了司法为民的思想。

2. 实现程序效益最大化。所谓程序效益系指诉讼程序之收益与其成本间的比例关系,收益越大、成本越小,则效益越高。民事诉讼的普遍理想在于实现纠纷妥当、公正、迅速、廉价地解决。小额诉讼程序将小额的纠纷案件按照特定的程序简便快捷地处理,并能一审终审,节省了不必要的开支,无论是对法院还是对当事人,都是非常有利的,体现了程序效益最大化的立法价值。

3. 促进司法资源的优化配置。将各类民事案件繁简分流,不同性质和特点的纠纷适用相应的处理程序:复杂的适用严格的普通程序审理,简单的适用简便快捷的简易程序审理,标的额较小的适用小额诉讼程序审理,体现了现代民事诉讼中适用诉讼程序应与被解决的民事纠纷规模相适应的相称原则。这样,法院能够腾出时间和精力集中审理重大、复杂的民事案件,实现司法资源的优化配置。

三、小额诉讼程序的司法适用

1. 小额诉讼程序适用的条件。适用小额诉讼程序审理的案件,必须符合以下两个条件:第一,必须是简单的民事案件。小额诉讼程序仅适用于事实清楚、权利义务关系明确、争议不大的简单的民事案件。第二,案件标的额必须符合规定的标准。借鉴各国的立法经验,我国的小额诉讼程序也以确定金额的标的为适用条件。此次修改采用"相对数"标准而非绝对数标准,主要考虑到我国目前各地区经济社会发展不均衡的状况。因此,在制定小额之标准时,立法机关充分考虑了我国东西部差异和城乡差别。我国《民事诉讼法》第 162 条规定,小额诉讼标的额为各省、自治区、直辖市上年度就业人员平均工资百分之三十以下。此标准之确定较为科学合理。

2. 小额诉讼程序适用的法院。根据《民事诉讼法》第 162 条,可以适用小额诉讼程序审理简单民事案件的人民法院仅限于基层人民法院以及它派出的人民法庭。换言之,中级以上人民法院审理第一审民事案件不得适用小额诉讼程序。

3. 小额诉讼程序适用的审判程序。《民事诉讼法》中并没有单独规定小额诉讼案件独立的审判程序,法院审理小额诉讼案件适用《民事诉讼法》第十三章规定的"简易程序",即与其他一般的简单民事案件适用的审判程序是一样的,所不同的是小额诉讼程序实行一审终审。小额诉讼程序在第二审程序、再审程序中都不能适用。

4. 小额诉讼程序的审级。实行一审终审,是世界各个国家和地区小额诉讼程序的共同特征。修改后的《民事诉讼法》对适用小额诉讼程序审理的案件也采取一审终审制,即基层人民法院以及它派出的人民法庭作出的判决或裁定即为发生法律效力的裁判,当事人不得再行提起上诉。若允许当事人上诉将影响小额诉讼程序高效的制度设计。

5. 适用小额诉讼程序时应注意的其他问题。第一,适用小额诉讼程序审理的案件,其诉讼标的额必须是明确的且符合规定的立案标准,不符合这一条件的,如离婚、收养等涉及人身关系的案件则不能适用该程序。另一方面,并不是说只要诉讼标的额符合了《民事诉讼法》第 162 条规定的标准就可以适用小额诉讼程序。如果当事人双方对争议事实的陈述有较大出入,权利义务关系并不明确,当事人对案件的是非、责任以及诉讼标的争执存在原则性分歧,即便诉讼标的额符合了上述标准也不能适用小额诉讼程序。第二,适用小额诉讼程序审理民事案件,虽然相较于普通程序而言程序得以简化,但这并不意味着可以随意剥夺当事人的诉讼权利。因此,适用小额诉讼程序审理民事案件,也要注意充分保障当事人的诉讼权利。第三,法院已经适用普通程序审理的案件,在审理过程中无论出现何种情形,均不得转为小额诉讼程序审理。第四,下列案件不能适用小额诉讼程序审理:起诉时被告下落不明的;发回重审的;共同诉讼中一方或者双方当事人人数众多的;法律规定应当适用特别程序、审判监督程序、督促程序、公示催告程序的以及人民法院认为不宜适用小额诉讼程序进行审理的案件。

尽管我国民事诉讼立法已经确立了小额诉讼程序,但是仅有一个法律条文的规定略显粗糙。考察各国立法,小额诉讼程序所具有的共同特征除这次对《民事诉讼法》修改已经规定的标的额小、一审终审外,还应当包括:程序简便快捷、收费低廉;当事人之间的对抗相对弱化、法院职权主义介入较多;注重调解、实行调解;审判一体化;当事人亲自诉讼、口头进行;禁止反诉;且具有非专业化特征等。我国的小额诉讼程序需要体现上述特征,还有待于通过立法和司法解释作进一步完善。

思考题

1. 简述简易程序的概念和意义。
2. 简述简易程序的适用范围。
3. 试述简易程序与普通程序的区别。
4. 简述小额诉讼程序的概念和特征。

第十七章　第二审程序

内容要点

掌握第二审程序的概念和意义、第二审程序与第一审程序的联系与区别、上诉的提起与受理、上诉案件审理的特点、上诉案件的裁判。

第一节　上诉制度理论概述

一、上诉的意义与上诉制度目的

（一）上诉的意义

上诉是指当事人对于不利于己方且尚未生效的判决，向上一级法院申明不服，请求其审理从而废除或者变更原判决的一种诉讼上的救济方式。德文“Rechtsmittel”一词，日本学者译为上诉，它是“Berufung”（上诉第二审）、“Revision”（上诉第三审）、“Beschwerde”（抗告）三词的上位概念。我国与日本民事诉讼法中均有“上诉”一词，但是由于审级制度的不同，两者概念与范围自然不同。虽然上诉是当事人的一种诉讼行为，但是从制度上考察，上诉是当事人在诉讼中对下级法院判决不服的一种救济方法或措施。其意义主要有：

1. 上诉是受到不利判决的当事人请求上级审法院救济的方法

法官在审理原告的诉讼请求与被告的答辩后所作的判决，不是不利于原告的判决，就是不利于被告的判决，或者是不利于双方当事人的判决。在这种情况下，为了维护当事人的合法权利，自然应该给予其向上级审法院请求救济的机会，以此撤销下级审法院不正确的判决。

2. 上诉是对于未确定的终局裁判申明不服的救济方法

法院的裁判有生效与未生效之分，并且有判决和裁定之分。当事人若想撤销已经生效的判决或裁定，只能通过再审程序而不是上诉程序实现。在其他一些国家，对于未生效的裁定不服，只能通过“抗告”程序来救济，而不是上诉程序。

3. 上诉是向上级审法院请求其审理从而废除或变更下级审法院裁判的救济方法

上诉的特点是当事人向上级审法院请求其审理原判决是否适当，从而要求其废除或变更下级审法院的判决,同时,当事人一旦合法提起上诉,就会使得原本系属于下级审法院的诉讼脱离于原审法院,从而系属于上级审法院,上诉的这种效力被称为"移审效力"。另外,合法的上诉使得上级审法院继续进行诉讼,而原判决不发生效力,这被称为上诉的"遮断效力"。

(二)上诉制度的目的

关于立法者制定上诉制度的目的,自古以来就有两种看法,一是利用上诉制度纠正不正确的裁判,使之成为正确的裁判,从而保护当事人的正当权利;二是利用上诉制度,避免下级法院裁判案件时出现适用法律不一致的现象,统一国家法制。前种看法认为,法官也是人,其裁判难免会发生错误,所以需要上诉审法官来修正错误的裁判,否则不利于保障当事人的合法权益。上诉制度就是为了减少或者过滤错误裁判的必要制度,其目的在于保障当事人的权利。因此,国家在立法时,不宜对当事人的上诉权在上诉金额等方面作出限制,应尽量使当事人有通过上诉获得救济的机会。而后种看法则认为,全国法院各自独立地进行审判工作,对于相同内容的诉讼案件,难免会在解释适用法律时发生分歧和不统一。如果不利用上诉制度将各种不同的法律见解加以统一解释,就可能会使裁判丧失权威性,使国民无所适从,最后导致法律秩序无法维持。在这种观点下,上诉制度的目的在于维护公益,并不是专门为了当事人的私利而存在的,从而认为,如果上诉不具有统一法律解释的作用,应该限制当事人的上诉权。

上诉制度的两种目的并不是排斥关系,学者都主张两种是主从关系。但是,谁为主、谁为从则争论比较激烈。多数学者认为上诉制度的主要目的是统一适用法律解释,少数学者认为正确修正不正确的裁判从而保护当事人的权利,才是上诉制度的主要目的。①

二、上诉的利益与禁止变更不利益原则

(一)上诉的利益

当事人对于法院的判决结果有所不服,有要求上级审法院撤销其不利结果并另行改判的必要,称为上诉的利益。法院的判决结果对当事人不利,导致当事人不服判决,进而才会向上级审法院提起上诉。假如原判决结果对当事人有利并且全部满足了当事人的诉讼请求,那么该当事人自然没有不服可言,也没有提起上诉的必要。

当事人上诉,除了必须具备法律明确规定的上诉条件,如遵守上诉的期限以及上诉的程序等之外,还必须具备上诉的利益。对于当事人上诉的利益,大多数国家没有明确规定为上诉的合法要件,但是德国、日本两国的学说和判例已经认

① 参见陈荣宗、林庆苗:《民事诉讼法》(下),台湾三民书局2005年版,第667—675页。

可了上诉的利益。

（二）禁止变更不利益原则

原告在其部分诉讼请求遭到一审法院支持、部分请求遭到驳回而提起上诉后，如果二审法院审理认为，原审判决全部错误，法院应当驳回原告的全部诉讼请求，判决其败诉可否将原判决全部撤销，全部驳回上诉人在一审中的诉讼请求？也就是说，上诉审法院能不能以原判决全部错误为理由，将原判决全部改判，从而使上诉人遭受较原判决更加不利的判决结果？

按照上诉制度的目的，上诉人提起上诉的目的，应是希望上诉审法院将原判决不利于己的部分改判，使判决结果能比原判决更加有利。所以上诉审法院在审理案件时，仅能就当事人上诉的部分请求进行审理，当事人没有上诉的部分不得审理，这样才能保证当事人的上诉结果对其自身有利而无害。假如允许上诉审法院以原判决全部错误为由，连同当事人没有上诉的有利部分也加以审判，那么当事人提起上诉的结果，则可能比不提起上诉更为不利。这会导致败诉的当事人不敢提起上诉，而这是与上诉制度救济上诉人的目的相违背的。所以，上诉审法院不得超出上诉人的上诉范围，自行变更原判决作对当事人不利的判决，这就是禁止变更不利益原则。

第二节　第二审程序概述

一、第二审程序的概念

我国实行两审终审制，因此上诉审制度在我国就是第二审制度。第二审程序是由于当事人的上诉引起的，当事人依法上诉是发动第二审程序的唯一方式。同时第二审程序又称终审程序，因为我国实行两审终审制，一个案件经过两级法院审判即告终结，当事人不能再提起上诉。审级的设置反映了国家对当事人诉权的保护程度，就个案而言，审级越多，对当事人的保护程度就越高，但一个国家审级制度应当与整体的司法状况相适应。

第二审程序是指第一审当事人不服地方各级人民法院尚未发生效力的第一审判决、裁定，在法定的期限内向上一级人民法院提起上诉，上一级人民法院对案件进行审理所适用的程序。

第二审程序与第一审程序虽然是两个相互独立的程序，但是两者有着密切的联系：第一审程序是第二审程序的前提和基础，第二审程序是第一审程序的继续和发展。但第二审程序不是第一审程序的必然后果。第二审程序和第一审程序共同构成了我国两审终审制度，体现了上下级法院之间的监督与被监督的关系。

第二审程序与第一审程序又有显著的区别,主要体现在以下几个方面:

(一)程序发动的原因不同

第一审程序是原、被告之间发生民事争议,因原告向法院起诉而开始,即第一审程序的发生是基于当事人行使起诉权。第二审程序是因为当事人不服一审未生效的裁判,向上级人民法院提起上诉而开始,即第二审程序的发生,是基于当事人行使上诉权。起诉权与上诉权,不仅是两个不完全相同的诉讼权能,而且行使起诉权和上诉权的主体也不同。行使起诉权的主体,只能是因民事法律关系发生争议,而向法院提起诉讼的原告;行使上诉权的主体,既可能是一审的原告,也可能是一审被告或诉讼第三人。

(二)审理的任务不同

人民法院在第一审程序中的任务在于查明案件事实,正确适用法律,确认权利义务关系,是"定分止争";而第二审程序中,人民法院除了上述任务以外,还要对第一审尚未发生效力的裁判进行事实认定和法律适用等方面的审查,完成宪法所规定的上级法院对下级法院的监督任务。

(三)适用的程序不同

第一审法院和第二审法院是两个不同审级的法院,它们所适用的程序也不相同。第一审法院审理民事案件,既可以适用普通程序,也可以适用简易程序,并且必须开庭审理,不能径行判决;第二审法院审理上诉案件不能适用简易程序,只能按照第二审程序进行审理。根据我国民事诉讼法的规定,第二审程序与第一审程序在具体程序上的区别主要体现在审判组织的组成、审理形式和审理期限等几个方面。

(四)裁判的效力不同

人民法院适用第一审程序所作出的裁判有发生效力和尚未发生效力之分:法律规定不得上诉的裁定,一经宣告,即发生效力;法律规定允许上诉的判决、裁定,法定上诉期限届满,当事人没有提起上诉的,即发生效力,若当事人依法提起上诉,则不发生效力。而人民法院依据第二审程序所作的判决和裁定,都是终审判决和裁定,一经宣告即发生效力,除非依据再审程序予以撤销,当事人都必须接受。

二、第二审程序的意义

第二审程序的设置具有重要意义。我国的第二审程序既是事实审,也是法律审。从当事人方面而言,第二审程序是当事人对第一审裁判表示异议的合法渠道,当事人可以通过行使上诉权发动第二审程序,充分表达自己对第一审判决或裁定的不满以及自己对案件的认识或主张,同时当事人也可以在第二审程序中提供新的证据、事实,从而更充分地保护自己的合法权益。从法院方面而言,第二审程序是人民法院系统内部进行自我监督的程序制度,有利于上级人民法院对下级人民法院审判工作的监督和指导,通过第二审程序对第一审案件进行再次审理,可以及时地发现第一审裁判中的不当之处,从而保证民事审判权在“以事实为根据,以法律为准绳”的基本司法原则下得以正确行使。从国家而言,第二审程序还有利于维护国家法律的统一适用,上级人民法院通过第二审程序,维持正确的第一审裁判,纠正错误的第一审裁判,有助于严肃执法、维护司法权威和国家法律的统一适用,并可以在一定程度上促进法律的发展。

总之,第二审程序的设置,有利于裁判的公正合理,从而有利于提高司法权威性。但应当明确的是,第二审程序并非每个案件的必经程序。除按特别程序审理的案件不适用第二审程序外,即使是按照普通程序、简易程序审理的案件,如果经过第一审程序的审理,当事人达成了调解协议,或者在上诉期限内当事人没有上诉,也不会引起第二审程序的发生,也就不需要经过第二审程序。

三、第二审程序的性质

关于第二审程序的性质,有以下三种不同的学说:

第一种是复审制说。该学说认为,第二审是对案件的重新审理,它与第一审无关,第一审中的一切诉讼资料于第二审无效,第二审法院应当重新收集、调查诉讼资料,并在此基础上作出裁判。

第二种是续审制说。该学说认为,第二审是第一审的继续和发展,当事人在第一审中提出的诉讼资料,于第二审仍然有效;当事人在第一审没有提出,或虽然提出但未经审理的诉讼资料,可以在第二审中提出。

第三种是事后审制说。该学说认为,第二审只能以当事人在第一审中提出的诉讼资料为依据,不允许当事人在第二审中提出新的诉讼资料。该学说并主张,第二审只就第一审适用法律是否恰当进行审查,而不审查第一审法院所认定的事实。

目前,大多数国家的第二审程序采用续审制。但对当事人在第二审程序中提出新证据是否加以限制有不同的规定。部分大陆法系国家对于向二审法院提出新证据不加任何限制,而部分大陆法系国家则对向二审法院提出新证据加以限制,如德国、意大利,如此规定,主要在于提高第一审程序的威信,阻止诉讼当事人把主要精力推迟到第二审程序中。而英国判例法对向第二审法院提出新证据加了两项限制:一是新证据必须是表面上可信的;二是采纳这些新证据至少应能对案件的结果产生重大的影响。但美国基本上不允许在二审中提交新证据,如果确实需要提交,则案件就发回重审。

我国学术界和实务界已充分认识到证据随时提出主义所造成的诉讼资源的浪费和对两审终审目标设定的负面影响等问题,并就证据适时提出主义制度的构建进行深入的研讨。我国民事证据规定确立了证据适时提出主义,从而在事实上使得我国的第二审程序成为续审制。

四、外国三审终审制度的借鉴意义

关于审级的规定,各国立法不尽相同,但从主要西方国家的规定看,其审判机关组织体系的层级划分虽有不同,但大多实行三审终审制,如英国、美国、德国、日本等。其特点为:(1) 第三审为法律审。第三审法院只审查下级法院的裁判适用法律有无错误,不审查下级法院的裁判对事实的认定是否正确。(2) 终审法院的层级较高。在实行三审终审的国家,其终审法院通常是最高法院或高等法院。(3) 对第三审作一定的限制。通过如当事人对一审判决认定的事实不存在争议可直接提起第三审上诉、对某些案件实行许可上诉制度、限定第三审上诉案件的标的价额等规定,对第三审上诉的条件作一定的限制,在一定程度上减轻了法院和当事人的负担。

我国20世纪50年代初曾实行过有条件的三审终审制。1954年公布的《人民法院组织法》确立了四级两审终审制,此后沿用至今。五十多年来的司法实践表明,现行两审终审制在便利人民诉讼、便利法院审判的同时,也存在如下一些不足:由于少了一个复审程序,上诉审的功能难以充分发挥;终审法院的审级较低,对于保证审判质量和统一法律适用均有不利的影响;对上诉的不加限制和二审程序构造的不明确,造成了诸多弊端。近年来,不少学者主张,我国应该借鉴外国民事上诉制度,以两审终审制为基础,以有条件的一审终审和三审终审为必要补充,通过对诉讼金额和审理对象的限制进行合理控制,使审级制度能够适应民事诉讼多层次的需要。①

第三节 上诉的提起和受理

一、上诉的概念

上诉,是指当事人不服地方各级人民法院依据第一审程序作出的尚未发生效力的判决、裁定,依法请求上一级人民法院予以审理,以求撤销或变更该判决、裁定,保护其合法权益的诉讼行为。

上诉权是法律赋予当事人的一项诉讼权利。当事人通过行使上诉权可以要求上一级法院对原审判决和裁定进行审查,纠正错误,维护自己的合法权益。上诉权是当事人的一项诉讼权利,当事人可以依据自己的意愿行使或者放弃。上

① 参见杨荣新、乔欣:《重构我国民事诉讼审级制度的探讨》,载《中国法学》2001年第5期。

诉权和起诉权同属诉权,但两者不尽相同:

1. 提起诉讼的原因不同。上诉是当事人因不满第一审未生效的裁判而向上一级人民法院提起的审判请求;起诉则是当事人因为民事权益发生争议而向人民法院提出的审判请求。

2. 提起诉讼的目的不同。上诉是针对第一审法院未生效的裁判提起的,并要求上一级法院纠正错误的裁判;起诉则是原告针对被告的侵权行为或与被告发生权益纠纷,要求人民法院进行审理并作出裁判,以解决他们之间的纠纷。

3. 提起诉讼的时间限制不同。上诉受上诉期限的限制,超过上诉期限的上诉不予受理;起诉一般不受限制,不论在诉讼时效内外均可提起诉讼。

4. 提起诉讼的形式要求不同。上诉只能采用书面形式;起诉可以是书面的,在特殊情况下也可以是口头的。

由于实行三审终审制以及不同的法律传统等原因,西方国家对上诉有不同的分类。例如,德国、日本的民事诉讼法将上诉分为两类:(1) 对判决的上诉。它包括为重新审查案件事实和法律适用而提起的上诉,即控诉;只就法律适用问题提起的上诉,即上告。所谓控诉,亦称首次上诉,是指上诉人请求第二审法院对下级法院的终局判决在认定事实和适用法律两个方面重新审查的诉讼行为;所谓上告,亦称第二次上诉,是指上告人请求第三审法院对控诉审法院的终局判决中适用法律的错误进行审查的诉讼行为。(2) 对裁定的上诉。对裁定的上诉称为抗告,并设有专门的抗告程序。美国法将上诉分为"基于权利的上诉"(appeal by right,通常指第一次上诉)和"基于申请的上诉"(appeal by application,通常指第二次上诉,即向最高法院上诉)。前者在提起前无须取得许可,后者在提起前必须首先获得上诉法院的许可。[①]

我国民事诉讼法对判决与裁定均适用同一上诉程序,而不像德、日等国家那样对裁定的上诉规定了专门的程序,也没有上述国家对判决、裁定上诉的种种分类。由于裁定的上诉解决的仅仅是程序问题,相对于判决来说要简便一些,如第二审法院对判决的上诉原则上要开庭审理,而对裁定的上诉一般不需要开庭审理,即可作出裁定。

二、上诉的条件

根据民事诉讼法的规定,当事人行使上诉权发动第二审程序必须具备一定的条件,只有符合法律规定的上诉条件,才能引起第二审程序的发生。

具体而言,上诉的条件包括:

---

① 参见江伟主编:《民事诉讼法》,高等教育出版社 2004 年版,第 347 页。

（一）提起上诉的主体必须是依法享有上诉权的人

所谓上诉人，是指依法提起上诉的一方当事人；被上诉人，是指被提起上诉的一方当事人。上诉人与被上诉人必须是第一审判决、裁定所指向的当事人。根据我国《民事诉讼法》的规定，享有上诉权的人是第一审程序中的当事人，包括原告、被告、共同诉讼人、诉讼代表人、有独立请求权的第三人和判决其承担民事责任的无独立请求权的第三人。根据相关司法解释的规定，无民事行为能力人、限制民事行为能力人的法定代理人可以代理当事人提起上诉。此外，经特别授权的委托代理人也可以代理当事人提起上诉，但是上诉人仍然是作为一审当事人的被代理人。

根据有关规定，在司法实践中依据下列具体规则确定上诉人与被上诉人：

1．第一审程序的当事人，不论是原告、被告或是第三人，所享有的上诉权是平等的，任何当事人的上诉权在法定期间内都不因其他当事人提起上诉而丧失，在法定期间内，任一当事人均可以依法提起上诉权。依据相关司法解释，如果第一审原告、被告、第三人都提起上诉，则都为上诉人，并互以对方为被上诉人。

在第二审程序中，作为当事人的法人或者其他组织分立的，人民法院可以直接将分立后的法人或其他组织列为共同诉讼人；合并的，可将合并后的法人或其他组织列为当事人。至于该当事人是被列为上诉人还是被上诉人，则视具体情况而定。

2．共同诉讼第二审当事人的确定。在普通的共同诉讼中，共同诉讼人就法院对自己与对方当事人所作的一审裁判不服，提起上诉的，该上诉行为只对自己有效，其效力不及于其他共同诉讼人，其他共同诉讼人并不是第二审程序中的当事人。在必要的共同诉讼中，其中一人或者部分人提起上诉的，若经其他共同诉讼人同意，则对其他共同诉讼人发生法律效力，此时，全体共同诉讼人为上诉人；若未经其他共同诉讼人同意，则依据《最高人民法院关于适用〈民事诉讼法〉若干问题的意见》（以下简称《适用意见》）第177条，按下列情况处理：

（1）该上诉是对与对方当事人之间权利义务分担有意见，不涉及其他共同诉讼人利益的，对方当事人为被上诉人，未上诉的同一方当事人依原审诉讼地位列明；

（2）该上诉仅对共同诉讼人之间权利义务分担有意见，不涉及对方当事人利益的，未上诉的同一方当事人为被上诉人，对方当事人依原审诉讼地位列明；

（3）该上诉对双方当事人之间以及共同诉讼人之间权利义务承担有意见的，未提出上诉的其他当事人均为被上诉人。

（二）提起上诉的客体必须是依法允许上诉的一审判决、裁定

法律规定允许上诉，是当事人对一审判决或裁定行使上诉权的基本前提。根据《民事诉讼法》的规定，地方各级人民法院适用普通程序和简易程序所作的

判决,第二审人民法院发回重审的案件,重审后所作的判决,当事人可以上诉;地方各级人民法院作出的不予受理、驳回起诉的裁定以及对管辖权异议的裁定,当事人可以上诉。人民法院适用特别程序、督促程序、公示催告程序作出的判决、裁定,人民法院依照破产程序所作的宣告破产裁定,最高人民法院作出的判决和裁定,以及人民法院适用第二审程序作出的判决、裁定,当事人都不得提起上诉。

(三)上诉必须在法定期间内提出

法律规定的允许当事人提起上诉的期间,称为上诉期间。当事人对第一审人民法院的判决、裁定提起上诉,必须在法律规定的上诉期间内进行,超过上诉期间就丧失了上诉权。《民事诉讼法》第164条规定,当事人不服地方人民法院第一审判决的,有权在判决书送达之日起十五日内向上一级人民法院提起上诉。当事人不服人民法院第一审裁定的,有权在裁定书送达之日起十日内向上一级人民法院提起上诉。在上诉期间内,裁判并不发生效力,只具有形式上的确定力,能否发生效力取决于当事人在裁判届满时,是否行使了上诉权。

上诉期间自判决书或裁定书送达当事人后的第二日起算。上诉期间对各个当事人分别计算。各当事人收到判决书或裁定书的日期不同时,上诉期间从各自收到判决书或裁定书之次日起计算。逾期不起诉的,不再享有上诉权。在上诉期间内,当事人因不可抗拒的事由或其他正当理由未能行使上诉权的,在障碍消除后的十日内,可以申请顺延期限,是否准许,由人民法院决定。

在普通共同诉讼中,因诉讼标的是同一种类的,各共同诉讼人可以分别行使上诉权,所以与一般诉讼相同,上诉期间对各个当事人分别计算。在必要的共同诉讼中,因诉讼标的是同一的,一个或部分共同诉讼人的诉讼行为经其他共同诉讼人同意后,对全体共同诉讼人生效,因此,一个或者部分共同诉讼人在上诉期间内未行使上诉权并不必然地导致其上诉权的消失,只要其他依然享有上诉权的己方共同诉讼人提起上诉,他们依然可能因此而成为上诉人。

(四)上诉必须提交上诉状

上诉状是当事人表示不服一审人民法院未生效裁判,请求上一级人民法院变更原裁判的诉讼文书。上诉状是上诉人提起上诉的法定方式,也是第二审人民法院接受上诉请求的依据。这和第一审程序的起诉条件不同,在第一审程序中,当事人提起诉讼原则上要提交书面起诉状,在书写起诉状确有困难时,原告可以口头提起诉讼。而上诉则应当提交上诉状,采用上诉状易于明确上诉人请求的范围,从而为上一级法院明确审理的对象和范围。根据相关司法解释的规定,一审宣判时或判决书、裁定书送达时,当事人口头表示上诉的,人民法院应当告知其必须在法定上诉期间内提出上诉状。未在法定上诉期间内递交上诉状的,视为未提出上诉。

上诉状的内容不仅包括要求对自己民事权益的确认,而且包括要求改变第一审人民法院的裁判的请求。根据《民事诉讼法》第165条,上诉状包括下列内容:(1)上诉人、被上诉人的姓名、性别、年龄、民族、籍贯、职业和住所,或者法人、其他组织的名称、住所、法定代表人以及主要负责人的姓名、职务。(2)原审人民法院的名称、案件的编号和案由。(3)上诉的请求和理由。上诉的请求和理由是上诉状的主体部分。上诉的请求是上诉人通过上诉所要达到的目的。上诉请求应明确表明要求上诉审法院全部或部分变更原审裁判的态度,因为这关系到人民法院在二审程序中的审理范围。上诉理由,则是上诉人提出上诉请求的具体根据。上诉人应当提出自己认为一审裁判认定事实和适用法律不当或者错误所根据的事实和理由,包括在第一审中未能提供的新事实、新证据等。

必须同时具备以上条件,上诉才能成立,才能引起上诉审程序的发生。

上诉状应当通过原审人民法院向上一级人民法院提出,同时应当按照对方当事人或者代表人的人数提出副本。当事人直接向第二审人民法院提出上诉状的,第二审人民法院应当在收到上诉状后五日内将上诉状移交原审人民法院。此外,上诉还应当交纳诉讼费用。当事人交纳诉讼费用确有困难的,可以申请缓、减、免交。当事人逾期未交纳诉讼费用,又未申请缓、减、免交,或者虽然申请缓、减、免交,但未获人民法院批准,仍不交纳诉讼费用的,按撤回上诉处理。

上诉成立后,产生如下效力:(1)阻碍第一审裁判的生效;(2)将案件由第一审法院移至第二审法院。对裁判之部分的上诉,其效力及于该裁判的全部。

三、上诉的受理

按照《民事诉讼法》的规定,当事人提交上诉状后,人民法院应当按照以下程序受理:

1. 当事人提起上诉,原则上应当通过原审人民法院提出上诉状,并按照对方当事人人数提出上诉状副本。原审人民法院经过审查后,如认为有不符合之处,可以通知上诉人及时修改或补正。对已逾期的,可直接作出驳回上诉的裁定。上诉状内容如无欠缺,应当在五日内将上诉状副本送达对方当事人,对方当事人在收到上诉状副本之日起十五日内提出答辩状。同时,法律也允许当事人直接向第二审人民法院提交上诉状。二审法院收到上诉状及其副本五日内移交原审人民法院。

2. 原审人民法院应当在收到答辩状之日起五日内将答辩状副本送达上诉人。对方当事人逾期不提交答辩状的,不影响人民法院对案件的审理。

3. 原审人民法院收到起诉状、答辩状后(对方当事人未提交答辩状的,在答辩期间届满后),应当在五日内连同全部案卷和证据,报送第二审人民法院。第二审人民法院经过审查,如果认为上诉符合法定条件,即应予以受理;如果认为上诉欠缺法定条件,应当裁定不予受理。

根据相关司法解释的规定,在一审宣判后,如果原审人民法院发现该判决有错误,而当事人又在上诉期间内提起上诉的,原审人民法院可以提出原判决有错误的意见,报送第二审人民法院,由第二审人民法院按照第二审程序进行审理。

四、上诉的撤回

上诉的撤回,是指上诉人提起上诉后,在第二审人民法院判决宣告前撤回上诉请求的诉讼行为。根据《民事诉讼法》的规定,第二审人民法院判决宣告前,上诉人申请撤回上诉的,是否准许,由第二审人民法院裁定。根据相关司法解释的规定,有下列情况之一的,应当不准许撤回上诉:

(1) 经审查认为,一审所作的判决在认定事实或适用法律上确有错误的;

(2) 经审查认为,双方当事人恶意串通损害国家和集体利益、社会公共利益及他人合法权益的。

申请撤回上诉的方式,既可以是书面的,也可以是口头的。口头撤回上诉的,应将申请内容记入笔录。第二审人民法院对不准上诉人撤回上诉的,可以口头裁定驳回,并将裁定内容记入笔录;准予上诉人撤回上诉的,应以书面形式作出裁定。准予撤回上诉的裁定是终审裁定。

我国现行《民事诉讼法》并未明确规定撤回上诉的法律效力,根据民事诉讼的原理,当事人撤回上诉后将发生如下法律后果:第二审程序终结,第一审人民法院判决、裁定即发生效力,当事人不得就本案再次提起上诉。因为第二审人民法院的裁定是终局性裁定,而撤回上诉是人民法院结案方式的一种,如果允许当事人撤回上诉后再上诉,就等于否定了上诉期间的除斥期间性质,不利于民事关系的稳定,也不利于对被上诉人合法权益的保护。

第四节　上诉案件的审理

根据《民事诉讼法》的规定,第二审人民法院审理上诉案件,除依照第十四章特别规定外,适用第一审普通程序。因此,第二审人民法院审理上诉案件所适用的程序,既有与第一审普通程序相同的地方,也有自己的特点。

一、上诉案件的审理前准备

《民事诉讼法》规定,对上诉案件,第二审人民法院应当组成合议庭,开庭审理。经过阅卷和调查,询问当事人,在事实核对清楚后,合议庭认为不需要开庭审理的,也可以径行判决、裁定。故第二审人民法院在开庭审理前,应做好以下几项准备工作:

（一）组成合议庭

第二审人民法院审理上诉案件，必须由审判员组成合议庭。这是上诉案件审判组织的法定形式，也是和一审的区别所在。因为第二审法院审理上诉案件，不仅要对当事人之间的权利义务争议重新进行审理，还负有审查第一审人民法院的审判工作是否正确的任务，所以第二审人民法院审理上诉案件，必须由审判员组成合议庭进行审判，不能由审判员、陪审员组成合议庭，更不能由审判员一人独任审判。从上诉审法院的审判组织看，各国普遍实行的是合议制，这是有一定道理的，因为由一个法官去审查另一个法官的判决，总是不那么使人放心，当事人上诉案件中有些确实是一审判决错误，而有些对一审判决的公正性持怀疑态度，需要一个更权威的组织重新作出判断。因此，第二审人民法院在收到第一审人民法院报送的上诉案件的上诉状、答辩状、全部案卷和证据后，即应组成合议庭。

（二）审查案卷

上诉案件是在第一审案件审理的基础上进行的，各种材料都已比较齐全，因此，审查案卷显得更为重要。审查案卷时，合议庭成员应审查上诉人与被上诉人的资格是否具备，上诉是否超过上诉期间，如发现上诉主体不符合法定条件或超过上诉期间的，应裁定驳回其上诉。对于上诉状有欠缺的，应通知其补正。另外，还应当审查上诉请求、答辩主张以及案卷的其他材料，审查有关事实是否清楚，证据是否确实充分，适用法律是否恰当，哪些问题上事实不清楚、证据不充分，为开庭审理和径行判决做好必要的准备工作。

二、上诉案件的审理方式

第二审人民法院审理上诉案件，以开庭审理为原则，以不开庭审理为例外。

（一）开庭审理

开庭审理，是指直接传唤当事人和其他诉讼参加人到庭，开庭调查、辩论，合议庭进行评议和作出判决。《民事诉讼法》第169条第1款规定，第二审人民法院对上诉案件，应当组成合议庭，开庭审理。经过阅卷、调查和询问当事人，对没有提出新的事实、证据或者理由，合议庭认为不需要开庭审理的，可以不开庭审理。

（二）径行裁判

径行裁判，是指合议庭经过阅卷、调查、询问当事人，在全部事实核实后，认为不需要开庭审理的，直接作出裁判的审理方式。我国的径行裁判不同于西方国家民事诉讼中的书面审理，所谓书面审理，是指不开庭、不调查、不询问当事人、证人，只通过审查一审案卷材料即作出裁判的审理方式。而径行裁判的案件，审判人员必须和当事人见面，亲自听取当事人陈述，并询问当事人。

根据相关司法解释的规定,第二审人民法院对下列上诉案件,可以依照《民事诉讼法》第169条的规定径行判决、裁定:

(1)一审就不予受理、驳回起诉和管辖权异议作出裁定的案件;

(2)当事人提出的上诉请求明显不能成立的案件;

(3)原审裁判认定事实清楚,但适用法律错误的案件;

(4)原判决违反法定程序,可能影响案件正确判决,需要发回重审的案件。

三、上诉案件的审理范围

第二审程序是第一审程序的继续和发展,不是对第一审程序简单、机械的重复。《民事诉讼法》第168条规定,第二审人民法院应当对上诉请求的有关事实和适用法律进行审查。这是对第二审人民法院对上诉案件审理范围的明确,体现了对当事人处分权和辩论权的尊重,也有利于加快诉讼程序,提高诉讼效率。但相关司法解释规定,第二审人民法院依法对上诉人上诉请求的有关事实和适用法律进行审查时,如果发现上诉请求以外原判决确有错误的,也应当依法予以纠正。此规定与前述规定不相符,但似乎符合有错必纠、追求客观真实的传统司法理念。而最高人民法院1998年发布的《关于民事经济审判方式改革问题的若干规定》第35、36条规定,第二审案件的审理应当围绕当事人上诉请求的范围进行,当事人没有提出请求的,不予审查,除非是违反法律禁止性规定、侵害社会公共利益或者他人利益;被上诉人在答辩中要求变更或者补充第一审判决内容的,第二审人民法院可以不予审查。应该说,这一限制更符合现行《民事诉讼法》的立法精神。因为第二审程序是基于当事人的上诉而提起的,当事人对第一审人民法院裁判的内容,哪些服判,哪些不服还要求上诉,这是当事人的权利。一般来说,二审法院应受其制约,不应把当事人已经接受的裁判内容再提出来重新审理,这同当事人对服从整个一审裁判而不提起上诉以及不告不理是基于相同的道理。但是,《民事诉讼法》第168条的规定对二审法院审理范围的限制不应是绝对的,对违反法律规定,损害国家、集体或他人合法权益的处分,二审法院可以进行干预,不受当事人上诉范围的限制。这是上级法院对下级法院裁判实行监督和对当事人处分进行干预的体现。

四、上诉案件的审理地点

《民事诉讼法》第169条第2款规定,第二审人民法院审理上诉案件,可以在本院进行,也可以到案件发生地或者原审人民法院所在地进行。这充分考虑到了第二审程序的特点,也是民事诉讼法便利人民群众诉讼,便于人民法院办案原则在第二审程序中的具体体现,同时也是提高办案质量的重要保证。它对于第二审法院查清案件事实,扩大办案效果,以及加强对第一审人民法院工作的指导均具有重要意义。

五、上诉案件的调解

法院的调解原则贯穿于第二审程序。根据《民事诉讼法》第 172 条,第二审人民法院审理上诉案件,可以进行调解。调解达成协议的,应当制作调解书,由审判人员、书记员署名,加盖人民法院印章。调解书送达后,原审人民法院的判决即视为撤销。

在二审调解中,当事人双方可以就上诉请求范围内的实体问题进行调解,也可以对一审判决认定的而上诉人未提出异议的实体问题进行调解。因为一审裁判未生效,当事人有权对此进行处分。

根据相关司法解释之规定,对当事人在一审中已经提出的诉讼请求,原审人民法院未作审理、判决的,第二审人民法院可以根据当事人自愿的原则进行调解,调解不成的,发回重审。必须参加诉讼的当事人在一审中未参加诉讼,第二审人民法院可以根据自愿原则予以调解,调解不成的,发回重审,但发回重审的裁定书不列应当参加的当事人。在第二审程序中,原审原告增加独立的诉讼请求或原审被告提出反诉的,第二审人民法院可以根据当事人自愿的原则,就新增加的诉讼请求或反诉进行调解,调解不成的,告知当事人另行起诉。一审判决不准离婚的案件,上诉后,二审人民法院认为应当判决离婚的,可以根据当事人自愿的原则,与子女抚养、财产问题一并调解,调解不成的,发回重审。当事人在二审达成和解协议的,人民法院可以根据当事人的请求,对双方达成的和解协议进行审查,并制作调解书送达当事人;因和解而申请撤诉,经审查符合撤诉条件的,人民法院应予准许。

六、上诉案件的审理期限

对民事判决的上诉案件,审理期限为三个月,有特殊情况需要延长的,经本院院长批准,可以延长三个月。院长对申请延长的审结时限的案件应严格把关,认为确有必要延长审限的,才能批准延长审限,以避免随意延长审结时限,违反立法本意。

人民法院审理对裁定的上诉案件,应当在第二审立案之日起 30 日内作出终审裁定,不得申请延长。因为裁定主要用于解决诉讼程序问题,不涉及实体法律关系的确认。

第五节　上诉案件的裁判

第二审人民法院对上诉案件,经过审理,应根据不同情况,分别作出以下裁判：

（一）驳回上诉，维持原判

根据《民事诉讼法》第170条第1款第1项，第二审人民法院经过对上诉案件的审理，认为原判决、裁定事实清楚，适用法律正确的，以判决、裁定的方式驳回上诉，维持原判决、裁定。这种处理方式，否定了上诉人提出的上诉理由，肯定了原审人民法院判决的合法性和正确性，承认了原审裁判的法律效力。

（二）依法改判

根据《民事诉讼法》第170条第1款第2、3项，第二审人民法院经过对上诉案件的审理，对原判决改判的情况有两种：一是原判决、裁定认定事实错误或者适用法律错误的，以判决、裁定方式依法改判、撤销或者变更；二是原判决认定基本事实不清的，查清事实后改判。

（三）撤销原判，发回重审

根据《民事诉讼法》第170条第1款第3、4项，第二审人民法院经过对上诉案件的审理，认为原判决认定基本事实不清的，裁定撤销原判决，发回原审人民法院重审；原判决遗漏当事人或者违法缺席判决等严重违反法定程序的，裁定撤销原判决，发回原审人民法院重审。另外，根据相关司法解释的规定，凡是第一审人民法院有下列违反法定程序情形之一，可能影响案件正确判决的，应当撤销原判，发回原审人民法院重审：

（1）审理本案的审判人员、书记员应当回避而未回避的；

（2）未经开庭审理而作出判决的；

（3）适用普通程序审理的案件，当事人未经传票传唤而缺席判决的；

（4）其他严重违反法定程序的。

凡发回重审的案件，第二审人民法院应当用裁定的形式作出。

根据《适用意见》的有关规定，下列案件是否发回重审，应当根据具体情况分别处理：

1. 第二审人民法院审理上诉案件时，发现必须参加诉讼的当事人未参加诉讼的，第二审人民法院可以根据当事人自愿的原则予以调解，调解不成的，发回重审。发回重审的裁定书，不列应当追加的当事人。

2. 原判决不准离婚的案件，第二审人民法院认为应当判决离婚的，可根据当事人自愿的原则，与子女抚养、财产问题一并调解，调解不成的，发回重审。

3. 第二审人民法院对当事人在一审中已经提出的诉讼请求，原审人民法院未作审理和判决的，第二审人民法院可以根据当事人自愿的原则进行调解，调解不成的，发回重审。

4. 在第二审程序中，原告增加独立的诉讼请求，或原审被告提出反诉的，第二审人民法院可以根据当事人自愿的原则，就新增的诉讼请求或反诉进行调解，调解不成的，告知当事人另行起诉。

5. 在第二审程序中，作为当事人的法人或者其他组织分立的，人民法院可以直接将分立后的法人或者其他组织列为共同诉讼人；合并的，将合并后的法人或者其他组织列为当事人，不必将案件发回原审人民法院重审。

6. 人民法院依照第二审程序审理的案件，认为依法不应由人民法院受理的，可以由第二审人民法院直接裁定撤销原判，驳回起诉。

凡发回重审的案件，原审人民法院应当按照第一审程序另行组成合议庭进行审理，不得适用简易程序审理。原合议庭成员或者独任审判员，不能参加新组成的合议庭。审理后所作的判决、裁定，仍属于第一审的判决、裁定。当事人对案件的判决、裁定不服的，有权提起上诉。

根据《民事诉讼法》第 170 条第 2 款，原审人民法院对发回重审的案件作出判决后，当事人提起上诉的，第二审人民法院不得再次发回重审。

（四）对原审裁定的处理

根据《民事诉讼法》第 171 条，第二审人民法院对不服第一审人民法院裁定的上诉案件的处理，一律使用裁定。当事人不服第一审人民法院提起上诉的裁定有四种：一是不予受理的裁定；二是对管辖权有异议的裁定；三是驳回起诉的裁定；四是驳回破产申请的裁定。对这四种裁定，第二审人民法院经过审理，认为原审裁定认定事实清楚，证据充分，适用法律正确的，裁定驳回上诉，维持原裁定；原裁定认定事实不清，证据不足，或适用法律确有错误的，裁定撤销原裁定，重新作出正确的裁定。第二审人民法院认为第一审人民法院作出的不予受理、驳回起诉的裁定有错误的，应当在撤销原裁定的同时，指令第一审人民法院立案受理或者进行审理。

第六节　附带上诉制度

在上诉程序的设计中，在保障正当上诉权的同时抑制无益或恶意的上诉，是比较普遍的政策倾向。随着“诉讼爆炸”对司法质量和司法效率的严峻挑战日益加剧，通过限制上诉审查范围而促使案件在一审程序中获得彻底解决，成为一种总体趋势。为此，各国试图寻找上诉权保障与上诉欲望抑制之间的平衡。这里仅介绍附带上诉制度。

附带上诉制度是指未在上诉期限内提起上诉的一方当事人，因对方当事人的有效上诉而获得在期限外提起上诉申请的权利。这是一种既充分保障合理上诉者行使权利，又抑制不合理上诉和轻率上诉的一种制度。在我国立法和实务中，常常遇到两大困境：

第一个困境是当事人之间的“囚徒困境”，即当事人对于是否上诉心存犹豫:提起上诉,胜诉把握不大;放弃上诉,则又担心对方上诉而自己错过上诉期限。于是为了保险起见,特别是在一些律师的策动下,当事人只好将一些可上诉、可不上诉的胜诉把握不大的案件提交上诉,在二审探听虚实之后再撤诉或接受调解。这一方面增加了上诉案件的压力,另一方面也不利于案件的快速执行,还有可能因为纠纷解决的成本增加而加剧双方当事人的对抗情绪,或增加对司法结果的期待而因此产生对司法结果的不满,大量"翻烧饼"似的再审案件都产生于此。建立附带上诉制度,可以使那些犹豫者由于有了安全感而放弃率先上诉,最终双方都可能自愿放弃上诉。

第二个困境是,二审程序的纠错功能与处分权主义对审查范围的限制之间的冲突。根据我国《民事诉讼法》,二审审查以当事人请求的范围为限。这一规定虽然体现了处分权主义的现代诉讼理念,但实践中面临大量超出上诉人请求范围之外的一审判决错误,无法坐视不问,于是最高人民法院《适用意见》根据全国法院的强烈反应进行了变通性规定,即二审程序如果发现一审判决违反法律,则可超越上诉人的请求范围予以纠正。这一司法解释实际上使《民事诉讼法》对二审范围的限制基本失效,因为"一审判决违反法律"在法官那里可以有十分宽泛的解释。随着司法改革对处分权主义的强调,最高人民法院在 1998 年 6 月 19 日《关于民事经济审判方式改革问题的若干规定》中对"一审判决违反法律"的含义进行了限定,仅仅对于那些损害国家、社会利益和第三人合法权益的一审判决错误,二审才能超越上诉人的请求范围给予纠正。虽然这一规定合理,但实践中一些双方当事人都不满意的一审判决,尽管没有损害国家、社会利益和第三人合法权益,但可能在不同方面对双方当事人的合法权益造成不同损害,在我国实践中普遍存在的调解型判决思路的影响下,一审判决往往倾向于对双方利益进行平衡,在一个问题上侧重于一方当事人的利益,在另一问题上补偿另一当事人。一方当事人本来由于另一方当事人在其他方面"吃亏"而获得了心理平衡,同时基于息讼的愿望接受了并不满意的一审判决,但看到对方当事人却"恶人先告状",反而因为提起上诉获得了未上诉一方当事人可以预期和接受的判决结果,因而打破了平衡,产生对二审判决的不满,从而导致申诉和再审案件的增加。实际上,附带上诉制度可以借助于未率先上诉的当事人在对方上诉之后及时提起附带上诉,给不满一审判决的所有当事人都提供一个公平表达不满和补救的机会,使二审法院得以在尊重当事人处分权的前提下彻底地纠正一审错误,维护司法公正。

我国关于民事上诉审能否作出不利于上诉人的判决问题一直存在争论。在刑事诉讼中"上诉不加刑"已为不争的原则,重要理由在于对处于国家强权压力下的被告人上诉权的保护。然而在民事诉讼中,套用刑事诉讼"上诉不加刑"原则,主张将"上诉禁止不利益变更"作为一项上诉原则加以确认,则大可质疑。

这一问题不仅涉及处分权主义理念,也涉及是鼓励或保护还是抑制上诉的司法政策,在实用主义意义上涉及对上诉审成本与收益、公平与效率的平衡。刑事诉讼中的上诉不加刑原则是为了保障居于弱势地位的被告人(个人)在对抗作为国家机构的检察院提起上诉时解除后顾之忧。而民事诉讼制度则是在平等的当事人之间展开的,而且各国的司法政策都是合理抑制不当上诉。民事诉讼当事人双方地位平等,意味着给予一方当事人过分的程序保护可能形成对另一方当事人程序利益的损害,上诉禁止不利益变更可能鼓励上诉,甚至鼓励作为拖延债务手段的上诉。然而,如果基于抑制无理上诉或滥用上诉权利而允许上诉进行不利益变更,又会遇到一个理论障碍——上诉人利益的减损意味着被上诉人利益的增加,而被上诉人并未向法院请求给予这种利益,于是法院如果不是基于公共或第三人利益而依职权作出不利益变更,就违背了处分权原则和司法消极主义理念。而附带上诉可以解决民事上诉导致不利益判决的问题,而不必借用刑事诉讼中"上诉不加刑"原则。

思考题

1. 简述第二审程序的概念和意义。
2. 第二审程序与第一审程序的联系和区别是什么?
3. 提起上诉的条件是什么?
4. 上诉案件的审理特点是什么?
5. 第二审法院对上诉案件应当如何进行裁判?

第十八章　再审程序

内容要点

审判监督的基本含义，再审程序的概念，再审的启动方式，民事抗诉的程序，当事人申请再审的条件，再审的审理法院和审理程序，再审中特殊情况的处理。

现行《民事诉讼法》第十六章规定的审判监督程序，是指依据有错必改的人民司法精神，对于确有错误的确定民事裁判（发生法律效力的民事裁判，又称“生效民事裁判”）进行司法救济的审级外诉讼程序。审判监督程序是监督程序的一种，它是社会主义国家特有的诉讼程序，其目的在于维护社会主义法制的统一性和人民法院审判的权威性。需要指出，在前苏东社会主义国家以及现在社会主义国家的越南、朝鲜、老挝的民事诉讼法制中，监督程序仅指人民法院对法定公职机关及公职人员依法就民事确定裁判（发生法律效力的裁判）提出的抗议进行审查或审理的诉讼程序，不包括当事人要求人民法院对民事确定裁判进行再审的诉讼程序。由于我国现行《民事诉讼法》规定的审判监督程序，既包括对人民法院和人民检察院依职权启动的再审案件的审理，也包括对当事人依申请、申诉启动的再审案件的审理，所以它是具有中国特色的民事审判监督程序。

第一节　我国民事审判监督程序的演进

我国民事审判监督程序是学习苏联法建立的，其法理依据也源于苏联法理。苏联法上的监督程序（надзорная инстанция），是指苏联法院对于法律赋予全权的公职人员（检察长、法院的院长和副院长）就确定裁判提出的抗议进行再审的程序（《苏联民事诉讼纲要》第 49 条）。按照苏联法的规定，监督程序由两个阶段组成，第一阶段是调取案件和提出抗议，第二阶段是苏维埃法院对抗议进行审判。按照苏联法理的解释，民事诉讼中设立监督程序的意义是，维护苏维埃法制的统一性和苏维埃法院的审判权威性。[①]

对于确定民事裁判，苏联法规定当事人可以通过下述两种法律途径寻求

① 参见〔苏联〕C. H. 阿布拉莫夫：《苏维埃民事诉讼（下）》，中国人民大学审判法教研室译，法律出版社 1957 年版，第 164 页。

救济。

其一,依据法律规定的申诉权向苏维埃法院或检察院提出申诉,要求具有抗议权的法定公职人员(检察长、法院的院长和副院长)依监督程序对确定裁判提出抗议,发动再审程序。需要指出,按照苏联法理的解释,当事人向上述公职人员行使的申诉权只是苏维埃公民的一项基本权利,但不属于诉讼权利,申诉书也不属于诉讼文书,不能作为法院审判确定判决的根据。因此,当事人的申诉仅是上述公职人员提起监督程序的材料来源之一,在性质上同于机关和公职人员的通知、报刊信息等。① 同于苏联立法的做法,我国法律曾规定当事人可以通过申诉的方式对确定民事裁判提出争议,要求人民法院依审判监督程序对确定民事裁判进行再审(1979 年《法院组织法》第 14 条第 4 款)。据此,《民事诉讼法(试行)》第 158 条规定,当事人、法定代理人认为确定民事裁判确有错误的,可以向原审人民法院或者上级人民法院提出申诉,人民法院根据当事人的申诉对原裁判进行复查,经复查认为原裁判正确而申诉无理的,以通知驳回当事人的申请;对于原裁判确有错误的情形,由院长提交审判委员会讨论决定是否依审判监督程序进行再审。由于本条未对申诉的时间、次数、受理法院、案件种类作出限制性规定,在适用过程中给人民法院的审判工作带来了巨大压力,所以现行《民事诉讼法》删除了此条,而作为对策,则是增加了当事人申请再审程序(《民事诉讼法》原第 178 条,现第 199 条)。②

但是,按照苏联法及其法理解释,监督程序的意义是与苏维埃上级法院对下级法院的审判监督职能和苏维埃检察院的法律监督(检察监督)职能相联系的,公民不属于审判监督机关和法律监督机关,因此,只有法律赋予全权的公职人员才有权按照监督程序对确定裁判提出抗议并要求再审。在这个意义上可以认为,现行《民事诉讼法》在审判监督程序的名义下设置当事人申请再审制度是有违苏联法理的。不仅如此,按照现行宪法性法律的规定,只有上级人民法院对下级人民法院具有审判监督职能(《宪法》第 127 条第 2 款、《法院组织法》第 16 条)以及人民检察院具有法律监督职能(《宪法》第 129 条、《检察院组织法》第 1 条),公民在法律上不属于审判监督机关和法律监督机关,因此将当事人申请再审也设置在审判监督程序中,不仅有违法理精神,还有违现行宪法性法律的立法精神。

其二,苏联法规定当事人可以按照法律规定的"新情况再审程序"(возобновление производства),要求苏维埃法院对确定民事裁判进行再次审

① 参见〔苏联〕C. H. 阿布拉莫夫:《苏维埃民事诉讼(下)》,中国人民大学审判法教研室译,法律出版社 1957 年版,第 168 页。

② 参见最高人民法院民事诉讼法培训班编:《民事诉讼法讲座》,法律出版社 1991 年版,第 52—53 页。

理(《苏联民事诉讼纲要》第53条)。按照苏联法理的解释,“新情况”是指能够改变原判决内容的新事实,具体是指当事人在法院判决之时不知悉且不可能知悉但已经存在的事实;而于判决后发生、变化的事实,虽不同于法院在判决时认定的事实,但也不属于新事实;判决后出现的新证据,也不属于新事实。[①]“新情况再审程序”与监督程序不同,其目的是在民事审判的事实认定上贯彻客观真实原则,因而当事人不得以原判决适用法律错误为理由发动“新情况再审程序”。虽然苏联法规定的“新情况再审程序”与我国民事诉讼中的当事人申请再审程序在制度设计上迥异,但其将依职权启动的审判监督程序与依当事人申请启动的“新情况再审程序”分开设计的再审程序法理却是值得我国民事诉讼立法学习和借鉴的,因为这有利于保持审判监督程序的自我独立性和完整性。我国民事诉讼立法可以考虑在再审程序名义下分别设立审判监督程序和当事人再审程序,或将审判监督程序与当事人再审程序单列成章。

我国规定监督程序的首部立法是1954年《法院组织法》。按照当时立法者的解释,我国设立监督程序的意义是,贯彻对人民负责的有错必改的精神,维护法律的严肃性。[②]为了在民事诉讼中具体落实《法院组织法》规定的监督程序,1982年《民事诉讼法(试行)》规定了民事审判监督程序(第十四章)。根据该法的立法精神,学理上解释,我国民事审判监督程序是指人民法院对确定的民事裁判发现确有错误而进行再次审理的程序(《民事诉讼法(试行)》第157条、第158条)。此种学理解释至今仍属通说。由于《民事诉讼法(试行)》仅规定了人民法院对确定民事裁判有再审程序启动权,排除了人民检察院依抗诉发动再审的权限,在内容上违背了1979年《法院组织法》第14条第3款[③]和1979年《检察院组织法》第18条[④]的立法精神,所以作为《民事诉讼法(试行)》的继续和修正,现行《民事诉讼法》在保留审判监督程序(第十六章)名义的同时,又增加了依人民检察院提出抗诉的再审(《民事诉讼法》第186条)。但是,立法上采用审判监督程序来表述监督程序是有违法理精神的。因为按照《宪法》第127条第2款和《法院组织法》第16条的规定,审判监督是上级法院针对下级法院的审级

① 参见〔苏联〕C. H. 阿布拉莫夫:《苏维埃民事诉讼(下)》,中国人民大学审判法教研室译,法律出版社1957年版,第172页。

② 参见魏文伯:《对于“中华人民共和国人民法院组织法”基本问题的认识》,上海人民出版社1956年版,第16页。

③ 1979年《法院组织法》(1980年1月1日施行)第14条第3款规定:最高人民检察院对各级人民法院已经发生法律效力的判决和裁定,上级人民检察院对下级人民法院已经发生法律效力的判决和裁定,如果发现确有错误,有权按照审判监督程序提出抗诉。

④ 1979年《检察院组织法》(1979年7月1日五届人大第二次会议通过)第18条规定:最高人民检察院对于各级人民法院已经发生法律效力的判决和裁定,上级人民检察院对于下级人民法院已经发生法律效力的判决和裁定,如果发现确有错误,应当按照审判监督程序提出抗诉。按照审判监督程序审理的案件,人民检察院必须派人出席法庭。

关系和业务关系而言的,而人民检察院并不是审判监督关系的主体,它是法律监督机关(《宪法》第129条),是依据检察权对错误民事确定裁判提出抗诉,因此,将人民检察院依法律监督程序提出的抗诉列入审判监督程序之中,实际上是混同了两种性质迥异的监督程序。另外,在《民事诉讼法(试行)》下,由于没有规定当事人申请再审和人民检察院通过法律监督提出抗诉的诉讼制度,唯有人民法院可以依据审判监督职能对民事确定裁判进行再审,于此背景下,将监督程序称作审判监督程序有其一定的法理基础。但是,在现行法条件下,由于规定了当事人申请再审和检察院抗诉,而此两者的制度设计都非以审判监督为法理依据,所以再沿用审判监督程序这一称谓,在法理上难以周全。总之,从我国民事审判监督程序的演进史上考察,虽然其在立法精神上深受苏联法及其理论的影响,但在具体制度设计上却差别甚大。

第二节 我国民事审判监督程序立法现状

2007年10月28日,我国对现行《民事诉讼法》进行了第一次修改,其修改内容主要涉及执行程序和审判监督程序,随后最高人民法院颁布了《关于适用〈中华人民共和国民事诉讼法〉审判监督程序若干问题的解释》(法释〔2008〕14号,以下简称《审监解释》)。2012年8月31日,我国对现行《民事诉讼法》进行了第二次修改,其修改内容包括审判监督程序。现行《民事诉讼法》和司法解释是规范我国民事审判监督程序的主要法律依据。自现行《民事诉讼法》实施以来,最高人民法院针对民事审判监督程序运行中出现的问题发布了大量的司法解释,其中包括:《关于支付令生效后发现确有错误应当如何处理问题的复函》(1992年7月13日)、《关于上级法院对下级法院就当事人管辖权异议的终审裁定确有错误时能否纠正问题的复函》(最高人民法院经济审判庭,1993年1月20日)、《关于民事调解书确有错误当事人没有申请再审的案件人民法院可否再审的批复》(1993年3月8日)、《关于对执行程序中的裁定的抗诉不予受理的批复》(1995年8月10日)、《关于人民检察院提出抗诉按照审判监督程序再审维持原裁判的民事、经济、行政案件人民检察院再次提出抗诉应否受理问题的批复》(1995年10月6日)、《关于当事人因对不予执行仲裁裁决的裁定不服而申请再审人民法院不予受理的批复》(1996年6月26日)、《关于检察机关对先予执行的民事裁定提出抗诉人民法院应当如何审理问题的批复》(1996年8月8日)、《关于在破产程序中当事人或人民检察院对人民法院作出的债权人优先受偿的裁定申请再审或抗诉应如何处理问题的批复》(1996年8月13日)、《关于对企业法人破产还债程序终结的裁定的抗诉应否受理问题的批复》(1997年7月31日)、《关于人民法院发现本院作出的诉前保全裁定和在执行程序中作出的裁定确有错误以及人民检察院对人民法院作出的诉前保全裁定提出抗诉人民法院应当如何处理的批复》(1998 年 9 月 5 日)、《关于人民法院不予受理人民检察院单独就诉讼费负担裁定提出抗诉问题的批复》(1998 年 8 月 31 日)、《关于人民检察院对民事调解书提出抗诉人民法院应否受理问题的批复》(1999 年 2 月 13 日)、《关于当事人对人民法院撤销仲裁裁决的裁定不服申请再审人民法院是否受理问题的批复》(1999 年 2 月 16 日)、《关于第二审法院裁定按自动撤回上诉处理的案件,二审裁定确有错误,如何适用程序问题的答复》(最高人民法院研究室,2000 年 5 月 29 日)、《关于如何处理人民检察院提出的暂缓执行建议问题的批复》(2000 年 7 月 15 日)、《关于人民检察院对撤销仲裁裁决的民事裁定提起抗诉人民法院应如何处理问题的批复》(2000 年 7 月 5 日)、《关于人民检察院对不撤销仲裁裁决的民事裁定提出抗诉人民法院应否受理问题的批复》(2000 年 12 月 13 日)、《关于人民法院可否驳回人民检察院就民事案件提出的抗诉问题的答复》(最高人民法院研究室,2001 年 4 月 20 日)、《关于办理不服本院生效裁判案件的若干规定》(2001 年 10 月 29 日)、《关于人民法院对民事案件发回重审和指令再审有关问题的规定》(2002 年 4 月 15 日)、《关于民事损害赔偿案件当事人的再审申请超出原审诉讼请求人民法院是否应当再审问题的批复》(2002 年 7 月 18 日)、《关于当事人对按自动撤回上诉处理的裁定不服申请再审人民法院应如何处理问题的批复》(2002 年 7 月 19 日)、《关于规范人民法院再审立案的若干意见(试行)》(2002 年 11 月 1 日)、《关于审理民事、行政抗诉案件几个具体程序问题的意见》(最高人民法院审判监督庭,2003 年 10 月 15 日)、《关于印发〈民事审判监督程序裁判文书样式(试行)〉的通知》(2008 年 12 月 8 日)、《关于受理审查民事申请再审案件的若干意见》(2009 年 4 月 27 日)等。

另外,由于人民检察院是审判监督程序的启动主体之一,最高人民检察院专门针对人民检察院在审判监督程序中的活动方式出台了一系列规定。其中主要有《人民检察院民事行政抗诉案件办案规则》(2001 年 9 月 30 日最高人民检察院第九届检察委员会第九十七次会议讨论通过)、《人民检察院办理民事行政抗诉案件公开审查程序试行规则》(1999 年 5 月 10 日最高人民检察院第九届第二十三次检察长办公会通过)等。为了完善检察机关对民事审判活动、行政诉讼实行法律监督的范围和程序,维护司法公正,根据宪法和法律,结合司法实践,最高人民法院、最高人民检察院于 2011 年 3 月 10 日联合发布了《关于对民事审判活动与行政诉讼实行法律监督的若干意见(试行)》(下称《联合意见》)。

从总体上考察,我国有关民事审判监督程序的法律法规十分庞杂,几乎已经达到了连法律家和专业学者都难以掌握的状态。

第三节　审判监督型再审

审判监督型再审，是指具有审判监督职责的人民法院及各级人民法院院长，在发现确定裁判确有错误时，依照法定程序提起的再审。

具有审判监督职责的人民法院是指确定裁判的上级人民法院和最高人民法院。我国上下级人民法院之间的审判工作关系是审判监督关系。现行《宪法》第127条规定，最高人民法院监督地方各级人民法院和专门人民法院的审判工作，上级人民法院监督下级人民法院的审判工作。因此，上级人民法院和最高人民法院对下级人民法院的确定裁判实施审判监督是宪法赋予的一项重要职责。在民事诉讼领域，上级人民法院和最高人民法院对下级人民法院确有错误的确定裁判提起再审，则是落实宪法赋予其的审判监督职能的一种具体体现。

我国法律并没有对各级人民法院院长的审判监督职责作出明确规定。现行《法院组织法》第14条规定，各级人民法院院长对本院已经发生法律效力的判决和裁定，如果发现在认定事实上或者在适用法律上确有错误，必须提交审判委员会处理。据此，一般认为各级人民法院院长发现本院的确定裁判确有错误时，有提起审判监督程序的职责。不过，各级人民法院院长的此项职责是与审判委员会的职能相联系的，即人民法院院长对本院确定裁判提起审判监督程序的，应当经过下列三个步骤：一是人民法院院长将对象裁判提交本院审判委员会讨论；二是审判委员会讨论是否再审，若决定再审，则作出再审裁定；三是人民法院根据再审裁定开始审判监督程序。通说认为，由本院院长和审判委员会共同对本院确有错误的确定裁判实施审判监督，是民主集中制原则在审判工作中的具体体现。

根据《民事诉讼法》第198条的规定，审判监督型再审的启动主体有如下两类：

1. 本院院长及审判委员会

各级人民法院院长对本院已经发生法律效力的判决、裁定、调解书，发现确有错误，认为需要再审的，应当提交审判委员会讨论决定(《民事诉讼法》第198条第1款)。

2. 最高人民法院和上级人民法院

最高人民法院对地方各级人民法院已经发生法律效力的判决、裁定、调解书，上级人民法院对下级人民法院已经发生法律效力的判决、裁定、调解书，发现确有错误的，有权提审或者指令下级人民法院再审(《民事诉讼法》第198条第2款)。据此，最高人民法院和上级人民法院对于自己发现的确有错误的确定裁判可以采用两种方法处理：提审或指令下级人民法院再审。所谓提审，本义是指上级人民法院将下级人民法院的原审案件提上来由自己进行管辖和审理。在审判监督程序中,提审是指上级人民法院发现下级人民法院的确定裁判确有错误,由于案情复杂、业务难度大等原因,认为需要由本院亲自审理的,提至本院审理。所谓指令再审,是指上级人民法院发现下级人民法院的确定裁判确有错误后,指令作出确定裁判的人民法院对案件进行重新审理。例如,某项民事案件经过了两级人民法院审理,那么就应当认为该案的确定判决是由二审人民法院作出的,如果上级人民法院对该案指令再审,则应当指令该案的原二审人民法院再审,而不能指令该案的原一审人民法院再审。另外,由于上级人民法院只能对本辖区的下级人民法院行使审判监督职能,所以既不能对本辖区以外的下级人民法院行使审判监督职能,更不允许对本辖区以外的下级人民法院的确定判决指令再审。

最高人民法院是国家最高审判机关,有权对地方各级人民法院的审判工作进行审判监督,只要发现地方各级人民法院的确定判决确有错误的,即可以决定再审,包括调取案件材料的自行再审,也可以指令下级人民法院再审。

第四节 法律监督型再审

一、抗诉的条件

按照法律规定,人民检察院依据法律监督职能提起抗诉的条件如下:

第一,抗诉的主体是上级人民检察院和最高人民检察院。上级人民检察院对下级人民法院已经发生法律效力的判决、裁定,最高人民检察院对地方各级人民法院发生法律效力的判决、裁定,发现符合《民事诉讼法》第 200 条规定的再审情形之一的,或者发现调解书损害国家利益、社会公共利益的,应当提出抗诉(《民事诉讼法》第 208 条第 1 款)。地方各级人民检察院对同级人民法院发生法律效力的判决、裁定发现符合《民事诉讼法》第 200 条规定的情形之一的,或者发现调解书损害国家利益、社会公共利益的,可以向同级人民法院提出检察建议,并报上级人民检察院备案;也可以提请上级人民检察院向同级人民法院提出抗诉(《民事诉讼法》第 208 条第 2 款)。

第二,抗诉对象之发生法律效力的判决、裁定确有错误。按照《民事诉讼法》第 208 条的规定,"确有错误"的法定判断标准准用《民事诉讼法》第 200 条的规定,即准用当事人申请再审的事由。但是对于调解书的抗诉,则以调解书损害国家利益、社会公共利益为条件。

第三,人民检察院决定对人民法院的判决、裁定、调解书提出抗诉的,应当制作抗诉书。法律规定抗诉形式要件是采用抗诉书,人民检察院不得采用口头形式提出抗诉(《民事诉讼法》第 212 条)。抗诉书在性质上属于人民检察院制作的诉讼文书,由检察长签发,加盖人民检察院印章。

二、抗诉的提起

按照《民事诉讼法》第 208 条的规定,人民检察院对生效的民事判决、裁定、调解书提出抗诉,原则上实行"上级抗",即由上级人民检察院对下级人民法院生效的民事判决、裁定、调解书提出抗诉。地方各级人民检察院对同级人民法院的确定裁判虽有法律监督权力,但不得对之提出抗诉。作为例外,最高人民检察院对最高人民法院的确定裁判发现确有错误的,可以向最高人民法院提出抗诉。

三、抗诉的法律后果及审理程序

人民检察院是法律监督机关,其对人民法院生效的裁判提出抗诉将必然引起再审程序的发生。《民事诉讼法》第 211 条规定,对于人民检察院提出的抗诉案件,接受抗诉的人民法院应当自收到抗诉书之日起三十日内作出再审的裁定。

接受抗诉案件的人民法院同时也是审理抗诉案件的人民法院,即是原审人民法院的上级人民法院。但法律又同时规定,对于符合《民事诉讼法》第 200 条第 1 项至第 5 项规定情形之一的抗诉案件,接受抗诉的人民法院可以将抗诉案件交下一级人民法院再审。立法理由指出,符合《民事诉讼法》第 200 条第 1 项至第 5 项规定情形的抗诉案件,主要是涉及事实认定问题的再审案件,将此类案件交下一级人民法院进行再审,便于证据调查和纠正事实认定中的错误。同时,法律还规定,人民检察院对符合《民事诉讼法》第 200 条第 1 项至第 5 项规定情形的案件提出抗诉,接受抗诉的人民法院如果将案件交下一级人民法院审理,需要视该抗诉所针对的对象案件是否属于下一级人民法院再审后作出的。如果被抗诉的对象案件已经是下一级人民法院的再审案件,接受抗诉的人民法院不能将该案交下一级人民法院再审(《民事诉讼法》第 211 条)。

对于抗诉案件,人民法院在进行再审时,应当通知人民检察院派员出席法庭(《民事诉讼法》第 213 条)。

第五节 当事人申请型再审

一、当事人申请再审的条件

第一,申请主体必须合法。法律规定,有权申请再审的主体是当事人。

第二,申请对象是确有错误的确定裁判,以及违反自愿原则或者内容违法的调解书(《民事诉讼法》第 199 条、第 201 条)。但是,对于已经发生法律效力的解除婚姻关系的判决和调解书,当事人等不得提起再审(《民事诉讼法》第202条)。

第三,申请必须在法定期限内提出。当事人申请再审,应当在判决、裁定发生法律效力后六个月内提出。但是,对于符合《民事诉讼法》第200条第1项、第3项、第12项、第13项规定情形的案件,当事人可以自知道或者应当知道之日起六个月内提出。

第四,应当向有管辖权的人民法院提出申请。法律规定,申请再审应当向作出确定裁判的人民法院的上一级人民法院提出。因此,对再审申请有管辖权的人民法院是作出原生效判决、裁定的人民法院的上一级人民法院。但当事人一方人数众多或者当事人双方为公民的案件,也可以向原审人民法院申请再审(《民事诉讼法》第199条)。

第五,再审申请采用书面形式提交。法律规定,当事人申请再审的,应当提交再审申请书等材料,即再审申请采用书面形式提出(《民事诉讼法》第203条)。人民法院应当自收到再审申请书之日起五日内将再审申请书副本发送对方当事人。对方当事人应当自收到再审申请书副本之日起15日内提交书面意见;不提交书面意见的,不影响人民法院对再审申请书的审查。此外,人民法院可以要求申请人和对方当事人补充有关材料,向其询问有关事项。

第六,再审必须符合法定的事实和理由。具体而言,根据《民事诉讼法》第200条的规定,当事人可以基于下列情形向人民法院申请再审:

1. 有新的证据足以推翻原判决、裁定的情形。根据《审监解释》第10条的规定,新证据是指下列证据:(1) 原审庭审结束前已客观存在庭审结束后新发现的证据;(2) 原审庭审结束前已经发现,但因客观原因无法取得或在规定的期限内不能提供的证据;(3) 原审庭审结束后原作出鉴定结论、勘验笔录者重新鉴定、勘验,推翻原结论的证据。此外,当事人在原审中提供的主要证据,原审未予质证、认证,但足以推翻原判决、裁定的,应当视为新的证据。

2. 原判决、裁定认定的基本事实缺乏证据证明的情形。《审监解释》第11条规定,基本事实是指对原判决、裁定的结果有实质影响,用以确定当事人主体资格、案件性质、具体权利义务和民事责任等主要内容所依据的事实。

3. 原判决、裁定认定事实的主要证据是伪造的情形。

4. 原判决、裁定认定事实的主要证据是未经质证的情形。

5. 对审理案件需要的证据,当事人因客观原因不能自行收集,书面申请人民法院调查收集而人民法院未调查收集的情形。根据《审监解释》第12条的规定,"审理案件需要的证据",是指人民法院认定案件基本事实所必需的证据。

6. 原判决、裁定适用法律确有错误的情形。根据《审监解释》第13条的规定,这里的"适用法律"包括适用法律、法规或司法解释,而"适用法律确有错误"

包括:(1) 适用的法律与案件性质明显不符的;(2) 确定民事责任明显违背当事人约定或者法律规定的;(3) 适用已经失效或尚未施行的法律的;(4) 违反法律溯及力规定的;(5) 违反法律适用规则的;(6) 明显违背立法本意的。

7. 审判组织的组成不合法或者依法应当回避的审判人员没有回避的情形。

8. 无诉讼行为能力人未经法定代理人代为诉讼,或者应当参加诉讼的当事人因不能归责本人或者其诉讼代理人的事由,未参加诉讼的情形。

9. 违反法律规定,剥夺当事人辩论权利的情形。根据《审监解释》第 15 条的规定,原审开庭过程中审判人员不允许当事人行使辩论权利,或者以不送达起诉状副本或上诉状副本等其他方式,致使当事人无法行使辩论权利的情形,属于剥夺当事人辩论权利。

10. 未经传票传唤缺席判决的情形。

11. 原判决、裁定遗漏或者超出诉讼请求的情形。

12. 据以作出原判决、裁定的法律文书被撤销或者变更的情形。

13. 审判人员在审理该案件时有贪污受贿,徇私舞弊,枉法裁判行为的情形。

另外,法律规定当事人可以通过向人民检察院申请检察建议或者抗诉的方式启动再审程序。具体而言,当事人对于下列情形,可以向人民检察院申请抗诉或者检察建议:(1) 人民法院驳回再审申请的;(2) 人民法院逾期未对再审申请作出裁定的;(3) 再审判决、裁定有明显错误的情形。人民检察院应当对当事人的申请在三个月内进行审查,作出提出或者不予提出检察建议或者抗诉的决定。当事人只能向人民检察院提出一次检察建议或者抗诉之申请(《民事诉讼法》第 209 条)。

二、当事人申请型再审的审理程序

(一) 对当事人再审申请的审查

根据法律规定,人民法院应当自收到当事人提交的再审申请书之日起三个月内进行审查,经审查认为申请再审事由成立的,应当裁定再审;对于不符合法律规定的,应当裁定驳回再审申请。对于特殊情况需要延长审查期限的,是否准许,由本院院长批准(《民事诉讼法》第 204 条)。

(二) 裁定中止原裁判文书的执行

根据《民事诉讼法》第 206 条的规定,人民法院按照审判监督程序决定再审的案件,无论是人民法院提起再审的案件,还是人民检察院抗诉引起再审的案件或者当事人申请再审的案件,均应裁定中止原判决、裁定、调解书的执行,裁定书由院长署名,加盖人民法院印章。

中止原判决的执行,是因为再审的案件有可能在审结后撤销或者变更原判决，为了避免因继续强制执行可能给当事人的合法权益造成更大的损害，减少和制止由于错判造成的不良后果。但同时，对原裁判文书是裁定“中止”，而非“撤销”，这是因为决定再审时虽然已经发现错误，但是否真的错误而需要变更原判决，则要经过对案件的实体再审后才能确定，故不能撤销原判。只有经过再审程序审判后，才能决定是维持原判或者是撤销原判。

（三）再审的审理法院

根据《民事诉讼法》第204条的规定，因当事人申请裁定再审的案件，由中级以上的人民法院审理。但是，对于当事人依照《民事诉讼法》第199条规定选择向基层人民法院申请再审的案件除外。由最高人民法院、高级人民法院裁定再审的案件，由本院再审或者交其他人民法院再审，也可以交原审人民法院再审。

第六节 再审案件的审理程序

一、再审的审理程序

我国民事诉讼实行二审终审制，再审是通过重新审理案件的方式纠正原审裁判的错误，因此，我国民事案件的再审并没有专门的审理程序，而是根据原审裁判的情况，分别适用一审和二审程序进行审理（《民事诉讼法》第207条）。

第一，对于一审法院发生法律效力的判决、裁定，由原一审法院依职权决定再审的，适用第一审程序进行审理。对于该项再审裁判，当事人可以提出上诉。如果原一审裁判是适用简易程序作出的，对其再审应当适用第一审普通程序。

第二，最高人民法院或者上级人民法院对下级人民法院发生法律效力的裁判决定再审并提审的，由提审的上级人民法院按照第二审程序进行审理，由此作出的裁判是发生法律效力的裁判。

第三，最高人民法院或者上级人民法院对下级人民法院发生法律效力的裁判决定再审并指令下级人民法院再审的，如果下级人民法院是第一审法院，则适用第一审程序进行再审；如果下级人民法院是第二审法院，则再审适用第二审程序。

第四，对于人民检察院的抗诉案件，由接受抗诉的人民法院适用第二审程序进行再审。这是因为接受抗诉的人民法院是作出原审裁判的上一级法院。但是，接受抗诉的人民法院将再审案件交由下一级人民法院再审的，如果原裁判是按一审程序作出的，则再审适用一审程序；如果原裁判是按二审程序作出的，则适用二审程序进行再审。

二、再审的审判组织

根据《民事诉讼法》的规定，人民法院审理再审案件，一律实行合议制，而不得实行独任制。若由原审人民法院再审，还应另行组成合议庭，原合议庭成员或独任审判员不得参加新组成的合议庭，以防止其先入为主，保证对案件的公正审判。

三、特别情况的处理

再审案件的审判，在实践中应当注意以下问题：一是不论适用第一审程序还是第二审程序审理再审案件，一律应当开庭审理，不得径行判决；二是原告经依法传唤不到庭或未经法庭许可中途退庭的，不得按撤诉处理，可以缺席判决；三是对再审案件的范围，不受原判决、裁定处理的范围和当事人申请再审请求范围的限制，应当全面进行审理。

另外，根据《民诉意见》，对于再审案件的审判还应当遵循以下规定：

第一，当事人就离婚案件中的财产分割问题申请再审的，如涉及判决中已分割的财产，人民法院应依照《民事诉讼法》的规定进行审查，符合再审条件的，应立案再审；如涉及判决中未作处理的夫妻共同财产，应告知当事人另行起诉。

第二，人民法院提审或按照第二审程序再审的案件，在审理中发现原第一、第二审判决违反法定程序的，可分情况处理：(1) 认为不符合《民事诉讼法》规定的受理条件的，裁定撤销第一、第二审判决，驳回起诉。(2) 具有法律特别规定的违反法定程序的情形，可能影响案件正确裁判的，裁定撤销第一、第二审判决，发回原审人民法院重审。发回重审必须以撤销原判决为前提条件，因此，发回重审实际上是使案件重新回到未审理的状态，所以担当重审的人民法院应当是一审人民法院，其作出的裁判属于一审裁判，当事人对裁判不服可以提出上诉。

第三，依照审判监督程序再审的案件，人民法院发现原一、二审判决遗漏了应当参加诉讼的当事人的，可以根据当事人自愿原则予以调解，调解不成的，裁定撤销一、二审判决，发回原审人民法院重审。

第四，适用再审程序审理的案件，可以进行调解。调解时仍遵照第一、第二审程序有关调解的规定进行。根据规定，第一审程序达成调解协议的案件其中有些可以不制作调解书，但再审程序中的调解，都必须制作调解书。调解书送达后，原判决即视为撤销。

第五，再审案件按照第一审程序或者第二审程序审理的，适用《民事诉讼法》规定的审理期限。审理期限自再审立案的次日起计算。

第六，适用审判监督程序再审的案件，再审人民法院可以自行宣判，也可以委托原审人民法院宣判或者由当事人所在地人民法院代为宣判。

思考题

1. 审判监督的概念和意义是什么？
2. 再审程序的启动方式有哪几种？
3. 试论再审程序和第一、二审程序的关系。
4. 当事人申请再审的条件是什么？
5. 试述再审案件的审理法院和审判程序。

第十九章　特别程序

内容要点

了解特别程序的概念和特征，掌握选民资格案件、宣告公民失踪案件、宣告公民死亡案件、认定公民无民事行为能力或限制民事能力案件、认定财产无主案件、确认调解协议案件、实现担保物权案件的程序规定。

第一节　特别程序概述

一、特别程序的概念

特别程序是人民法院审理特殊类型民事案件所适用的特殊审判程序，确切地说，特别程序是指人民法院审理某些非民事争议案件所适用的特殊审判程序。特别程序是与第一审程序中的普通程序、简易程序并列规定的一种审判程序，它同时又不同于这两种程序，具有自己的特殊性和独立性，是我国民事诉讼程序的重要组成部分。特别程序的设置，体现了程序设置与解决民事案件的相适性。

1982年《民事诉讼法(试行)》是在统一的"第一审程序"中规定特别程序的，而现行《民事诉讼法》则将特别程序与一审程序相并列，统一规定在"审判程序"之下，从立法体例而言，现行《民事诉讼法》的这种规定更为科学与合理，也更好地体现了特别程序的独立地位。

特别程序和普通程序、简易程序是不同的，它有自己的特殊性和独立性。普通程序和简易程序适用于审理一般的民事案件，而特别程序适用于解决若干特殊类型的案件。案件性质和特点上的区别，决定了法院在审理案件过程中有必要采用一些不同的原则、制度和程序。根据《民事诉讼法》的规定，特别程序的适用范围是特定的。其特定性表现在：第一，适用特别程序的法院是特定的，即仅限于基层人民法院，中级以上人民法院不适用特别程序。第二，适用特别程序审理的案件是特定的，只限于审理选民资格案件和非讼案件。具体为：选民资格案件、宣告公民失踪案件、宣告公民死亡案件、认定公民无民事行为能力案件、认定公民限制民事行为能力案件、认定财产无主案件、确认调解协议案件和实现担保物权案件。此外，根据我国《民法通则》的规定，指定或撤销监护案件，从性质上讲也是非讼案件，人民法院审理这类案件应当比照特别程序的有关规定进行。

二、特别程序的历史发展

从中国民事诉讼法历史上观察,“特别程序”概念在立法上的出现,可以追溯至20世纪20年代至30年代的旧中国,那时称为“特别诉讼程序”。1932年5月20日开始实施的《民事诉讼法》曾将其内容分为五编加以规定:第一编总则;第二编第一审程序;第三编上诉审程序;第四编再审程序;第五编特别诉讼程序。其中,“特别诉讼程序”又包括:第一章督促程序;第二章保全程序;第三章公示催告程序;第四章人事诉讼程序。“人事诉讼程序”又包括:婚姻案件程序;亲子关系案件程序;禁治产案件程序;宣告死亡案件程序。

新中国建立以后,在1982年颁布《民事诉讼法(试行)》之前,陆续颁布的一些有关民事诉讼程序的规范性文件,如1950年的《中华人民共和国诉讼程序通则(草案)》、1956年的最高人民法院《关于各级人民法院民事案件审判程序总结》、1957年的《民事案件审判程序》以及1979年最高人民法院发布的关于《人民法院审判民事案件程序制度的规定》,其中均没有就特别程序作出规定。这反映了当时历史条件下立法者和司法界对民事诉讼程序的认识及现实需要。

在1982的《民事诉讼法(试行)》中,第十二章以“特别程序”为题,就“选民名单案件”、“宣告失踪人死亡案件”、“认定公民无民事行为能力案件”以及“认定财产无主案件”作出了规定。这是我国对“特别程序”的首次系统的规定,但随着1986年《民法通则》的颁布,审判实践中需要对《民法通则》中所规定的数种非讼案件加以处理,而这些非讼案件的适用程序在当时的民事诉讼法规中又未加规定。这为司法者的执法带来操作上的不便。

1991年《民事诉讼法》则较为完善,一方面在保留原来的“特别程序”概念的基础上,拓宽了它的适用范围,增加了“宣告失踪案件”和“认定公民限制民事行为能力案件”等非讼案件,使之与民事实体法的有关规定协调一致;另一方面,又在“特别程序”之外,独立而并行地规定了三大非讼程序,即“督促程序”、“公示催告程序”和“企业法人破产还债程序”。另外,该法还对“特别程序”在民事诉讼程序体系中的结构和地位作出了适当调整,把原来置于一审程序中的“特别程序”分离出来,与“第一审普通程序”、“简易程序”、“第二审程序”并列,统一在第二编“审判程序”下作出规定。这样,整个立法体例就更科学了。

三、特别程序的特点

特别程序与普通程序、简易程序相比,具有以下特点:

(一)特别程序的审理是确认某种法律事实或某种资格

按普通程序、简易程序审理案件,是要依法解决民事权益冲突,确认民事权利义务关系,制裁民事违法行为。而按特别程序审理民事案件,则是解决非民事争议案件,或是为了确认某种事实状态是否存在,如宣告公民失踪或死亡的案件;或是为了确认是否具有某种资格,如选民资格案件等。

（二）没有原告和被告

按普通程序、简易程序审理的案件,是由与案件有利害关系的原告提起,有明确的原告和被告双方当事人。而按特别程序审理的案件,由于不存在争议,没有利益互相对立的双方当事人,所以没有普通程序中的原告和被告,只有向法院提起诉讼的人和向法院提出申请的人。而且,选民资格案件中的起诉人、认定无主财产案件中的申请人,不要求与案件有直接利害关系。特别程序中没有被告,因而也没有反诉、辩论、调解等与被告有关的程序。

（三）实行一审终审制度

按普通程序、简易程序审理的案件,除最高人民法院审理第一审民事案件和小额诉讼案件实行一审终审外,都实行两审终审制,当事人对第一审人民法院作出的判决、裁定不服,有权向上一级人民法院提起上诉。但依照特别程序审理的案件,实行一审终审制,判决书一经送达,即发生法律效力,不得提起上诉。

（四）审判组织原则上采用独任制

按普通程序审理的民事案件必须采用合议制,按简易程序审理的民事案件采用独任制。按特别程序审理的案件,审判组织一般也采用独任制,由一名审判员独任审理;只有选民资格案件和重大疑难的非讼案件,才由审判员组成合议庭审理。

（五）不适用审判监督程序,但能够用新判决撤销原判决

按普通程序、简易程序审理的案件,判决生效后,如发现确有错误,必须依审判监督程序提起再审,予以纠正,非经审判监督程序,任何机关和个人均无权撤销生效判决。但依特别程序审理的案件,判决发生法律效力后,如出现新情况,原审人民法院可以根据有关人员的申请,撤销原判决,作出新判决。

（六）审限较短

按普通程序审理的案件,应当在立案之日起六个月内审结,有特殊情况需要延长的,由本院院长批准,可以延长六个月,还需要延长的,报请上级人民法院批准;按简易程序审理的案件,应当在立案之日起三个月内审结。而按特别程序审理的案件,审结期限较短,选民资格案件应当在选举日前审结,非讼案件应当在立案之日起或公告期满后一个月内审结。

（七）免交诉讼费

按普通程序和简易程序审理的案件,不论是财产案件,还是非财产案件,都必须依法交纳诉讼费用,免交、缓交、减交只是例外。而按特别程序审理的案件,不论当事人经济状况如何,一律免交诉讼费用。

第二节 选民资格案件的审判程序

一、选民资格案件的概念

选民资格案件，是指公民对选举委员会公布的选民资格名单有不同意见，向选举委员会申诉后，对选举委员会就申诉所作的决定不服，而向人民法院提起诉讼的案件。

我国《宪法》第34条规定，中华人民共和国年满18周岁的公民，不分民族、种族、性别、职业、家庭出身、宗教信仰、教育程度、财产状况、居住期限，都有选举权和被选举权；但是依照法律被剥夺政治权利的人除外。在选举开始前的30日，负责选举的选举委员会要列一个选民名单，并张榜公布，发给选民证。只有被列入选民名单取得选民证的公民才能参加选举，实际行使选举权和被选举权。可见，是否被列入选民名单，直接关系到公民的选举资格，直接关系到公民政治权利的行使，是极其重要的事情。

选民名单公布后，由于种种原因可能会发生错误，例如该列入选民名单的人未被列入，或者相反，不该列入的人被列入了选民名单。这些错误发生后，选举委员会在选举日前可以主动修改，也可以通过其他程序加以解决。我国《选举法》第25条规定，对于公布的选民名单有不同意见的，可以向选举委员会提出申诉。选举委员会对申诉意见，应在三日内作出处理决定。申诉人或其他公民如果对处理决定不服，可以向人民法院起诉，人民法院的判决为最后决定。这两个程序是一个总程序的两个阶段，它们之间存在先行后继的关系，而并非并列，也即向选举委员会申诉是向人民法院起诉的前置程序。从性质上讲，选民资格案件不属于行政诉讼的范围，而是由民事诉讼法加以调整的特别诉讼案件。

二、选民资格案件的审理程序

依据《民事诉讼法》的规定，选民资格案件在审理程序上有以下特点和内容：

1. 起诉。根据《选举法》和《民事诉讼法》的有关规定，公民对选举委员会公布的选民资格名单有不同意见的，应当先向选举委员会提出申诉，选举委员会应当在三日内对申诉作出决定。申诉人对处理决定不服的，可以在选举日的五日以前向人民法院起诉。选民资格案件的起诉人一般是原来向选举委员会提出申诉的人，起诉人可以是选民本人，也可以是有关组织或其他公民。起诉的时间应当在选举日的五日之前。

2. 管辖。《民事诉讼法》第181条规定，公民不服选举委员会对选民资格的申诉所作的处理决定,可以在选举日的五日前向选区所在地基层人民法院起诉。可见,选民资格案件在地域管理上不适用民事诉讼法关于地域管辖的一般规定,而是由选区所在地的人民法院管辖,在级别管辖上恒属基层人民法院。

3．审判组织。与其他的非讼案件不同,选民资格案件不实行独任制审判,而应当由审判员组成合议庭进行处理。选民名单案件涉及公民的基本政治权利,所以处理起来要特别慎重。故立法规定法院处理这类案件,不仅要采取合议庭的形式,而且要由审判员组成合议庭,而不得由陪审员和审判员共同组成合议庭。

4．诉讼参加人。人民法院处理选民资格案件,除作为双方当事人的起诉人和选举委员会以外,应当通知选举委员会的代表、有关公民参加诉讼。这些诉讼参加人均可依法行使陈述事实、辩论、提供证据等权利。人民法院作出的判决,除送达起诉人和选举委员会外,涉及有关公民的,也应当向该公民送达。选民资格案件的当事人和其他诉讼参与人与一般案件的是有所区别的,而且也比较复杂,在具体案件中需要依据谁是申诉人、谁是选民资格系争的公民本人、谁是选举委员会及其代表等因素加以决定。

5．审限。对于选民资格案件,人民法院的审限应当同时适用两个规定,一是《民事诉讼法》第 180 条:人民法院适用特别程序审理的案件,应当在立案之日起 30 日内审结。有特殊情况需要延长的,由本院院长批准。也就是说,选民资格案件一般应当在 30 日内审结。此外,《民事诉讼法》第 182 条第 1 款规定:选民资格案件必须在选举日前审结。这样既可以保证选民资格案件的及时审结,又可以确保选举工作的有效、合法、顺利进行。在这两个规定中,后者是特殊规定,审理选民资格案件首先要适用这一规定,确保该类案件在实际举行的选举日前完结。因为如果超过这个期限,法院的判决就毫无意义了。

第三节 宣告公民失踪案件的审判程序

一、宣告公民失踪案件的概念和意义

宣告公民失踪案件,是指公民离开自己的住所下落不明,经过法律规定的期限仍无音讯,经利害关系人申请,人民法院宣告该公民为失踪人的案件。

宣告失踪案件是在 1991 年《民事诉讼法》中首次加以规定的。在 1982 年的《民事诉讼法(试行)》中,仅规定了"宣告失踪人死亡案件",而没有规定宣告公民失踪案件的程序。

公民长期下落不明,与其相关的各种民事法律关系必然处于不稳定状态,这对社会生活的稳定与发展是不利的。法律设立宣告公民失踪制度具有多方面的

意义:首先,这一制度有利于保护失踪人的合法权益。公民失踪后,其财产无人管理,因而难免会造成毁损、流失或者被他人侵犯。宣告公民失踪以后,即可为其指定财产代管人,以保护失踪人的合法权益。其次,有利于保护与失踪人有利害关系的第三人的利益。财产代管人有权依法清理与失踪人有关的债权问题,例如,财产代管人可以从失踪人的财产中支付其所欠的债款或其他费用,如扶养费、赡养费等,这就避免了因公民失踪而对有关利害关系人的合法权益造成损害。再次,有利于贯彻《民法通则》规定的宣告失踪制度。正如前所述,在《民法通则》规定了宣告失踪和宣告死亡制度时,1982《民事诉讼法(试行)》并没有与之相配套的宣告失踪程序,到1991年《民事诉讼法》修订后才将宣告失踪案件规定为一种独立的案件,使之与《民法通则》的规定衔接起来,从而为实体法的实施提供保障。

二、审理和判决

(一)申请

根据《民事诉讼法》第183条,申请人民法院宣告公民失踪,必须具备三个条件:

1. 必须有公民下落不明满两年的事实。所谓下落不明,是指公民最后离开自己住所或居所地后,去向不明,与任何人都无联系,杳无音讯。认定公民下落不明的起算时间,应当从公民离开自己的最后住所地或居所地之日起,连续计算满两年,中间不能间断,如有间断,应从最后一次出走或最后一次来信时计算;战争期间下落不明的,从战争结束之日起计算;因意外事故下落不明的,从事故发生之日起计算。登报寻找失踪人的,从登报之日起计算。

2. 必须是与下落不明的公民有利害关系的人向人民法院提出申请。利害关系人,是指与下落不明的公民有人身关系或者民事权利义务关系的人。包括失踪公民的配偶、父母、成年子女、祖父母、外祖父母、成年兄弟姐妹以及其他与之有民事权利义务关系(如债权债务关系)的人。

3. 必须采用书面形式提出申请。申请书应写明失踪的事实、时间和申请人的请求,并附有公安机关或者其他有关机关关于该公民下落不明的书面证明。

宣告失踪案件,人民法院可以根据申请人的请求,清理下落不明人的财产,指定诉讼期间的财产代管人。

(二)管辖

根据《民事诉讼法》第183条,宣告公民失踪的案件,由失踪人住所地的基层人民法院管辖。这样规定便于受诉人民法院就近调查被申请人下落不明的事实,便于人民法院发出寻找失踪人的公告,也便于人民法院审理案件。

（三）公告

根据《民事诉讼法》第185条，人民法院受理宣告失踪案件后，应当发出寻找失踪人的公告，公告期为三个月。公告期间是寻找该公民、等待其出现的期间。公告寻找失踪人，是人民法院审理宣告公民失踪案件的必经程序。因为宣告失踪是一种推定，而这一推定又将给宣告失踪的公民带来重大影响。所以，为了充分保护该公民的民事权益，使判决建立在慎重、准确的基础上，人民法院必须发出公告。

（四）判决

公告期满，该公民仍然不落不明的，人民法院应当确认申请该公民失踪的事实存在，并依法作出宣告该公民为失踪人的判决。如公告期内该公民出现或者查明下落，人民法院则应作出判决，驳回申请。

三、宣告失踪的法律后果

人民法院判决宣告公民失踪的同时，应按照《民法通则》的规定，为失踪人指定财产代管人。《民法通则》第21条第1款规定："失踪人的财产由他的配偶、父母、成年子女或者关系密切的亲戚朋友代管。"如果没有上述代管人或者对代管人有争议的，应由人民法院指定代管人。根据最高人民法院相关司法解释的规定，失踪人的财产代管人经人民法院指定后，代管人申请变更代管的，应比照《民事诉讼法》特别程序的有关规定进行审理。申请有理的，裁定撤销申请人的代管人身份，同时另行指定财产代管人；申请无理的，裁定驳回申请。失踪人的其他利害关系人申请变更代管的，人民法院应告知其以原指定的代管人为被告起诉，并按普通程序进行审理。

公民被宣告为失踪人的，其民事权利能力并不因此而消灭，与失踪人人身有关的民事法律关系如婚姻关系、收养关系等也不发生变化。公民被宣告为失踪人以后，为失踪人设立财产代管人，并由他以失踪人的财产清偿失踪人的债务。对于失踪人所欠税款、债务和应付的其他费用，由代管人负责从失踪人的财产中支付。

四、宣告失踪判决的撤销

人民法院宣告失踪的判决，是根据法定的条件所作的法律上的判定，因而被宣告失踪的人会有重新出现的可能。被宣告失踪的公民重新出现或者确知了他的下落，宣告失踪的判决就不能继续有效。该公民本人或其他利害关系人有权申请人民法院撤销原判决，以恢复该公民失踪前的事实和法律状态。人民法院查证属实后，应当作出新判决、撤销原判决。原判决撤销后，财产代管人的职责终止，他应当把代管人的财产及时返还给该公民。

第四节 宣告公民死亡案件的审判程序

一、宣告公民死亡案件的概念和意义

宣告公民死亡案件,是指公民下落不明满法定期限,人民法院根据利害关系人的申请,依法宣告该公民死亡的案件。

按前节所述,可以将下落不明满法定期间的公民宣告为失踪人,但是,宣告失踪的法律后果并不能结束下落不明的公民所参与的各种民事法律关系,财产代管人对财产的代管也只是一项临时性措施,失踪人的权利义务仍处于不确定状态。因此,我国法律规定了宣告死亡制度。这一制度的意义在于,通过宣告失踪人死亡,结束因公民长期下落不明而使某些法律关系处于不稳定的状态,从而保护该公民及利害关系人的合法利益,维护正常的社会秩序和法律秩序。

二、审理和判决

(一) 宣告公民死亡案件的成立条件

根据《民法通则》第 23 条和《民事诉讼法》第 184 条,宣告公民死亡案件必须具备下列条件:

1. 公民失踪后必须生死不明。公民最后离开自己的住所后,去向不明,生死未卜、杳无音讯。如果确知该公民健在或者已经死亡,都不能宣告该公民死亡。被申请宣告为死亡的公民,可以是已被宣告为失踪的人,也可以是未经宣告失踪的失踪人。

2. 生死不明的状态须达到法定的期限。根据《民事诉讼法》的规定,宣告死亡的期限有三种:(1) 通常情况下,公民下落不明满四年的。其期间的计算,从该公民最后离开自己的住所地之日起来,连续四年生死未卜,杳无音讯。(2) 因意外事故下落不明满两年的。意外事故包括:交通事故,如海难、空难等;自然灾害,如地震、山洪暴发等。期间从因意外事故发生之日起计算,下落不明的状态持续时间须满两年。因战争不落不明的,期间应从战争结束之日起计算,期间也为两年。因意外事故下落不明的公民,其死亡的可能性比第一种情况要大,因而法定的期限相对较短。(3) 因意外事故下落不明,经有关机关证明该公民不可能生存的。这种情况死亡的可能性最大,因而可不受“四年”或“两年”法定期间的限制。具备上述任何一种情况的,利害关系人都可以向人民法院申请宣告死亡。

(二) 申请

根据《民事诉讼法》规定,宣告公民死亡案件必须由利害关系人提出书面申

请。利害关系人包括:被宣告死亡人的配偶、父母、子女、兄弟姐妹、祖父母、外祖父母、孙子女、外孙子女及其他与申请人有利害关系的人。书面申请的内容包括:申请人的姓名、性别、年龄、与被申请人的关系、被申请人下落不明的事实、时间,以及申请人的请求,并附有公安机关或者其他有关机关关于该公民下落不明的书面证明。如果被申请人已经被人民法院宣告为失踪人,申请人应附上人民法院宣告失踪的判决。

应当明确,宣告失踪不是宣告死亡的必经程序,只要符合宣告死亡的条件,利害关系人就可以直接向人民法院申请宣告失踪人死亡。另外,顺序在前的利害关系人不同意申请宣告死亡的,顺序在后的无权申请;同一顺序的利害关系人,有的申请宣告死亡,有的不同意宣告死亡,人民法院应当依法按照宣告死亡案件审理。

(三)管辖

根据《民事诉讼法》第184条,宣告死亡案件,由下落不明人住所地的基层人民法院管辖。这样规定便于人民法院调查案件事实,寻找失踪人,及时作出判决。

(四)公告

根据《民事诉讼法》第185条,人民法院受理宣告公民死亡案件后,必须发出寻找下落不明公民的公告,公告期间通常为一年;因意外事故下落不明,经有关机关证明其不可能生存的,公告期为三个月。公告期间是等待失踪人出现的期间,也是宣告公民死亡的必经程序。没有依法公告的,申请人应有权提出异议。

根据最高人民法院司法解释的规定,人民法院判决宣告公民失踪后,利害关系人向人民法院申请宣告失踪人死亡,从失踪的次日起满四年的,人民法院应当受理,宣告失踪的判决即是该公民失踪的证明,审理中仍然应依照《民事诉讼法》第185条的规定进行公告。

(五)判决

在公告期间,如果失踪人出现,或者确知其下落的,人民法院应作出驳回申请的判决,终结案件的审理。如果公告期间届满,失踪人仍然下落不明,人民法院应依法作出宣告失踪人死亡的判决。判决书除应送达申请人外,还应在被宣告死亡公民住所地和人民法院所在地公告。判决一经宣告,即发生法律效力,并以判决宣告的这一天为该公民的死亡日期。

三、宣告公民死亡的法律后果

公民被宣告死亡和自然死亡的法律后果基本相同。宣告死亡结束了该公民以自己的住所地或者经常居住地为活动中心所发生的民事法律关系,该公民的民事权利能力因宣告死亡而终止,与其人身有关的民事权利义务也随之终结,如原有的婚姻关系自然消灭、继承因宣告死亡而开始。但是,宣告死亡与自然死亡毕竟不同,如果该公民在异地生存,他仍然享有民事权利能力,仍可在那里进行民事活动,因为公民的民事权利能力与人身是不可分割的。也正因为如此,被宣告死亡的公民有重新出现的可能。

四、宣告公民死亡判决的撤销

宣告公民死亡,是人民法院依照法定的条件和程序对失踪人作出的死亡推定,并不意味着失踪人已经死亡。如果被宣告死亡的公民又重新出现或者查有下落,经本人或利害关系申请,人民法院应当作出新判决、撤销原判决。新判决生效后,被宣告死亡公民的民事权利随之恢复。被撤销死亡宣告的公民有权请求返还财物,原物在的应当返还原物;原物不在或者原物受损的,应给予适当的补偿。该公民因死亡宣告而消灭的人身关系,有条件恢复的,可以恢复;原配偶在该公民被宣告死亡期间,尚未再婚的,夫妻关系从撤销宣告死亡判决之日起自行恢复;如果原配偶再婚,或者再婚后又离婚及再婚后配偶又死亡的,其夫妻关系不能自行恢复。如果其子女为他人收养,宣告死亡的判决撤销后,该公民不得单方面解除收养关系,但收养人与被收养人以此为由同意解除收养关系的,不在此限。

第五节 认定公民无民事行为能力和限制民事行为能力案件的审判程序

一、认定公民无民事行为能力、限制民事行为能力案件的概念和意义

认定公民无民事行为能力、限制民事行为能力案件,是指人民法院根据利害关系人的申请,对不能正确辩认自己行为或不能完全辨认自己行为的精神病人,按照法定程序,认定并宣告该公民无民事行为能力或限制民事行为能力的案件。

1982 年的《民事诉讼法(试行)》只规定了人民法院审理认定公民无民事行为能力案件的程序,而没有规定认定公民限制民事行为能力的案件及其处理程序,其原因在于当时《民法通则》还没有颁布。因此当时法院只处理认定公民无民事行为能力案件,不审理公民限制民事行为能力的案件。到《民法通则》颁布后,公民的民事行为能力的法律状况被分成三种形态,即完全民事行为能力、限制民事行为能力和无民事行为能力。《民法通则》第 19 条规定,精神病人的利害关系人,可以向人民法院申请宣告精神病人为无民事行为能力人或者限制民事行为能力人。被人民法院宣告为无民事行为能力人或者限制民事行为能力人的,根据其健康恢复的状况,经本人或者利害关系人的申请,人民法院可以宣告

他为限制民事行为能力人或者完全民事行为能力人。这在程序法上依据的就是1991年的《民事诉讼法》。

民事行为能力,是民事主体通过自己的行为行使民事权利、履行民事义务的能力。根据《民法通则》的规定,18周岁以上的公民,以及16周岁以上的不满18周岁但以自己的劳动收入为主要生活来源的公民,为完全民事行为能力的人。但也有例外,精神病人尽管在年龄上已经达到完全民事行为能力或者限制民事行为能力要求,但是因为他缺乏独立辨别是非和处理自己事务的能力,因而他对自己的行为后果不应负法律责任,这就有必要对他们的行为能力状况作出特别的限制,使之在法律上成为限制民事行为能力或者无民事行为能力人。对这些人的民事行为能力状态的认定,一方面取决于该公民的智力状况和精神状态,另一方面还需取决于利害关系人的申请或意愿。所以,人民法院解决的认定公民无民事行为能力或者限制民事行为能力案件,所针对的主体就是已经达到具有完全民事行为能力或者限制民事行为能力的年龄标准但智力不健全、精神不正常的精神病人。其意义在于:有利于保障精神病人的合法权益;有利于保护与精神病人有民事权利义务关系的有关利害关系人的合法权益;有利于保障民事活动的正常进行,维护社会的正常经济秩序。

二、审理和判决

(一) 申请

根据《民事诉讼法》第187条的规定,申请人民法院认定公民无民事行为能力、限制民事行为能力,必须具备下列条件:第一,必须由其近亲属或其他利害关系人提出申请。利害关系人包括:该精神病患者的配偶、父母、成年子女、兄弟姐妹、祖父母、外祖父母、成年孙子女、成年外孙子女,或者与该精神病患者关系密切的其他亲属、朋友,愿意承担监护责任,经该精神病患者的所在单位或所在居民委员会、村民委员会同意的。第二,申请必须采用书面形式。申请书的内容应当包括:申请人的姓名、性别、年龄、住所,与被申请人的关系;被申请认定为无民事行为能力、限制民事行为能力人的姓名、性别、年龄、住所,该公民无民事行为能力或限制民事行为能力的事实和根据。

根据最高人民法院司法解释的规定,在民事诉讼中,当事人的利害关系人提出该当事人患有精神病,要求宣告该当事人无民事行为能力或限制民事行为能力的,应当由利害关系人向人民法院提出申请,由受诉人民法院按照特别程序立案审理,原诉讼中止。

(二) 管辖

根据《民事诉讼法》第187条的规定,认定公民无民事行为能力或者限制民事行为能力案件,由该公民住所地基层人民法院管辖。立法如此规定有利于保护申请人的合法权益,同时便于人民法院收集有关证据,对案件作出正确处理。

(三) 医学鉴定及调查

根据《民事诉讼法》第 188 条的规定,人民法院受理申请后,必要时应当对被请求认定为无民事行为能力人或限制民事行为能力的公民进行鉴定;申请人已提供鉴定结论的,应当对鉴定结论进行审查。在一般情况下,人民法院对于精神病人无民事行为能力或限制民事行为能力的认定,应当根据司法精神病学鉴定结论。但是,对被申请人的精神状况进行鉴定并非人民法院审理此类案件的必经程序。根据被申请人的具体情况,人民法院如果认为参照周围群众的普遍反映,凭借一般的生活经验,不进行医学鉴定便可对其精神状况作出认定,在对有关证据作出适当调查之后,就可作出认定该被申请人为无民事行为能力或限制民事行为能力人的判决。

(四) 审理

根据《民事诉讼法》第 189 条的规定,人民法院审理认定公民无民事行为能力或者限制民事行为能力的案件,应由被申请人的近亲属为其诉讼代理人。但是,申请人不得同时成为诉讼代理人。如果近亲属互相推诿或者互相争做诉讼代理人,则由人民法院从中指定一人为诉讼代理人。该公民健康状况允许的,还应当询问本人的意见。

(五) 判决

人民法院对案件进行审理后,应当根据具体情况作出不同判决:如果认为申请有事实根据,则作出认定该公民为无民事行为能力或者限制民事行为能力人的判决;反之,如果人民法院认为申请无事实根据,则应作出驳回申请的判决。

(六) 指定监护人

指定监护人是在认定公民为无民事行为能力或者限制民事行为能力人之后或者之外另行产生的诉讼程序,前者既非后者的一个阶段或者组成部分,也不是在后者结束之后必须产生的程序。监护人是否要人民法院指定,在实体上取决于有无指定监护人的必要,在程序上取决于有无申请人提出申请。如果没有人提出申请,人民法院也不得依职权发动指定监护人程序。

根据最高人民法院相关司法解释的规定,被指定的监护人不服指定,应当在接到通知的次日起 30 日内向人民法院起诉。经审理,认为指定并无不当的,裁定驳回起诉;指定不当的,判决撤销指定,同时另行指定监护人。判决书应当送达起诉人、原监护人及判决指定的监护人。

三、认定公民无民事行为能力、限制民事行为能力判决的撤销

人民法院作出判决后,经过一段时间,如果被认定为无民事行为能力或限制民事行为能力的公民在身体、精神健康状况上发生了变化,以致原认定所依据的

原因已经消除,那么,人民法院应当在当事人的申请下,作出新判决,撤销原判决,恢复该公民相应的民事行为能力。有权申请撤销公民无民事行为能力或限制民事行为能力的认定和判决的主体,既可以是被认定为无民事行为能力或者限制民事行为能力的公民本人,也可以是被认定为无民事行为能力或限制民事行为能力的公民的监护人。该申请的提出意味着新的诉讼程序的开始。人民法院受理有关无民事行为能力或限制民事行为能力的申请后,应当就有关事实进行调查。为此,人民法院可以要求有关部门进行鉴定,如果有关当事人提交了鉴定结论或者其他证明标准,人民法院需要予以审查,并在适当时询问该公民本人,以查清该公民无民事行为能力或限制民事行为能力的原因是否已经消除。人民法院经过审查认为申请有理由的,则作出判决撤销无民事行为能力或限制民事行为能力的认定。此项判决从法律上恢复了该公民的民事行为能力,同时撤销对他的监护。判决一经宣告,立即生效。此项判决不仅关系到该公民本人,而且与社会公益相关,故应当送达申请人和本人,并发布公告。

第六节 认定无主财产案件的审判程序

一、认定无主财产案件的概念和意义

认定无主财产案件,是指人民法院根据申请人的申请,通过一定法律程序,对某项权利主体不明或失去权利主体的财产进行认定,判决宣布其为无主财产,并收归国家或集体所有的案件。

民事诉讼法之所以要规定该项程序,是因为社会上总是不可避免地存在某些所有权不明的财产,需要明确权利主体是否存在的法律事实,解决该财产的归属问题,做到物尽其用,减少社会财产的损失;而且,无主财产不易认定,如果归属不清,容易引起争议,这属于民事法律问题,需予以确认。这样既有利于社会财富的保护和利用,也有利于稳定社会的经济秩序。

二、审理和判决

《民事诉讼法》第 191—193 条就认定财产无主案件的程序作出了明确规定。从这些规定看,认定财产无主案件的程序由以下环节构成:

(一) 申请

根据《民事诉讼法》的规定,认定无主财产案件的申请条件有以下几个:

1. 须是有形财产,不能是无形财产或者精神财富;

2. 财产的权利主体不明。常见的情形有:其一,财产的所有人已不存在,或者谁是所有人无法确定;其二,所有人不明的埋藏物和隐藏物;其三,拾得的遗失

物、漂流物、失散的饲养动物,无人认领者;其四,经公安机关招领满一定期限无人认领的遗失物、赃款、赃物;其五,无人继承的财产。

3. 财产没有所有人或所有人不明的状态须持续满法定期间。我国《民事诉讼法》对此没有作出具体规定。

认定无主财产案件,由公民、法人和其他组织向人民法院提出申请,凡是知道财产无主情况的任何主体,都有权提出申请;申请的形式必须是书面的,在申请书中,申请人应当写明财产的种类、数量以及要求认定财产无主的根据。

(二) 管辖

认定无主财产的案件由财产所在地基层人民法院管辖。这样便于人民法院就近进行调查研究,询问证人,了解该财产的具体情况,收集有关证据,确认财产是否无主,从而作出正确的裁判。

(三) 审理申请和发出公告

人民法院接受申请后,经审查核实,如果认为该财产不属于无主财产,应当作出判决驳回申请人的申请。如果该财产在形式上属于无主财产,人民法院应当发出公告,寻找该财产的所有权人,确认该财产在实质上是否属于无主财产。公告期为一年。公告期满后,如果该财产仍无人认领,人民法院则可作出判决,认定该财产为无主财产。按我国民法规定,无主财产属于国家或者集体所有。

(四) 判决

在公告期间,如果财产所有人出现,人民法院应当作出裁定,驳回申请,并通知财产所有人认领财产。公告期满仍无人认领的,人民法院即作出判决,认定该项财产为无主财产,并判归国家或集体所有。

在公告期间,如果有人对财产提出请求,人民法院应裁定终结特别程序,告知申请人另行起诉,适用普通程序审理。

三、认定无主财产判决的撤销

人民法院作出财产无主的判决,从性质上看是对财产无主的一种推定。这种推定有可能与客观存在的实际情况不符。在判决生效后,如果原财产所有人或者继承人出现,在《民法通则》规定的诉讼时效期间可以对财产提出请求,人民法院审查属实后,应当作出新判决,撤销原判决。原判决撤销后,已被国家或集体取得的财产,应返还原主。原财产尚在的,返还原财产;原财产不存在的,可以返还同类财产,或者按原财产的实际价值折价返还。

第七节 确认调解协议效力案件的审判程序

一、确认调解协议效力案件的概念和意义

确认调解协议效力案件，是指人民法院根据当事人的申请，对双方自愿达成的调解协议的效力进行审查，并依法对该调解协议的效力进行司法判定的程序。确认调解协议的效力，有利于综合解决社会矛盾，发挥民调组织的作用，整合资源，避免社会矛盾在审判环节过于集中。

2012 年修改后的《民事诉讼法》对确认调解协议案件程序作了较完整的规定，相对于此前的《人民调解法》相关规定和最高人民法院发布的一系列司法解释而言，现行《民事诉讼法》在该确认程序为“非讼”性质和适用对象涵盖各种调解这两点上提供了更为明确的制度设计。2011 年实施的《人民调解法》第 33 条规定，调解协议的双方当事人可在一定时间内共同向法院申请司法确认，调解协议经法院确认有效的，可以申请强制执行。最高人民法院也于 2011 年 3 月 29 日公布了《关于人民调解协议司法确认程序的若干规定》的司法解释。而 2012 年修改的《民事诉讼法》有关“确认调解协议案件”的规定中不再出现“人民调解”的限定，意味着确认的对象可以从村民委员会、居民委员会下属人民调解委员会的调解协议这一传统的含义，扩展到行政机关、商事调解组织、行业调解组织或者其他具有调解职能的组织进行调解所达成的协议等更为广阔的领域。另一方面，确认调解协议案件的程序作为第十五章“特别程序”的第六节，适用一审终审、独任制和 30 天审限，再加上“由双方当事人共同提出确认申请”的启动方式等规定，这种司法确认程序的“非讼”性质可以说在法律结构和具体程序设置上都得到了更加明确的体现。

二、审理

（一）申请和受理

根据《民事诉讼法》第 194 条的规定，申请司法确认调解协议，由双方当事人依照《人民调解法》等法律，自调解协议生效之日起 30 日内，共同向人民法院提出。可见，法院受理的形式条件是，一是要有在相关调解组织主持下，当事人达成的书面协议，由纠纷当事人和调解员签名，加盖调解组织的印章。二是要有当事人的申请，可以是一方申请，另一方同意；也可以是双方达成申请协议，共同申请。当事人可以直接向法院申请，也可以委托调解组织向法院提交申请。

（二）管辖

根据《民事诉讼法》的规定，当事人只能向调解组织所在地的基层人民法院

请求确认。因为系双方当事人共同申请或委托调解组织向法院提交申请,所以由调解组织所在地的基层人民法院管辖最为适宜,也便于调查调解协议形成的过程。

（三）审理与确认

法院受理后,依简易程序由审判员一人独任审理。调解组织应将案件的案卷材料和有关证据移送法院。法院以书面审理为原则,审判员认为有必要时,可以通知当事人或证人到庭进行询问,也可以通知调解人到庭或以其他方式询问案件情况,以核清事实。根据审查的调解协议的具体情况,既可以按照调解协议内容出具调解书;也可对公证机关赋予强制执行效力的调解协议出具执行裁定书;还可以对当事人持调解协议申请支付令并符合法定条件的,发出支付令等。

法院对调解协议的确认结果可能有几种情形:(1) 一般情况下,经过审理,独任庭认为调解协议内容清楚、合法的,应依据人民调解协议的内容制作法院调解书,加盖人民法院印章。(2) 如果独任庭认为调解协议内容不清或者违法或者有欺诈、强迫等情形的,应认定协议无效。在双方当事人愿意再行调解的情况下,可以主持当事人达成新的协议,并以此制作调解书。(3) 如果在独任庭制作调解书前,当事人双方撤回申请的,应裁定撤销案件;一方当事人撤回申请或不同意法院调解的,另一方当事人坚持不撤回申请的,应驳回申请,告知不撤回一方可以另行起诉。法院受理起诉后,在审理时调解协议书具有合同的效力。

第八节　实现担保物权案件的审判程序

一、实现担保物权案件的概念和意义

《民事诉讼法》第 196 条、第 197 条对该程序首次作了规定。在实现担保物权案件没有纳入特别程序制度之前,担保物权人要实现担保物权,只能循传统的诉讼途径进行,即担保物权人须首先向法院提起诉讼,并且根据《担保法解释》第 128 条的规定,债务人和担保人应当作为共同被告参加诉讼。担保物权被法院判决依法确认后,担保权利人才可向人民法院申请强制执行。在强制执行程序中,再由法院聘请评估机构对担保财产进行评估,聘请拍卖公司拍卖担保财产。从我国现行的法律规定看,除了类似于银行等金融机构办理过强制执行公证的抵押合同外,实现抵押权基本上还是以传统的诉讼途径为主。其最大的问题就在于诉讼的期间较长,不利于债权(担保物权)的快速实现。

二、申请

申请主体是担保物权人以及其他有权请求实现担保物权的人。适用该种特

别程序的条件是不存在民事权益争议，当事人仅仅是因为担保物权必须通过公权力予以实现而提出申请。一旦发现当事人对担保物权的效力、债务是否履行等问题本身有争议，仍应通过传统诉讼方式解决，而不适用该种特别程序。

三、管辖和审理

管辖法院是担保财产所在地或者担保物权登记地基层人民法院。法院受理后进行的审查应当是形式审查，即审查担保物权是否符合《物权法》等法律的规定，经审查符合法律规定的则裁定拍卖、变卖担保财产；如果经审查不符合法律规定，应当裁定驳回申请，但当事人仍保留提起传统诉讼的权利。人民法院审理的结果是裁定拍卖、变卖担保财产或驳回申请；裁定拍卖、变卖的，可以申请强制执行；驳回申请的，当事人可以提起诉讼。

思考题

1. 简述特别程序的适用范围。
2. 简述特别程序的特点。
3. 简述选民资格案件的审理程序。
4. 简述宣告公民死亡案件的审理程序。

第二十章 督促程序

内容要点

督促程序是一种简便、迅速地催促债务人还债的程序，仅适用于基层人民法院受理的申请人请求给付一定数量的金钱或有价证券的债务纠纷，由债权人申请支付令而开始，法院经审查，认定债权债务关系明确、合法的，应当在受理之日起15日内向债务人发出支付令。生效的支付令具有督促力、强制执行力。债务人认为支付令有错误，可以书面形式向法院提出异议。经法院审查符合异议条件的，支付令失效，转入诉讼程序。

第一节 督促程序概述

一、督促程序的概念与性质

督促程序，是指法院根据债权人的给付金钱和有价证券的申请，向债务人发出附有条件的支付令，催促债务人限期履行义务，若债务人在法定期间内不提出书面异议，则该支付令即具有执行力的一种特殊程序。简言之，督促程序是一种简便、迅速地催促债务人还债的程序。

在现实社会生活中，债务纠纷种类繁多、数量庞大，其中有相当一部分纠纷属于债权债务关系明确，当事人之间并不存在争议，只是债务人逾期不清偿债务而已。对于这类纠纷，如果债权人以起诉的方式要求债务人履行债务，法院适用通常诉讼程序进行审理、裁判、执行，虽然债权人的债权可以得到实现，但是这种程序具有诉讼成本高、诉讼周期长的缺陷，不符合诉讼经济原则，也不适应市场经济对效率的追求。这就需要有一种诉讼成本低、诉讼周期短的特殊程序来代替通常的诉讼程序，督促程序应运而生。

许多国家和地区的民事诉讼法中都有督促程序的规定。为适应社会主义商品经济对流转效率的要求，我国1991年《民事诉讼法》增设了简便、快速解决债务纠纷的督促程序。为了在审判工作中正确适用督促程序，根据《民事诉讼法》有关规定，最高人民法院还在《关于适用督促程序若干问题的规定》等司法解释中，对适用督促程序处理案件的有关问题作出了规定。此外，我国《工会法》、《海事诉讼特别程序法》等法律中也有涉及督促程序的个别规定。

传统意义上的审判程序包括诉讼程序和非讼程序,督促程序既不属于完全的诉讼程序,也不属于纯粹的非讼程序,而是兼具二者特点的特殊的审判程序。说它具有非讼性,是因为法院审理案件,是以当事人之间债权债务关系不存在争议为假设前提的,双方当事人不直接进行诉讼对抗,甚至债务人并不出现。督促程序因债权人的申请而开始,不需要对案件事实进行调查和开庭审理,法院仅依债权人单方面提出的请求数额和证据材料发出支付令,在债务人不提出异议并拒绝履行的情况下,支付令取得与确定给付判决具有同等的法律效力,债权人可以向法院申请强制执行。债务人一旦提出异议,人民法院需要对异议进行审查,异议成立的,应当裁定终结督促程序,支付令自行失效。说它具有诉讼性,是因为通过督促程序,在一定条件下,能够产生只有诉讼程序才能产生的法律后果。在这个意义上,它是法院解决给付之诉的替代程序。可见,督促程序就其本质而言乃是用非讼方法解决诉讼案件,是一种混合性程序。

二、督促程序的特点

与其他民事审判程序相比较,督促程序具有以下特点:

(一) 适用范围的特定性

督促程序仅适用于基层法院受理的申请人请求给付一定数量的金钱或有价证券的债务纠纷,而且这类债务纠纷必须是简单的、不存在交叉的权利义务争议。金钱是指作为流通手段的货币,包括人民币和外国货币。有价证券是指表示一定财产权的书面证明,如汇票、本票、支票以及股票、债券、国库券、可转让的存款单等。

(二) 程序简略化

督促程序因债权人的单方面申请而开始,没有对立的双方当事人参加诉讼;法院按照督促程序处理案件,仅依据债权人提出的申请和事实、证据进行简略的书面审查;法院决定受理申请的,以支付令的形式催促债务人履行义务;在审理方式上,无须询问债务人,不用开庭审理,不经过辩论和裁判等程序对案件的事实和权利义务作出评价;审判组织采用独任制,由审判员一人审判即可;案件实行一审终审制,不存在二审程序,当事人也不得申请再审;债务人依法提出异议的,经法院审查异议成立的,裁定督促程序终结。这样,督促程序不仅较之普通诉讼程序,而且与简易程序相比较,都更为简略,是审判程序中最简单、最迅捷、最经济的程序种类,可以将其称为“略式程序”或“速决程序”。

(三) 法定期限性

督促程序的法定期限性主要表现在两个方面:一是针对法院的法定期限,即法院对债权人提出的债权债务关系明确、合法的支付令申请,应当在受理之日起15日内向债务人发出支付令;二是针对债务人的法定期限,即债务人应当自收到支付令之日起15日内向法院提出书面异议,债务人超出法定期限提出的异议无效。

第二节 支付令的申请和受理

一、支付令的申请

支付令的申请,是指债权人依法向法院提出书面申请,请求法院签发支付令,以督促债务人清偿债务的行为。督促程序由债权人申请支付令而开始。提出申请的债权人称为申请人,被请求履行义务的债务人称为被申请人。

(一)申请支付令的条件

根据我国《民事诉讼法》第214条及有关司法解释的规定,支付令的申请必须具备下列条件:

1. 债权人请求债务人给付的标的物必须是金钱和汇票、本票、支票以及股票、债券、国库券、可转让的存款单等有价证券。这一限定是符合督促程序简易、迅速解决债务纠纷的立法要求的。

2. 请求给付的金钱或有价证券已到偿付期且数额确定,并写明了请求所根据的事实、证据材料。

3. 债权人没有对待给付义务。没有对待给付义务,指债权人和债务人之间没有其他债务纠纷,债务关系是单向的。根据法律规定,适用支付令的债权债务关系必须明确。如果债权人和债务人各自互向对方承担某种给付义务,则债务纠纷中的权利义务关系,仅凭一方当事人的主张不足认定,更不能仅凭一方当事人的请求而向对方发出限期清偿债务的命令。

4. 属于受诉法院管辖。法律规定,债权人可以向有管辖权的基层法院申请支付令。据此明确了督促程序的级别管辖,即申请支付令的案件只能由基层法院管辖,但有例外。依据《最高人民法院关于海事法院受理案件范围的若干规定》,海事支付令案件由海事法院管辖。海事法院是专门法院,相当于中级人民法院的级别。对于地域管辖,法条仅表述为由"有管辖权"的法院管辖。何谓"有管辖权"的法院?通常认为,支付令旨在由法院督促债务人履行债务,因此案件属于债务纠纷案件,应适用《民事诉讼法》第21条一般地域管辖的规定,由债务人住所地的基层法院管辖。

5. 支付令能够送达债务人。能够送达,主要指法院能够通过法定送达方式将支付令实际送达债务人。支付令的送达方式一般应以直接送达为原则,因为直接送达有利于债务人及时了解支付令的内容,适时决策是否于法定期限内提出对支付令的异议。只有在直接送达有困难的情况下,才可以采用委托送达、邮寄送达等方式。根据有关司法解释的规定,向债务人本人送达支付令,债务人拒绝接收的,法院可以留置送达。

（二）申请的方式

债权人申请支付令,必须向法院提交申请书。支付令的申请书应写明下述事项:(1) 申请人和被申请人的姓名或名称、住所等基础情况。(2) 请求给付金钱或有价证券的数额和所根据的事实、证据。(3) 要求法院发出支付令的意思表示。

（三）申请的效力

债权人提出支付令的申请,在法律上产生如下效果:(1) 引起督促程序的发生。(2) 债权之请求权的时效中断。(3) 法院取得支付令所涉案件的管辖权。

二、立案审查和受理

法院接到债权人的支付令申请后,应依法对申请进行审查和处理,以决定是否受理。立案审查从法院接到申请人的申请书之日开始,在五日内审查结束,并通知申请人是否受理其申请。根据民事审判方式改革方案提出的“立审分立”的原则,立案审查一般应由法院立案庭负责。审查内容包括:(1) 申请人是否具备申请资格和当事人能力。(2) 申请是否符合法定条件和方式。如果债权人的书面申请不符合要求,法院可以通知债权人限期补正。(3) 申请手续是否完备,包括是否按《诉讼费用交纳办法》的规定交纳了申请费。(4) 申请是否应由本院管辖。

法院采用书面审查的方式,以申请人的请求及附属文件为基础,无须询问债务人。经过审查,法院如果认为申请符合上述要求,应依法在五日内通知债权人予以受理;如果认为不符合申请支付令的条件,则通知不予受理。

第三节　支付令的制作、发出和效力

一、支付令案件的审理

支付令案件的审理,从法院决定受理支付令申请之日开始,并在 15 日内审查结束,审理的目标任务在于决定是否发出支付令。根据有关司法解释的规定,适用督促程序审理的案件,实行独任制,由审判员一人进行。审理在前述立案审查的基础上进行,审理的内容主要为:(1) 对申请依据的事实和证据进行更深入的审查,如对申请人提交的合同(还款协议)、收发货凭证、运货单、票据复印件及其他能够证明交易事实的文书资料等实施进一步的查实。(2) 债权债务关系是否明确、合法。审理也只采用书面方式,无须开庭,但与立案审查相比,审理阶段的审查已较为侧重实质方面。经过审理,法院如果认为债权债务关系明确、合法,应当在受理申请之日起 15 日内直接向债务人发出支付令,否则应以裁定驳回申请人的申请,该裁定不得上诉。

根据《关于适用督促程序若干问题的规定》第 5 条的规定,法院受理债权人的支付令申请后,经审理,有下列情况之一的,裁定驳回申请:(1) 当事人不适格。(2) 给付金钱或者汇票、本票、支票以及股票、债券、国库券、可转让的存款单等有价证券的证明文件没有约定逾期给付利息或者违约金、赔偿金,债权人坚持要求给付利息或者违约金、赔偿金的。(3) 债权人要求给付的金钱或者汇票、本票、支票以及股票、债券、国库券、可转让的存款单等有价证券属于违法所得。(4) 债权人申请支付令之前已向法院申请诉前保全,或者申请支付令的同时又要求诉前保全。法院驳回债权人申请的裁定,应附理由,依职权送达债权人,而不必送达债务人。

二、支付令的制作和发出

支付令是法院根据债权人的申请,督促债务人限期清偿债务的裁判文书。前已述及,法院受理支付令申请后,经审查债权人提供的事实、证据,对债权债务关系明确、合法的,应当在受理之日起 15 日内向债务人发出支付令。根据有关司法解释的规定,制作支付令须记载以下事项:(1) 债权人、债务人姓名或名称、住所等基本情况。(2) 债务人应当给付的金钱、有价证券的种类、数量。(3) 清偿债务或者提出异议的期限。(4) 债务人在法定期间不提出异议的法律后果。(5) 申请费的承担。支付令由审判员、书记员署名,加盖管辖法院的印章。

法院应将所签发的支付令,依法定方式送达债权人和债务人。在送达债务人之后,还应通知债权人支付令送达债务人的具体日期,以方便债权人确定申请执行的时间。

三、支付令的效力

债务人收到支付令后未于法定期限内提出异议,则支付令生效。生效的支付令具有以下法律效力:

(一) 督促力

根据我国《民事诉讼法》第 216 条第 2 款规定,债务人收到支付令在法定期限内不提出异议或异议在法律上不成立的,债务人自收到支付令之日起 15 日内应当清偿债务。

(二) 强制执行力

根据我国《民事诉讼法》第 216 条第 3 款规定,债务人自收到支付令之日起在 15 日内,既不提出异议,又不清偿债务的,债权人有权向有管辖权的法院申请强制执行。债权人向法院申请执行支付令的期限,适用《民事诉讼法》第 239 条的规定。发生法律效力的支付令,由债务人住所地或者被执行的财产所在地的基层法院负责执行。

需要说明的是,债务人在收到支付令后,不在法定期间提出书面异议,而向其他法院起诉的,不影响支付令的效力。对设有担保的债务案件主债务人发出的支付令,对担保人没有拘束力。债权人就担保关系单独提起诉讼的,支付令自行失效。

第四节　对支付令的异议和督促程序的终结

一、对支付令的异议

对支付令的异议,是指债务人向法院书面申明不服支付令确定的给付义务的法律行为。申言之,债务人认为支付令有错误,而以书面形式向法院提出不愿或不应履行支付令所载支付义务的一种意思表示。对支付令的异议是督促程序的一项重要内容,也是债务人的一项程序权利。同时,基于处分原则,允许债务人撤回异议。但是法院认可了异议并裁定终结督促程序的,则不许撤回异议。

(一) 异议成立的条件

根据我国《民事诉讼法》及有关司法解释的规定,债务人对法院的支付令提出异议应具备如下必需的程序要件:

1. 异议应在法定期间提出。债务人收到法院发出的支付令,如认为不应当清偿债务的,应在收到支付令之日起 15 日内向法院提出异议。逾期提出的,法院可以裁定驳回异议。

2. 异议须针对债权人的请求,即债务人的异议应针对债务关系本身。

3. 异议须以书面方式提出。

(二) 异议的审查

法院对债务人在法定期间内提出书面异议,应当进行审查,但无须审查异议是否有理由,即不必进行实体审查,但从程序上讲,应对异议进行形式上的审查。依据《关于适用督促程序若干问题的规定》,债务人提出的异议,遇有下列情况,按无效处理:(1) 债务人对债权债务关系没有异议,但对清偿能力、清偿期限、清偿方式等提出不同意见的,不影响支付令的效力。(2) 债权人基于同一债权债务关系,向债务人提出多项支付请求,债务人仅就其中一项或几项请求提出异议的,不影响其他各项请求的效力。(3) 债权人基于同一债权债务关系,就可分之债向多个债务人提出支付请求,多个债务人中的一人或几人提出异议的,不影响其他请求的效力。法院认定异议无效,应以适当方式尽快告知债务人。

（三）异议的效力

对支付令异议的效力，是指债务人对支付令提出的异议在法律上的后果。(1) 债务人在法定期间提出异议，经法院审查符合异议条件的，支付令失效。根据我国《民事诉讼法》第217条的规定，转入诉讼程序，但申请支付令一方当事人不同意提起诉讼的除外。(2) 异议成立的，法院应当裁定终结督促程序，债权人不得对法院作出的终结督促程序的裁定提起上诉。

二、督促程序的终结

督促程序的终结，指在督促程序中，因发生法律规定的情况或某种特殊原因而结束督促程序。有下列情况之一的，应终结督促程序：(1) 债务人在法定期间清偿债务。债务人自收到法院发出的支付令之日起15日内清偿了债务，督促程序自然终结。这里的“清偿”包括实际履行义务和同债权人达成和解两种情形。(2) 债务人在法定期间提出异议。根据法律规定，债务人在法定期间对支付令提出书面异议，经审查成立的，法院应当裁定终结督促程序，支付令自行失效。(3) 债权人就同一债权关系又提起诉讼或者法院发出支付令之日起30日内无法送达债务人。(4) 支付令的撤销。法院院长对本院已发生法律效力的支付令，发现确有错误，认为需要撤销的，应当提交审判委员会讨论决定后，裁定撤销支付令，驳回债权人的申请，终结督促程序。

思考题

1. 试述督促程序的概念及其特点。
2. 申请支付令必须具备哪些条件？

第二十一章　公示催告程序

内容要点

公示催告程序是一种非讼程序，主要适用于解决可以背书转让的票据被盗、遗失或者灭失之后的公示催告和除权问题。公示催告程序分为公示催告与除权判决两个相对独立的阶段。公示催告程序的功能和目的是排除不明的利害关系人对有关票据享有的权利，进而确定申请人对该票据享有权益。

第一节　公示催告程序概述

一、公示催告程序的概念

公示催告程序，是指法院根据因故失去有价证券的最后持有人的申请，以公示的方式催告不明的利害关系人在一定期间内申报权利，如无人申报权利，再根据申请人的申请，作出除权判决的程序。

公示催告程序与票据这一事物的出现有关。票据是一种以无条件支付确定的金额为基本效能的凭证，是市场经济中不可缺少的支付工具和信贷工具。根据我国《票据法》规定，票据权利，是指持票人向票据债务人请求支付票据金额的权利，包括付款请求权和追索权。持票人行使票据权利，必须占有票据。在现实生活中，持票人因票据被盗、遗失或者灭失而丧失对票据的实际占有的情况时有发生。一旦票据丧失，失票人（即最后合法持票人）就失去了主张票据权利的根据。票据丧失后，票据上所体现的权利并没有消灭，虽然失票人无法行使票据权利，但非法取得而持有票据的人却可冒用而侵害失票人的财产权利。在票据丧失的情况下，为保护失票人的合法权益，防止他人冒领资金，法律有必要设立解决相应问题的救济机制。于是，公示催告程序应运而生。

我国 1991 年《民事诉讼法》规定了公示催告程序。为了在审判工作中正确适用公示催告程序，最高人民法院还在 2000 年 11 月 21 日起施行的《关于审理票据纠纷案件若干问题的规定》、2003 年 2 月 1 日起施行的《关于适用〈中华人民共和国海事诉讼特别程序法〉若干问题的解释》等司法解释中，对适用公示催告程序处理案件的有关问题作出规定。我国民事诉讼中的公示催告程序，主要适用于可以背书转让的汇票、本票、支票等票据，但依照法律规定，提单、记名股票以及可以申请公示催告的其他事项,也适用这一程序。鉴于可以背书转让的票据适用公示催告程序的情形较为常见,故本章以下内容若不特别指明的,只是关于票据的公示催告程序的问题。

二、公示催告程序的性质

从法律规定看,公示催告程序不具有通常诉讼程序的规则和制度。公示催告案件,只有申请人是明确的,对方当事人则处于不明状态。因此,引起公示催告程序开始的原因是有关权利人的不明状态,而非民事权益的直接争议。公示催告程序开始以后,也不允许有直接的民事争议存在,一旦因利害关系人向法院申报权利而在当事人之间形成明确的争议,法院即应裁定终结公示催告程序。可见,公示催告程序不适用于解决民事纠纷。从某种意义上讲,公示催告程序首先是用来为申请人寻找明确的争议对象,如果通过公示找到申请人的相对利害关系人,公示催告程序即告终结;如果公示后未找到相对利害关系人,则再依当事人的申请作出除权判决。公示催告程序在确认一定事实的基础上,解决两个问题:一是除权,即排除不明的利害关系人对有关票据享有的权利;二是确权,即确定申请人对该票据享有权益。公示催告程序的这些功能和目的决定了这种程序的非讼性质。

三、公示催告程序的特点

公示催告程序在性质上与通常的诉讼程序有根本区别,除此之外,比较而言,它还具有以下特点:

(一) 申请人的特定性

公示催告程序的发生是基于当事人的申请。公示催告程序的申请人,只能是票据丧失的失票人,即按照规定可以背书转让的票据因被盗、遗失或者灭失而丧失票据占有以前的最后合法持票人,而不是所有与票据有某种关系的人,都可以作为公示催告程序的申请人。

(二) 适用范围的限定性

公示催告程序适用于两类情况:一是按规定可以背书转让的票据被盗、遗失或者灭失的;二是依法律规定可以申请公示催告的其他事项。另外,从管辖上看,除海事公示催告案件外,公示催告程序只适用于基层法院。

(三) 程序简略化

适用公示催告程序审判案件,不需要也不存在通常诉讼程序所必有的审前准备、开庭审理等阶段。法院审理公示催告案件有两个阶段,即公示催告阶段和作出除权判决阶段。相应的,适用公示催告程序审理案件(前一阶段),可由审判员一人独任审理;判决宣告票据无效的(后一阶段),应当组成合议庭审理。

就审理方式而言，主要是公示方式和书面审查，即法院以公告方式来确定票据利害关系人是否存在，以及对申报权利人的主张是否成立，只从形式上进行审查。所以，公示催告程序比之于通常诉讼程序，是一种略式审判程序。

（四）实行一审终审

通常诉讼程序实行两审终审制度，而公示催告程序则实行一审终审。法院对公示催告案件无论用判决的方式结案，还是用裁定的方式结案，当事人均不得对判决或裁定提起上诉。此外，当事人也不得对生效的除权判决或终结公示催告程序的生效裁定申请再审。

第二节　公示催告程序的适用范围和条件

一、公示催告程序的适用范围

我国《民事诉讼法》第218条就公示催告程序的适用范围作出了规定，包括两种情况：

（一）按照规定可以背书转让的票据

按照规定可以背书转让的票据，是目前我国公示催告程序的主要适用对象。当这些票据被盗、遗失或者灭失后，票据持有人可以向法院申请公示催告。

票据是出票人依法签发的，约定由自己或委托的付款人向收款人或持票人无条件支付一定金额的凭证，是可以代替现金流通的有价证券。根据我国《票据法》，票据包括汇票、本票和支票。

汇票是指出票人签发的，委托付款人在见票时或者在指定日期无条件支付确定的金额给收款人或者持票人的票据。以汇票的出票人为分类标准，汇票分为银行汇票和商业汇票。银行汇票是指汇款人将款项交存当地银行，由银行签发给汇款人持往异地办理转账结算或者支取现金的票据。商业汇票是指由收款人或者付款人、承兑申请人签发，由承兑人承兑，并于到期日向收款人或者被背书人支付款项的票据。以汇票的付款期为分类标准，汇票又可分为即期汇票和远期汇票。即期汇票就是见票即付的汇票，远期汇票就是必须到指定日期才能付款的汇票。

本票是指出票人签发的，承诺自己在见票时无条件支付确定的金额给收款人或者持票人的票据。我国规定的本票，仅指银行本票，出票人仅限于银行，银行既是出票人，又是付款人。这是本票的一个重要特点。

支票是指出票人签发的，委托办理支票存款业务的银行或者其他金融机构在见票时无条件支付确定的金额给收款人或者持票人的票据。支票的付款人是银行或者其他金融机构，支票有转账支票和现金支票两种。

上述票据以"是否可以背书转让"为分类标准,可分为可以背书转让的票据和不能背书转让的票据。所谓背书,是指在票据背面或者加附的粘单上记载有关事项并签章的票据行为。票据凭证不能满足背书人记载事项的需要的,可以加附粘单,黏附于票据凭证上。持票人通过背书可以将票据权利转让给他人或者将一定的票据权利授予他人行使。按照我国法律规定,可以适用公示催告的,限于可以背书转让的票据。背书转让,是指持票人以让与票据权利为目的,在票据背面或者加附的粘单上签章,并将该票据交付他人的行为。在票据背面或者加附的粘单上签章的出让人称背书人,接受票据的受让人称被背书人。我国《票据法》规定,汇票、本票和支票除出票人在票据上记载"不得转让"字样的外,均可背书转让。

(二)依照法律规定可以申请公示催告的其他事项

"其他事项"是指由法律规定的除了上述可以背书转让的票据以外的其他可以申请公示催告的有价证券。我国《民事诉讼法》之所以设置这样的弹性条款,是预见到随着社会主义市场经济的不断深入发展,将来法律规定的有价证券,如股票、提单、仓单等也可能需要适用公示催告程序,那时就可以援用"依照法律规定可以申请公示催告的其他事项"的规定,将其及时纳入公示催告程序的适用范围。从目前看,这里的"其他事项"包括但不限于我国《海事诉讼特别程序法》第100条规定的提单等提货凭证、第十一章规定的船舶优先权和《公司法》第150条规定的记名股票等。

二、公示催告的申请条件

公示催告的申请,是指因故失去有价证券的最后持有人依法向法院请求公示催告的行为。向法院提出公示催告请求的人称申请人,公示催告程序依申请人申请而开始。根据规定,申请公示催告必须具备以下条件:

(一)申请人为按照规定可以背书转让的票据在丧失占有以前的最后合法持票人

公示催告的申请人指的是失票人,是按照规定可以背书转让的票据因被盗、遗失或者灭失而丧失票据占有以前的最后合法持票人。

(二)申请公示催告的事由是可以背书转让的票据丧失

可以背书转让的票据丧失,是指该票据被盗、遗失或者灭失等不可预见、难以避免的情形。公示催告程序的目的,是在没有利害关系人申报票据权利的情况下,依法宣告票据无效。所以,利害关系人处于不明状态是申请公示催告的前提条件,如果不是票据被盗、遗失或者灭失使得相对人不明确,而是当事人在票据关系中产生争议,当事人可以按一般票据纠纷向法院提起诉讼,以通常诉讼程序加以解决。除了票据丧失这一原因之外,其他诸如票据善意转让,恶意涂改,伪造、变造票据都不能申请公示催告。

（三）向有管辖权的法院提出

失票人可以在票据丧失后，依法向票据支付地的基层法院申请公示催告。票据支付地，是指票据上载明的付款机构所在地或者票据付款人的住所地。

（四）向法院递交申请书并交纳申请费

司法实践中，申请人申请公示催告的，应当向法院递交申请书。根据《关于审理票据纠纷案件若干问题的规定》第 29 条，公示催告申请书应当载明下列内容：(1) 票面金额。票面金额是指票据上记载的，付款人应支付的金钱数额。(2) 出票人、持票人、背书人。出票人是指制成票据并交付收款人，而使收款人得以向付款人请求支付票据金额的人。持票人是指合法、实际地持有票据的人。背书人是指意将票据权利转让给他人或者将一定的票据权利授予他人行使而在票据背面或者加附粘单上记载有关事项并签章的人。(3) 申请的理由、事实。主要写明申请人如何获得票据，款项用途，票据被盗、遗失或者灭失的时间、地点、经过以及证据材料，同时还应写明申请公示催告的法律依据。(4) 通知票据付款人或者代理付款人挂失止付的时间。对于记载了付款人或者可以确定付款人及其代理付款人的票据丧失的，失票人如果已经通知付款人挂失止付，则应在申请书中交代通知时间。未记载付款人或者无法确定付款人及其代理付款人的票据除外。(5) 付款人或者代理付款人的名称、通信地址、电话号码等。申请人所丧失的票据上记载付款人或者可以确定付款人及其代理付款人的，应在申请书中写明付款人或者代理付款人的名称、通信地址、电话号码等。

公示催告申请人可以撤回申请，但撤回申请应在法院发出公告前提出。公示催告期间申请撤回的，法院可以径行裁定终结公示催告程序。

申请人依法向法院申请公示催告，须按照国务院《诉讼费用交纳办法》的规定交纳申请费，每件 100 元。

三、公示催告的受理

公示催告的受理是指法院收到公示催告申请后，经审查认为符合申请公示催告条件，予以接受的行为。

法院收到申请人的申请后，应当立案审查，并决定是否受理。法院对公示催告申请的审查主要围绕申请公示催告条件展开，具体包括：(1) 审查申请人是否为票据在丧失占有以前的最后合法持票人。(2) 审查申请是否具备合法形式和内容以及是否交纳了申请费。申请书的内容有欠缺的，应当限期要求申请人补正。提出申请时没有按规定交纳申请费的，应当限期要求申请人交纳。(3) 审查有关票据是否属于公示催告程序的适用范围，以及申请事由是否属于法律规定的被盗、遗失或者灭失的情形。凡不属于的，法院不予受理。(4) 审查收到申请的法院是否具有管辖权。如果该法院没有管辖权,应当告知申请人向有管辖权的法院申请。

法院经审查,认为申请符合条件的,应当受理,并通知申请人;认为申请不符合条件的,应当在七日内裁定驳回申请。

需要注意的是,按照司法解释规定,对于出票人已经签章的授权补记的支票、出票人已经签章但未记载代理付款人的银行汇票、超过付款提示期限的票据等,失票人依法向法院申请公示催告的,法院应当依法受理。

第三节 公示催告案件的审理程序

根据我国《民事诉讼法》第 219 条规定,法院决定受理公示催告申请,应当同时通知支付人停止支付,并在三日内发出公告,催促利害关系人申报权利。公示催告案件的审理程序包括停止支付、公告和申报权利等环节和内容。

一、停止支付

公示催告以丧失的票据上的权利尚未实现,即支付人尚未支付为前提。法院受理公示催告申请,意味着票据权利尚未实现。但是,在法院作出除权判决之前,票据的无因性完全可能导致票据金额被非权利人取得,从而侵害正当权利人的利益,也使法院以后作出的判决无法执行。基于此,法院受理公示催告申请的同时,应当通知付款人或者代理付款人停止支付。

停止支付从性质上看,是一种财产保全措施,因此其适用,应符合《民事诉讼法》上对财产保全的有关规定。如停止支付的范围仅限于申请公示催告的票据的权利范围。停止支付与一般的财产保全又有区别:(1) 止付通知由法院依职权发出,无须当事人申请。(2) 停止支付不能由利害关系人以提供担保的方式来取代。(3) 申请人、利害关系人、付款人等对止付通知不得申请复议。

止付通知,是一种具有强制力的司法决定,付款人或者代理付款人收到法院发出的止付通知,应当立即停止支付,直至公示催告程序终结。如果付款人或者代理付款人收到止付通知后拒不止付,除了可依照我国《民事诉讼法》第 114 条规定采取强制措施外,在法院作出除权判决后,付款人或者代理付款人仍应当对申请人承担支付义务。

二、公告

公告,是指公示催告案件受理后,法院向社会发出的敦促不明的利害关系人在法定期间内向本院申报权利的告示。公告是公示催告程序中旨在保障不明的利害关系人合法权益的法定程序。根据我国《民事诉讼法》第 219 条及有关司法解释规定,法院决定受理公示催告申请后,应自立案之日起三日内发出公告,催促利害关系人申报权利;公示催告的期间,国内票据自公告发布之日起60日,涉外票据可根据具体情况适当延长,但最长不得超过90日。海事公示催告案件的公示催告的期间由海事法院根据情况决定,但不得少于30日。

法院发出的公告应当包括以下内容:(1)明确公示催告的申请主体。申请人是自然人的,应当写明姓名、性别、年龄和住所;申请人是法人或者其他组织的,应当写明单位名称、法定代表人和负责人的姓名、主要管理机构所在地等。(2)被盗、遗失或者灭失的票据种类、票据金额、出票人、持票人、背书人、付款人及付款日期、收款人,以及票据被盗、遗失或者灭失的经过。(3)利害关系人申报权利的期间。申报权利的期间一般同公示催告期间。(4)在公示催告期间转让票据权利或者利害关系人不申报权利的法律后果。法院应当在公告中写明在公示催告期间转让票据权利无效,并明确告知利害关系人如不申报权利,期间届满后法院将根据申请人的申请作出除权判决,宣告票据无效。

我国法律对公告的方式没作规定。综合有关司法解释的表述看,法院决定受理公示催告申请后发布的公告,应当张贴于法院公告栏内,并在有关报纸或其他宣传媒介上刊登。这里的"有关报纸或其他宣传媒介"指的是"全国性的报刊"。法院所在地有证券交易所的,还应张贴于该交易所。

公示催告期间,票据处于被冻结状态,不得质押、贴现、转让、承兑和付款。因此,公示催告期间,因质押、贴现而接受该票据的持票人主张票据权利的,不受法律保护;转让票据权利的行为无效;付款人及其代理付款人对公示催告的票据付款的,自担其责。

三、申报权利和终结公示催告程序

申报权利,是指受公示催告的利害关系人在指定期间内,向法院主张票据权利的行为。所谓利害关系人,是指实际持有申请人认为已经被盗、遗失或者灭失的票据凭证的人。根据票据法一般原理,持票人即债权人。因此,如果法院依申请人的申请,宣告票据无效,那么利害关系人持有票据并享有的票据权利就会消灭,而申请人获得票据上的权利。这将直接影响到利害关系人的利益,并可能产生新的纠纷。为了查明申请人的申请事由是否真实,保护利害关系人的合法权益,我国法律规定利害关系人有权(一定意义上也是有义务)在公示催告发出后向法院申报权利。申报权利,一般应在法院指定的公示催告期间内进行,最迟应在作出除权判决之前进行。

利害关系人既可采用书面方式申报权利,也可以口头申报权利。利害关系人申报权利,法院应通知其向法院出示票据,并通知公示催告申请人在指定的期间查看该票据。公示催告申请人申请公示催告的票据与利害关系人出示的票据不一致的,法院应当裁定驳回利害关系人的申报。

利害关系人在公示催告期间或者在申报期届满后、判决作出之前向法院申报权利,所提出的票据与公示催告的票据一致的,法院应当裁定终结公示催告程序,并通知申请人和支付人(即付款人或代理付款人)。终结公示催告程序的裁定书,由审判员、书记员署名,加盖法院印章。付款人或代理付款人收到法院公示催告程序终结的通知后,即应恢复支付。

公示催告程序因利害关系人申报权利而裁定终结后,或者法院裁定驳回利害关系人的申报后,申请人或者申报人可以按普通程序或简易程序向有管辖权的法院提起票据诉讼。

第四节 除权判决

一、除权判决概述

除权判决,是指法院在公示催告期间届满无人申报权利或者申报被驳回时,依申请人的请求所作出的宣告票据不再具有法律效力的判决。根据《民事诉讼法》第222条,法院作出除权判决,应当具备两个前提条件:(1) 公示催告期间届满无人申报权利,或是申报被驳回。(2) 申请人在法定期间内请求法院作出除权判决。除权判决是公示催告程序的最后阶段,但不是必经阶段。法院不得依职权主动作出宣告票据无效的除权判决。申报权利期间没有人申报权利,或者申报被驳回的,申请人应向法院提出申请,要求法院作出宣告票据无效的除权判决。公示催告申请人应从申报权利期间届满的次日起一个月内向法院提出申请,逾期不申请的,终结公示催告程序。

具备以上条件的,法院应当及时作出判决宣告票据无效。判决宣告票据无效的,应依法组成合议庭进行审理。

二、除权判决的效力

除权判决应当公告并通知付款人或代理付款人。进行公告的目的是使公告的内容为社会所知晓,使有关的自然人、法人或者其他组织避免接受已经失去法律效力的票据,保障金融秩序和经济秩序的安全。同时,对于因故未能申报权利的利害关系人,通过公告可以知晓除权判决的有关内容,便于及时通过诉讼途径维护自己的合法权利。与法院决定受理公示催告申请后发布的公告一样,除权判决的公告亦应在全国性的报刊上登载。

自公告之日起除权判决生效,当事人不得提起上诉和申请再审。生效判决的法律效力如下:(1) 该票据丧失效力,申请人以外的人对票据丧失权利,即使是票据丢失后的善意取得者也不例外。(2) 申请人被确认享有票据权利,止付通知的效力终结,自判决生效之时起,申请人有权依据判决向付款人请求付款。

三、除权判决的撤销

票据的利害关系人在公示催告期间和作出除权判决之前,未向法院申报权利的,一般来说,在除权判决作出之后即丧失了票据上的权利。然而,宣告票据无效的判决是建立在依法推定的基础之上的,不准上诉和申请再审,在利害关系人有正当理由不能在除权判决作出前申报权利的情况下,不利于对利害关系人合法权益的保护。针对这种情况,配置一定的程序机制将除权判决予以撤销就显得十分必要,这应是对有正当理由未能申报权利的利害关系人的补救措施。

对此,我国《民事诉讼法》第 223 条以及《关于适用〈中华人民共和国海事诉讼特别程序法〉若干问题的解释》第 78 条作出了回应:利害关系人因正当理由不能在判决前向法院申报的,自知道或者应当知道判决公告之日起一年内,可以向作出判决的法院起诉。根据规定,在判决作出之后,利害关系人可以向法院起诉的法定条件是因正当理由不能在判决前向法院及时申报。法律没有进一步就"正当理由"作出具体规定,实践中一般有两种情况:(1) 客观上的原因,如在公示催告期间利害关系人恰好不在国内,无从知道公示催告的发出及其期间等。(2) 法院的过错,如未曾进行公示催告或者国内票据催告期间少于 60 日,或者超过公示催告期间未申报而在判决前申报了权利,但是法院仍然作出了除权判决等。

利害关系人应当在知道或者应当知道判决公告之日起一年内,按照普通程序向作出除权判决的法院提起诉讼,以原公示催告申请人为被告,以要求法院撤销宣告票据无效的判决,恢复自己享有的票据权利为诉讼请求。我们认为,《民事诉讼法》第 223 条的规定宜作体系上的解释,应解读为我国立法所确立的撤销除权判决之诉的专门程序。这种撤销之诉在德国、日本等大陆法系国家民事诉讼法上都有规定,其性质为形成之诉。从纠正程序适用的错误这一点看,该诉的类型与再审之诉相似,但发生原因不同。依据第 223 条规定,起诉的诉讼请求可以为"撤销宣告票据无效的判决"。有管辖权的法院在接到利害关系人的起诉之后,应当认真进行审查,认为没有正当理由的,裁定驳回起诉;认为有正当理由的,法院应予以受理,并作出撤销宣告无效判决的新判决,票据上的权利自行恢复。

思考题

1. 简述公示催告程序的适用范围。
2. 申请公示催告应具备哪些条件?

第二十二章　民事强制执行概述

内容要点

重点掌握民事执行、执行程序的概念、内容,民事执行程序和审判程序的联系与区别,以及执行应遵循的原则。掌握执行管辖、执行根据、执行异议、执行担保、执行承担等含义。

第一节　民事强制执行导论

一、民事强制执行的概念

民事强制执行,简称民事执行,是指执行机关依申请或者法定职权,按照法律规定的程序,强制债务人履行义务,实现生效法律文书所载债权要求的专门性活动。

具体而言,民事强制执行包括以下几部分内容:

1. 执行根据是启动民事强制执行的前提和依据。当公民的民事权利义务关系得到终局性认定,形成具有给付内容的生效法律文书后,执行机关才拥有了需要付诸实现的内容。国家设置强制执行职权的目的,在于保护和实现合法权利,保持公众对公力救济的信任,进而维护法律的权威,保障社会的正常运转。

2. 民事强制执行由国家专门机关实施。在我国,人民法院是法定的民事强制执行机关,严禁其他机关、单位、组织或者个人实施。

3. 民事强制执行的强制性是其根本特性。民事强制执行是执行机关运用国家公权力,强制处分债务人的财产或者强行限制其人身自由、意志自由的活动,一旦付诸实施,便充分体现了国家强制力的特性。

4. 民事强制执行必须严格依照法定程序进行。强制执行活动的实施将严重影响执行当事人的利益,因而必须制定严格的权力控制和监督程序,这也是为了防止公权力滥用而采取的必要手段。

二、民事强制执行和民事审判的关系

应该说,民事强制执行和民事审判都是民事诉讼进程的有机组成部分,二者既有联系又有区别。

绝大部分民事强制执行根据来源于民事审判活动,而民事审判的成果——具有给付内容的民事裁判往往需要通过民事强制执行予以实现,两者可谓相辅相成。同时,民事强制执行和民事审判经常交叉,如财产保全与先予执行就可能发生在审判过程中;执行进程中,出现案外人异议可能直接引发审判程序等。此外,两者的许多原则、规则是共通的,如处分原则、同等对等原则,以及期间和送达制度、强制措施等。

然而,两者的区别也是明显的。

第一,功能不同。民事强制执行是为了实现生效法律文书所确定的权利和义务;民事审判则是将争议的权利义务关系予以明确的活动。

第二,启动依据不同。民事强制执行以法院的民事执行权和执行根据为基础;民事审判则依据法院的审判权和当事人的起诉。

第三,适用范围不同。民事强制执行不仅适用于民事审判结论的实现活动,还可能用于仲裁裁决、具有强制执行力的公证文书等法律文书的实现活动,并且每一起民事案件都要经过民事审判,但只有债务人逾期不履行等特定情况出现时,才可能动用民事执行程序。此外,即使是根据民事审判结论所作出的执行活动,也仅限于实现具有给付内容的生效民事审判结论;但民事审判的适用并不限于给付案件,也适用于不含给付内容的案件。

第四,工作内容和特点不同。民事强制执行的工作内容是依法对法律文书、债务人履行能力进行调查,并采取各种执行措施,具有主动性和确定性的特点;民事审判的工作内容则是认定事实和适用法律,具有被动性和不确定性的特点。

第五,权力结构不同。民事强制执行中,公权力整体上偏向申请执行人一方;而民事审判中,法官必须保持中立,居间裁断。

第二节 民事强制执行的基本原则

一、民事强制执行基本原则的含义

民事强制执行的基本原则,是指在民事强制执行法律法规的制定和实施中起到普遍指导作用的根本准则。民事强制执行的基本原则,体现的是民事强制执行的最终目的和价值取向,其指导意义贯穿于民事强制执行立法与司法的全过程。从纵向上讲,在民事强制执行立法中,它是构筑法律框架的先决条件,并在具体制度取舍中起到指导方针的作用;而在民事强制执行工作的开展过程中,民事强制执行基本原则一方面作为执行机关及其工作人员的最高行为准则,另一方面在法律法规不明或不足时,能起到弥补的作用,从而保证民事强制执行活动的正当性,维护当事人的合法权益。从横向上讲,基本原则不仅是执行机关及其工作人员实施执行活动的最高准则,对于当事人、协助执行单位和个人以及其他执行参与人来说,也是应当普遍遵循的基本规则。

二、确定民事强制执行基本原则的标准

有关民事强制执行基本原则的具体种类,学界说法众多,角度和标准也各不相同,在此无法一一列举。本书认为,确定民事强制执行基本原则应遵循以下标准:

第一,基本原则要符合国家构建民事强制执行制度的目的,符合民事强制执行制度的价值要求。我国设置民事强制执行制度的直接目的是实现业经确定的当事人的私权,效率是其优先的价值追求。民事执行并不需要追求与审判同等的公正价值,这是由民事强制执行本身的性质决定的。“迟到的正义非正义。”当裁断生效,在当事人与国家均已付出了巨大的人力、财力和时间的情况下,及时实现裁判阶段的结论,对执行而言是最为重要的目标和价值。原则、制度的设置均应有助于实现执行目的、体现其价值追求。

第二,基本原则应与一国的历史传统和现行法律相协调,又符合当代社会经济的发展状况并有助于司法实务的操作。我国法制建设本就起步晚、基础差,民事强制执行制度的研究和建设更是其中的薄弱环节。但执行工作正与审判工作并列成为法院的两大工作重心,这正是我国改革开放以来,经济社会迅猛发展、公众私权意识骤然觉醒的必然结果。不过,由于征信系统、舆论监督、道德体系重构等基础条件尚未成熟,又使得执行工作阻碍重重。这样的历史与时代背景就要求民事强制执行基本原则的设置必须迅速吸收和利用现有的法律制度,作出当代文化、经济、道德等认同的选择。例如,对于与自身联系最为紧密的民事诉讼法,民事强制执行基本原则的设计完全可以借鉴、利用与其共通的原则和制度。又如,随着经济的发展,财产形态日趋多样,管理方法日益专业化,有些财产权的变动需完成在相关部门的登记,有些财产的处置需要其管理单位的配合等,这既是对实体法要求的回应,也是由于执行工作无法靠法院一家完成的现实因素决定的,因而广泛的执行协助应当予以明确。总之,基本原则的根本性,决定了其生命力的长久和适用性的广度与深度,因而恰当的民事强制执行基本原则应当能够承袭我国传统文化的优秀成分,符合现时执行立法与实务的需求,并促进今后执行工作的发展。

第三,基本原则独特性与普遍性的考虑。每一套法律制度都有其独特的作用和价值。虽然从广义上看,其他法律,特别是民事诉讼法的一些基本原则,如以事实为依据、以法律为准绳原则,平等适用法律原则,使用本民族的语言文字原则,民族自治地方变通补充原则,同等、对等原则,处分原则等,也是民事强制执行制度应当遵守的原则,并且如前文所言,理应作为设计民事强制执行基本原

则的有益参照。但是作为彰显民事强制执行根本性质的基本原则,应当能够用来区别于其他法律制度。因此,本书所讨论的民事强制执行基本原则排除了上述与其他法律的共同原则,仅以提取的特有原则进行介绍。

而其普遍性的考虑,则是指基本原则的作用对于民事强制执行的覆盖范围。本书认为,将基本原则的普遍性一概理解为必须贯穿民事强制执行程序始终,未免有些教条了。实际上,基本原则的普遍性的着眼点在于其指导意义和根本性,即使有些原则主要作用于某一阶段或者某类执行案件,但该阶段或者领域是民事强制执行活动的主要部分,且集中反映了一个时期民事强制执行制度的价值追求,对民事强制执行的其他部分也起到了很强的参照作用,仅以其并未贯穿民事强制执行程序始终而将之排除,也是不妥的。如执行标的有限原则,虽然其主要作用在针对财产的执行活动,但是针对财产的执行活动乃是执行工作的主体部分,其包含对债务人合法权益的保护、对执行权的合理限制等极具重要性的内容,将其列入基本原则也对其他方面民事强制执行的实践有很强的指导意义。因此,对民事强制执行基本原则普遍性的理解不宜过于追求其贯穿性,而要综合考虑其指导作用。

三、我国民事强制执行的基本原则

根据上述标准,结合我国《民事诉讼法》、与执行相关的司法解释以及民事强制执行工作的实践经验,本书认为,民事强制执行基本原则包括执行效率原则、执行标的有限原则和执行协助原则。

(一)执行效率原则

效率作为民事强制执行活动首要的价值追求,应当明确为民事强制执行法律制度的基本原则。就其具体内容而言,本书认为包含以下部分:

1. 及时、连续、迅速地完成执行工作。首先,执行的每个环节都要力求高效:在启动阶段只对执行申请进行形式审查;在执行过程中,执行员必须及时、准确地采取执行措施;在时间上,明确执行工作各环节的期限。其次,对执行中止、执行终结的法定情形,应严格规范。最后,在救济制度的设置上,应当对怠于执行的行为的检举与处理给予有效的保障。

2. 体现对债权人利益的优先保护。民事强制执行的目的本就在于实现债权人的权利,强调效率原则本身也是对债权人利益的极大倾斜。除了应高效完成执行工作以外,还应当考虑对债权人知情权的保护和执行的经济性。目前,执行工作的透明度不够,债权人对执行工作是否开展、执行对象为何、执行是否顺利、自己及案外人有哪些权利等均不甚知晓。而通过及时告知债权人执行工作的情况,一方面将执行工作置于当事人的监督之下,能有效降低腐败的可能;另一方面,有利于发挥当事人对执行工作的协助作用,也有利于执行工作的高效开展。执行的经济性要求,并非是节约执行机关采取强制手段的成本,而是尽可能减少债权人参与执行支出的成本。明确这一点,在执行活动中,国家就应当对执行活动提供有力的经济保障,人民法院的举措就不应畏首畏尾,这样,债权人的利益才能得到更好的保护。

3. 追求执行效率并非完全抛弃公正的理念。虽然效率是民事强制执行的首要价值追求,但失去公正的法律制度也没有任何意义。因此,执行效率原则必须包括以严格的法定程序规范和限制执行者的权力。第一,执行根据必须合法有效;第二,执行的启动和实施均须严格遵循法律规定的步骤、阶段;第三,人民法院只能采取法律规定的民事强制执行措施。此外,有效的监督和救济制度,也是执行效率原则的必然要求。

(二)执行标的有限原则

执行标的有限原则,是指对执行标的的强制执行活动应当限制在一定范围之中的基本原则。这个原则应包括以下三方面内容:

1. 这个原则是从范围上规制执行权,一定程度上兼顾对债务人合法权益的保护。在质上,人民法院只能将债务人可以处分的资料作为执行标的,如财物、可转移的财产性权益等,而不能通过残害债务人的人身来满足债权人的要求。在量上,执行标的不仅不得超过执行根据所确定的范围,还至少应保证债务人正常生产和生活的维持,这就要求在制度上必须设置一定的执行财产豁免制度,并且对于执行行为超出执行标的范围的情况,应对债务人提供有效的救济途径。

2. 执行标的有限原则并非一味限制执行活动的范围,其意义还在于要求人民法院必须在可供执行的标的范围内尽可能圆满地实现执行根据所载的债权。民事强制执行的目的在于实现债权人的合法权利,然而并非所有的债务人都有能力使自己的履行完全符合执行根据所载的内容,特别是在执行标的有限的前提之下。但这更意味着,人民法院应当在可供执行的标的范围内穷尽一切方法、措施和途径,让执行成果尽可能接近执行根据所载的内容,否则将与保护债权人利益的目的相冲突。同时,如果不尽力在一轮执行活动中将执行成果最大化,使得事后出现执行反复,势必浪费国家的司法资源,也达不到执行高效的目的。

3. 执行标的有限原则为执行程序的结束划定了底线。执行标的有限原则还意味着当人民法院在可供执行的标的范围内穷尽了一切合法手段之后,确无可供执行的标的时,可以终结执行程序。生效法律文书“久拖不执”,损害的是债权人的合法权益和司法的权威;而执行程序“久执不决”,则将严重侵害被执行人的利益,并将造成司法资源的极大损耗。

总之,执行标的有限原则能与执行效率原则在权衡债权人和债务人利益的保护上互为补充,并且对执行工作的范围和程度都作出了要求。

（三）执行协助原则

执行协助原则，是指任何国家机关、企事业单位、社会团体和个人，经人民法院要求，均有协助执行生效法律文书的义务的基本原则。执行工作无法单纯由人民法院一家完成，一方面是前述现有法律制度需要衔接所致，另一方面执行工作的复杂性也需要其他单位、组织和个人的协助。而从根本上说，执行协助原则还是司法权威在执行领域的必然要求。

首先，必须明确，执行协助原则所要求的，是一项任何国家机关、企事业单位、社会团体和个人都要承担的法定义务。只要人民法院认为，为了顺利开展执行工作，确有要求协助的必要，协助执行义务人就必须及时、认真地按照法院的指示完成协助工作。生效法律文书必须得到尊重和执行，这不仅是对执行者和当事人的要求，更是对全社会的要求，而这也是司法权威的体现。现实当中，有些国家机关工作人员不仅不履行协助执行义务，竟还利用职权妨害执行，对于这种违法甚至犯罪的行为必须严肃查处。

其次，要强化对违反协助执行义务者的制裁。拒不履行协助执行的行为是一种严重的违法行为，必须严厉追究违法者的责任，乃至科以刑罚。例如，《民事诉讼法》第 114 条规定了对拒绝履行协助执行义务人的处罚；全国人大常委会《关于〈中华人民共和国刑法〉第 313 条的解释》更明确，协助执行义务人接到人民法院协助执行通知书后，拒不协助执行，致使判决、裁定无法执行的，可以作为拒不执行判决、裁定罪的主体。增加协助执行义务人的违法成本，贯彻协助执行原则，才能更好地开展执行工作，实现民事强制执行的目的，进而维护司法权威。

执行协助的具体制度分散于采取各种强制执行措施的程序中，本书将在第二十三章中，根据不同的强制执行措施具体介绍。

第三节　民事强制执行程序的一般规定

一、执行根据

执行根据，又称执行名义，在《最高人民法院关于人民法院执行工作若干问题的规定（试行）》（以下简称《执行规定（试行）》）中被称为“执行依据”，其含义是基本一致的，即有权机构依法作出的、载明含有一定给付内容的权利义务关系，权利人可以据以请求人民法院强制执行的生效法律文书。执行根据是民事强制执行程序启动和持续的必要条件。执行根据具有以下特征：

1. 执行根据必须是合法生效的法律文书。首先，该法律文书必须由特定的有权机构作出，在我国主要指人民法院、仲裁机构和公证机构。其次，债权人必须持有合法有效的执行根据才得向人民法院提出强制执行申请。执行根据失去效力,将导致民事强制执行程序的终结。

2. 执行根据必须是载有明确的给付内容的法律文书。仅以确认或变更某种法律关系为内容的法律文书不具有可执行性。执行根据所载的给付内容必须能通过民事强制执行予以实现。

根据《执行规定(试行)》第2条,民事强制执行的执行根据包括以下几种:

1. 人民法院制作的民事判决、裁定、调解书、民事制裁决定、支付令。

2. 人民法院制作的刑事附带民事判决、裁定、调解书。

3. 人民法院制作的承认外国法院作出的判决、裁定以及国外仲裁机构作出的仲裁裁决的效力的裁定。

4. 我国仲裁机构制作的仲裁裁决和调解书;人民法院依据《仲裁法》有关规定作出的财产保全和证据保全裁定。

5. 公证机关依法赋予强制执行效力的关于追偿债款、物品的债权文书。

6. 法律规定由人民法院执行的其他法律文书。例如,《香港特别行政区基本法》第95条、《澳门特别行政区基本法》第93条以及《关于人民法院认可台湾地区有关法院民事判决的规定》(法释[1998]11号)第18条规定,对上述地区法院判决、仲裁裁决的认可和执行;《合同法》第286条规定,发包人逾期不支付的,除按照建设工程的性质不宜折价、拍卖的以外,承包人可以与发包人协议将该工程折价,也可以申请人民法院将该工程依法拍卖等。

二、执行标的

目前的通说是以执行行为的指向者来定义执行标的,即指可供执行机关强制执行,以实现执行根据所载的债权的客体或者对象,因而执行标的又称执行客体或者执行对象。最高人民法院司法解释中规定:"强制执行的标的应当是财物或者行为"。

(一)财产

对立法中规定的"财物"应作扩大解释为财产,既包括有体物,也包括无体物。有形财产包括动产和不动产;无形财产主要指财产性权益,如用益物权、股权、知识产权等。也有些财产性权益是承载于实物中的,如股权凭证等,但应当明确的是,对这类承载物采取执行措施,其对象仍然是其背后的权利。

然而,并非所有的财产都可以成为强制执行的标的,不得强制执行的财产主要有以下几类:

1. 维持被执行人及其所抚养家属的生活必需费用和生活必需品。

2. 性质上不宜转让的财产。这里指财产对所有者存在很强的专属性,因而不宜转让,如未公开的发明或者未发表的著作尚在所有者的智力完成过程中;土地、森林等资源则被我国法律明令专属于国家。

3. 禁止流通物。如枪支弹药、毒品等物品，虽具有使用价值和交换价值，但是法律明文禁止其作为交易的对象。执行中对于国家禁止自由买卖的物品，人民法院应交有关单位按照国家规定的价格收购。

4. 出于公序良俗的维护而不得执行的财物。如墓碑、遗体、遗照等。

5. 用于社会公益事业的财产。如学校等教育机构的教学设施、医院的医疗设备。

6. 因外交豁免而不得执行的财产。即根据我国缔结、参加的国际条约、国际协定和其他具有条约、协定性质的文件，得以豁免的财产。

7. 法律或者司法解释规定的其他不得执行的财产。如不得查封金融机构的营业场所。

（二）行为

行为，是指执行根据所确定的债务人应当履行的特定行为，包括作为与不作为。作为根据可否由第三人代为履行，又可分为可替代行为和不可替代行为。对于行为的强制执行，通常法院无法直接实现执行根据的要求，而必须通过间接手段迫使债务人履行。即只是对于可替代行为的执行，可以通过法律拟制的方法，将第三人的替代履行视为履行完毕，在其他情况下则只能通过间接执行措施来实现。

（三）人身

尽管现行法律和司法解释对于人身作为执行标的持否定态度，不可否认的是，在采取间接执行措施，即拘留措施时，以及采取《民事诉讼法》第 228 条规定的搜查措施时，人身或称人身自由是能够作为执行标的的。虽然《执行规定（试行）》第 60 条第 3 款规定，对于不可替代行为的执行，对被执行人按照妨害执行行为的规定来处理。许多学者据此提出，采取拘留措施并非是将人身作为执行标的，但越来越多的观点认为，尽管都是罚款和拘留，但一个是强制措施，一个是执行手段，性质不同，作用不同，有必要在立法上加以区分。[①]

三、执行主体

执行主体，是指在民事强制执行过程中，依法享有权利和承担义务，能够引起民事强制执行法律关系产生、变更或终结的人。执行主体包括执行机关和执行当事人。

（一）执行机关与执行机构

执行机关，是指依法行使国家民事强制执行权，从事民事强制执行工作的国

① 参见夏蔚、谭玲：《民事强制执行研究》，中国检察出版社 2005 年版，第 169 页；江必新主编：《民事执行新制度理解与适用》，人民法院出版社 2010 年版，第 441 页。

家机关。如前所述，我国法定的执行权行使主体是人民法院。但是根据审执分立的思想，审判活动和执行活动在具体实施上应当有所区分，因而在人民法院中又下设执行机构，专门负责执行工作。在此应当明确，无论是民事执行权还是民事执行法律关系，其主体都是民事执行机关而不是民事执行机构。不过，鉴于执行工作实际上是由执行机构负责开展的，故有必要对我国的强制执行机构加以了解。

1991 年《民事诉讼法》第 209 条第 3 款规定："基层人民法院、中级人民法院根据需要，可以设立执行机构。执行机构的职责由最高人民法院规定。"1998 年颁布施行的《执行规定（试行）》第 1 条第 1 项也规定："人民法院根据需要，依据有关法律的规定，设立执行机构，专门负责执行工作。"但在执行机构的职能设置上还较为保守。[①] 1999 年 10 月 22 日最高人民法院公布了第一个《人民法院五年改革纲要》，其第 26 条提出，1999 年底前，各省、自治区、直辖市高级人民法院对辖区的人民法院执行工作实行统一管理和协调体制，高级人民法院执行机构负责与辖区外的高级人民法院执行机构协调处理执行争议案件；经过试点，在条件成熟时，在全国建立起对各级人民法院执行机构统一领导，监督、配合得力，运转高效的执行工作体制。之后全国上下拉开了执行工作体制改革的大幕。2012 年修改后的《民事诉讼法》第 228 条第 3 款规定，人民法院根据需要可以设立执行机构。目前，地方各级人民法院正逐渐设立执行局取代执行庭，高级人民法院的执行局负责统管辖区执行工作，最高人民法院的执行工作办公室则对全国执行工作起到很好的统领作用。

一般认为，执行机构应由院长、执行局（庭）长、执行法官、执行员和司法警察组成。

1. 院长负责决定是否批准拘传、罚款、拘留三种妨害民事执行的强制措施，是否批准三名以上执行员对执行程序中重大事项的讨论结果、延长执行结案期限，是否签发搜查令、强制迁出房屋或强制退出土地的公告等工作。

2. 执行局（庭）长除了执行法官的工作外，还要负责对执行局（庭）日常事务的管理、主持执行重大事项的讨论等。

3. 执行法官的工作内容可分为两类：(1) 执行命令的发出，包括审查强制执行申请和在申请成立后，向债务人发出执行通知书，以及在被执行人逾期不履行义务、对被执行人负有到期债务的第三人逾期未依法提出异议时，决定和指派执行员对其进行强制执行；(2) 执行裁判，包括对执行当事人之间，案外人与执行当事人之间，当事人、案外人与执行机构之间就执行相关的争议事项予以裁

---

① 《执行规定（试行）》第 4 条规定，人民法庭审结的案件，仍由人民法庭负责执行。其中复杂、疑难或被执行人不在本法院辖区的案件，才由执行机构负责执行。

判,如《执行规定(试行)》规定,对案外人异议的处理以及被执行主体的变更和追加等,需要执行机构及时作出裁判和处理。

4. 执行员专门负责强制执行的具体实施,即采取强制执行措施,迫使债务人履行义务,以实现债权人的权利。

5. 司法警察在执行程序中,要接受执行员的指挥,维持民事强制执行的秩序,必要时协助强制执行措施的实施。

还应注意的是,基于建立统一管理和协调的执行工作机制的理念,各级执行机构除具有前述执行命令、执行裁判等职能外,上级人民法院执行机构还有监督、指导和协调下级人民法院执行工作的职能。

(二) 执行当事人

1. 执行当事人的概念

民事强制执行当事人,是指执行根据确定的,在民事强制执行中,以自己的名义享有权利和履行义务的人。当债权人向人民法院提交强制执行申请时,债权人便转变为申请执行人;当人民法院执行机构审查该申请并决定受理后,执行根据所载的债务人便被纳入国家强制执行权的影响范围,成为被执行人。

执行活动原则上只及于执行根据所载的权利人和义务人,但在执行过程中,可能会出现其他案外人因法定情形而成为享有权利或履行义务的人的情况,这在学理上通常称为执行承担,在司法解释中被规定为执行当事人的追加和变更。

2. 执行承担

执行承担一般可以归纳为申请执行人的承担和被执行人的承担。根据《民事诉讼法》第232条、《执行规定(试行)》第18条第1款第2项、第20条第1款第2项、第76—83条以及其他相关司法解释的规定,执行承担具体有以下情形:

(1) 申请执行人的承担

第一,债权人、申请执行人死亡或被宣告失踪,由其继承人、受遗赠人、遗嘱执行人、遗产执行人、财产代管人承担。

第二,法人依法合并的,由合并后存续的法人承担;依法分立的,则要根据分立协议的约定,确定申请执行人的承担及债权承担的比例。

第三,法人进入清算程序的,由其清算人或者负有清算义务的人承担。

第四,机关法人被撤销的,由继续行使其权利的机关承担。

第五,其他组织被撤销的,由设立该组织的公民或法人承担。

第六,申请执行人行使处分权,将可转让的债权转让的,由受让人承担。

(2) 被执行人的承担

第一,作为被执行人的公民死亡,其遗产继承人没有放弃继承的,人民法院可以裁定变更被执行人,由该继承人在遗产的范围内偿还债务。继承人放弃继承的,则无法变更被执行人,人民法院可以直接执行被执行人的遗产。

第二,执行中作为被执行人的法人或者其他组织分立、合并的,其权利义务由变更后的法人或者其他组织承受。这又可细分为两种情况:① 被执行人按法定程序分立为两个或多个具有法人资格的企业,分立后存续的企业按照分立协议确定的比例承担债务;② 不符合法定程序分立的,裁定由分立后存续的企业按照其从被执行企业分得的资产占原企业总资产的比例对申请执行人承担责任。

第三,被执行人被撤销、注销或歇业后,上级主管部门或开办单位无偿接受被执行人的财产,致使被执行人无遗留财产清偿债务或遗留财产不足清偿的,可以裁定由上级主管部门或开办单位在所接受的财产范围内承担责任。

第四,被执行人为企业法人的分支机构不能清偿债务时,可以裁定企业法人为被执行人。企业法人直接经营管理的财产仍不能清偿债务的,人民法院可以裁定执行该企业法人其他分支机构的财产。若必须执行已被承包或租赁的企业法人分支机构的财产时,对承包人或承租人的投入及应得的收益应依法保护。

第五,被执行人为无法人资格的私营独资企业,无能力履行法律文书确定的义务的,人民法院可以裁定执行该独资企业业主的其他财产。

第六,被执行人为个人合伙组织或合伙型联营企业,无能力履行生效法律文书确定的义务的,人民法院可以裁定追加该合伙组织的合伙人或参加该联营企业的法人为被执行人。

第七,对被执行人债权的执行。本书将在第二十四章第四节的“代位执行”部分作进一步阐述。

第八,对保证人的追加执行。人民法院在审理案件期间,保证人为被执行人提供保证,人民法院据此未对被执行人的财产采取保全措施或解除保全措施的,案件审结后如果被执行人无财产可供执行或其财产不足以清偿债务时,即使生效法律文书中未确定保证人承担责任,人民法院也有权裁定执行保证人在保证责任范围内的财产。

第九,被执行人的开办单位或主管部门有违法行为,导致被执行人难以清偿债务的,开办单位或主管部门也将承担被执行人的权利义务。① 被执行人无财产清偿债务,如果其开办单位对其开办时投入的注册资金不实或抽逃注册资金,可以裁定变更或追加其开办单位为被执行人,在注册资金不实或抽逃注册资金的范围内,对申请执行人承担责任。② 被执行人被撤销、注销或歇业后,上级主管部门或开办单位无偿接受被执行人的财产,致使被执行人无遗留财产清偿债务或遗留财产不足以清偿的,可以裁定由上级主管部门或开办单位在所接受的财产范围内承担责任。被执行人的开办单位的责任限于其注册资金或接受财产的范围内。

应注意的是,裁定变更或追加被执行主体的,均由执行法院的执行机构办理。

此外,不少学者提到,申请执行人姓名或者名称变更的情况也属于执行承担。对此,本书不能认同。因为执行承担是案外人成为新的执行权利义务承担者的过程,而原申请执行人姓名或名称的变更并没有导致新的权利义务承担者的出现,故不属于执行承担的范畴。同样,最高人民法院司法解释中规定的作为被执行人的法人或者其他组织的名称变更的情况,也不属于执行承担。

3. 其他执行参与人

其他执行参与人,是指除法院和执行当事人外,参加民事强制执行程序的单位和个人,包括执行见证人、协助执行人、执行代理人和翻译人员等。虽然这些人也参与执行活动,甚至承担一定的权利和义务,但是其地位与作用并不能导致民事强制执行法律关系发生、变更或终结的效果,故严格来说,其他执行参与人并非民事强制执行主体。

四、执行管辖和委托执行

(一) 执行管辖的概念

民事强制执行与民事审判一样,人民法院的分工和权限同样需要明确。民事强制执行管辖,指不同级别的人民法院之间以及同一级别的不同人民法院之间受理民事强制执行案件、实施民事强制执行行为的分工和权限。它同样包括级别管辖和地域管辖。

(二) 级别管辖

《民事诉讼法》第224条规定,生效的民事判决、裁定,以及刑事判决、裁定中的财产部分,由第一审人民法院或者与第一审人民法院同级的被执行的财产所在地人民法院执行。法律规定由人民法院执行的其他法律文书,由被执行人住所地或者被执行的财产所在地人民法院执行。由于最高人民法院并不审理一审民事案件,而其他法律文书的执行已由地方法院负责,故民事强制执行工作主要在其他三级法院间分工。

1. 基层人民法院管辖的民事强制执行案件

第一,对基层人民法院作出的生效法律文书的执行。生效法律文书既包括本院作出的,也包括其他基层人民法院作出,因被执行人财产在其辖区而需要由其执行的,种类上包括民事判决、裁定、调解书、民事制裁决定、支付令,刑事附带民事判决、裁定、调解书。

第二,国内仲裁中,执行当事人申请财产保全,经仲裁机构提交人民法院的,由被申请人住所地或被申请保全的财产所在地的基层人民法院裁定并执行;申请证据保全的,由证据所在地的基层人民法院裁定并执行。区分国内仲裁和涉外仲裁并非看仲裁机构是否设在国内,而应看处理的案件是否有涉外因素。

第三，对根据审判级别管辖应由基层人民法院管辖的具有强制执行力的公证债权文书的执行。具体指由被执行人住所地或被执行的财产所在地的基层人民法院执行。

第四，上级人民法院依法指定基层人民法院管辖的案件。

2. 中级人民法院管辖的民事强制执行案件

第一，对中级人民法院一审作出的生效法律文书的执行。生效法律文书同样既包括本院作出的，也包括其他中级人民法院作出，因被执行人财产在其辖区而需要由其执行的。但在种类上不包括支付令，因为支付令只能由基层法院作出。

第二，财产保全、先予执行的裁定并不限于一审时作出，二审中出现的话，也由作出的人民法院执行。

第三，对国内仲裁裁决的执行。根据 2006 年 9 月 8 日施行的《最高人民法院关于适用〈中华人民共和国仲裁法〉若干问题的解释》（以下简称《仲裁法解释》）第 29 条规定，当事人申请执行仲裁裁决案件，由被执行人住所地或被执行财产所在地的中级人民法院管辖。

第四，对涉外仲裁裁决、涉外仲裁的财产保全与证据保全的执行。一方当事人不履行生效涉外仲裁裁决的，另一方当事人可以向被申请人住所地或者财产所在地的中级人民法院申请执行。在涉外仲裁过程中，当事人申请财产保全，经仲裁机构提交人民法院的，由被申请人住所地或被申请保全的财产所在地的中级人民法院裁定并执行；申请证据保全的，由证据所在地的中级人民法院裁定并执行。

第五，对国外仲裁裁决和外国法院判决、裁定的承认和执行。

第六，对经人民法院认可的我国香港、澳门和台湾地区仲裁裁决、法院判决的执行。

第七，对根据审判级别管辖应由中级人民法院管辖的具有强制执行力的公证债权文书。同样是指由被执行人住所地或被执行的财产所在地的中级法院执行。

第八，中级人民法院提级执行和上级法院指定执行的案件。

另外，《执行规定（试行）》第 13 条、第 14 条规定，对专利管理机关，国务院各部门、各省、自治区、直辖市人民政府和海关依照法律、法规作出的处理决定和处罚决定，由被执行人住所地或财产所在地的中级人民法院执行。但是严格来讲，这些情况属于人民法院执行行政处罚的范畴，不是民事强制执行行为。

3. 高级人民法院管辖的民事强制执行案件

第一，高级人民法院一审作出的生效法律文书，种类与中级人民法院相同。

第二，高级人民法院二审过程中作出的财产保全、先予执行的裁定。

第三,根据审判级别管辖应由高级人民法院管辖的具有强制执行力的公证债权文书。

实际上,需要由高级人民法院管辖的民事强制执行案件少之又少,故高级人民法院执行机构的主要工作是对本辖区民事强制执行工作实行领导、监督和协调。

(三)地域管辖

根据《民事诉讼法》第224条的规定,法院作出的生效法律文书由第一审法院或者与第一审人民法院同级的被执行的财产所在地人民法院执行,而其他应当执行的法律文书由被执行人住所地或者被执行的财产所在地人民法院执行。但这并没有完全解决同级人民法院之间关于执行案件的分工和权限问题,因而地域管辖还包括共同管辖、裁定管辖和管辖权异议等制度。

1. 共同管辖

共同管辖,即两个或两个以上法院对同一执行案件都有执行管辖权的情况。这通常由当事人选择管辖来解决。《执行规定(试行)》第15条规定:两个以上人民法院都有管辖权的,当事人可以向其中一个人民法院申请执行;当事人向两个以上人民法院申请执行的,由最先立案的人民法院管辖。最高人民法院《关于适用〈中华人民共和国民事诉讼法〉执行程序若干问题的解释》(以下简称《执行解释》)第2条规定:人民法院在立案前发现其他有管辖权的人民法院已经立案的,不得重复立案。立案后发现其他有管辖权的人民法院已经立案的,应当撤销案件;已经采取执行措施的,应当将控制的财产交先立案的执行法院处理。

2. 裁定管辖

强制执行程序的裁定管辖与审判程序的裁定管辖一样,也包括移送管辖、管辖权转移和指定管辖,其规定基本类似,不再赘述,只是《执行规定(试行)》第132条第2款特别规定,下级法院长期未能执结的案件,也可能成为管辖权转移或指定管辖的理由。其中还出现了上级法院可以决定由本院执行或与下级法院共同执行的做法,这也是与审判程序的裁定管辖有所不同的地方。

3. 管辖权异议

《执行解释》第3条规定,人民法院受理执行申请后,当事人对管辖权有异议的,应当自收到执行通知书之日起10日内提出。人民法院审查后,异议成立的,应当撤销执行案件,并告知当事人向有管辖权的人民法院申请执行;异议不成立的,裁定驳回。当事人对裁定不服的,与审判程序的管辖权异议可以上诉的做法不同,强制执行程序的效率原则要求,并出于防止被执行人转移、隐匿甚至毁坏财产的考虑,只允许当事人向上一级人民法院申请复议,并且管辖权异议审查和复议期间,不停止执行。

（四）委托执行

《民事诉讼法》第229条规定，被执行人或者被执行的财产在外地的，可以委托当地人民法院代为执行。也就是说，委托执行是人民法院之间的执行协助活动，这也是我国民事强制执行制度统一、协调理念的体现。

根据最高人民法院《关于委托执行若干问题的规定》（法释[2011]11号）第1条、第2条以及《执行规定（试行）》第112条的规定，要分不同的情况决定是否采取委托执行：

1. 被执行人或被执行的财产在本省、自治区、直辖市辖区以外的案件，除少数特殊情况之外，应当委托执行。

2. 被执行人或被执行的财产在本省、自治区、直辖市辖区内，需跨中级人民法院、基层人民法院辖区执行的案件，亦应以委托执行为主。

3. 直辖市内法院间的跨辖区的执行案件，以及设区的市内跨辖区的执行案件，是否以委托执行为主，由各高级人民法院根据实际情况自行确定。

4. 有下列特殊情况的，可以不委托执行：

（1）被执行人在不同辖区内有财产，且任何一个地方的财产不足以单独清偿债务的；

（2）分布在不同法院辖区的多个被执行人对清偿债务责任的承担有一定关联的；

（3）需要裁定变更或追加本辖区以外的被执行人的；

（4）案件审理中已对当事人在外地的财产进行保全，异地执行更为方便的；

（5）因其他特殊情况不便委托执行，经高级人民法院批准的。

5. 委托法院明知被执行人有下列情形的，应当及时依法裁定中止执行或终结执行，不得委托当地法院执行：

（1）无确切住所，长期下落不明，又无财产可供执行的；

（2）有关法院已经受理以被执行人为债务人的破产案件或者已经宣告其破产的。

委托法院一般应当在执行案件立案后一个月内办妥执行手续。超过此期限委托的，应当经对方法院同意。手续方面，委托法院应当向受委托法院出具书面委托函，并附送据以执行的生效法律文书副本原件、立案审批表复印件及有关情况说明，包括财产保全情况、被执行人的财产状况、生效法律文书履行的情况，并注明委托法院地址、联系电话、联系人等。

受托法院应当于收到委托执行手续后15日内开始执行，一般应当在30日内执行完毕，最迟应当在六个月内执行完毕。委托手续不全的，执行期限自受托法院收到齐全手续之日起算。

由于委托执行也关系到申请执行人的利益，因此委托法院应及时告知申请执行人。在委托执行期间,申请执行人可以直接向受托法院或者请求委托法院向受托法院催促执行,也可以向受托法院的上级法院请求督促执行。委托法院或者申请执行人要求了解案件执行情况的,受托法院应当及时告知。

五、执行和解

1. 执行和解的概念及特征

执行和解是指在民事强制执行进行过程中,申请执行人与被执行人自愿协商、自由处分生效法律文书上所确定的权利义务及其实现方式,达成一致协议后经人民法院审查并结束执行程序的制度。只要出于申请执行人与被执行人双方的真实意思表示,并且协议内容不违反法律,不损害国家、集体或他人的合法权益,人民法院应当批准。这是因为执行和解是申请执行人与被执行人行使处分权的结果,双方对权利义务及其实现方式的协定并非是否定执行根据,而是考虑到效率或是双方感情或以后还有合作的可能等因素后,相互谅解和妥协,作出让步,从而快速实现权利义务。《民事诉讼法》在第 230 条规定了执行和解制度。

执行和解具有以下特征:

第一,主体双方性。执行和解的主体只有申请执行人与被执行人,人民法院是不能参与和解的,在执行阶段中,作为执行机构的人民法院的职责应当是实现权利义务。

第二,主体自愿性。执行和解必须是出于双方自愿、主动进行。执行机关不得借口执行和解而强迫执行双方当事人让步。

第三,和解内容的限定性与不限定性。对执行和解协议的限定性体现在和解内容不能违反法律规定,不损害国家、集体或他人的合法权益。不限定性体现在申请执行人与被执行人在不触及限定性的前提下可以自由协商、处分权利义务及其实现方式。

第四,执行和解协议具有不可诉性。和解协议不是执行根据,因此不能要求人民法院对其直接进行强制执行。在和解协议不能实现时,申请执行人与被执行人都不能针对和解协议提起诉讼,而应当根据原执行根据申请恢复原来的执行程序。

2. 执行和解协议的内容

执行和解的特征之一表现在申请执行人与被执行人可以自主协商,这就意味着双方对协议的任何内容都可涉及,至少包括以下几方面:

一是权利义务的具体承受主体。义务履行主体可以是被执行人自己,也可以是第三人,其依据是合同法中的由第三人代为履行债务;同理,债权人可以是申请执行人本人,也可以由第三人享受债权。

二是标的物及其具体数额。申请执行人与被执行人为了快速实现权利义务,结束执行程序,可以对标的物进行数量上的增减,也可以对标的物进行实质上的变更,如执行双方可以约定以有价证券或其他债权或是其他非执行标的物来抵偿执行债务。

三是履行方式。申请执行人与被执行人可以约定或变更具体的履行方式,执行双方可以约定以劳务抵偿债务或其他方式清偿债务,可以约定一次性履行完毕,也可以约定分批分期履行。

四是履行期限。执行双方可以就履行能否延期、延期时间长短进行商定。

五是在范围上,执行双方可以对生效法律文书上所确定的权利义务进行全部和解,也可以只约定部分债权债务。

3. 执行和解的程序

在民事强制执行程序中,申请执行人与被执行人自愿、主动进行协商达成一致协议后,应及时将双方所达成的协议告知执行员。

《民事诉讼法》第230条规定,执行员在了解情况后,应当将协议内容记入笔录,且由双方当事人签名盖章。经过这一程序后,双方的和解才有法律效力。对原生效法律文书的执行,人民法院应当及时裁定中止执行。如果和解协议已经履行完毕,人民法院应当裁定终结执行。

4. 执行和解的效力

执行和解是申请执行人与被执行人之间协议的结果,不属于法律文书,不具有强制执行力。但是它在申请执行人与被执行人之间发生拘束效力,并且在程序上也产生影响,可能引起程序的中止或终结。

执行双方对执行和解已经履行完毕的,人民法院应当及时裁定终结执行,自此,民事强制执行程序宣告结束,不再恢复。

5. 对执行和解反悔时的处理

执行和解生效后,一方对执行和解协议反悔,拒不履行执行和解协议时,另一方可以向人民法院申请恢复执行,此情形下执行和解对执行程序只是产生中止的效果。人民法院应及时恢复对原生效法律文书的执行,其中对和解协议已经履行的那部分要相应的扣除。

六、执行担保

1. 执行担保的概念

执行担保是指在民事强制执行程序中,被执行人履行义务暂有困难,向人民法院提供一定的担保并经申请执行人同意后,人民法院可以决定予以暂缓执行的制度。《民事诉讼法》第231条及《执行规定(试行)》第84条、第85条等相关司法解释对执行担保作出了规定。

2. 执行担保的适用条件

第一,被执行人以书面方式向人民法院提出申请。

第二,被执行人向人民法院提供担保财产或担保人。被执行人提供担保人的,担保人应当满足相应的代为履行能力的资格要求。第三人作担保人时,还须向人民法院提交担保书。被执行人以财产作担保的,应当提交保证书。

第三,得到申请执行人和人民法院的双重许可。执行担保可能使履行时间推迟从而影响到申请执行人权利的及时实现,因而需要有申请执行人的同意才行。执行担保在执行开始后提出,此时整个执行程序已经启动,人民法院可能已经决定了需要采取的执行措施,甚至已经开始实施,因而执行担保还须经法院审查后批准才行。由此可见,执行担保对申请执行人的实质影响和对人民法院的程序上的影响,决定了它必须征得申请执行人和人民法院的双重许可,缺少任何一方同意都无法进行。

3. 执行担保成立后暂缓执行的期限

人民法院在审核执行担保申请后决定暂缓执行的同时还要决定暂缓执行的期限。由此可知,该期限的决定主体是人民法院。

1992 年的《适用意见》第 268 条规定,暂缓执行的期限应当与担保期限一致,且最长不得超过一年。而 2002 年的《关于正确适用暂缓执行措施若干问题的规定》(法发[2002]16 号)第 10 条则规定,暂缓执行的期间一般不得超过三个月,因特殊事由需要延长的可以适当延长但延长期限不得超过三个月。由此可见,执行担保成立后暂缓执行的期限应当不超过六个月。

4. 执行担保的方式

在具体行使方式上,执行担保主要有保证、抵押和质押三种方式。

根据执行担保的主体不同,可以将执行担保分为被执行人的财产担保和担保人的担保两类方式,又可称为人的担保和物的担保。

对人的担保方式主要就是保证。它是担保人以个人的信用向申请执行人和人民法院所作的担保。

对物的担保方式,可以参照我国担保法中对于抵押、质押、留置的规定。其中,由于留置要以对标的物的合法占有为前提,而在执行案件中,申请执行人就是因为不占有标的物才需要人民法院进行强制执行以实现权利,因而留置不属于执行担保的方式,即执行担保中物的担保方式仅限于抵押和质押。

5. 执行担保的法律效果

就程序效果而言,执行担保可以引起暂缓执行。执行担保一经人民法院批准后,执行程序就暂时中止,对被执行人不得再采取执行措施,申请执行人也不得要求被执行人履行义务。当然,执行担保成立后,被执行人若仍自愿履行义务的则在所不论,申请执行人可以接受其履行。

在暂缓执行期间，担保财产若有被转移、隐匿、变卖等迹象的，申请执行人一旦发现可以立即要求人民法院恢复执行程序。

在暂缓执行期限届满后，被执行人仍未履行的，法院可依申请执行人的要求恢复执行或者直接依职权执行担保财产。

七、执行救济

(一) 执行救济的含义

民事强制执行救济，是指民事强制执行中，在执行当事人、利害关系人或案外人认为自己的合法权益受到损害或可能受到损害时，给予其补救途径的法律制度。理解上应注意以下几点：

第一，寻求救济的主体既包括执行当事人，也包括执行当事人以外的，认为自己合法权益受到侵害或可能受到侵害的人，《民事诉讼法》中有“利害关系人”、“案外人”的表述。其实，只要未成为执行案件的当事人，就应该属于“案外人”。然而，利害关系人一般可能需要成为执行承担者，或者是参与分配的，而执行当事人不仅包括申请执行人，也包括被执行人。

第二，损害当事人或案外人权益的原因，既可能是强制执行行为本身违反法律规定，包括执行行为程序违法、执行具体对象错误和执行迟延等，也可能是执行根据存在错误，如原判决、裁定存在错判的情况。

第三，执行救济既包括程序法上的救济途径，也包括实体法上的救济途径。前者通常指《民事诉讼法》第225条规定的当事人、利害关系人的执行异议和第227条规定的案外人的执行异议；后者指对民事强制执行程序中出现的强制执行当事人或案外人之间实体法律关系争议进行审理并裁判的救济制度。从各国和地区的民事执行立法来看，实体法上的救济主要包括债务人异议之诉、第三人异议之诉、参与分配之诉、许可执行之诉等。目前，《民事诉讼法》第227条和《执行解释》的相关条文，将实体法上的救济途径规定为案外人异议之诉、当事人异议之诉和参与分配之诉。程序法上的救济与实体法上的救济存在紧密的关联，一般是以程序法上的救济为先导，只有在对其结果不满意时才诉诸实体法上的救济。下面将执行异议及执行异议之诉作结合性阐述。

(二) 当事人、利害关系人的执行异议

1. 概念

当事人、利害关系人的执行异议，是指当事人、利害关系人认为人民法院某一民事强制执行行为违法或者不当，侵害或可能侵害其合法权益，以提出异议的方式请求纠正该执行行为的救济方式。一般来说，该种执行异议所面对的错误局限于某一强制执行行为程序上有瑕疵或者不够恰当，但通过纠正能够及时恢复执行秩序的情况，其侵害范围一般只限于执行当事人和利害关系人程序法上

的利益。当执行活动的错误已经扩大到直接损害当事人、利害关系人实体权益时，就要允许对其实体权利义务关系进行审判的请求了。

2. 启动的事由

当事人、利害关系人执行异议的启动事由涉及执行活动的各个环节，具体包括：

（1）执行命令行为违法或不当。执行法院在执行活动中会向当事人、利害关系人发出各种命令，如向被执行人发出履行通知书、要求被执行人申报财产的命令等。当命令应发出而未发出，或者不应发出而发出时，当事人或利害关系人可以提出异议。

（2）采取执行措施的执行实施行为违法或不当。包括：① 执行实施行为违反程序规定，如拍卖前未委托验资机构验资、执行人员未依法着装和制作笔录、应当通知参与分配的债权人或被执行人未通知等。② 应采取此执行措施，而采取了彼执行措施。③ 执行迟延。人民法院自收到申请执行书之日起超过六个月未执行的，申请执行人可以向上一级人民法院申请执行。这种申请应当被认为是异议的一种特别形式。不过这种情况的处理较为特殊，我国法律和司法解释都将其单独规定。

（3）执行裁判行为不当。一般认为，根据这种情况提起异议，应限于执行裁判程序违法的情形。①

3. 处理程序

（1）当事人、利害关系人必须采用书面方式提出异议。

（2）管辖法院是负责执行的法院。在委托执行的情况下，由于执行法院是受托法院，错误也是受托法院的，故异议应向受托法院提出。但是对于执行迟延的异议，需要向执行法院的上一级法院提出执行申请。

（3）异议的审查与裁决。人民法院应当自收到书面异议之日起 15 日内审查，理由成立的，裁定撤销或者改正；理由不成立的，裁定驳回。

（4）对于执行迟延异议，上一级人民法院可以根据申请执行人的申请，责令执行法院限期执行或者变更执行法院。责令执行法院限期执行的，应当向其发出督促执行令，并将有关情况书面通知申请执行人；执行法院在指定期间内无正当理由仍未执行完结的，上一级人民法院应当裁定由本院执行或者指令本辖区其他人民法院执行。决定由本院执行或者指令本辖区其他人民法院执行的，应当作出裁定，送达当事人并通知有关人民法院。

（5）申请复议。当事人、利害关系人对执行迟延外的执行异议的裁定不服的，可以自裁定送达之日起十日内向上一级人民法院申请复议。上一级人民法

① 参见谭秋桂：《民事执行法学》，北京大学出版社 2010 年版，第 265 页。

院对当事人、利害关系人的复议申请，应当组成合议庭进行审查并在自收到复议申请之日起30日内审查完毕，作出裁定。有特殊情况需要延长的，经本院院长批准，可以延长，延长的期限不得超过30日。

还应当注意的是，执行异议审查和复议期间，执行是不停止的。除非被执行人、利害关系人提供充分、有效的担保请求停止相应处分措施，并经人民法院准许。但是，申请执行人提供充分、有效的担保请求继续执行的，人民法院应当继续执行。这也是执行效率原则的体现，即优先保证执行的完成。

（三）案外人的执行异议

1. 概念

案外人的执行异议，是指本案执行当事人以外的人，以自己对执行标的享有全部或部分的权利为由，向执行机构提出停止对该标的执行的主张。有权提起执行异议的案外人，是指据以执行的生效法律文书没有载明、也没有被执行机构裁定变更或者追加的自然人、法人或者其他组织。案外人提出异议的理由是其对执行标的享有实体权利，这种实体权利既可以是所有权，也可以是其他足以阻止执行标的转让、交付的权利。

执行过程中，案外人对执行标的主张全部或部分的权利，应当以书面异议的方式向执行法院提出，并提供相应证据，即案外人异议所针对的是已为法院采取执行措施的执行标的物。人民法院在收到书面异议之后，应当在15日内审查，理由成立的，裁定中止对该标的的执行，同时根据不同情况予以处理：（1）如果案外人提出异议的执行标的物是法律文书指定交付的特定物，而认为原生效裁判有错误，可以依审判监督程序启动再审。（2）如果案外人提出异议的执行标的物不是生效法律文书指定交付的特定物，停止对该标的物的执行后，转而执行被执行人的其他财产即可。理由不成立的，裁定驳回。案外人、当事人对裁定不服的，分别情况处理：认为原判决、裁定错误的，依照审判监督程序办理；与原判决、裁定无关的，可以自裁定送达之日起15日内向人民法院提起诉讼。

2. 提起执行异议的条件

根据《民事诉讼法》的规定，案外人提起执行异议必须要符合以下条件：

（1）在执行过程中提出。如果执行程序尚未开始，或者执行程序已经结束，案外人不得提起执行异议；如果认为自己的权利受到侵害，应当通过其他途径寻求救济。

（2）异议的理由必须是对执行标的主张实体权利。这就是说，案外人提出执行异议，必须就已被法院采取执行措施的执行标的主张实体权利；如果只是对法院的执行工作不满，或者认为有损其利益，但没有就执行标的提出实体权利主张，不构成异议。

（3）以书面方式提出。根据《民事诉讼法》和相关司法解释的规定，案外人提起执行异议必须采取书面形式，并提供相应的证据。要求必须书面提出，一方面有利于案外人充分说明理由，另一方面便于执行机构的审查和裁判。

（4）向执行法院提出。作为一种执行救济制度，案外人对执行标的主张实体权利的，应当向执行法院提出，这样才能及时维护自己的权益，也利于法院正确处理案件。

3. 审查和裁判

根据我国《民事诉讼法》及有关司法解释的规定，案外人对执行标的提出书面异议的，执行机构应当自收到书面异议之日起15日内审查。在审查期间，人民法院不得对执行标的进行处分，但可以采取查封、扣押、冻结等措施。案外人向人民法院提供充分、有效的担保请求解除对异议标的的查封、扣押、冻结的，人民法院可以准许；申请执行人提供充分、有效的担保请求继续执行的，应当继续执行。因案外人提供担保解除查封、扣押、冻结有错误，致使该标的无法执行的，人民法院可以直接执行担保财产；申请执行人提供担保请求继续执行有错误，给对方造成损失的，应当予以赔偿。

经审查，执行机构应当依据不同的情况分别作出不同的处理：（1）理由成立的，裁定中止对该标的的执行；（2）理由不成立的，裁定驳回。

对于裁定，案外人、当事人不服，认为原判决、裁定错误的，依照审判监督程序办理；与原判决、裁定无关的，可以自裁定送达之日起15日内向人民法院提起诉讼。案外人提起的诉讼，理论上称为案外人异议之诉；当事人提起的诉讼，理论上称为当事人异议之诉，其中由申请执行人（债权人）提起的又称许可执行之诉。

4. 案外人异议之诉

案外人异议之诉是案外人就法院对自己提出的执行异议所作裁定不服，进一步从实体法上寻求救济的方式，其目的在于通过获得有关执行标的的实体上之裁判，来纠正执行错误。我国《民事诉讼法》第227条规定："执行过程中，案外人对执行标的提出书面异议的，人民法院应当自收到书面异议之日起15日内审查，理由成立的，裁定中止对该标的的执行；理由不成立的，裁定驳回。案外人、当事人对裁定不服，认为原判决、裁定错误的，依照审判监督程序办理；与原判决、裁定无关的，可以自裁定送达之日起15日内向人民法院提起诉讼。"可见，异议之诉与执行异议有着程序上的承接关系。

案外人异议之诉应当向执行法院提出，其原告为先前提起案外人异议的案外人，被告为申请执行的债权人；如果债务人反对案外人对执行标的所主张的实体权利，应当以申请执行的债权人和债务人为共同被告。

案外人异议之诉应当适用通常诉讼程序进行审理和裁判。经审理，案外人异议之诉的理由不成立的，判决驳回其诉讼请求；理由成立的，根据案外人的诉讼请求作出相应裁判,并停止或者部分停止对该标的的执行。当事人对裁判不服的,可以依法向上一级人民法院提起上诉。

在案外人异议之诉的审理期间,不停止原执行案件的执行。此时,案外人异议已被驳回,在异议阶段停止的对执行标的的强制执行活动已经恢复的,出于执行效率的考虑,必须及时完成执行活动。除非案外人的诉讼请求确有理由或者提供充分、有效的担保请求停止执行的,才可以裁定停止对执行标的进行处分,但是仍然不能对抗申请执行人的担保——申请执行人提供充分、有效的担保请求继续执行的,应当继续执行。案外人请求停止执行,请求解除查封、扣押、冻结,或者申请执行人请求继续执行有错误,给对方造成损失的,应当予以赔偿。

5. 当事人异议之诉

与案外人异议之诉一样,当事人异议之诉衍生于案外人对执行标的提出的书面异议,不过理由相反,只有在当事人对人民法院支持案外人异议,裁定中止对该标的的执行的裁定不服时,才可以起诉。对执行中止裁定不服的,通常是申请执行人,因而其一般作为原告,而案外人作为被告。而被执行人若也反对申请执行人所主张的权利,申请执行人可将被执行人作为共同被告一并起诉。

审理程序方面,当事人异议之诉与案外人异议之诉基本类似,不再赘述。

八、执行回转

执行回转,是指在强制执行过程中或执行完毕后,据以执行的法律文书被撤销,而将原权利人[①]因强制执行所得之利益,返还给原被执行人或利害关系人的执行活动。主要法律依据为《民事诉讼法》第233条与《执行规定》第109条、第110条。

1. 执行回转的条件

(1) 执行根据的内容全部或部分执行完毕。

(2) 执行根据被撤销或变更,即执行根据所载的给付内容被撤销、变更或其强制执行力被消除。

(3) 原权利人所获得的利益有返还或折价返还的必要,而其拒不返还。如为拆除阻碍通行的违章建筑、履行对价合理的合同等情况,原权利人并不具有返还财产或费用的必要。

(4) 人民法院作出责令财产取得人返还的裁定。

2. 执行回转的措施

当原权利人拒不返还已取得的财产时,人民法院将采取相应的执行措施。

---

① 因需要返还财产者并不限于申请执行人,如参与分配的债权人、因执行承担而获得财产的利害关系人等,故使用“原权利人”一词进行表述。

已执行的标的物系特定物的,应当退还原物。不能退还原物的,可以折价抵偿。如执行标的物有孳息,应一并执行回转。

3. 执行回转性质的探讨

有许多资料将执行回转作为执行救济的一部分进行介绍,本书并不赞同。

如前所述,执行回转的条件,必须是法院经审查后,认为确有执行回转的必要,并作出执行回转裁定后,才展开的执行活动。而《执行规定》第 109 条第 2 款规定,执行回转应重新立案。也就是说,执行回转具有新的执行根据、新的执行立案、完整的执行程序,是一次完整的执行过程,并非救济的途径。从根本上说,执行回转是权利义务关系重新确认(原执行根据撤销或变更)后,新的义务人(原权利人)拒不履行其义务而导致的执行权运作。这与其他情况下的强制执行活动没有本质的区别,不宜将其视为执行救济手段,而应将其视为一种较为简易的相对特殊的执行活动。

思考题

1. 试述民事执行程序与审判程序的关系。
2. 试述我国民事执行原则。
3. 什么是执行根据？执行根据有哪些？
4. 简述执行异议的概念、条件以及对异议的处理。
5. 试述执行回转的概念及条件。

第二十三章　民事强制执行程序开始

<u>内容要点</u>

了解民事强制执行程序启动的方式，掌握当事人申请执行的条件、移送执行的适用情形以及执行前的准备。

第一节　申 请 执 行

一、申请执行的概念

根据《民事诉讼法》第236条，民事强制执行程序的开始有两种方式，一是申请执行，二是移送执行。申请执行权由债权人处分，故执行程序的开始以申请人申请执行为原则，法院依职权移送为例外。

申请执行，是指债权人在债务人不履行生效法律文书确定的义务时，向法院请求强制执行的行为。执行的目的是实现债权人的债权，是否启动执行程序由债权人决定，申请执行是债权人的一项重要诉讼权利，也是启动执行程序的主要方式。

二、申请执行的条件

申请执行应当具备以下条件：

1. 申请执行的法律文书已经生效，且具有给付内容。

2. 申请执行人是生效法律文书确定的权利人或其继承人、权利承受人。

3. 义务人逾期不履行法律文书确定的义务。

4. 在法定的期限内提出申请。《民事诉讼法》第239条规定：申请执行的期间为两年。申请执行时效的中止、中断，适用法律有关诉讼时效中止、中断的规定。执行期间，从法律文书规定履行期间的最后一日起计算；法律文书规定分期履行的，从规定的每次履行期间的最后一日起计算；法律文书未规定履行期间的，从法律文书生效之日起计算。《民事诉讼法》将执行期限延长为两年，而且申请执行的时效适用中止、中断的规定，同时对所有当事人适用相同的执行期限,体现了民事主体的平等性。[①]

根据《执行程序解释》第27条、第28条和第29条,在申请执行时效期间的最后六个月内,因不可抗力或者其他障碍不能行使请求权的,申请执行时效中止。从中止时效的原因消除之日起,申请执行时效期间继续计算。申请执行时效因申请执行、当事人双方达成和解协议、当事人一方提出履行要求或者同意履行义务而中断。从中断时起,申请执行时效期间重新计算。生效法律文书规定债务人负有不作为义务的,申请执行时效期间从债务人违反不作为义务之日起计算。

5. 属于受申请执行的法院管辖。

三、申请执行应提交的材料

1. 申请执行书。申请执行书应当写明申请执行的理由、事项、执行标的,以及申请执行人所了解的被执行人的财产状况。申请执行人书写申请执行书确有困难的,可以口头提出申请。法院接待人员对口头申请应当制作笔录,由申请执行人签字或盖章。外国一方当事人申请执行的,应当提交中文申请书。当事人所在国与我国缔结或者共同参加的司法协助条约有特别规定的,按照特别规定办理。

2. 生效法律文书副本。

3. 申请执行人的身份证明。公民个人申请的,应当出具居民身份证;法人申请的,应当提交法人营业执照副本和法定代表人身份证明;其他组织申请的,应当提交营业执照副本和主要负责人身份证明。

4. 继承人或权利承受人申请执行的,应当提交继承或承受权利的证明文件。

5. 其他应当提交的文件或证件。申请执行仲裁机构的仲裁裁决的,应当向法院提交有仲裁条款的合同书或仲裁协议书。申请执行外国仲裁机构的仲裁裁决的,应当提交经我国驻外使领馆认证或我国公证机关公证的仲裁裁决书中文本。

申请执行人可以委托代理人代为申请执行。委托代理的,应当向法院提交委托人签字或盖章的授权委托书,写明委托事项或代理人的权限。委托代理人代为放弃、变更民事权利,或代为进行执行和解,或代为收取执行款项的,应当有委托人的特别授权。

---

① 1991年《民事诉讼法》第219条第1款规定:"双方或者一方当事人是公民的为1年;双方是法人或者其他组织的为6个月。"该规定的申请执行期限过短,并且没有规定期间的中止、中断,不利于保护债权人的合法权益、促使债务人履行义务。

第二节 移送执行

一、移送执行的概念

移送执行，是指法院审判员依据生效法律文书，将某些特殊的案件依法直接交付执行机构执行，从而启动执行程序。

二、移送执行案件的范围

1. 法院已生效的法律文书中具有给付内容的赡养费、扶养费、抚育费、抚恤金、医疗费和劳动报酬的法律文书。此类案件与债权人的生活有直接关系，债务人不履行义务，将直接影响债权人的生活；同时，此类案件中的债权人一般属于社会中的弱势群体，国家法律应给予该群体相应的关怀，移送执行的规定体现了国家对弱势群体的关注和关怀。

2. 法院已生效的含有财产执行内容的刑事法律文书。这类案件中，有的没有执行债权人，如刑事判决中的没收财产、罚金、追缴财产上缴国库；有的虽有执行债权人，如刑事附带民事判决、裁定、调解书，但不宜由债权人申请。

3. 法院作出的程序性民事裁定书、决定书。如财产保全或者先予执行裁定书，法院对妨碍民事诉讼行为所作的罚款、拘留的决定。

移送执行要填写移送执行通知书，其内容一般包括：移送执行案件的编号、案由；需要执行事项和具体要求；被执行人经济状况、履行义务的能力、对判决的态度，以及在执行中需要注意的其他事项。移送执行通知书经庭长或院长批准后，连同生效的判决书、裁定、支付令、调解协议书交给执行庭或者执行员。如有必要，也可以将案件一并移交。

第三节 执行准备

一、执行受理

人民法院受理执行申请后，应当对申请执行案件的条件进行审查。人民法院受理执行案件应当符合下列条件：

1. 申请或移送的法律文书已经生效；
2. 申请执行人是生效法律文书确定的权利人或其继承人、权利承受人；
3. 申请执行人在法定期限内提出申请；
4. 申请执行的法律文书有给付内容，且执行标的和被执行人明确；
5. 义务人在生效的法律文书确定的期限内未履行义务；

6. 属于受申请执行的人民法院管辖。

人民法院对执行申请审查后,认为符合受理条件的,应当在七日内予以立案,不符合受理条件的,应当在七日内裁定不予受理。

二、执行准备和调查

人民法院决定受理执行案件后,应当着手准备采取执行措施的工作,即发出执行通知书,调查被执行人财产。

1. 发出执行通知书,责令被执行人履行义务

法院决定受理执行案件后,应当在三日内向被执行人发出执行通知书,责令其在指定的期限内履行生效法律文书确定的义务,并承担《民事诉讼法》第253条规定的迟延履行期间的债务利息或迟延履行金。对于被执行人未按执行通知书指定的期限履行生效法律文书确定的义务的,应当及时采取执行措施。向被执行人发出执行通知书,可以让被执行人对法院将要采取的执行措施作必要的协助、配合等准备,保证执行工作的顺利进行。

2. 执行调查

执行调查,是指查明被执行人的财产状况。执行调查的方法主要有申请执行人提供、被执行人申报和法院调查。

(1) 申请执行人提供。申请执行人应当向法院提供其所了解的被执行人的财产状况或线索。

(2) 被执行人申报。被执行人必须如实向法院报告其财产状况。《民事诉讼法》第241条规定:"被执行人未按执行通知履行法律文书确定的义务,应当报告当前以及收到执行通知之日前一年的财产情况。被执行人拒绝报告或者虚假报告的,人民法院可以根据情节轻重对被执行人或者其法定代理人、有关单位的主要负责人或者直接责任人员予以罚款、拘留。"现行《民事诉讼法》增加了财产报告制度,以便更好地掌握被执行人的财产状况,获取关于财产调查的线索,防止被执行人隐匿或转移财产。

(3) 法院调查。法院有权向金融机构及其管理部门、房地产管理部门、工商管理部门、税务机关、海关及其他有义务协助调查、执行的单位和个人调查被执行人的财产状况、财产线索等,有关单位和个人不得拒绝。执行法院对被执行人的财产状况进行调查,可以传唤被执行人及其法定代表人、负责人到庭接受询问,可以采取民事搜查措施,也可以依职权向有关机关、社会团体、企事业单位或公民个人了解被执行人的财产状况。①

---

① 参见江伟主编:《民事诉讼法》,中国人民大学出版社2007年版,第503—504页。

三、立即执行

被执行人恶意逃避执行的,立即执行。2007 年修改后的《民事诉讼法》第 216 条第 2 款规定:“被执行人不履行法律文书确定的义务,并有可能隐匿、转移财产的,执行员可以立即采取强制执行措施。”2012 年修改后的《民事诉讼法》第 240 条规定:“执行员接到申请执行书或者移交执行书,应当向被执行人发出执行通知,并可以立即采取强制执行措施。”而 1991 年《民事诉讼法》第 220 条规定的是,执行机构采取执行措施前,应当向被执行人发出执行通知书。但在实践中,这种事先通知的做法,对逃避债务的债务人起到的是通风报信的作用,为被执行人隐匿、转移财产提供了时间;将发出执行通知书作为采取执行措施的前置条件,还严重束缚了执行人员的工作,使其无法及时采取执行措施,致使许多案件丧失了有力的执行时机。① 为此,现行《民事诉讼法》中增加了“立即执行”的条款,防止被执行人利用执行通知逃避债务。

执行员依照《民事诉讼法》第 240 条之规定立即采取强制执行措施的,可以同时或者自采取强制执行措施之日起三日内发送执行通知书。

思考题

1. 简述当事人申请执行的概念和条件。
2. 移送执行的案件范围有哪些?
3. 法院在开始执行前应做哪些准备工作?

---

① 参见全国人大常委会法制工作委员会民法室编:《〈中华人民共和国民事诉讼法〉条文说明、立法理由及相关规定》,北京大学出版社 2007 年版,第 427 页。

第二十四章　民事强制执行措施

内容要点

了解和掌握各种法定的执行措施，熟知各种执行措施适用的情形以及相应的程序规定。

第一节　对动产的执行措施

执行措施是指执行机构为实现生效法律文书确定的内容，而依法采取的执行方法和手段。

对动产的执行措施，是指以动产为执行标的所采取的执行方法和手段。作为执行标的的动产主要包括被执行人的存款、收入、财产、物品和债权等。对动产的执行措施有以下几种：

一、对被执行人存款的执行

《民事诉讼法》第242条第1款规定："被执行人未按执行通知履行法律文书确定的义务，人民法院有权向有关单位查询被执行人的存款、债券、股票、基金份额等财产情况。人民法院有权根据不同情形扣押、冻结、划拨、变价被执行人的财产。人民法院查询、扣押、冻结、划拨、变价的财产不得超出被执行人应当履行义务的范围。"

（一）对被执行人存款的执行方法

查询，是指法院向银行、信用合作社和其他有储蓄业务的单位调查了解被执行人的存款情况。冻结，是指法院向银行、信用合作社和其他有储蓄业务的单位发出协助执行通知书，不允许被执行人在执行期限内提取或转移其被冻结的存款。划拨，是指法院通过银行、信用合作社和其他有储蓄业务的单位，将被执行人账户上的存款划转到执行权利人的账户上。

（二）对被执行人存款的执行程序

《民事诉讼法》第242条第2款规定："人民法院决定扣押、冻结、划拨、变价财产，应当作出裁定，并发出协助执行通知书，有关单位必须办理。"

法院可以直接向银行及其营业所、储蓄所、信用合作社和其他有储蓄业务的单位查询、冻结、划拨被执行的存款。外地法院可以直接到被执行人住所地、被执行财产所在地银行、信用合作社和其他有储蓄业务的单位查询、冻结、划拨被执行人应当履行义务部分的存款,无需由当地法院出具手续。

根据《执行规定(试行)》第 34 条的规定,被执行人为金融机构的,对其交存在人民银行的准备金和备付金不得冻结和扣划。但对其在本机构、其他金融机构的存款,及其在人民银行的其他存款,可以冻结、划拨,并可以对被执行人的其他财产采取执行措施,但不得查封其营业场所。

二、对被执行人收入的执行

《民事诉讼法》第 243 条第 1 款规定:“被执行人未按执行通知履行法律文书确定的义务,人民法院有权扣留、提取被执行人应当履行义务部分的收入。但应当保留被执行人及其所扶养家属的生活必需费用。”对被执行人收入进行执行,可采取扣留、提取的方法。此处被执行人收入主要指工资、奖金、稿酬、农副业收入、股息、红利收益等。

(一) 对被执行人收入的执行方法

扣留,是指法院强制留存被执行人的收入,不允许其支取或处分。提取,是指法院依法提取被执行人的收入,并将其转交给执行权利人。

法院采取扣留、提取被执行人收入措施时,应当为被执行人及其所扶养的家属保留生活必需费用。

(二) 对被执行人收入的执行程序

《民事诉讼法》第 243 条第 2 款规定:人民法院扣留、提取收入时,应当作出裁定,并发出协助执行通知书,被执行人所在单位、银行、信用合作社和其他有储蓄业务的单位必须办理。

有关单位收到法院协助执行通知书后,擅自向被执行人或其他人支付的,法院有权责令其限期追回;逾期未追回的,应当裁定其在支付的数额内向申请执行人承担责任。

三、对被执行人财产的执行

《民事诉讼法》第 247 条规定:“财产被查封、扣押后,执行员应当责令被执行人在指定期间履行法律文书确定的义务。被执行人逾期不履行的,人民法院应当拍卖被查封、扣押的财产;不适于拍卖或者当事人双方同意不进行拍卖的,人民法院可以委托有关单位变卖或者自行变卖。国家禁止自由买卖的物品,交有关单位按照国家规定的价格收购。”

上述措施适用于直接以除金钱外其他财产为执行标的的执行案件以及被执行人无金钱给付能力的案件。法院根据案件的需要和被执行人的财产情况,分别采取不同的方法。

（一）查封

查封，是指法院对被执行人的有关财产进行封存，禁止其处分或转移的措施。

在执行程序中采取查封措施时，法院应当作出裁定。对财产进行查封时，根据查封财产的性质，分别采用加贴封条、张贴公告和发协助执行通知等方式进行。对动产的查封，应当采取加贴封条的方式，不加贴封条的，应当张贴公告；对有产权证照的动产或不动产的查封，应当向有关管理机关发出协助执行通知书，要求其不得办理被查封财产的转移过户手续，通知有关登记机关办理查封登记手续，同时可以责令被执行人将有关此财产权证照交法院保管，必要时也可采取加贴封条或张贴公告的方法查封。

既未向有关管理机关发出协助执行通知书，也未采取加贴封条或张贴公告的办法查封的，不得对抗其他法院的查封。

对于被查封的财产，法院可以责令被执行人加以保管。保管期间，如继续使用被查封的财产，对其价值无重大影响的，可以允许被执行人继续使用。因被执行人使用或保管的过错造成的损失由被执行人承担。

（二）扣押

1. 扣押的概念和程序。扣押，是指法院将被执行人的财产运送到有关场所，使被执行人不能占有、使用和处分该财产的措施。扣押措施一般适用于价值较高、可移动的物品，但也可适用于扣押船舶、航空器等不便于移动的物品。被扣押的财产，法院可自行保管，也可以委托其他单位或个人保管，对扣押的财产，保管人不得使用。

在执行程序中采取扣押措施时，法院应当作出裁定。采取扣押措施需有关单位协助的，应当向有关单位发出协助执行通知书。协助执行通知书中应当载明有关单位不得办理查封、扣押财产的转移过户以及设定担保等手续。同时，可以责令被执行人将有关财产权证照交执行法院保管。

法院对被执行人所有的其他人享有抵押权、质押权或留置权的财产，可以采取查封、扣押措施，财产拍卖、变卖后，所得价款应在抵押权人、质押权人或留置权人优先受偿后，余额部分用于清偿申请执行人的债权。

查封、扣押时，对于不动产、特定动产及其他财产权应办理登记手续，而未办理的，不得对抗其他已经办理了登记手续的查封、扣押、冻结行为。

人民法院查封、扣押财产时，被执行人是公民的，应当通知被执行人或者他的同住成年家属到场，同时，其工作单位或者财产所在地基层组织应当派人参加；被执行人是法人或者其他组织的，应当通知其法定代表人或者主要负责人到场。拒不到场的，不影响执行。对被查封、扣押的财产，执行员必须造具清单，由在场人签名或者盖章后，交给被执行人一份，被执行人是公民的，也可以交给他的成年家属一份。

2. 查封和扣押的区别。查封和扣押都属于临时性、控制性的执行措施，其实质都是限制被执行人对执行标的物的处分，为今后可能要采取的变价措施，如拍卖、变卖作准备。查封和扣押的区别是：查封的对象一般是不宜移动的物品，而扣押的对象一般是容易移动的物品。

（三）冻结

1. 冻结的概念。冻结，是指法院对被执行人的存款、股权、股息、红利等，禁止其转移或支取的强制措施。有关单位或者个人必须按照法院的协助执行通知书依法协助。

2. 查封、扣押、冻结的期限。法院冻结被执行人的银行存款及其他资金的期限不得超过六个月，查封、扣押财产的动产的期限不得超过一年，查封不动产、冻结其他财产权的期限不得超过二年。法律、司法解释另有规定的除外。申请执行人申请延长期限的，法院应当在查封、扣押、冻结期限届满前办理续行查封、扣押、冻结的手续，续行期不得超过上述规定的1/2。查封、扣押、冻结期限届满，法院未办理延期手续的，查封、扣押、冻结的效力消灭。

法律、司法解释另有规定的情形有两种：一是冻结上市公司和社会法人股时，冻结股权的期限不得超过一年。如果申请人需要延长期限的，在冻结期限届满前办理续冻手续，每次续冻期限不得超过六个月。逾期不办理续冻手续的，视为自动撤销冻结。二是法院对土地使用权、房屋的查封期限不得超过二年。期限届满可以续封一次。确有特殊情况需要再续封的，应当经过所属高级法院批准，且每次续封的期限不得超过一年。

3. 禁止查封、扣押、冻结的财产。对于被执行人的下列财产，人民法院不得查封、扣押、冻结：(1) 被执行人及其所扶养家属所必需的生活用品。(2) 被执行人及其所扶养家属所必需的生活费用。当地有最低生活保障标准的，必需的生活费用依照该标准确定。(3) 被执行人及其所扶养家属完成义务教育所必需的物品。(4) 未公开的发明或者未发表的著作。(5) 被执行人及其所扶养家属用于身体缺陷所必需的辅助工具、医疗物品。(6) 被执行人所得的勋章及其他荣誉表彰的物品。(7) 根据《缔结条约程序法》，以及在以中华人民共和国、中华人民共和国政府或者中华人民共和国政府部门名义同外国、国际组织缔结的条约、协定和其他具有条约、协定性质的文件中规定免于查封、扣押、冻结的财产。(8) 法律或司法解释中规定不得查封、扣押、冻结的财产。对于被执行人及其扶养家属生活所必需的居住房屋，人民法院可以查封，但不得拍卖、变卖或者抵债。

但是《房屋执行规定》又规定，对于债务人所有的依法设定抵押的房屋，法院可以查封，并可以根据抵押权人的申请，依法拍卖、变卖或者抵债，但应当给予债务人六个月的搬迁宽限期,宽限期届满后,债务人仍不搬迁的,可以强制执行。债务人无法自行解决居住问题的,申请执行人还应当按照当地人均廉租住房面积标准,为债务人提供临时住房。临时住房租金标准由债权人和债务人协商确定,协商不成的,由执行机关确定。临时住房的租金由债务人支付,但可从拍卖、变卖价款中优先扣除。

4. 轮候查封、扣押、冻结。所谓轮候查封、扣押、冻结,是指法院对债务人的财产采取查封、扣押、冻结措施后,其他法院不得再实施查封、扣押、冻结,但可以采取通知或办理登记的方法,一旦前一顺序的查封、扣押、冻结解除,已办理通知或者已登记的次一顺位的查封、扣押、冻结立即生效。

《民事诉讼法》第103条第2款规定:"财产已被查封、冻结的,不得重复查封、冻结。"该规定确定了执行顺序,但先查封的法院排斥了其他法院的查封,一旦先查封的法院解封,在其他法院未查封之前,如果被执行人立即转移了解封的财产,将使债权人的合法权益受损。禁止重复查封、扣押并不排斥轮候查封、扣押。对已被法院查封、扣押、冻结的财产,其他机构可以进行轮候查封、扣押、冻结。查封、扣押、冻结解除的,登记在先的轮候查封、扣押、冻结即自动生效。其他法院对已登记的财产进行轮候查封、扣押、冻结的,应当通知有关登记机关协助进行轮候登记。实施查封、扣押、冻结的法院应当允许其他法院查阅有关文书和记录。其他法院对没有登记的财产进行查封、扣押、冻结的,应当制作笔录,并经实施查封、扣押、冻结的法院执行人员签字,或者书面通知实施查封、扣押、冻结的法院。

(四)拍卖与变卖

1. 拍卖与变卖的概念。拍卖,是指法院对已实施查封、扣押、冻结的财产,以公开竞价的方式卖给出价最高的买受人的措施。

变卖,是指法院对已实施查封、扣押、冻结的财产进行出卖的措施。根据《执行规定(试行)》第48条和《最高人民法院关于人民法院民事执行中拍卖、变卖财产的若干规定》(以下简称《拍卖规定》)等司法解释的规定,财产无法委托拍卖、不适于拍卖或当事人双方同意不需要拍卖的,可采用变卖方式。法院查封、扣押季节性强、鲜活、易腐烂变质的商品以及其他不宜长期保存的物品时,应当及时变价处理,保存价款。

2. 拍卖与变卖的程序。法院对被执行人财产采取拍卖、变卖措施的,应当作出裁定。法院拍卖、变卖被执行人的财产,应当委托依法成立并具有相应资质的资产评估机构进行价格评估。对于财产价值较低或者价格依照通常方法容易确定的,以及当事人双方及其他执行债权人申请不进行评估的,可以不进行评估。对债务人的股权进行评估时,法院可以责令有关企业提供会计报表等资料,有关企业拒不提供的,可以强制提取。

由法院直接变卖的,变卖前应就价格问题征求物价等有关部门的意见,作价应当公平合理。被执行人申请对法院查封的财产实施自行变卖的,法院可以准许,但应监督其按照合理价格在指定的期限内进行,并控制变卖价款。

拍卖和变卖都是财产变价的方式,但拍卖的公开竞价性,更有利于实现被拍卖财产的最大价值和保护执行当事人的合法权益,因此,在变价方式的选用上,应首先采用拍卖方式。拍卖、变卖被执行人财产成交后,必须即时钱物两清;委托拍卖组织变卖被执行人财产所发生的费用从所得价款中优先扣除。

经申请执行人和被执行人同意,可以不经拍卖、变卖,直接将被执行人的财产作价交申请执行人抵偿债务。对剩余债务,被执行人应当继续清偿。被执行人的财产无法拍卖或变卖的,经申请执行人同意,法院可以将该项财产作价后交付申请执行人抵偿债务,或者交付申请执行人管理;申请执行人拒绝接受或管理的,退回被执行人。

(五) 搜查被执行人隐匿的财产

1. 搜查的概念。搜查,是指在执行过程中被执行人逾期不履行义务,并隐匿财产的,法院可以对被执行人的人身及其住所地、财产隐匿地进行搜查的措施。

搜查是保障执行完成的重要执行措施,搜查中涉及公民的人身权、住宅权等诸多权利,且社会影响也较大,因此,搜查必须严格依照法定的条件和程序进行。

2. 搜查的条件和程序。搜查必须符合以下条件:(1) 生效法律文书确定的履行期限已经届满;(2) 被执行人不履行生效法律文书确定的义务;③ 债务人有隐匿财产的行为。

法院决定采取搜查措施,应由院长签发搜查令。搜查人员搜查时必须按规定着装,并向被搜查人员出示搜查令和身份证件。搜查时,禁止无关人员进入搜查现场。搜查对象是公民的,应当通知被执行人或者其成年家属以及基层组织派员到场;搜查对象是法人或者其他组织的,应当通知法定代表人或主要负责人到场,有上级主管部门的,也应通知上级主管部门有关人员到场。拒不到场的,不影响搜查的进行。搜查妇女身体,应当由女执行员进行。对被执行人可能存放隐匿财物及有关证据材料的处所、箱柜等,被执行人经责令开启而拒不配合的,法院可以强制开启。搜查中发现应当依法扣押的财产,依照《民事诉讼法》第 244 条、第 245 条和第 247 条的有关查封、扣押财产的规定办理。搜查应当制作搜查笔录,由搜查人员、被搜查人及其他在场人签名或盖章。拒绝签名或者盖章的,应在搜查笔录中写明。

四、对被执行人其他特殊财产权的执行

(一) 对知识产权的执行

知识产权是指著作权、专利权、商标权、发明权、发现权等人们对其智力劳动

成果依法享有的专有权。被执行人不履行生效法律文书确定的义务的，如其享有知识产权，法院有权裁定禁止被执行人转让其专利权、注册商标专用权、著作权（财产权部分）等知识产权。上述权利有登记主管部门的，应当同时向有关部门发出执行通知书，要求其不得办理财产权转移手续，必要时可责令被执行人将财产权或使用权证照交法院保存。

采取上述执行措施后，被执行人仍不履行义务的，执行机构有权对被执行人所有的知识产权采取拍卖、变卖等执行措施。

（二）对股息、红利等收益的执行

对被执行人从有关企业中应得的已到期的股息或红利等收益，法院有权裁定禁止被执行人提取和有关企业向被执行人支付，并要求有关企业直接向申请执行人支付。

对被执行人预期从有关企业应得的股息或红利等收益，法院可以采取冻结措施，禁止到期后被执行人提取和有关企业向被执行人支付。到期后法院可以从有关企业提取，并出具提取收据。

（三）对股票等有价证券的执行

《民事诉讼法》第 242 条规定："被执行人未按执行通知履行法律文书确定的义务，人民法院有权向有关单位查询被执行人的存款、债券、股票、基金份额等财产情况。人民法院有权根据不同情形扣押、冻结、划拨、变价被执行人的财产。人民法院查询、扣押、冻结、划拨、变价的财产不得超出被执行人应当履行义务的范围。"对被执行人的债券、股票、基金份额等财产，法院可以扣押，并强制被执行人按照《公司法》的有关规定转让，也可以直接采取拍卖、变卖的方式进行处分，或直接将股票等有价证券抵偿给债权人，用于清偿被执行人的债务。

（四）对股权或投资收益权的执行

1. 对被执行人在有限责任公司、其他法人企业中的投资权益或股权，法院可以采取冻结措施。冻结投资权益或股权的，应当通知有关企业不得办理被冻结投资权益或股权的转移手续，不得向被执行人支付股息或红利。被冻结的投资权益或股权，被执行人不得自行转让。

被执行人在有限责任公司中被冻结的投资权益或股权，法院可以依《公司法》第 35 条、第 36 条的规定，征得全体股东过半数同意后，予以拍卖、变卖或以其他方式转让。不同意转让的股东，应当购买该转让的投资权益或股权，不购买的，视为同意转让，不影响执行。

法院也可允许被执行人在监督下自行转让其投资权益或股权，将转让所得收益用于清偿对申请执行人的债务。

2. 被执行人在其独资开办的法人企业中拥有的投资权益被冻结后，法院可以直接裁定予以转让，以转让所得清偿其对申请执行人的债务。

3. 对被执行人在中外合资、合作经营企业中的投资权益或股权,在征得合资或合作他方的同意和对外主管贸易机关的批准后,可以对冻结的投资权益或股权予以转让。如果被执行人除在中外合资、合作企业中的股权以外别无其他财产可供执行,其他股东又不同意转让的,可以直接强制转让被执行人的股权,但应当保护合资他方的优先购买权。

有关企业收到法院发出的协助执行通知后,擅自为被执行人办理已冻结投资权益或股权的转移手续,造成已转移的财产无法追回的,应当在转移的投资权益或股权价值范围内向申请执行人承担责任。

第二节 对不动产的执行措施

对不动产的执行措施,是指以不动产为执行标的的执行措施。不动产主要包括:房屋、土地及其附着物。对不动产的执行措施主要有强制迁出房屋和退出土地,该措施是专门针对不动产所采取的执行措施。除此之外,还可以适用查封、拍卖、变卖等执行措施。

一、强制迁出房屋和退出土地的概念

强制迁出房屋和退出土地,是指法院强制搬迁被执行人在房屋内或者特定土地上的财物,腾出房屋或土地交给权利人的一种执行措施。对房屋拆迁、房屋买卖、宅基地纠纷等案件的执行,可采用强制迁出房屋和退出土地的措施。

二、强制迁出房屋和退出土地的程序

1. 发出执行公告。强制迁出房屋和退出土地,应由法院院长签发限期迁出房屋或退出土地的公告。公告要写明强制被执行人迁出房屋和退出土地的原因,并再次指定债务人履行义务的期限,说明逾期不履行的法律后果。公告由法院院长署名,并加盖法院印章。公告应张贴在法院公告栏内以及应当迁出的房屋或退出的土地附近。被执行人在指定的履行期间履行义务的,执行程序结束;不履行义务的,法院开始执行。

2. 强制执行。法院实施强制迁出房屋和退出土地的措施时,被执行人是公民的,应当通知本人或者其成年家属到场,并邀请被执行人所在单位或者房屋土地所在地的基层组织派人参加;被执行人是法人或者其他组织的,应当通知法定代表人或主要负责人到场,拒不到场的,不影响执行。执行员应当将强制执行的情况记入笔录,由在场人员签名或者盖章。

在执行中,被执行人在占有的房屋内或者土地上存放的财物,执行人员应当造具清单,由在场人签名或者盖章后,再由法院派人将这些财物运至指定处所,

交给被执行人。被执行人是公民的,也可交给他的成年家属。如果他们拒绝接受,由此造成的损失,由被执行人承担。强制执行完毕后,执行人员应将腾出的房屋或者退出的土地及时交付权利人,结束执行程序。

第三节　指定交付财物、票证和完成行为的执行措施

一、指定交付财物、票证的执行

指定交付财物、票证,是指在执行中,被执行人拒不交付法律文书所指定的财物或者票证时,法院强制被执行人交付的措施。法律文书指定交付的财物,可以是种类物,也可以是特定物;交付的票证,一般是有财产权利内容的凭证,如股票、国库券等。

交付财物或票证可采取当面交付和转交两种方法。当面交付,由执行人员传唤双方当事人到庭或到指定场所,由被执行人将指定的财物或票证交付给权利人。转交有执行机构转交和第三人转交两种方法。执行机构转交是被执行人将指定交付的财物或者票证交给执行人员,由执行人员转交给权利人。第三人转交是指,指定交付的财物或票证由第三人持有或保管的,应当根据法院的协助执行通知书,将财物或票证转交给权利人或执行机构;拒不交出的,强制执行。

有关单位和个人持有法律文书指定交付的财物或者票证,在接到法院协助执行通知书后,协同被执行人转移财物或者票证的,法院有权责令其限期追回,逾期未追回的,应当裁定其承担赔偿责任。因其过失被毁损或灭失的,法院可责令持有人赔偿;拒不赔偿的,法院可按被执行的财物或者票证的价值强制执行。

生效法律文书确定被执行人交付特定标的物的,应当执行原物。原物被隐匿或非法转移的,法院有权责令其交出。原物确已变质、损坏或灭失的,应当裁定折价赔偿或按标的物的价值强制执行被执行人的其他财产。

二、对法律文书指定行为的执行

对法律文书指定行为的执行,亦称对行为的执行,是指被执行人不履行生效法律文书确定的义务,即不履行生效文书指定的行为,法院根据债权人的请求强制被执行人履行指定行为的措施。法律文书指定的行为,包括作为和不作为。

对于可替代履行的行为,被执行人拒绝履行的,法院可以委托有关单位或他人完成,因完成上述行为所发生的费用由被执行人承担。被执行人拒不交付这些费用的,法院可以采取扣留、提取其存款或收入,或者拍卖、变卖其财产等措施强制执行。

对于不可替代的履行行为,经教育,被执行人仍不履行的,法院可以按照

《民事诉讼法》第 111 条第 6 款的规定处理。

三、办理有关财产权证照转移手续

在执行中，对有些执行财产所有权的转移，必须同时办理财产权证照转移手续。财产权证照是指证明具有财产内容的各种文书和执照，如房产证、土地使用证、山林所有权证、专利证书、商标证书、车辆证照等。

在执行中，对于需要办理财产权证照转移手续的，由法院向有关财产权证照办理单位发出协助执行通知书。有关单位收到协助执行通知书后，必须办理；拒绝协助办理的，法院可以依照妨害执行行为的有关规定对负有协助义务的单位及其直接责任人员采取强制措施。

第四节　特殊的执行措施与制度

一、财产报告制度

(一) 财产报告制度的概念

财产报告制度，是指法院对不履行生效法律文书确定义务的被执行人，强制其如实向法院报告财产状况的制度。《民事诉讼法》第 241 条规定："被执行人未按执行通知履行法律文书确定的义务，应当报告当前以及收到执行通知之日前一年的财产情况。被执行人拒绝报告或者虚假报告的，人民法院可以根据情节轻重对被执行人或者其法定代理人、有关单位的主要负责人或者直接责任人员予以罚款、拘留。"

为了保证执行效果，许多国家和地区都将查明被执行人的财产作为强制执行制度的一项重要内容。在执行实践中，大量的案件因为找不到被执行人的财产而无法执行，2007 年修改的《民事诉讼法》明确规定了财产报告制度，并规定了被执行人拒不履行申报义务或虚假申报的法律后果。该制度的设立有利于掌握被执行人的财产状况，获取关于财产调查的线索，防止被执行人隐匿或转移财产。

(二) 财产报告的程序

法院作出的法律文书生效后，被执行人应在法律文书确定的履行期限内履行义务。被执行人不履行义务，经债权人向法院申请执行后，仍不按照执行通知的要求履行义务的，被执行人应当向法院报告财产状况。《执行程序解释》对财产报告的内容、程序作了规定。

(1) 报告财产令。人民法院责令被执行人报告财产情况的，应当向其发出报告财产令。报告财产令中应当写明报告财产的范围、报告财产的期间、拒绝报告或者虚假报告的法律后果等内容。

(2) 报告财产的范围。被执行人应当书面报告下列财产情况:收入、银行存款、现金、有价证券;土地使用权、房屋等不动产;交通运输工具、机器设备、产品、原材料等动产;债权、股权、投资权益、基金、知识产权等财产性权利;其他应当报告的财产。

(3) 报告财产的期间。被执行人自收到执行通知之日前一年至当前财产发生变动的,应当对该变动情况进行报告。被执行人在报告财产期间履行全部债务的,人民法院应当裁定终结报告程序。

(4) 报告财产的补充。被执行人报告财产后,其财产情况发生变动,影响申请执行人债权实现的,应当自财产变动之日起十日内向人民法院补充报告。

(5) 报告财产的查询与核实。对被执行人报告的财产情况,申请执行人请求查询的,人民法院应当准许。申请执行人对查询的被执行人财产情况,应当保密。对被执行人报告的财产情况,执行法院可以依申请执行人的申请或者依职权调查核实。

被执行人拒绝报告或者虚假报告的,法院可以根据情节轻重对被执行人或者主要责任人予以罚款、拘留。

二、责令支付迟延履行利息或迟延履行金

迟延履行,是指在生效法律文书确定的履行期间内,被执行人没有履行义务。对被执行人迟延履行义务的行为,法院既要强制其履行义务,又要追究被执行人迟延履行的法律责任。

责令被执行人支付迟延履行利息,主要适用于金钱给付义务的执行案件。被执行人未按判决、裁定和其他法律文书指定的期间履行金钱给付义务的,应当加倍支付迟延履行期间的债务利息。加倍支付迟延履行期间的债务利息,是指在按银行同期贷款最高利率计付的债务利息上增加一倍。

责令被执行人支付迟延履行金,适用于除金钱给付义务以外的其他执行案件。被执行人未按判决、裁定和其他法律文书指定的期间履行义务的,无论是否已给申请执行人造成损失,都应当支付迟延履行金。已经造成损失的,双倍补偿申请人已经受到的损失;没有造成损失的,迟延履行金可以由法院根据具体案件情况决定。

被执行人迟延履行的,迟延履行期间的利息或迟延履行金,自判决、裁定和其他法律文书指定的履行期间届满的次日起计算。

三、对剩余债务的继续执行

在执行中,法院采取查询、冻结、划拨被执行人的银行存款,扣留、提取被执

行人的收入,查封、扣押、冻结、拍卖、变卖被执行人的财产等项措施后,被执行人仍不能履行生效法律文书确定的义务的,应当由其继续履行义务。如果债权人发现被执行人有其他财产,即可以随时请求法院执行,且不受民事执行期限的限制。这种制度称为继续执行。

继续执行一般有以下两种情形:(1) 债务人暂时无履行能力,待其有履行能力时,可申请继续履行;(2) 债务人转移、隐匿财产,抽逃资金或者外出躲债,债权人发现其财产后,可申请继续执行。

继续执行不受申请执行期限的限制,只要债务人的债务没有履行,债权人就可随时申请执行。该制度为债权人债权的实现提供了实质性的保障,同时被执行人的债务,也不因采取执行措施后其不能履行而得到豁免。

四、以物抵债

以物抵债,是指在执行中,将被执行人的财产作价后交付申请执行人抵偿债务。

在执行中发生如下情形,可以采用以物抵债措施。一是经申请执行人和被执行人同意,可以不经拍卖、变卖,直接将被执行人的财产作价交申请执行人抵偿债务。对剩余债务,被执行人应当继续清偿。二是被执行人的财产拍卖流拍或变卖不成的,经申请执行人或者其他债权人同意,法院可以将该财产作价后交付申请执行人抵偿债务。

采取以物抵债的,动产的所有权自交付之日时起转移给申请执行人,不动产、有登记的特定动产的所有权自抵债裁定送达申请执行人时转移于申请执行人。

五、强制管理

(一) 强制管理的概念和特点

强制管理,是指执行法院选任管理人,对已被法院查封、扣押的被执行人财产进行管理,用管理所得收益清偿债务的执行措施。

强制管理具有以下特点:(1) 强制管理的财产一般为不动产、船舶、航空器。(2) 强制管理以收取被管理财产所生收益清偿债务。在强制管理期间,被执行人丧失对管理财产收益的处分权。(3) 强制管理期间,被执行人仍然享有对管理财产的所有权。(4) 强制管理持续的时间一般较长。以管理财产收益与执行债权相比,前者一般数额较小,短期内无法满足全部债权的需要,因而需要用较长的时间对财产进行管理。

(二) 强制管理的程序

强制管理一般依申请执行人的申请开始,也可由执行法院依职权启动。执行法院审查后,认为适合强制管理的,在选定管理人后,发出强制管理的命令。

根据最高人民法院相关司法解释的规定,强制管理人为申请执行人。管理人在强制管理中的职责是对财产进行管理及收益。被执行人不得干涉管理人的管理活动。如受益是由第三人交付,第三人应依法院的管理命令将收益交付给管理人。管理人的管理活动受执行法院监督,管理财产所获得的收益,在扣除管理费和其他必要费用后,应当及时交给执行法院。

强制管理的实施,使执行债务清偿完毕的,执行法院应当终结强制管理;当强制管理无实际意义,即在收益扣除管理费与其他必要费用后已无剩余时,执行法院应撤销强制管理。

六、参与分配

(一) 参与分配的概念和条件

参与分配,是指在执行程序中,因被执行人的财产不能清偿所有债权,申请执行人以外的其他债权人申请参加已开始的执行程序,并从执行债权中获得公平清偿的制度。

参与分配须具备以下条件:

(1) 被执行人是公民或其他组织。被执行人是企业法人的,不适用参与分配程序。在执行中,企业法人的财产不足以清偿全部债务的,可告知当事人依法申请被执行人破产。

(2) 多个债权人对同一债务人的财产进行执行。多个债权人依据不同的执行根据或多个债权人根据一份生效法律文书,请求对同一债务人的财产强制执行。

(3) 被执行人的财产不能清偿全部债权。在执行程序中,部分债权人对债务人的财产已申请执行,债务人的全部或部分财产已经被查封、扣押或被冻结,其他债权人发现被执行人的财产不能清偿所有债权的,可以向法院申请参与分配。如果被执行人还有其他财产可供执行,或者其他财产足以清偿全部债务,取得执行根据的其他债权人可另行申请执行,已起诉的其他债权人可以在取得执行根据后再申请执行。

(4) 参与分配的财产必须属于被执行人。

(5) 参与分配的时间。参与分配应当在执行程序开始后,被执行人财产被清偿前提出。

(6) 参与分配的标的必须是金钱债权或者是已经转换为金钱的债权。民事执行可分为金钱债权的执行、物的交付请求权的执行和行为请求权的执行。参与分配是将执行所得的金额在各债权人之间按比例公平分配,因此,可申请参与分配的债权必须都是金钱债权。

(7) 参与分配必须以书面形式提出。

(二) 参与分配的程序

(1) 申请。债权人申请参与分配,应当向法院提交参与分配申请书,写明参与分配的理由,并附有执行根据。

(2) 主持参与分配的法院。对参与被执行人财产的具体分配应当由首先查封、扣押或冻结的法院主持进行。如该法院所采取的执行措施系为执行财产保全裁定,具体分配应当在该院案件审理终结后进行。

(3) 制作分配方案。申请执行人和被申请执行人对其他债权人的参与分配申请没有异议,且法院认为参与分配申请符合条件的,法院应当制作分配方案,并送达各债权人和被执行人。财产分配中有优先权的债权应当优先受偿,没有优先权的财产应当按照比例进行分配。

(4) 实施分配。各债权人和债务人对分配表没有异议的,法院应当依照分配表确定的数额,将执行所得的财产分配给各债权人。

被执行人的财产分配给各债权人后,被执行人对其剩余债务应当继续清偿。债权人发现被执行人有其他财产的,人民法院可以根据债权人的申请继续依法执行。

(三) 参与分配方案的异议

根据《执行程序解释》第25条、第26条,债权人或者被执行人对分配方案有异议的,应当自收到分配方案之日起15日内向执行法院提出书面异议。

债权人或者被执行人对分配方案提出书面异议的,执行法院应当通知未提出异议的债权人或被执行人。未提出异议的债权人、被执行人收到通知之日起15日内未提出反对意见的,执行法院依异议人的意见对分配方案审查修正后再进行分配;提出反对意见的,应当通知异议人。异议人可以自收到通知之日起15日内,以提出反对意见的债权人、被执行人为被告,向执行法院提起诉讼;异议人逾期未提起诉讼的,执行法院依原分配方案进行分配。诉讼期间进行分配的,执行法院应当将与争议债权数额相应的款项予以提存。

七、代位执行

(一) 代位执行的概念

代位执行,亦称对第三人财产的执行,是指被执行人不能清偿到期债务,但对本案以外的第三人享有到期债权的,法院可依申请执行人或被执行人的申请,对该第三人财产进行强制执行。

(二) 代位执行的程序

(1) 申请人提出申请。申请执行人或被申请执行人在被执行人不能清偿到期债务,但对第三人享有到期债权时,可向法院提出书面申请。

(2) 审查以及发出履行通知。法院对申请人的申请审查后,认为债权属实的,向第三人发出履行债务通知。履行通知应当包含下列内容:① 第三人直接向申请执行人履行其对被执行人所负的债务,不得向被执行人清偿;② 第三人应当在收到履行通知后的15日内向申请执行人履行债务;③ 第三人对履行到期债权有异议的,应当在收到履行通知后的15日内向执行法院提出;④ 第三人违背上述义务的法律后果。

(3) 第三人提出异议及异议的形式。第三人在履行通知指定的期间内提出异议的,法院不得对第三人强制执行,对提出的异议不进行审查。第三人提出自己无履行能力或其与申请执行人无直接法律关系,不属于异议。第三人对债务部分承认、部分有异议的,可以对其承认的部分强制执行。第三人对履行通知的异议一般应当以书面形式提出,口头提出的,执行人员应记入笔录,并由第三人签字或盖章。

(4) 第三人未提出异议。第三人在履行通知指定的期限内没有提出异议,而又不履行的,执行法院有权裁定对其强制执行。此裁定同时送达第三人和被执行人。

(5) 被执行人放弃债权或延缓履行期限的行为无效。被执行人收到法院履行通知后,放弃其对第三人的债权或延缓第三人履行期限的行为无效,法院仍可在第三人无异议又不履行的情况下予以强制执行。

(6) 第三人的责任。第三人收到法院要求其履行到期债务的通知后,擅自向被执行人履行,造成已向被执行人履行的财产不能追回的,除在已履行的财产范围内与被执行人承担连带责任外,可以追究其妨害执行的责任。

(7) 执行第三人财产的范围。在对第三人作出强制执行的裁定后,第三人确无财产可供执行的,不得就第三人对他人享有的到期债权强制执行。

(8) 法院证明。第三人按照法院履行通知向申请执行人履行了债务或已被强制执行后,法院应当出具有关证明。

八、执行竞合

(一) 执行竞合的概念与条件

执行竞合,是指在执行程序中,两个或两个以上的债权人同时或者先后依据不同的执行根据,对债务人的同一财产申请法院强制执行,使各债权人之间的请求权相互排斥,导致其权利无法同时得到全部满足的状态。

执行竞合,须具备以下条件:(1) 有两个或两个以上债权人存在;(2) 数个债权人持有各自独立的执行依据;(3) 执行对象须为同一债务人的同一特定财产;(4) 各个不同执行依据的执行,发生在同一时期;(5) 被执行人财产足以清偿全部债务。

（二）执行竞合的处理

根据执行行为的种类，民事执行竞合形态分为保全执行竞合、终局执行竞合、保全执行与终局执行竞合三种。

1. 保全执行竞合的处理

（1）不同保全措施之间的竞合。不同保全措施，如查封、扣押、冻结发生竞合时，各债权人对执行标的物无担保物权的，依采取保全措施的先后而定，采取财产保全措施在先的，优先受偿。

（2）同种保全措施之间的竞合。如果后采取的保全措施与先采取的保全措施相抵触，后采取的保全措施无效。前述保全措施相抵触的情形包括：后保全措施为撤销或变更前保全措施的；后保全措施是为了除去或禁止前保全措施的；后保全措施的内容与前保全措施的内容不相容的。

2. 终局执行竞合的处理

根据《执行规定（试行）》第 88 条、第 126，终局执行竞合的处理，有以下三种情形：

（1）数个执行根据指定的交付物同一时，各有关法院应当立即停止执行，报请共同的上级法院处理。

（2）数个具有金钱给付内容的执行根据的债权人，在执行中均要求对被执行人的同一标的物申请清偿的，各债权人对执行标的物均无担保物权的，按照执行法院执行措施的先后顺序清偿。

（3）多个债权人的债权种类不同，基于所有权和担保物权而享有的债权优先受偿。有多个担保物权的，按照法律规定的顺序或同类担保物权成立的先后顺序清偿。

3. 保全执行与终局执行竞合的处理

（1）先保全执行，后终局执行的竞合。法院已采取保全执行措施，其他法院在执行中不得重复查封、冻结被执行人的财产或擅自解除查封，只能对余额部分采取执行措施。如查封的财产为不可分物，只能等待保全在先的法院处理。保全债权人在取得执行根据后，可以直接申请法院将保全执行变为终局执行。

（2）先终局执行，后保全执行的竞合。案件虽已进入终局执行程序，但执行法院尚未对被执行人的财产采取控制性措施，或者执行法院已经采取控制性措施，但在程序上存在瑕疵或其他原因，未能实际控制的，终局执行不得对抗保全执行。

第五节 对妨害执行行为的强制措施

对妨害执行行为的强制措施，是指在执行过程中，法院对于妨害民事执行活动的人所采取的强制措施。妨害执行的强制措施属于妨害民事诉讼强制措施的一种,1991年《民事诉讼法》对妨害民事诉讼强制措施作了规定;在此基础上,《执行规定(试行)》第97—101条对妨害执行行为的强制措施又作了补充规定,例如,对拒不履行或妨害执行的行为追究刑事责任等;2007年修改《民事诉讼法》时又增加了限制出境、在征信系统记录、通过媒体公布不履行义务信息以及法律规定的其他措施。

一、限制出境

限制出境,是指执行法院对未履行生效法律文书确定义务的被执行人,限制其出境的强制措施。限制出境的对象包括自然人、法人的法定代表人和其他组织的负责人。

《民事诉讼法》第255条规定,被执行人不履行法律文书确定的义务的,人民法院可以对其采取或者通知有关单位协助采取限制出境的措施。限制出境措施的确立,加强了法院的执行力度,并发挥社会各界的力量,形成执行联动机制,对促使当事人履行生效法律文书确定的义务具有积极作用。

《执行程序解释》第37条、第38条对限制出境作了进一步的规定:

(1)限制出境的启动。对被执行人限制出境的,应当由申请执行人向执行法院提出书面申请;必要时,执行法院可以依职权决定。

(2)被限制出境的主体。被执行人为单位的,可以对其法定代表人、主要负责人或者影响债务履行的直接责任人员限制出境。被执行人为无民事行为能力人或者限制民事行为能力人的,可以对其法定代理人限制出境。

(3)限制出境的解除。在限制出境期间,被执行人履行法律文书确定的全部债务的,执行法院应当及时解除限制出境措施;被执行人提供充分、有效的担保或者申请执行人同意的,可以解除限制出境措施。

二、在征信系统记录

根据《民事诉讼法》第255条,被执行人不履行法律文书确定的义务的,法院可以采取在征信系统记录、通过媒体公布不履行义务信息以及法律规定的其他措施。

在征信系统记录,是指法院将被执行人不履行生效法律文书确定的义务的行为记录在法院的征信系统中的强制措施。实施这一措施的目的,是建立国家执行威慑机制,通过法院的征信系统与金融、工商、房地产、交通、出入境管理等部门以及其他社会信用体系的网络相连接,逐步从法律、经济、政治、道德、生活、舆论等各个方面对被执行人进行制约,使其进入交易市场受到严格审查和限制,促使被执行人自动履行义务,形成综合治理执行的工作格局,以达到标本兼治的目的。

该措施以诚信机制约束被执行人,一旦被执行人不诚信的行为被记录在征信系统中,他将为自己的不诚信行为付出代价。

三、通过媒体公布不履行义务信息

通过媒体公布不履行义务信息,是指法院将不履行义务的被执行人的名单通过电台、电视台、报刊、网络等新闻媒体,以公告形式予以公布的强制措施。该措施的实施,使被执行人不履行义务的情况在一定范围内被社会公众所知晓,造成一定的社会影响和压力,从而促使其自动履行义务。

根据《执行程序解释》第 39 条,执行法院可以依职权或者依申请执行人的申请,将被执行人不履行法律文书确定义务的信息,通过报纸、广播、电视、互联网等媒体公布。媒体公布的有关费用,由被执行人负担;申请执行人申请在媒体公布的,应当垫付有关费用。

执行难是当今社会面临的重大问题,解决执行难除了加强法院的执行力度外,还应形成法院与社会的联动执行机制,发动社会各界的力量,加强多部门之间的共同协作。上述强制措施,从各个方面加强对被执行人的约束,促使被执行人自觉、主动地履行义务,从而切实有效地解决执行难问题。

思考题

1. 对被执行人的财产可以采取哪些执行措施?各种措施的具体含义是什么?
2. 简述查封、扣押被执行人的财产应遵循的程序。
3. 试述强制迁出房屋的执行程序。
4. 简述参与分配制度。
5. 什么是代位执行?其适用的条件是什么?

第二十五章　执行中止和执行终结

内容要点

了解执行中止、执行结案、执行终结的含义，掌握它们各自的适用情形及法律后果。

第一节　执 行 中 止

一、执行中止的概念

执行中止，是指在执行过程中，由于出现了某种特殊情况而使执行程序暂时停止，待特殊情况消失后，执行程序再继续进行。

二、执行中止的情形

根据《民事诉讼法》第256条、《执行规定(试行)》第102条、第103条，有下列情形之一的，人民法院应当裁定中止执行：

1. 申请人表示可以延期执行

执行开始后，申请人请求延期执行，是对其权利的处分，法院应尊重申请人的处分行为，中止执行程序。

2. 案外人对执行标的物提出确有理由的异议

案外人依法提出执行异议，认为强制执行可能损害自己的实体权利，并提供相应的证据，此时作为执行根据的法律文书可能有错误，应中止执行。

3. 作为一方当事人的公民死亡，需要等待继承人继承权利或者承担义务的

在执行中，如一方当事人死亡，执行程序将因缺少一方主体而无法进行。因而，在执行中出现一方当事人的公民死亡的情形时，就应由其继承人来继承权利或承担义务，而确定权利义务承受人需办理一定的手续，需要一定的时间，应中止执行程序。

4. 作为一方当事人的法人或者其他组织终止，尚未确定权利义务承受人的

法人或者其他组织终止，是指法人或者其他组织依法被撤销、解散、宣告破产以及合并、分立等，如果在法人或者其他组织终止时尚未确定权利义务承受人，应当中止执行程序。

5. 人民法院认为应当中止执行的其他情形

除上述规定以外,人民法院在下列情形也应中止执行:(1)法院已经受理以被执行人为债务人的破产申请;(2)被执行人确无财产可供执行的;(3)执行的标的物是其他法院或仲裁机构正在审理的案件、争议标的物,需要等待该案件审理完毕确定权属的;(4)一方当事人申请执行仲裁裁决,另一当事人申请撤销仲裁裁决的;(5)仲裁裁决被申请人依据《民事诉讼法》第237条第2款的规定向人民法院提出不予执行请求,并提供适当担保的;(6)案件已经按审判监督程序决定再审的。

执行中止应由执行法院或按审判监督程序再审的法院制作裁定书,裁定书应当写明中止执行的理由和法律依据,并由执行员、书记员署名,加盖人民法院印章。

三、执行中止的效力

执行中止的效力,是指执行程序的暂时停止。执行中止的裁定作出,送达当事人后立即生效。在中止执行期间,执行法院不得进行执行活动,当事人和其他执行参与人不得实施与执行中止相违背的行为。

执行中止的原因消失后,执行法院可以根据当事人的申请或依职权恢复执行,恢复执行应当书面通知当事人。中止执行的裁定,自执行程序恢复时自行失效。

第二节 执行结案

一、执行结案的方式

根据《执行规定(试行)》第108条,执行结案的方式主要有以下四种:

(1)生效法律文书确定的内容全部执行完毕;

(2)裁定终结执行;

(3)裁定不予执行;

(4)当事人之间达成执行和解协议并已履行完毕。

二、执行结案的期限

根据《最高人民法院关于严格执行案件设立期限制度的若干规定》第5条,执行案件应当在立案之日起六个月内执结,非诉执行案件应当在立案之日起三个月内执结;有特殊情况需要延长的,经本院院长批准,可以延长三个月,还需延长的,呈报高级人民法院备案。委托执行的案件,委托的人民法院应当在收到委托函件后30日内执行完毕。未执行完毕,应当在期限届满后15日内将执行情况函告委托人民法院。

根据《最高人民法院关于严格执行案件设立期限制度的若干规定》第9条,下列期间不计入执行期限:(1) 民事执行案件由有关专业机构进行审计、评估、资产清理的期间;(2) 中止执行至恢复执行的期间;(3) 当事人达成执行和解或者提供执行担保后,执行法院决定暂缓执行的期间;(4) 上级人民法院通知暂缓执行的期间;(5) 执行中拍卖、变卖被查封、扣押财产的期间。

第三节 执行终结

一、执行终结的概念

执行终结,是指在执行过程中,由于出现了某种特殊情况,使执行程序无法或无需继续进行,因而依法结束执行程序。

二、执行终结的情形

根据《民事诉讼法》第257条,具有下列情形之一的,法院裁定终结执行:

1. 申请人撤销申请

执行程序的启动,主要是由申请人申请执行而引起的,执行开始后,申请人请求撤销执行,是对自己权利的处分,只要不违反法律规定,法院应准予其撤回申请。

2. 据以执行的法律文书被撤销

执行根据是法院据以执行的依据,如果执行根据被撤销,执行就失去了依据,执行程序必须停止。

3. 作为被执行人的公民死亡,无遗产可供执行,又无义务承担人

在执行中,如果被执行人是公民,其死亡但有遗产可供执行的,法院可依法执行死者的遗产;没有遗产的可由他的义务承担人履行义务。若无遗产可供执行又无义务承担人,执行无法进行,法院应裁定终结执行。

4. 追索赡养费、扶养费、抚育费案件的权利人死亡

追索赡养费、扶养费、抚育费案件的权利人所享有的权利,是与其人身密不可分的,只能由权利人本身享有。既不能转让,也不能继承。因此,此类案件的权利人死亡后,权利人所享有的权利即告消灭,被执行人继续履行义务已无必要。执行程序也无需进行下去,法院应裁定终结执行。

5. 作为被执行人的公民因生活困难无力清偿借款，无收入来源，又丧失劳动能力

适用这一规定时，应符合以下条件：(1) 被执行人是公民；(2) 被执行人与申请人是一种借贷关系，而不能是因其他法律关系如侵权行为产生的债务；(3) 被执行人无收入来源，且丧失劳动能力。以上因素须同时存在，如无收入来源，但有劳动能力属于有潜在的偿还能力，法院不能裁定终结执行。

6. 法院认为应当终结执行的其他情形

这是终结执行的弹性条款，有利于法院处理在实践中出现的特殊情形。如被执行人被人民法院宣告破产，则执行法院应当裁定终结执行。

执行法院终结执行，应制作裁定书，裁定书应当写明终结执行的理由和法律依据，并由执行员、书记员署名，加盖人民法院印章。

三、执行终结的效力

执行终结的裁定书送达当事人后立即生效。其效力表现为：执行程序结束，以后不再恢复；法院不再以强制执行权迫使义务人履行义务。

第四节 不予执行

不予执行，是指人民法院在审查仲裁裁决、公证债权文书申请书，以及承认和执行外国法院判决、裁定、涉外仲裁裁决申请书时，发现有不予执行的法定情形，而作出不予执行裁定的行为。

一、国内仲裁裁决的不予执行

2012 年修改后的《民事诉讼法》第 237 条规定："对依法设立的仲裁机构的裁决，一方当事人不履行的，对方当事人可以向有管辖权的人民法院申请执行。受申请的人民法院应当执行。被申请人提出证据证明仲裁裁决有下列情形之一的，经人民法院组成合议庭审查核实，裁定不予执行。"

(1) 当事人在合同中没有订有仲裁条款或者事后没有达成仲裁协议的；

(2) 裁决的事项不属于仲裁协议的范围或者仲裁机构无权仲裁的；

(3) 仲裁庭的组成或者仲裁的程序违反法定程序的；

(4) 裁决所根据的证据是伪造的；

(5) 对方当事人向仲裁机构隐瞒了足以影响公正裁决的证据的；

(6) 仲裁员在仲裁该案时有贪污受贿、徇私舞弊、枉法裁决行为的。

修改前的《民事诉讼法》第 213 条规定了不予执行仲裁裁决的审查条件，其中第四、第五款规定为"认定事实的主要证据不足的"，"适用法律确有错误的"。

《仲裁法》规定了申请撤销仲裁裁决的审查条件，其中规定“裁决所根据的证据是伪造的”，“对方当事人隐瞒了足以影响公正裁决的证据的”。人民法院对不予执行仲裁裁决申请的审查比撤销仲裁裁决申请的审查更为宽泛，不尽合理，为此，应当根据我国仲裁的实际情况，统一审查标准。2012 年修改《民事诉讼法》时统一了人民法院对申请撤销和不予执行仲裁裁决的审查标准。

人民法院认定执行该裁决违背社会公共利益的，可以依职权裁定不予执行。

裁定书应当送达双方当事人和仲裁机构。仲裁裁决被人民法院裁定不予执行的，当事人可以根据双方达成的书面仲裁协议申请重新仲裁，也可以向人民法院起诉。

二、涉外仲裁裁决的不予执行

根据《民事诉讼法》第 258 条，对中华人民共和国涉外仲裁机构作出的裁决，被申请人提出证据证明仲裁裁决有下列情形之一的，经人民法院组成合议庭审查核实，裁定不予执行：

（1）当事人在合同中没有订有仲裁条款或者事后没有达成仲裁协议的；

（2）被申请人没有得到指定仲裁员或者进行仲裁申请的通知，或者由于其他不属于被申请人负责的原因未能陈述意见的；

（3）仲裁庭的组成或者仲裁的程序与规则不符的；

（4）裁决的事项不属于仲裁协议的范围或者仲裁机构无权仲裁的。

人民法院认定执行该裁决违背社会公共利益的，可以依职权裁定不予执行。

三、公证债权文书的不予执行

根据《民事诉讼法》第 214 条，公证债权文书确有错误的，人民法院裁定不予执行，并将裁定书送达双方当事人和公证机关。

四、外国法院判决、裁定的不予执行

根据《民事诉讼法》第 266 条，人民法院对申请或者执行外国法院作出的发生法律效力的判决、裁定，认为违反中华人民共和国法律的基本原则或者国家主权、安全社会、公共利益的，不予承认与执行。

思考题

1. 简述执行中止的概念及适用情形。
2. 简述执行终结的概念及适用情形。
3. 执行结案与执行终结有什么联系和区别？

第二十六章　涉外民事诉讼程序的特别规定

内容要点

涉外民事诉讼程序是人民法院受理、审判和执行涉外民商事案件所适用的程序。现行法对涉外民事诉讼中的一般原则、管辖、送达、期间、司法协助等问题作出了特别规定。

第一节　涉外民事诉讼程序概述

一、涉外民事诉讼的概念

涉外民事诉讼，是指人民法院在当事人和其他诉讼参与人的参加下，审理涉外民商事案件的活动以及由此产生的诉讼法律关系的总和。这里所谓的涉外民商事案件，系指具有涉外因素的民商事案件。

《最高人民法院关于贯彻执行〈中华人民共和国民法通则〉若干问题的意见（试行）》第 178 条规定，凡民事关系的一方或者双方当事人是外国人、无国籍人、外国法人的；或者民事关系的标的物在外国领域内的；或者产生、变更或者消灭民事权利义务关系的法律事实发生在外国的，均为涉外民事关系。据此，并依照有关其他司法解释的规定，涉外因素体现在以下三个方面：

（一）当事人一方或双方是外国人、外国企业或组织

这是指民事法律关系主体方面具有涉外性。这里的“外国人”，系指具有外国国籍的人、无国籍的人和国籍不明的人。这里的“外国企业或组织”，系指属于外国的企业或其他组织。例如，某一中国公民与某一韩国公民因离婚纠纷在我国法院进行诉讼，或者某一中国公司与某一美国企业因运输合同纠纷在我国法院进行诉讼。

（二）当事人之间民事法律关系设立、变更、终止的法律事实发生在外国

这是指民事法律关系的内容方面具有涉外性。民事法律关系的内容通常指民事权利和民事义务，民事法律关系的内容具有涉外性，是指引起当事人之间民事权利和民事义务的设立、变更、终止的法律事实发生在外国。例如，当事人之间的贸易合同是在塔吉克斯坦签订的，或者是在肯尼亚履行的；侵权行为是在丹麦发生的等。

(三)当事人争议的诉讼标的物在外国

这是指民事法律关系的客体方面具有涉外性。诉讼标的物是指当事人之间争议的权利义务所共同指向的对象,也就是民事法律关系的客体,包括物、行为和智力成果等。当事人不是外国人、外国企业或组织,但双方争执的财产不在中国境内,而是存在于外国。我国法院审理这类案件,判决需要委托外国法院协助执行,因此这类案件也具有涉外因素。

凡具有上述因素之一的,即是涉外民商事案件或涉外民事关系的案件。

二、涉外民事诉讼的特征

涉外民事诉讼与国内民事诉讼①相比,具有以下特点:

(一)涉外民事诉讼与国家主权密切相关

在涉外民事诉讼中,不仅存在法院、当事人和其他诉讼参与人相互之间的民事诉讼法律关系,而且在管辖、送达、调查取证、执行等环节还涉及我国与别国的关系。这就不可避免地使国家主权成为涉外民事诉讼中的一个突出问题。法院在审理涉外民商事案件时,既要维护我国的司法主权,又要尊重别国的司法主权,以贯彻国际法上相互尊重主权和领土完整的原则。

(二)涉外民事诉讼在具体诉讼制度上有其特殊性

涉外民事诉讼,由于具有涉外因素,且有的当事人在我国可能没有住所,为方便他们进行诉讼行为或行使诉讼权利,在某些具体诉讼制度上,如管辖、期间、送达等,法律作出了不同于国内民事诉讼的特别规定。

(三)涉外民事诉讼中存在适用法律的选择

人民法院审理国内民事案件,只适用我国的法律。而法院审理涉外民商事案件,在实体法方面,根据国际私法中的法律适用原则,既可能适用内国法,也有可能适用外国法或国际条约等;在程序法方面,根据国际上公认的原则,一般适用法院地法,即适用我国的民事诉讼法,但若我国缔结或者参加的国际条约与民事诉讼法有不同规定的,须首先适用该项国际条约。

(四)涉外民事诉讼与司法协助相联系

司法权是有国界的,人民法院只能在我国领域内实施诉讼行为,不能到外国实施诉讼行为,但涉外民事诉讼中的某些诉讼行为,又可能需要在外国完成,这就需要外国法院的配合与协助。因此,司法协助是涉外民事诉讼中的一个重要问题。

---

①　鉴于我国香港特别行政区、澳门特别行政区以及台湾地区的特殊地位,本章以及下一章使用的“国内”、“领域内”、“境内”或“内地”在法律上所指,限于我国大陆地区。

三、涉外民事诉讼程序

涉外民事诉讼程序,是指人民法院受理、审判和执行涉外民商事案件所适用的程序。

各国法律都有关于涉外民事诉讼程序的规定,但立法体例有所不同:第一种是在民事诉讼法典之外另行制定涉外民事诉讼法典,两法并列,分别调整国内和涉外民事诉讼关系。第二种是在民事诉讼法典中对涉外民事诉讼程序作出特别规定。具体有两种方式:一是将特别规定所涉及的内容,分别列入有关章节的条款中,作为对民事诉讼法的补充和例外规定。二是在民事诉讼法典中对涉外民事诉讼中的一些特殊问题设专编、专章集中加以规定,以适应处理涉外民事诉讼的特殊需要。我国采用这种体例。第三种是以民事诉讼法典作为规范涉外民事诉讼程序的一般法,在民事诉讼法典之外,如在国际私法中,又对涉外民事诉讼程序作出特别规定。

我国《民事诉讼法》第四编对涉外民事诉讼程序作出了规定,它不是与审判程序、执行程序并列的独立、完整的程序规范,而只是针对涉外民事诉讼中的一般原则、管辖、送达、期间、司法协助等问题所作的特别规定。因此,涉外民事诉讼程序与国内或一般民事诉讼程序的关系,是特殊与一般的关系,法院在审理和执行涉外民商事案件时,有特别规定的,适用特别规定,没有特别规定的,适用一般规定。涉外民事诉讼程序的特别规定同民事诉讼法的一般规定一样,仍然受民事诉讼法基本原则的指导。

第二节　涉外民事诉讼程序的一般原则

涉外民事诉讼程序的一般原则,是根据我国民事诉讼法的基本原则以及我国缔结或者参加的国际条约,参考国际惯例、国家之间的互惠关系,结合涉外民事诉讼的特殊情况而制定的。当事人进行涉外民事诉讼和人民法院审理涉外民商事案件,除遵守民事诉讼法的基本原则外,还必须遵守这些一般原则。

涉外民事诉讼程序的一般原则见于我国《民事诉讼法》第5条以及第四编第二十三章的规定,具体包括:适用我国民事诉讼法原则、诉讼权利同等和对等原则、信守国际条约原则、司法豁免原则、使用我国通用语言文字原则、委托我国律师代理诉讼原则。这些一般原则,虽然各有其不同的内容,各有其相对独立性,但都是建立在维护国家主权和维护国际合作的基础之上的,都是国家主权原则和国际合作原则在民事诉讼中的具体体现。

一、适用我国民事诉讼法原则

民事诉讼中法律(尤其是程序法)的选择和适用依法院地确定,已经成为国际司法中的共识和普遍性原则。我国《民事诉讼法》第259条规定:“在中华人民共和国领域内进行涉外民事诉讼,适用本编规定。本编没有规定的,适用本法其他有关规定。”有鉴于此,涉外民商事案件的当事人及其他诉讼参与人的诉讼行为,要以我国民诉法的规定为依据;法院审理和执行涉外民商事案件,要以我国民诉法为准则。适用我国民事诉讼法原则反映了我国民诉法对涉外民事诉讼的效力。这种效力主要体现在以下方面:

(1)任何外国人、无国籍人、外国企业或组织,在我国领域内进行民事诉讼,均应按照我国民诉法规定的程序行事。

(2)凡属我国法院管辖的涉外民商事案件,我国均享有司法管辖权,由我国具有管辖权的法院管辖。根据民诉法的规定,由我国专属管辖的案件,任何外国法院均无权管辖。

(3)任何外国法院的裁判,在我国领域内均不直接发生法律效力。只有经我国法院依法审查作出裁定予以承认后,才能在我国发生法律效力,有执行内容的,才能按照我国法律规定的执行程序予以执行。

二、诉讼权利同等和对等原则

国民待遇原则逐渐成为国际司法中公认的准则之一,其基本含义是指一国以对待本国国民的同样方式对待外国国民,即外国人与本国人享有同等的待遇。诉讼权利同等原则是国民待遇原则在涉外民事诉讼中的具体表达。我国在同各国建立正常关系和进行交流合作时,一贯坚持独立自主的外交政策与和平共处五项原则。因此,我国《民事诉讼法》第5条第1款规定了诉讼权利平等原则,即外国人、无国籍人、外国企业和组织在我国领域内进行民事诉讼,其诉讼权利、义务与中国公民、法人和其他组织完全平等,不给予歧视、限制或不适当的优待。

在国际关系中,由于各国对外政策的不同,有时会出现一国对他国公民、企业和组织的诉讼权利予以限制和增加诉讼义务的现象,在这种情况下,实行对等原则,以限制抵消限制,是得到国际法认可的一种做法,其目的仍然在于追求主权国家之间的平等互惠。我国《民事诉讼法》第5条第2款规定了对等原则,即我国不首先对外国公民、企业和组织的民事诉讼权利加以限制,如果某一外国法院对我国公民、法人和其他组织的民事诉讼权利进行限制,则我国法院对该外国公民、企业和组织的民事诉讼权利,实行对等处理。

三、信守国际条约原则

信守国际条约原则是指在涉外民事诉讼中,应当遵守我国缔结或参加的国际条约。该原则是由我国《民事诉讼法》第260条规定的。

我国政府历来信守国际条约,重视并加强与外国的司法协助关系,我国已先后与一些国家缔结了民事司法协助条约,也参加了一些涉及涉外民事诉讼的国际公约,如《承认及执行外国仲裁裁决公约》、《关于向国外送达民事或商事司法文书和司法外文书公约》、《关于从国外调取民事或商事证据的公约》等。信守国际条约主要有两个方面:一是对于我国缔结或参加的国际公约、双边条约,我国应当遵守其规定,承担相应的义务。如果其中有关于处理涉外民商事案件规定的,应当适用。二是我国缔结或参加的国际条约中的有关规定和我国的规定有所不同的,适用该条约的规定。这也是主权国家对国际条约的普遍态度,在内国法和国际条约发生冲突时,优先适用国际条约。

对于国际公约,主权国家并不是完全承认和接受的。就我国而言,只有我国缔结或参加的国际公约在我国领域内才有效,如果不是我国参加订立的或明确宣布参加的,则对我国不具有约束力。另外,对于我国所参加或缔结的国际公约,可以对某些条款声明保留。我国已经声明保留的条款,在我国领域内不具有效力。

四、司法豁免原则

司法豁免权是指一个国家或国际组织派驻他国的外交代表享有的免受驻在国司法管辖的权利,分为刑事上的司法豁免权和民事上的司法豁免权。司法豁免权是从国家主权中引申出来的权利。“平等者之间无裁判权”是公认的国际规则,外交代表作为国家或国际组织的象征,赋予其司法豁免权,不仅表示对派遣国或国际组织的尊重,也能确保其有效地执行职务。

(一) 有关法律

我国《民事诉讼法》第261条规定:“对享有外交特权与豁免的外国人、外国组织或者国际组织提起的民事诉讼,应当依照中华人民共和国有关法律和中华人民共和国缔结或者参加的国际条约的规定办理。”我国有关司法豁免权规定的法律有1986年制定的《外交特权与豁免条例》和1990年通过的《领事特权与豁免条例》。我国参加的国际条约是指1946年的《联合国特权和豁免公约》、1947年的《联合国各专门机构特权及豁免公约》、1961年的《维也纳外交关系公约》、1963年的《维也纳领事关系公约》。另外还包括我国与一些国家和国际组织签订的有关特权与豁免的条约。

（二）享有司法豁免权的主体

享有司法豁免权的主体包括：外交代表及与其共同生活的配偶和未成年子女；使馆的行政技术人员；领事官员和领馆的行政技术人员；来我国访问的外国国家元首、政府首脑、外交部长及其他具有同等身份的人；以及其他依照我国法律和参加的国际公约、条约享有司法豁免权的外国人、外国组织或国际组织。

（三）民事司法豁免权的内容

民事司法豁免权包括管辖豁免、民事诉讼程序豁免和执行豁免。管辖豁免是指不能对享有司法豁免权的人提起民事诉讼，即使提起，法院也不应受理。诉讼程序豁免是指享有司法豁免权的人即使是法院同意受理案件，法院在诉讼过程中，也不能对其采取强制措施。执行豁免是指享有司法豁免权的人即使参加诉讼并败诉，法院也不能对其强制执行。这三种豁免是相互独立的，放弃哪一种豁免权必须明确表示。

（四）民事司法豁免权的限制

民事司法豁免权不同于刑事司法豁免权，它是有限的，不完全的。从国际惯例和我国有关法律的规定看，民事司法豁免权的限制主要表现在以下方面：

（1）享有司法豁免权的人被诉到驻在国法院，驻在国法院不应受理，但其所属国的主管机关明确宣布放弃司法豁免权的，驻在国法院有权受理。

（2）外交代表本人向驻在国法院提起诉讼而引起反诉的，不享有司法豁免权。

（3）享有司法豁免权的人，因私人事务与对方当事人发生民事纠纷，不享有司法豁免权，驻在国法院有权管辖。所谓私人事务，主要包括：外交代表在驻在国因自己的不动产与他人发生的诉讼；外交代表以私人身份作为遗嘱执行人、遗产管理人或继承人，与他人发生的继承诉讼；外交代表超出职务范围而从事商业活动所发生的诉讼。

五、使用我国通用语言文字原则

涉外民事诉讼使用受诉法院所在国的语言文字，是国际上通行的做法，也是其司法主权独立的表现。使用我国通用的语言、文字，主要是指人民法院审理涉外民商事案件时，使用我国通用的语言、文字进行审判和发布法律文书。在审理过程中，如果外国人不通晓我国语言文字，可以为其提供翻译人员，以便于其进行诉讼活动。提供翻译的费用，由当事人承担。外国当事人提出的诉讼文书，或者外国法院委托我国法院代为送达、协助执行的诉讼文书，必须附有中文译文。

六、委托我国律师代理诉讼原则

委托我国律师代理诉讼原则，规定在我国《民事诉讼法》第 263 条。这一原则的内容为:外国公民、外国企业和组织在我国进行民事诉讼,可以委托他人代理诉讼。[①] 但是委托律师代为进行诉讼的,只能委托我国律师机构的律师,不能委托外国律师,外国律师不能以律师身份在我国进行诉讼活动。

我们知道,一个国家的司法制度只能在本国领域内适用,而不能延伸到其他国家。律师制度是一个国家的司法制度的组成部分,当然不能例外。另外,律师执行代理任务时应该具备一定的资格,而外国律师既不具备我国公民资格,更不具备我国的司法资格,而且对我国法律一般并不熟知。因此,外籍当事人在我国领域内进行民事诉讼,需委托律师代理诉讼的,应当委托我国律师提供法律上的帮助。

在我国境内没有住所的外国人、无国籍人、外国企业和组织,委托我国律师或其他人代理诉讼的,从境外寄交或托交的授权委托书,应当经过所在国公证机关的公证,证明其委托书的真实性,并且要经过我国驻该国使、领馆的认证,或者履行了我国与该国订立的条约中规定的证明手续后,才具有法律效力,被委托人借此取得诉讼代理人资格。

第三节 涉外民事诉讼的管辖

一、涉外民事诉讼管辖概述

涉外民事诉讼的管辖,是指我国人民法院有权受理涉外民商事案件的范围以及法院内部受理第一审涉外民商事案件的分工和权限。

涉外民事诉讼的管辖权问题,是法院受理涉外民商事案件、行使审判权的前提。它往往与维护国家主权相关。同时,管辖权的确定,往往同法律的适用有密切联系。

由于同一涉外民商事案件交由不同国家的法院管辖和审理,所适用的法律不同,判决结果也会有很大的出入。当事人为了获得有利于自己的判决,往往愿意选择对自己有利的国家的法院管辖,各国往往也希望扩大自己的管辖权。但是,近年来,由于经济全球化的趋势越来越强,国际经济关系出现了互惠合作、妥协礼让、解决纠纷趋于和平、非对抗性以及低成本等态势,表现在国际法律上,就是近年来海牙国际私法会议在组织拟订有关管辖权的公约时,出现了限制"长臂管辖"(Long Arm Jurisdiction)的趋势,甚至可扣押财产之地、合同签订地等连接点也在考虑限制的范围内。由于我国与国际经济交往越来越频繁,已经融入

---

① 根据我国有关司法解释的规定,涉外民事诉讼中的外籍当事人,可以委托本国人为诉讼代理人,也可以委托本国律师以非律师身份担任诉讼代理人;外国驻华使领馆官员,受本国公民的委托,可以个人名义担任诉讼代理人,但在诉讼中不得享有外交特权与豁免权。

了国际社会，所以，也应当在不损害国家主权和本国当事人利益的前提下，对管辖问题作出灵活的处理。一方面，我国法院应当积极行使对涉外民商事案件的管辖权；另一方面，也要加强国际管辖权冲突的协调，既达到有利于维护国家主权的目的，又要与外国司法机关平等协商减少管辖冲突，达到维护当事人正当利益、促进国际贸易和交流的目的。

我国十分重视对涉外民商事案件的管辖工作，最高人民法院专门发布司法解释以确立对涉外民商事案件的集中管辖制度，使涉外案件的管辖具有跨地域性，并提高了审级。根据《最高人民法院关于涉外民商事案件诉讼管辖若干问题的规定》第1条、第3条，第一审涉外民商事案件由下列法院集中管辖：(1) 国务院批准设立的经济技术开发区人民法院；(2) 省会、自治区首府、直辖市所在地的中级人民法院；(3) 经济特区、计划单列市中级人民法院；(4) 最高人民法院指定的其他中级人民法院；(5) 高级人民法院。

下列案件实行集中管辖：(1) 涉外合同和侵权纠纷案件；(2) 信用证纠纷案件；(3) 申请撤销、承认与强制执行国际仲裁裁决的案件；(4) 审查有关涉外民商事仲裁条款效力的案件；(5) 申请承认和强制执行外国法院民商事判决、裁定的案件。但这些案件不包括发生在与外国接壤的边境省份的边境贸易纠纷案件、涉外房地产案件和涉外知识产权案件。

上述中级人民法院的区域管辖范围由所在地的高级人民法院确定。对国务院批准设立的经济技术开发区人民法院所作的第一审判决、裁定不服的，其第二审由所在地中级人民法院管辖。高级人民法院应当对涉外民商事案件的管辖实施监督，凡越权受理涉外民商事案件的，应当通知或者裁定将案件移送有管辖权的人民法院审理。

二、确定涉外民事诉讼管辖权的原则

确定涉外民事诉讼管辖权的原则要考虑到维护国家主权、以减少冲突为目的的管辖权国际协调、便利管辖法院审理和当事人意思自治等因素。由于各国强调的联系因素不同，从而形成了不同的确定涉外民事诉讼管辖权的原则。

（一）属地管辖权原则

属地管辖权原则，是指以当事人的住所地、居所地和事物的存在地等作为行使管辖权的联系因素。该原则主张以案件的事实和当事人双方与有关国家的地域联系作为确定法院涉外司法管辖权的标准，强调一国法院基于领土主权，对其所属国领域内的一切人和物以及法律事件和行为具有管辖权限。根据该原则，如果某一涉外民商事案件的当事人的住所、诉讼标的物所在地、被告财产所在地、法律事实，其中有一个因素存在或发生于一国境内，该国就具有对该案的司法管辖权。采取属地管辖权原则的国家主要有德国、日本、巴基斯坦等国。

（二）属人管辖权原则

属人管辖权原则，是指以当事人的国籍作为行使管辖权的联系因素。该原则主张以当事人双方与有关国家的联系作为确定法院涉外司法管辖权的标准，强调一国法院对本国国民有管辖权限。根据该原则，只要某一涉外民商事案件的当事人一方具有一国国籍，不管他是原告还是被告，也不管他现在是否在国内居住，该国法院对此案都有管辖权。采取属人管辖权原则的国家主要有法国、意大利、埃及等国。

（三）实际控制管辖权原则

实际控制管辖权原则，是指法院对涉外民商事案件是否具有管辖权，应看它是否能够对被告或者其财产实行直接的控制并作出有效的判决。例如，英国把民商事案件分为“对人诉讼”和“对物诉讼”，以此分别实行不同的控制标准。“对人诉讼”的实际控制表现在法院行使管辖权是以被告接到传票或者本人在英国为依据。“对物诉讼”的实际控制表现在法院行使管辖权是以争议的诉讼标的物在英国境内为根据。英美法系的其他国家也都普遍采取这一原则。

我国《民事诉讼法》规定的涉外民事诉讼管辖权，从立法精神看，基本上采取属地管辖权原则，并以属人管辖权原则和实际控制管辖权原则作为补充。例如，有关合同签订和履行、侵权行为等法律事实发生于我国领域内则我国法院拥有管辖权的规定，体现了属地管辖权原则；有关被告的代表机构设在我国领域内或者中外合资经营企业、中外合作经营企业具有我国国籍则我国法院拥有管辖权的规定，参考了属人管辖权原则；有关争议的诉讼标的物或者被告可供扣押的财产在我国领域内则我国法院拥有管辖权的规定，借鉴了实际控制管辖权原则中的合理因素，既考虑了对物行使管辖权的地域联系因素，又考虑了对物实际控制的因素。总体上说，只要诉讼与我国法院所在地存在一定实际联系，我国人民法院都有管辖权。这可以被概括为一种诉讼与法院所在地实际联系原则。

三、我国涉外民事诉讼管辖的种类

根据我国《民事诉讼法》第二十四章的规定，涉外民事诉讼管辖包括特殊地域管辖和专属管辖。

（一）特殊地域管辖

我国关于涉外民事诉讼中的特殊地域管辖，主要涉及涉外的合同纠纷和其他财产权益纠纷的管辖。因合同纠纷或者其他财产权益纠纷，对在我国领域内没有住所的被告提起的诉讼，根据《民事诉讼法》第 265 条，应按下述不同情况确定管辖法院：

（1）合同在我国领域内签订或者履行的，由合同签订地或者履行地人民法院管辖。

(2) 侵权行为或者损害结果发生在我国领域内,由侵权行为发生地或者结果地人民法院管辖。

(3) 双方当事人讼争的财产在我国领域内,由诉讼标的物所在地人民法院管辖。

(4) 被告在我国领域内有可供扣押的财产的,由被告可供扣押的财产所在地人民法院管辖。依据"可供扣押财产地"行使管辖权时,法院应当查实有关财产确实是被申请人所有的财产。独资公司、合作合资公司中的股权、知识产权以及到期债权都属于可供扣押的财产。

(5) 被告在我国领域内设有代表机构的,由代表机构所在地人民法院管辖。

有关涉外民事诉讼的特殊地域管辖制度,有三点要说明:第一,这里的特殊地域管辖制度仅适用于合同纠纷和其他财产权益纠纷,其他涉外民事案件的地域管辖应当按照我国《民事诉讼法》第二章的规定确定。第二,这里的特殊地域管辖制度仅适用于在我国领域内没有住所的被告提起的诉讼,如果被告在我国境内有住所,不论其国籍如何,我国人民法院均有管辖权,被告住所地与经常居住地不一致的,只要其经常居住地在我国领域内,我国人民法院也可以行使管辖权。第三,特殊地域管辖为法定管辖,不排斥当事人依法对管辖作出约定。也就是说,在涉外民事诉讼中,合同或者其他财产权益纠纷的当事人可以依据国内民事诉讼的协议管辖的规定,协议选择有关的管辖法院。

(二) 专属管辖

专属管辖,是指与法院地的公共政策密切相关的案件,只能由法院地国法院行使司法管辖权。关于专属管辖案件的范围,各国法律规定并不一致。一般来说,因不动产发生的诉讼,因法人成立、解散、破产发生的诉讼,因知识产权发生的诉讼,以及因继承遗产发生的诉讼等,各国均规定为本国法院专属管辖。

根据我国《民事诉讼法》第 266 条,属于我国法院专属管辖的涉外民商事案件有:在我国履行的中外合资经营企业合同纠纷;在我国履行的中外合作经营企业合同纠纷;在我国履行的中外合作勘探开发自然资源合同纠纷。

我国之所以作出这三类案件专属管辖规定的理由在于:第一,中外合资经营企业、中外合作经营企业为依据我国法设立的具有我国国籍的法人或其他组织,中外合作勘探开发自然资源合同涉及国家主权,理应受到我国法律的保护,也应当由我国法院管辖。第二,合同纠纷诉讼由与合同有最密切联系的国家管辖,这是国际上公认的一条原则,也是别国民事诉讼法在合同纠纷诉讼管辖问题上所依据的一项基本准则。在我国履行的中外合资经营企业合同、中外合作经营企业合同、中外合作勘探开发自然资源合同,与我国有着最为密切的联系。同时,在我国履行上述合同,还往往涉及在我国领域内的不动产。

此外,根据特别法中未加规定者适用普通法中相应规定原理及《民事诉讼法》第33条之规定,下列案件,也应当专属我国法院管辖:一是因不动产纠纷提起的诉讼,由不动产所在地人民法院管辖;二是因港口作业中发生纠纷提起的诉讼,由港口所在地人民法院管辖;三是继承遗产纠纷提起的诉讼,由被继承人死亡时住所地或者主要遗产所在地人民法院管辖。

对专属管辖案件,我国人民法院享有绝对的管辖权,不能由其他任何国家法院管辖,也不允许当事人协议选择其他国家的法院管辖。但是,这一规定,并不排斥在履行这些合同中如果发生争议,双方当事人可以根据合同中的仲裁条款或者以其他方式达成的书面仲裁协议,向我国的仲裁机构或者国外的仲裁机构申请以仲裁方式解决纠纷。

四、我国法院解决国际管辖权冲突的方法或原则

涉外民商事案件根据哪些标准确定由一国法院行使管辖权、与外国司法管辖权相冲突时如何处理等问题,一般是通过国际条约或者各自法律原则而确定的。除欧盟等区域性国际组织缔结了国际民商事管辖权公约外,目前国际上还没有统一的国际民商事管辖权公约。因此,除双边条约外,我们只能根据国内法的规定和国际惯例来确定涉外司法管辖。在涉外民事诉讼中,常常出现我国法院和外国法院根据自己的管辖原则都可以对某个案件有管辖权的情形。这样,在国与国之间,司法管辖权就可能存在积极的冲突,需要采取一定的方法加以解决。根据我国的司法实践,除协议管辖可以起到解决管辖权冲突的作用外,一般还采用不方便法院原则和一事一讼原则来解决管辖权冲突。

(一)不方便法院原则

不方便法院原则,是指我国法院和外国法院都有权管辖的涉外民商事纠纷,如当事人在其他国家法院起诉和受理更能获得便利和公正的结果,那么,我国法院经自由裁量之后,可以停止审理本案或者驳回原告的起诉。

英美法系有扩大本国涉外案件管辖权限的传统,美国在20世纪中期的判例中以“最低联系”(Minimum Contacts),确定美国法院对个案的管辖权,确立了“长臂管辖”原则。长臂管辖因被告住所地、证据和证人所在地远离法院地等,案件审理时给被告带来不必要的困难,或者会迫使他付出不必要的超额费用,为了避免这种不公平现象的产生,普通法系判例创立了“不方便法院原则”,对本国的涉外民商事管辖权作了必要的限制。不方便法院原则现已得到美、英、澳等普通法系国家判例法的公认,并为少数大陆法系国家如荷兰、秘鲁立法接受。

不方便法院原则的适用,须符合下列条件:

(1)存在接替法院,即必须有另一便利的外国法院可供原告起诉。不方便法院原则的适用是否存在接替法院,必须由主张适用不方便法院原则的被告举证,同时还必须证明原告在接替法院能获得与我国法院相同的救济,否则就不得

适用不方便法院原则。

(2) 不会对被告造成不便利或者不公平的结果。由于涉外案件往往有多个联系因素,原告总是选择那些对其有利的法院起诉,以谋求最大利益;有些法院几乎与案件无任何实质性联系,这显然会给被告带来很大的不便,甚至导致不公正的结果。

(3) 案件与受诉法院之间不存在必要的联系。案件与受诉法院之间缺乏必要的联系,是拒绝管辖的一个重要因素。如果案件与诉讼有关的各种因素集中于外国的某一法院,我国法院审理会造成对案件事实调查、证明及适用外国法的困难,这除了给当事人带来不便,更会因案件积压而增加受诉法院不必要的公共开支。

(二) 一事一讼原则

同一诉讼在一国法院已经裁决,而另一国法院又予受理;或者同一诉讼在两个国家的法院都有分别进行的情况,称一事再理或一事两讼。一事一讼原则,是指对于外国法院首先受理的涉外民商事案件,如不违反我国的专属管辖规定,我国法院将不再予以受理;即使已经受理,也将中止对该案的诉讼程序,但须以该外国法院作出的判决能得到我国承认和执行为条件。

第四节 涉外民事诉讼的送达、期间

一、涉外民事诉讼的送达

在涉外民事诉讼中,送达的方式依受送达人居住地点的不同而有所区别。人民法院向在我国领域内有住所的受送达人送达司法文书,按照《民事诉讼法》第七章第二节规定的方式送达;向在我国领域内没有住所的受送达人送达司法文书,则按照《民事诉讼法》第二十五章第267条以及《最高人民法院关于涉外民事或商事案件司法文书送达问题若干规定》规定的方式送达。这里所称的司法文书,是指起诉状副本、上诉状副本、反诉状副本、答辩状副本、传票、判决书、调解书、裁定书、支付令、决定书、通知书、证明书、送达回证以及其他司法文书。

根据规定,人民法院向在我国领域内没有住所的受送达人送达司法文书,可以采取下列方式送达:

(一) 依照国际条约中规定的方式送达

这一方式是人民法院向我国领域外送达诉讼文书时首先应当考虑采用的方式。按照国际条约规定的方式送达诉讼文书,在手续上往往比通过外交途径送达简单。我国已先后同法国、波兰等国签订了民商事司法协助条约或者协定,1991年3月2日加入了《关于向国外送达民事或商事司法文书和司法外文书公约》(下文简称《海牙送达公约》)。这些国际条约都规定,缔约国、参加国均指定一个机关作为中央机关和有权接受外国通过领事途径转递的文书的机关(一般为司法部),并通过指定的中央机关的途径相互代为送达司法文书。我国法院向在我国领域内没有住所的受送达人送达司法文书时,若该受送达人所在国与我国签订有司法协助协定,可以依照司法协助协定规定的方式送达;若该受送达人所在国是《海牙送达公约》的成员国,可以依照该公约规定的方式送达。受送达人所在国与我国签订有司法协助协定,且为《海牙送达公约》成员国的,我国法院依照司法协助协定的规定办理。

按照司法协助协定、《海牙送达公约》送达司法文书,自我国有关机关将司法文书转递受送达人所在国有关机关之日起满六个月,如果未能收到送达与否的证明文件,且根据各种情况不足以认定已经送达的,视为不能用该种方式送达。

(二)通过外交途径送达

若受送达人所在国与我国没有订立双边司法协助条约,又不是《海牙送达公约》的缔约国或者参加国,但两国之间已建立了外交关系的,则通过外交途径送达。这是国际公认的一种最为正规的送达方式,也是我国人民法院司法实践中经常使用的方式。一般的做法是,需要送达的司法文书,经高级人民法院审查后,交由我国外交部转递受送达人所在国驻我国的外交机构,再由其转交该国外交机关,该国外交机关再转交该国司法机关,由该国司法机关送交受送达人。

1986年8月14日,最高人民法院、外交部、司法部《关于我国法院和外国法院通过外交途径相互委托送达法律文书若干问题的通知》中规定,我国法院通过外交途径向国外受送达人送达司法文书,应按下列程序和要求办理:

(1)要求送达的司法文书须经省、自治区、直辖市高级人民法院审查,由外交部领事司负责转递。

(2)须准确注明受送达人姓名、性别、年龄、国籍及其在国外的详细外文地址,并将该案的基本情况函告外交部领事司,以便转递。

(3)须附有送达委托书。如对方法院名称不明,可委托当事人所在地区主管法院。委托书和所送司法文书还须附有该国文字或该国同意使用的第三国文字译本。如该国对委托书及司法文书有公证、认证等特殊要求,将由外交部领事司逐案通知。

按照外交途径送达司法文书,自我国有关机关将司法文书转递受送达人所在国有关机关之日起满六个月,如果未能收到送达与否的证明文件,且根据各种情况不足以认定已经送达的,视为不能用该种方式送达。

(三)委托驻外使领馆送达

《维也纳领事关系公约》(我国1979年加入)承认使领馆可以向驻在国的本

国受送达人送达法律文书。因此,我国驻受送达人所在国的使领馆可以接受我国司法机关的委托,向驻在国的具有我国国籍的受送达人送达法律文书。如果受送达人所在国不是该公约的成员国,但根据该国法律的规定允许我使领馆直接送达的,也可以委托我国驻该国使领馆代为送达。

这种送达方式是基于受送达人所在国不是《海牙送达公约》的成员国,同我国之间没有订立司法协助协定,又不能通过外交途径送达而确立的。

(四) 直接送达及留置送达

作为受送达人的自然人或者企业、其他组织的法定代表人、主要负责人在我国领域内的,我国法院可以向该自然人或者法定代表人、主要负责人送达。法院向受送达人送达司法文书,可以送达给其在我国领域内设立的代表机构。受送达人在我国领域内有分支机构或者业务代办人的,经该受送达人授权,法院可以向其分支机构或者业务代办人送达。

受送达人委托的诉讼代理人为《民事诉讼法》第 267 条第 4 项规定的有权代其接受送达的诉讼代理人的,人民法院可以向该诉讼代理人送达。[①] 诉讼代理人收到司法文书,即视为受送达人收到司法文书。司法实践中,不管受送达人在我国领域内是否有住所,只要其向受诉法院明确表示委托他人代收司法文书,不管其委托的代收人是否为诉讼代理人,法院均可向指定的代收人送达。

人民法院向受送达人在我国领域内的本人、法定代表人、主要负责人、诉讼代理人、代收人、代表机构以及有权接受送达的分支机构、业务代办人送达司法文书,可以适用留置送达的方式。

(五) 邮寄送达

邮寄送达是一种简便易行的送达方式,目前为大多数国家所接受。邮寄送达有一个限制条件,即受送达人所在国的法律允许邮寄送达。

邮寄送达时应附有送达回证。受送达人未在送达回证上签收但在邮件回执上签收的,视为送达,签收日期为送达日期。自邮寄之日起满三个月,若未能收到送达与否的证明文件,且根据各种情况不足以认定已经送达的,视为不能用邮寄方式送达;若送达回证没有退回,但根据各种情况足以认定已经送达的,期间届满之日视为送达。

(六) 通过传真、电子邮件等方式送达

通过传真、电子邮件等方式送达,是我国适应时代发展需要,顺应国际潮流,于 2012 年修改《民事诉讼法》新增加的内容。此前,2006 年《最高人民法院关于涉外民事或商事案件司法文书送达问题若干规定》第 10 条已明确可以采用“传真、电子邮件等能够确认收悉的其他适当方式”向受送达人送达。

---

① 参见《最高人民法院关于涉外民事或商事案件司法文书送达问题若干规定》第 4 条的规定。

(七)公告送达

公告送达只有在受送达人住所和居所不明确,而且用以上的方式不能送达时才能采用。人民法院依照有关规定以公告方式送达时,公告内容应在国内外公开发行的报刊上和受案法院公告栏内同时刊登。自公告之日起满三个月,即视为送达。

根据有关司法解释的规定,对不在我国领域内居住的被告,经用公告方式送达诉状或传唤,公告期满不应诉的,法院缺席判决后,仍应将裁判文书依法公告送达。自公告送达裁判文书满三个月的次日起,经过30日的上诉期当事人没有上诉的,一审判决即发生法律效力。

除公告送达方式外,人民法院可以同时采取多种方式向受送达人进行送达,但应根据最先实现送达的方式确定送达日期。

受送达人未对人民法院送达的司法文书履行签收手续,但受送达人书面向法院提及了所送达司法文书的内容的,或者受送达人已经按照所送达司法文书的内容履行的,或者存在其他可以视为已经送达的情形的,则视为送达。

人民法院送达司法文书,根据有关规定需要通过上级法院转递的,应附申请转递函。上级法院收到下级法院申请转递的司法文书,应在七个工作日内予以转递。上级法院认为下级法院申请转递的司法文书不符合有关规定需要补正的,应在七个工作日内退回申请转递的法院。法院送达司法文书,根据有关规定需要提供翻译件的,应由受案法院委托我国领域内的翻译机构进行翻译。翻译件不加盖法院印章,但应由翻译机构或翻译人员签名或盖章证明译文与原文一致。

二、涉外民事诉讼的期间

在涉外民事诉讼中,当事人在我国领域内有住所的,应适用《民事诉讼法》第七章第一节关于期间的一般规定。当事人在我国领域内没有住所的,就应适用《民事诉讼法》第二十五章有关期间的特别规定。

由于涉外民事诉讼的当事人往往在我国境内没有住所,考虑到他们进行某些诉讼行为需要较多的时间,同时也考虑到当今通讯、交通、运输的状况,为保障当事人行使诉讼权利,也为了保证诉讼的顺利进行,民事诉讼法从我国涉外民事诉讼的特点出发,参照国际惯例,对某些期间作了适当的规定。

(一)被告提出答辩的期间

根据我国《民事诉讼法》第268条,被告在我国领域内没有住所的,人民法院应当将起诉状副本送达被告,并通知被告在收到起诉状副本后30日内提出答辩状。被告申请延期的,是否准许,由法院决定。

(二) 当事人上诉或答辩的期间

根据我国《民事诉讼法》第269条,在我国领域内没有住所的当事人,不服第一审人民法院判决、裁定的,有权在判决书、裁定书送达之日起30日内提起上诉。被上诉人在收到上诉状副本后,应当在30日内提出答辩状。当事人不能在法定期间提起上诉或者提出答辩状,申请延期的,是否准许,由人民法院决定。

当事人双方分别居住在我国领域内和领域外,对第一审人民法院判决、裁定的上诉期,居住在我国领域内的为15日,居住在我国领域外的为30日。双方的上诉期均已届满没有上诉的,第一审法院的判决、裁定即发生法律效力。

(三) 审结期限问题

根据我国《民事诉讼法》第270条,人民法院审理涉外民商事案件的期间,不受本法第149条、第176条规定的限制。也就是说,涉外民商事案件第一审不受六个月内审结的限制,第二审对判决的上诉案件不受三个月审结的限制,第二审对裁定的上诉案件不受30日内作出终审裁定的限制。法院根据涉外民商事案件的实际情况,自行决定,尽快结案。

第五节　司 法 协 助[①]

一、司法协助概述

(一) 司法协助的概念

司法协助,是指不同国家的法院之间,根据本国缔结或参加的国际条约,或者按照互惠的原则,在司法事务上相互协助,代为一定的诉讼行为。

我国进行涉外民事诉讼,发生与外国有关的诉讼活动是不可避免的,这就需要由外国法院代为某些诉讼行为。同时,我国法院也接受符合我国法律规定的外国法院请求协助的事项。司法协助是国际上的一种必要的、有益的协作关系,它便于受诉法院对案件的审判及判决、裁定的执行,便于跨国当事人进行民事诉讼,有利于促进国际交往的巩固和发展。随着国际经济贸易等交往的增多,各国人员往来的频繁,司法协助的范围必将进一步扩大。

司法协助的内容包括两个方面:一是代为一定的诉讼行为,如代为送达诉讼文书、代为调查取证等;二是接受外国法院的委托,代为执行外国法院的判决、裁定或者外国仲裁机构的裁决。在学理上,有人把包含前一方面内容的司法协助称为一般司法协助,把包含后一方面内容的司法协助称为特殊司法协助。

---

① 仅指国际司法协助,而对于我国内地与港澳台地区的司法协助,是我国内部不同法域之间的司法合作,它不同于国际司法协助,故本书另行介绍和论述。

（二）司法协助的根据和途径

并非需要司法协助的不同国家的法院之间都能互相代为一定的诉讼行为，司法协助需要有根据。我国民事诉讼法规定，司法协助的根据有两个：一是我国缔结或者参加的国际条约。与我国缔结或者参加同一司法协助的国际条约的国家和我国即具有司法协助关系。没有参加条约的国家不能要求别国法院接受其司法委托。二是互惠原则。互惠即相互之间给予对等的优惠待遇。如果某一国家协助我国为一定的司法行为，我国也应当协助该国为相对等的司法行为。

我国法院同外国法院之间进行司法协助，依照我国《民事诉讼法》第277条，有三种途径：

（1）依照我国缔结或者参加的国际条约所规定的途径进行，即通过各自指定的中央机关（一般为司法部）的途径进行司法协助。

（2）在我国与外国尚未缔结或者参加国际条约，但已建立外交关系的情况下，可以通过外交途径进行司法协助。

（3）外国驻我国的使领馆可以向该国公民送达文书和调查取证，但不得违反我国的法律，并不得采取强制措施。

二、一般司法协助

一般司法协助，是指根据本国缔结或参加的国际条约，或者按照互惠的原则，本国法院和外国法院之间相互请求，代为送达诉讼文书、调查取证等诉讼行为。其中，代为调查取证，又包括代为询问当事人、证人或鉴定人，代为收集物证、书证，代为鉴定或者勘验等内容。

根据民事诉讼法的规定，我国进行一般司法协助，除以条约或互惠关系作为根据外，尚需符合以下条件：

（1）外国法院提出请求。

（2）通过一定途径有效转递请求书及其所附文件，且请求书及其所附文件应当附有中文译本或者国际条约规定的其他文字文本。

（3）外国法院请求协助的事项不得有损我国的主权、安全或者社会公共利益，否则不予协助。

（4）外国法院请求协助的事项属于人民法院职权范围，否则人民法院应当说明理由，退回外国法院。

代为送达文书、调查取证以及进行其他诉讼行为，都属于诉讼程序性的活动，一般都应按照提供此种司法协助的国家法律所规定的程序进行。但在某些特殊情况下，也可以按照请求国法院要求采取的特殊方式进行，不过这种特殊方式不得违反提供司法协助国家的法律。对此，我国《民事诉讼法》第279条专门规定："人民法院提供司法协助，依照中华人民共和国法律规定的程序进行。外国法院请求采用特殊方式的,也可以按照其请求的特殊方式进行,但请求采用的特殊方式不得违反中华人民共和国法律。”

三、特殊司法协助

特殊司法协助,是指根据本国缔结或参加的国际条约,或者按照互惠的原则,本国法院和外国法院之间相互承认和执行对方发生法律效力的法院判决、裁定或者仲裁机构的裁决。特殊司法协助的“特殊”之处,就在于其直接触及与国家主权直接相关的民事审判制度和司法制度,涉及不同法域之间的法律冲突问题。对外国生效的法院裁判或仲裁裁决进行司法协助包括两个方面:一是承认,二是执行。承认是指认可外国法院的生效裁判或者国外仲裁机构的裁决在本国领域内具有法律效力。执行是指将外国法院的生效裁判的内容或者国外仲裁机构的裁决的内容在本国领域内按照法律规定的强制执行程序付诸实现。承认与执行关系密切,其中承认是执行的前提,不承认其效力自然不可能执行。关于仲裁裁决的承认和执行将在下节中论述,这里仅就法院的生效裁判的承认和执行问题进行探讨。

(一) 我国法院的生效裁判在外国的承认和执行

根据我国《民事诉讼法》第280条,请求外国法院承认和执行我国法院作出的发生法律效力的判决、裁定,可以通过两种途径来进行:一是当事人直接向有管辖权的外国法院申请承认和执行,二是我国法院依照国际条约的规定或者根据互惠原则,请求外国法院承认和执行。

按照国际上通行的观点,请求对生效裁判的承认和执行是当事人的私权,法院不能代替当事人行使该项权利。要求一个国家的法院承认和执行另一个国家法院的生效裁判,只能由当事人向有管辖权的法院提出申请。但是,如果在我国缔结的国际条约中不排除法院请求承认和执行的,或者根据互惠原则,可以由法院请求和执行的,我国法院可以请求外国法院承认和执行。

当事人直接请求外国法院承认和执行我国法院的生效裁判,通常应当提交以下材料:

(1) 请求承认和执行的申请书。

(2) 判决书或裁定书副本,以及能证明判决、裁定已生效的证明文件。由于我国实行两审终审制,且当事人对生效裁判不服,还可经过审判监督程序得到补救,因此,倘使一经再审,原先的生效裁判即失去法律效力。但实践中有的当事人为了维护自己不正当的利益,会选择其中对自己最有利的裁判申请执行。对此,我国有关司法解释规定,当事人在我国领域外使用人民法院的判决书、裁定书,要求我国法院证明其法律效力的,以及外国法院要求我国法院证明判决书、裁定书的法律效力的,我国作出判决、裁定的法院,可以本法院的名义出具证明。

另外，由于在我国法院的生效法律文书除判决、裁定外，还包括调解书，而国际上一般不认可调解书的法律效力，所以，在涉外民事诉讼中，经调解双方达成协议，当事人要求发给判决书的，可以依协议的内容制作判决书送达当事人。

（3）证明判决已经送达的送达回证或其他证明文件。若是缺席判决，还要提供能够证明缺席一方当事人已经过合法传唤的传票副本。

（4）上述各种文件的该外国文字译本。

我国法院请求外国法院承认和执行我国法院的生效裁判的基本程序为：

（1）当事人向有关人民法院提出申请。

（2）审查并制作请求书。经审查，当事人的申请符合我国法律规定的，法院应根据我国缔结的国际条约的规定，或互惠原则，或以双方同意的格式制作承认和执行生效裁判的请求书。请求书应附有生效裁判副本或送达回证等相关文件。当事人申请书、人民法院的请求书以及所附文件，均应有该被请求国的文字译本或者国际条约规定的其他文字文本。

（3）通过适当途径送达有管辖权的外国法院。

（二）我国法院对外国法院生效裁判的承认和执行

根据有关规定，我国法院承认和执行外国法院作出的发生法律效力的判决和裁定须具备一定条件，遵循相应程序。

1. 承认和执行外国法院生效裁判的条件

（1）作出生效裁判的外国法院必须具有合格的管辖权。对涉外民商事案件的管辖权，是国家主权在司法领域中的具体体现。因此，在承认和执行外国法院生效裁判之前对管辖权问题进行审查，是世界各国公认的一致做法和首要条件。

（2）外国法院进行的诉讼程序是公正的。在诉讼过程中，如果当事人的诉讼权利未得到有效保障，如败诉方未出庭陈述并未得到合法传唤，则法院所作出的缺席判决的公正性便存在合理怀疑。所以，世界各国在其内国法及国际条约中，一般都规定了在司法协助时应对裁判作出的程序公正性进行审查。

（3）生效裁判必须是通过合法手段获取的。大多数国家都认为，当事人运用欺诈手段获得的裁判有违公正和正义，应拒绝给予司法协助。

（4）生效判决不与我国法院就同一当事人之间的同一争议所作的判决或者我国法院已经承认的第三国法院就同一当事人之间的同一争议所作的判决相冲突。

（5）生效裁判不与国内公共政策相抵触。这是世界各国在司法协助中所普遍遵循的一个基本条件。为此我国规定，外国法院的裁判不得违反我国法律的基本原则或者国家主权、安全、社会公共利益。

（6）生效裁判的作出，外国法院适用了我国冲突规范所指定的准据法。这实际上体现了生效裁判的作出，已经符合了被请求国的有关法律规定。

(7) 存在条约或互惠关系。承认与执行外国法院判决、裁定的基础是委托法院所在国必须与我国有条约关系或互惠关系。

2. 承认和执行外国法院生效裁判的程序

(1) 提出承认和执行请求。我国《民事诉讼法》第281条规定,外国法院作出的发生法律效力的判决、裁定,需要我国法院承认和执行的,可以由当事人直接向我国有管辖权的人民法院申请承认和执行,也可以由外国法院依照该国与我国缔结或者参加的国际条约的规定,或者按照互惠原则,请求我国法院承认和执行。请求我国法院承认和执行的外国法院或当事人的申请书及其所附文件,应当附有中文译本或者有关国际条约规定的其他文字文本。

(2) 对承认和执行请求进行审查和处理。审查的具体方式有两种:一是实质性审查。即对申请执行的生效裁判从事实与法律两方面进行审查,并且有权根据本国法律进行改判或裁定不予执行;另一种是形式审查,即仅对照本国法律规定的承认和执行的条件进行审查,对原裁判不作任何改变。我国同世界绝大多数国家一样,均采用形式审查制度。

根据我国《民事诉讼法》第282条及有关司法解释,我国法院对申请或者请求承认和执行的外国法院作出的发生法律效力的判决、裁定,依照我国缔结或者参加的国际条约,或者按照互惠原则进行审查后,认为不违反我国法律的基本原则或者国家主权、安全、社会公共利益的,裁定承认其效力,需要执行的,发出执行令,依照民诉法规定的执行程序予以执行。违反我国法律的基本原则或者国家主权、安全、社会公共利益的,不予承认和执行。当事人向我国有管辖权的中级法院申请承认和执行的,如果该法院所在国与我国没有缔结或者共同参加的国际条约,也没有互惠关系,当事人可以向我国法院起诉,由有管辖权的法院作出判决,予以执行;与我国没有司法协助协定又无互惠关系的国家的法院,未通过外交途径,直接请求我国法院予以司法协助的,我国法院应予退回,并说明理由。

第六节　涉外仲裁

一、涉外仲裁概述

涉外仲裁,是以仲裁的方式,解决涉外民商事纠纷的一种机制,具体是指在对外经济贸易、运输和海事活动中发生争议,双方当事人根据仲裁条款或者仲裁协议,提交我国涉外仲裁机构进行审理并作出裁决。

在涉外民商事纠纷中,当事人依法可以选择仲裁,也可以选择诉讼来解决他们之间的争议。当事人在选择仲裁时,应当在合同中订立仲裁条款,或者在争议发生之后达成仲裁协议,并且在仲裁协议中明确约定将争议交由我国涉外仲裁机构或者其他国家和地区的仲裁机构解决。涉外仲裁具有体现当事人意思自治、独立公正、程序简便、一裁终局、灵活保密等诸多优点。

我国具有典型性、代表性的涉外仲裁机构有两个:中国国际经济贸易仲裁委员会(以下简称"贸仲")和中国海事仲裁委员会(以下简称"海仲")。"贸仲"成立于1956年4月,当时名称为对外贸易仲裁委员会,自2000年起同时启用"中国国际商会仲裁院"名称,它是以仲裁的方式,独立、公正地解决契约性或非契约性的经济贸易等争议的常设仲裁机构。"贸仲"总会设在北京,在深圳设有华南分会,在上海设有上海分会,总会和分会使用相同的仲裁规则和仲裁员名册,在整体上享有一个仲裁管辖权。其现行的仲裁规则是中国国际商会2005年修订并施行的《中国国际经济贸易仲裁委员会仲裁规则》,主要受理有关对外经济贸易合同和交易中发生的争议以及有关中外合资经营企业等各种对外经济合作关系的争议。"海仲"成立于1959年1月,原名中国国际贸易促进委员会海事仲裁委员会,它是以仲裁的方式,独立、公正地解决海事、海商、物流争议以及其他契约性或非契约性争议的常设仲裁机构。"海仲"总会设在北京。其现行的仲裁规则是中国国际商会于2004年修订并施行的《中国海事仲裁委员会仲裁规则》,主要受理有关船舶相互救助的报酬的争议,海上船舶碰撞发生的争议,海上船舶租赁业务、代理业务、运输业务、海上保险等方面发生的争议。

目前,我国除了"贸仲"和"海仲"外,按照有关规定,依据我国《仲裁法》设立或重新组建的仲裁机构也有权受理涉外仲裁案件。

我国的涉外仲裁程序制度由《民事诉讼法》第二十六章关于涉外仲裁的规定、《仲裁法》第七章涉外仲裁的特别规定以及各受理涉外仲裁案件的仲裁委员会的仲裁规则的相关规定构成。涉外仲裁程序通常包括申请和受理(含答辩和反请求)、仲裁庭的组成、开庭、裁决等阶段。我国涉外仲裁根据独立自主、平等互利的原则,参照国际惯例和有关做法,实事求是地对案件进行仲裁,仲裁裁决一旦作出,立即发生法律效力,经我国涉外仲裁机构裁决的案件,当事人不得向法院起诉。

二、涉外仲裁与民事诉讼的关系

涉外仲裁与涉外民事诉讼,是解决涉外民商事纠纷的两种方式。我国民事诉讼法只是就两者有关系的问题作出具体规定,并没有对涉外仲裁制度作出全面规定。根据有关法律、司法解释及机构规则的规定,涉外仲裁与涉外民事诉讼在以下方面存在着密切联系:

(一)案件受理

依照我国《民事诉讼法》第271条,以当事人是否达成仲裁协议作为划分涉外仲裁机构和法院受理案件的根据。凡订立仲裁条款或协议的，当事人只能向涉外仲裁机构申请仲裁，不得向法院起诉；当事人在合同中未订立仲裁条款或事后未达成书面仲裁协议的，可以向法院起诉。由此可见，仲裁协议既是涉外仲裁机构对案件行使管辖权的依据，同时也排除了法院的管辖权。

根据有关规定，涉外合同的解除或者终止，不影响合同中仲裁条款的效力。当事人一方因订有仲裁条款的涉外合同被解除或者终止向人民法院起诉的，不予受理。当事人在仲裁条款或协议中选择的仲裁机构不存在，或者选择裁决的事项超越仲裁机构权限的，法院有权依法受理当事人一方的起诉。但是仲裁协议约定的仲裁机构名称不准确，却能够确定具体的仲裁机构的，应当认定选定了仲裁机构。当事人一方向法院起诉时未声明有仲裁协议，法院受理后，对方当事人又应诉答辩的，视为该法院有管辖权。

（二）财产保全

我国的涉外仲裁机构无权采取财产保全措施，如需采取财产保全措施，应由人民法院决定。按照我国《民事诉讼法》第 272 条，当事人申请采取财产保全，我国涉外仲裁机构将当事人的财产保全申请提交被申请人住所地或者财产所在地的中级法院裁定，法院可以进行审查，决定是否进行保全。裁定采取保全的，应当责令申请人提供担保，申请人不提供担保的，裁定驳回申请。

（三）涉外仲裁裁决的执行

通过立法，当前世界各国一方面确认仲裁机构的裁决具有与法院的确定判决相同的终局效力，另一方面又赋予法院对仲裁裁决有一定的司法监督权，作为纠正仲裁裁决错误的最终救济手段。根据国情和实际需要，并适当借鉴了外国立法经验，我国民事诉讼法对涉外仲裁裁决的效力及执行作出了专门规定。

1. 涉外仲裁裁决的效力

我国《民事诉讼法》第 273 条规定："经中华人民共和国涉外仲裁机构裁决的，当事人不得向人民法院起诉。一方当事人不履行仲裁裁决的，对方当事人可以向被申请人住所地或者财产所在地的中级人民法院申请执行。"据此，我国涉外仲裁机构作出的仲裁裁决是终局性的；裁决具有给付内容的，一方当事人必须履行，否则对方当事人有权向被申请人住所地或者财产所在地的中级人民法院申请强制执行。

根据有关司法解释的规定，申请人向法院申请执行我国涉外仲裁机构裁决，须提出书面申请书，并附裁决书正本。如申请人为外国一方当事人，其申请书须用中文文本提出。

2. 我国涉外仲裁机构的仲裁裁决在我国的审查和执行

人民法院对涉外仲裁机构作出的仲裁裁决一般不主动进行审查，只有当事人申请撤销和申请执行时才启动。我国《仲裁法》第 70 条规定，当事人提出证据证明涉外仲裁裁决有《民事诉讼法》第274条第1款规定的情形之一的，经人民法院组成合议庭审查核实，裁定撤销。第71条规定，被申请人提出证据证明涉外仲裁裁决有《民事诉讼法》第274条第1款规定的情形之一的，经法院组成合议庭审查核实，裁定不予执行。根据上述规定，法院裁定撤销仲裁裁决和裁定不予执行仲裁裁决的法定事由都是《民事诉讼法》第274条第1款的规定。其具体包括：(1) 当事人在合同中没有订有仲裁条款或者事后没有达成书面仲裁协议的。这里所谓“没有仲裁协议”是指当事人没有达成仲裁协议；仲裁协议被认定无效或者被撤销的，视为没有仲裁协议。(2) 被申请人没有得到指定仲裁员或者进行仲裁程序的通知，或者由于其他不属于被申请人负责的原因未能陈述意见的。(3) 仲裁庭的组成或者仲裁的程序与仲裁规则不符的。(4) 裁决的事项不属于仲裁协议的范围或者仲裁机构无权仲裁的。由此可见，法院对涉外仲裁机构的司法监督的范围，主要限于仲裁程序方面，而对仲裁裁决在认定事实和适用法律上是否有错误，基本不作审查。

另外，我国《民事诉讼法》第274条第2款规定，法院在执行中发现并认定执行该裁决违背社会公共利益的，可以不依当事人的请求，而依职权作出裁定不予执行。

《最高人民法院关于审理和执行涉外民商事案件应当注意的几个问题的通知》要求：对涉外仲裁裁决和国外仲裁裁决的审查与执行，要严格按照有关国际公约、《民事诉讼法》及有关司法解释的规定办理。各级法院凡拟适用《民事诉讼法》第274条和有关国际公约规定，不予执行涉外仲裁裁决、撤销涉外仲裁裁决或拒绝承认和执行外国仲裁机构的裁决的，均应按规定逐级呈报最高人民法院审查、答复。

人民法院裁定撤销裁决的，应当裁定终结执行。撤销仲裁裁决的申请被裁定驳回的，法院应当裁定恢复执行。法院裁定不予执行的仲裁裁决是无效裁决。对此，《民事诉讼法》第275条规定：“仲裁裁决被人民法院裁定不予执行的，当事人可以根据双方达成的书面仲裁协议重新申请仲裁，也可以向人民法院起诉。”

3. 我国涉外仲裁机构的仲裁裁决在外国的承认和执行

这是个司法协助问题。依照我国《民事诉讼法》第280条第2款和《仲裁法》第72条的规定，我国涉外仲裁机构作出的发生法律效力的仲裁裁决，当事人请求执行的，如果被执行人或者财产不在我国领域内，应当由当事人直接向有管辖权的外国法院申请承认和执行。由于我国已经加入《承认及执行外国仲裁裁决公约》(以下简称《纽约公约》)，当事人可以依照公约的规定或者依照我国缔结或参加的其他国际条约，直接向该外国法院申请承认和执行我国涉外仲裁机构作出的裁决。

另外,依照我国《民事诉讼法》第283条,国外仲裁机构的裁决,需要我国法院承认和执行的,应当由当事人直接向被执行人住所地或者其财产所在地的中级人民法院申请,法院应当依照我国缔结或者参加的国际条约,或者按照互惠原则办理。当事人依照《纽约公约》规定的条件申请承认和执行外国仲裁裁决,受理法院决定予以承认和执行的,应在受理申请之日起两个月内作出裁定,如无特殊情况,应在裁定后六个月内执行完毕;决定不予承认和执行的,须按《最高人民法院关于人民法院处理与涉外仲裁及外国仲裁事项有关问题的通知》的有关规定,在受理申请之日起两个月内上报最高人民法院。

思考题

1. 简述涉外民事诉讼与国内民事诉讼的区别。
2. 按照我国法律以及参加的国际条约,哪些人员和组织在我国享有司法豁免权?
3. 试述涉外民事诉讼管辖与国内民事诉讼管辖的区别。
4. 简述涉外民事诉讼的送达方式。
5. 何为司法协助?其内容有哪些?
6. 我国法院承认和执行外国法院生效裁判的条件有哪些?

第二十七章　涉港澳台民事诉讼程序及区际司法协助

内容要点

涉港澳台民事诉讼程序是人民法院受理、审判和执行涉港澳台民商事案件所适用的程序，它既不同于内地民事诉讼程序，又有别于涉外民事诉讼程序。我国已通过司法解释对涉港澳台民事诉讼中的管辖、期间、送达等作出了特别规定。内地与香港、澳门、台湾地区之间已签署有关司法协助文件，就送达司法文书、调查取证、法院裁判和仲裁裁决的承认与执行等区际司法协助的内容作出了规定。

一般说来，一个具有独特(独立或相对独立)法律制度(法律体系及其相应的司法体制)的地区被称为法域。如果一个国家内部存在数个具有独特法律制度的地区，它就是一个具有数个法域的国家，常被称为“多法域国家”，或者“复合法域国家”。这些多个不同法域是相当独立的，这种独立性表现在各个法域的法律体系及其相应的司法体制是不同的，或者分属不同的法系，或者具有不同的法律传统而在立法与司法方面具有鲜明的特点；而且各个法域都享有立法权、行政权以及独立的司法权，法域之间互不隶属，相互独立，一个法域制定的法律只在本法域适用。

1997 年和 1999 年；我国先后恢复对香港和澳门行使主权，“一国两制”已成为现实，祖国大陆和台湾两岸历史和实际上的分治状态以及台湾问题最终解决后，我国将呈现为“一国两制三法系四法域”的格局，即在统一的中华人民共和国内，在同一中央政府之下，在我国内地实行社会主义制度，在香港、澳门和台湾实行资本主义制度，我国内地法律制度属于社会主义法系，香港属于普通法系，澳门和台湾属于大陆法系，我国内地、香港、澳门和台湾分别施行各自的法律制度，并成为四个法律制度互不相同的独立法域。

自改革开放以来，内地与香港、澳门、台湾之间的民间交往和商贸活动日趋频繁，民事、商事纠纷亦随之逐年增多。为了既体现不同法域之间司法权的相对独立性，又体现国家主权的统一性，研究总结涉港澳台民商事案件诉讼规律，对之作出特别规定，使其既不同于内地民事诉讼程序，又有别于涉外民事诉讼程序，是非常必要的。另外，内地、香港、澳门、台湾的民事诉讼制度，在“一国两制”的前提下分别在各法域内运行，具体规定差异较大，彼此在审理涉及对方法域的民商事案件过程中，在法律文书送达、调查取证等方面往往需要对方的合作与协助，法院裁判和仲裁裁决也常常需要得到对方的承认与执行。因此，相互间区际民商事司法协助就成为必须面对和亟待安排解决的现实问题。

第一节　涉港澳台民事诉讼程序的特别规定

一、涉港澳台民事诉讼及其程序

（一）涉港澳台民事诉讼

所谓涉港澳台民事诉讼，是指人民法院在当事人和其他诉讼参与人的参加下，审理涉港澳台民商事案件的活动以及由此产生的诉讼法律关系的总和。这里的涉港澳台民商事案件，泛指具有涉港澳台因素、依法应当或者可以由人民法院审理和裁判的民商事案件。

涉港澳台民商事案件有两个特征：一是案件含有涉港澳台因素；二是案件应当或者可以由人民法院审理和裁判。所谓案件含有涉港澳台因素，比照最高人民法院有关涉外民事关系、涉外民事案件、涉港澳经济纠纷案件司法解释的规定，是指至少包含以下三方面因素之一的争议：(1) 争议的主体涉港澳台，即当事人一方或双方是港澳特别行政区居民、台湾地区居民或者在港澳台地区登记成立的企业或者其他组织；(2) 争议的事实涉港澳台，即引起争议的民事权利和民事义务的设立、变更、终止的法律事实发生在香港、澳门特别行政区或者台湾地区；(3) 争议的标的物涉港澳台，即争议的财产在香港、澳门特别行政区或者台湾地区。但是，根据《香港特别行政区基本法》和《澳门特别行政区基本法》，香港、澳门特别行政区均享有立法权和司法终审权，再考虑到内地和台湾地区之间关系的现实情况，因此，只有含有涉港澳台因素同时人民法院依法具有审判权的案件，才能作为涉港澳台民商事案件，才能适用内地的涉港澳台民事诉讼程序。一般来说，争议的主体、争议的事实、争议的标的物都在香港、澳门特别行政区或台湾地区的民商事案件，除非当事人协议选择由内地人民法院管辖，否则应属于香港、澳门特别行政区或台湾地区的法院管辖，不能适用内地的涉港澳台民事诉讼程序。

（二）涉港澳台民事诉讼程序

涉港澳台民事诉讼程序，是指人民法院受理、审判和执行涉港澳台民商事案件所适用的程序。

目前我国内地有关涉港澳台民事诉讼程序的法律渊源包括两个部分：一是由几个司法解释文件针对涉港澳台民事诉讼中的管辖、送达、期间、区际司法协助等问题所作的特别规定。这些法律文件有最高人民法院《关于审理涉港澳经济纠纷案件若干问题的解答》、《关于涉外民商事案件诉讼管辖若干问题的规定》、《关于涉台民事诉讼文书送达的若干规定》、《关于涉港澳民商事案件司法文书送达问题若干规定》等。二是《民事诉讼法》的规定。

涉港澳台民事诉讼程序具有以下特点:(1) 适用的案件是统一主权之下的民商事案件,但程序内容不同于内地通常民事诉讼程序与执行程序的规定。(2) 适用的案件不属于涉外民事诉讼案件,但根据有关司法解释和人民法院司法实践的惯例,程序内容参照适用涉外民事诉讼程序的规定。(3) 与内地通常诉讼与执行程序的关系适用特别法与一般法关系的方法处理,即法律对涉港澳台民事诉讼有特别规定(包括涉外民事诉讼程序的特别规定)的,适用该规定;没有特别规定的,适用我国《民事诉讼法》中的审判程序、执行程序的一般规定。涉港澳台民事诉讼程序的特别规定同民事诉讼法的一般规定一样,仍然受民事诉讼法基本原则的指导。(4) 与区际司法协助相联系。涉港澳台民事诉讼中的某些诉讼行为,可能需要在港澳台地区完成,这就需要港澳台地区法院的配合与协助。因此,区际司法协助是涉港澳台民事诉讼中的一个重要问题。

二、涉港澳台民事案件管辖的特别规定

根据我国《民事诉讼法》和最高人民法院《关于涉外民商事案件诉讼管辖若干问题的规定》,涉港澳台民商事案件管辖原则上适用《民事诉讼法》第二章关于管辖的规定,但以下案件应当实行特殊的管辖办法:(1) 涉港澳台合同和侵权纠纷案件;(2) 涉港澳台信用证纠纷案件;(3) 申请撤销、承认与强制执行香港、澳门特别行政区或台湾地区仲裁裁决的案件;(4) 审查有关涉港澳台民商事仲裁条款效力的案件;(5) 申请承认和强制执行香港、澳门特别行政区或台湾地区法院民商事判决、裁定的案件。上述案件不包括涉港澳台房地产案件和涉港澳台知识产权案件。

第一审上述涉港澳台民商事案件由下列人民法院集中管辖:(1) 国务院批准设立的经济技术开发区人民法院;(2) 省会、自治区首府、直辖市所在地的中级人民法院;(3) 经济特区、计划单列市中级人民法院;(4) 最高人民法院指定的其他中级人民法院;(5) 高级人民法院。其中,上述中级人民法院的区域管辖范围由所在地的高级人民法院确定。

对国务院批准设立的经济技术开发区人民法院所作的第一审判决、裁定不服的,其第二审由所在地中级人民法院管辖。高级人民法院应当对涉港澳台民商事案件的管辖实施监督,凡越权受理涉港澳台民商事案件的,应当通知或者裁定将案件移送有管辖权的人民法院审理。

另外,根据《香港特别行政区驻军法》和《澳门特别行政区驻军法》第 23 条、24 条的规定,香港、澳门驻军人员违反香港、澳门特别行政区的法律,侵害香港、

澳门居民以及香港、澳门驻军以外的其他人的民事权利的，如果是非执行职务的行为引起的民事侵权案件，由香港、澳门特别行政区法院管辖；如果是执行职务的行为引起的民事侵权案件，则由中华人民共和国最高人民法院管辖，侵权行为的损害赔偿适用香港、澳门特别行政区法律。香港、澳门驻军的机关或者单位在香港、澳门特别行政区与香港、澳门居民以及香港、澳门驻军以外的其他人发生合同纠纷时，当事人可以依据合同中的仲裁条款或者事后达成的书面仲裁协议，向仲裁机构申请仲裁。当事人没有在合同中订立仲裁条款，事后又没有达成书面仲裁协议的，可以向香港、澳门特别行政区法院提起诉讼；但是，当事人对提起诉讼的法院另有约定的除外。

三、涉港澳台民事诉讼的期间

在涉港澳台民事诉讼中，当事人在内地有住所的，应适用我国《民事诉讼法》第七章第一节关于期间的一般规定。当事人在内地没有住所的，应参照适用我国《民事诉讼法》第二十五章关于涉外民事诉讼程序的期间的规定。被告或被上诉人在内地没有住所的，其向人民法院提出答辩状的期间为30日；当事人在内地没有住所的，不服第一审人民法院判决、裁定而提起上诉的期间为30日；当事人不能在法定期间提起上诉或者提出答辩状，申请延期的，是否准许，由人民法院决定。此外，人民法院审理涉港澳台民商事案件的期间，不受我国《民事诉讼法》有关审理和执行期限规定的限制。

四、涉港澳台民事诉讼文书送达的特别规定

在涉港澳台民事诉讼中，送达的方式依受送达人住所地的不同而有所区别。人民法院向住所地在内地的当事人送达诉讼文书，按照我国《民事诉讼法》第七章第二节规定的方式送达；向住所地在香港、澳门特别行政区或台湾地区的当事人送达司法文书，则按照最高人民法院《关于涉港澳民商事案件司法文书送达问题若干规定》、《关于涉台民事诉讼文书送达的若干规定》的方式送达。这两个司法解释的发布和实施，旨在解决司法实践中的“送达难”问题和进一步完善涉港澳台民事诉讼文书送达的具体程序规定。这里所称的诉讼文书或司法文书，是指起诉状副本、上诉状副本、反诉状副本、答辩状副本、传票、判决书、调解书、裁定书、支付令、决定书、通知书、证明书、送达回证等与诉讼相关的文书。

根据规定，人民法院向住所地在香港、澳门特别行政区或台湾地区的当事人送达诉讼文书，除公告送达方式外，还可以同时采取多种法定方式向受送达人送达。采取多种方式送达的，应当根据最先实现送达的方式确定送达日期。

（一）直接送达

作为受送达人的自然人或者企业、其他组织的法定代表人、主要负责人是在

内地的,人民法院可以直接向该自然人或者法定代表人、主要负责人送达。

受送达人有指定代收人的,向代收人送达。除受送达人在授权委托书中明确表明其诉讼代理人无权代为接收有关司法文书外,其委托的诉讼代理人为有权代其接受送达的诉讼代理人,人民法院可以向该诉讼代理人送达。受送达人在内地设立有代表机构的,人民法院可以直接向该代表机构送达。受送达人在内地设立有分支机构或者业务代办人并授权其接受送达的,人民法院可以直接向该分支机构或者业务代办人送达。

受送达人或者受送达人的法定代表人、主要负责人、诉讼代理人、代表机构以及有权接受送达的分支机构、业务代办人在送达回证上签收或者盖章,视为送达。

（二）留置送达

人民法院向在内地的受送达人或者受送达人的法定代表人、主要负责人、诉讼代理人、代表机构以及有权接受送达的分支机构、业务代办人送达诉讼文书,被拒绝签收或者盖章的,可以依法留置送达。

（三）邮寄送达

受送达人在香港、澳门特别行政区或台湾地区的地址明确的,人民法院向其送达司法文书,可以邮寄送达。邮寄送达时应附有送达回证。受送达人未在送达回证上签收但在邮件回执上签收的,视为送达,签收日期为送达日期。自邮寄之日起满三个月,如果未能收到送达与否的证明文件,且根据各种情况不足以认定已经送达的,视为未送达。人民法院向住所地在香港、澳门特别行政区的受送达人邮寄送达的,自邮寄之日起满三个月,虽未收到送达与否的证明文件,但存在受送达人向人民法院提及了所送达司法文书的内容、受送达人已经按照所送达司法文书的内容履行以及其他可以确认已经送达的情形的,期间届满之日视为送达。

（四）委托或代为送达

人民法院向住所地在香港、澳门特别行政区并且在内地没有住所的受送达人送达司法文书,可以按照最高人民法院《关于内地与香港特别行政区法院相互委托送达民商事司法文书的安排》或者《关于内地与澳门特别行政区法院就民商事案件相互委托送达司法文书和调取证据的安排》的规定送达。按照上述安排规定方式送达的,自内地的高级人民法院或者最高人民法院将有关司法文书递送香港特别行政区高等法院或者澳门特别行政区终审法院之日起满三个月,如果未能收到送达与否的证明文件且不存在受送达人向人民法院提及了所送达司法文书的内容、受送达人已经按照所送达司法文书的内容履行以及其他可以确认已经送达的情形的,视为不能适用上述安排中规定的方式送达。

人民法院向住所地在台湾地区并且在内地没有住所的受送达人送达司法文

书,可以按照两岸认可的其他途径送达。采用这种方式送达的,应当由有关的高级人民法院出具盖有本院印章的委托函。委托函应当写明案件各方当事人的姓名或者名称、案由、案号;受送达人姓名或者名称、受送达人的详细地址以及需送达的文书种类。

下级人民法院送达司法文书,根据有关规定需要通过上级人民法院转递的,应当附申请转递函。上级人民法院收到下级人民法院申请转递的司法文书,应当在七个工作日内予以转递。上级人民法院认为下级人民法院申请转递的司法文书不符合有关规定需要补正的,应当在七个工作日内退回申请转递的人民法院。

(五) 通过传真、电子邮件等方式的送达

人民法院可以通过传真、电子邮件等能够确认收悉的其他适当方式向受送达人送达。采用这种方式送达的,应当注明人民法院的传真号码或者电子信箱地址,并要求受送达人在收到传真件或者电子邮件后及时予以回复。以能够确认受送达人收悉的日期为送达日期。

(六) 公告送达

人民法院不能依照上述方式送达或者当事人下落不明的,可以公告送达。公告内容应当在内地和受送达人住所地公开发行的报刊上或者权威网站上刊登,自公告之日起满三个月即视为送达。

第二节　关于区际司法协助的安排与规定

一、区际司法协助概述

(一) 区际司法协助的概念、行为范围

区际司法协助,如同区际法律冲突一样是多法域国家的产物。所谓区际司法协助,是指同一个国家内部不同法域的司法机关之间在司法领域的合作和互助。区际司法协助涉及刑事诉讼、民商事诉讼、行政诉讼等领域,这里所讨论的是区际民商事司法协助问题。

我国内部存在数个具有不同法律制度的法域,各法域人民之间的交往导致产生众多的区际或跨地区民商事关系及纠纷案件,客观上需要各法域的法院在审判和执行等司法领域开展广泛而必要的合作和协助,这是区际司法协助产生的基础。

对于司法协助的内容或行为范围,我国在国际民商事司法协助的立法和实践中采用了广义说的观点,认为不仅包括代为送达诉讼文书、代为调查取证等,而且包括相互承认和执行法院裁判和仲裁机构裁决。我国现行《民事诉讼法》

没有对区际司法协助作出规定。比较而言,内地与香港、澳门及台湾地区之间的区际民商事司法协助,不直接涉及国家主权这一敏感问题,没有理由在区际司法协助上采取比国际司法协助更为保守的做法。事实上,采取积极的态度,拓展区际司法协助的范围,对于维护国家统一、保持各法域的繁荣稳定、保障当事人合法权益都是有利的。具体地说,我国区际司法协助的行为范围主要包括以下几个方面:(1) 相互委托送达司法文书;(2) 相互委托调取证据;(3) 代为查询并提供本辖区相关法律资料;(4) 相互认可与执行仲裁裁决;(5) 相互认可与执行法院民商事裁判。

(二) 区际司法协助中法律适用的原则

区际司法协助中的法律适用,是指多法域国家内部的某一法域法院被请求提供司法协助时,应根据哪个法域的法律来审查决定是否向外法域提供司法协助,以及在同意提供协助的情况下,按照哪个法域法律规定的程序实施司法协助行为。

国际或区际民商事司法协助中,各国普遍接受的原则是,一国或一法域法院在处理司法协助案件时,应当根据本国或本法域的法律,决定是否向外国或外法域提供司法协助;在同意提供司法协助时,应当按照本国或本法域的法律规定实施协助行为。也就是说,区际司法协助适用被请求方法律,这是区际司法协助中法律适用的一般原则。

不过,这一原则规范并不是无条件适用的,它还存在例外,即在某些情况下适用请求方法律。在司法协助中,有时一法域法律可能对某些诉讼程序规定有特殊要求,如在取证程序中,有的法域法律要求证人宣誓,有的要求双方当事人对质等,如果这些要求得不到满足,就会影响证人证言的效力。因此,在不与被请求方的强制性规范相冲突、不违反被请求方的公共秩序的情况下,各法域可以根据请求方的请求,适用请求方法域的某些程序规则。

(三) 解决区际司法协助问题的原则

我国在区际法律冲突以及司法协助方面产生的种种问题,该如何解决?最高人民法院与特别行政区达成的区际司法协助的有关前述安排给出的方法是协商解决,即规定对于前述安排在执行过程中遇有问题或者需要修改的,应当由最高人民法院与特别行政区以协商方式解决,但是应当遵循一定基本原则。

1. “一国两制”原则

“一国两制”既是实现国家统一的设计和方案,也是实现国家统一的最有效的途径。在解决区际司法协助问题时,“一国两制”也应作为一项指导性的原则。“一国”就是要维护国家统一和领土完整,区际司法协助必须以此为基本出发点;“两制”意味着香港、澳门和台湾地区的法制不同于内地的法制,而且这种法制各异的局面将长期存在,因此要尊重和维护各法域之法律制度的独特性。

内地的民商事领域法律制度不应一概以中央法律制度自居,应该允许香港、澳门特别行政区以及台湾地区的司法机关保留自己的司法制度与做法,也应该允许港澳台地区在涉及自身利益、不与国家利益冲突的情况下,有权拒绝提供司法协助,而不能要求其像内地各地区法院之间提供强制性的义务协助。

2. 各法域平等、保护当事人合法权益、程序审查原则

各法域平等、保护当事人合法权益、程序审查原则也是解决区际司法协助问题的基本原则。香港、澳门特别行政区享有独立的司法权和终审权。将来台湾和平回归祖国后的地位,可能会类似于港、澳特别行政区,也将享有高度自治权和独立的司法权及终审权。特别行政区法院与内地法院属于不同的法律体系,它们之间互不从属、互不干预。因此,在司法协助实践中,作为请求双方的特别行政区法院与内地法院是处于同一地位的,这种合作和协助是相互对等的。同时,由于保护当事人合法权益才是司法协助的最终目的,因此各法域司法机关应将当事人的利益放在首位,摈弃相互间无谓的争执,及时、有效地保障当事人的合法权益。只要程序上符合本法域法律制度的规定,就应依法提供司法协助,而不根据本法域的实体法对认定事实和适用法律是否正确进行审查,特别是在承认与执行外法域裁决时,被请求方不能对裁决进行实质审查,只要裁决符合本法域规定的条件就应当予以认可和执行。

(四)目前内地有关区际司法协助的法律规范

现行内地《民事诉讼法》没有对涉港澳台民事诉讼程序及区际司法协助作出明确具体的规定。为了解决司法实践的需要,根据《香港特别行政区基本法》《澳门特别行政区基本法》《民事诉讼法》及其他相关法律的规定,最高人民法院先后经与香港、澳门特别行政区协商,达成了有关司法协助的若干规定,并以个案批复或者规范性文件的方式发布了有关涉港澳台民事诉讼和执行程序的司法解释。这些司法协助的安排和司法解释主要包括以下几个规范性法律文件:

(1)《最高人民法院关于内地与香港特别行政区法院相互委托送达民商事司法文书的安排》;

(2)《最高人民法院关于内地与香港特别行政区相互执行仲裁裁决的安排》;

(3)《最高人民法院关于内地与香港特别行政区法院相互认可和执行当事人协议管辖的民商事案件判决的安排》;

(4)《最高人民法院关于内地与澳门特别行政区法院就民商事案件相互委托送达司法文书和调取证据的安排》;

(5)《最高人民法院关于内地与澳门特别行政区相互认可和执行民商事判决的安排》;

(6)《最高人民法院关于内地与澳门特别行政区相互认可和执行仲裁裁决

的安排》;

(7)《最高人民法院关于涉港澳民商事案件司法文书送达问题若干规定》;

(8)《最高人民法院关于人民法院认可台湾地区有关法院民事判决的规定》;

(9)《最高人民法院关于涉台民事诉讼文书送达的若干规定》;

(10)《最高人民法院关于人民法院认可台湾地区有关法院民事判决的补充规定》。

二、内地与香港特别行政区之间民商事司法协助的有关安排

(一)相互委托送达民商事司法文书

1. 委托送达司法文书的范围

前述安排中的司法文书在内地包括:起诉状副本、上诉状副本、反诉状副本、答辩状副本、传票、判决书、调解书、裁定书、支付令、决定书、通知书、证明书、送达回证等与诉讼相关的文书;在香港特别行政区包括:起诉状副本、上诉状副本、传票、状词、誓章、判案书、判决书、裁决书、通知书、法庭命令、送达证明。以上委托送达的司法文书以互换司法文书样本为准。

2. 委托送达的机关

双方委托送达司法文书,均须通过各高级人民法院和香港特别行政区高等法院进行。最高人民法院司法文书可以直接委托香港特别行政区高等法院送达。

3. 委托手续

委托方应当尽量在合理期限内提出委托请求。委托方请求送达司法文书,须出具盖有其印章的委托书,并须在委托书中说明委托机关的名称、受送达人的姓名或者名称、详细地址及案件的性质。委托书应当以中文文本提出。所附司法文书没有中文文本的,应当提供中文译本。以上文件一式两份。受送达人为两人以上的,每人一式两份。受委托方如果认为委托书与前述安排的规定不符,应当通知委托方,并说明对委托书的异议。必要时可以要求委托方补充材料。

4. 委托送达程序

不论司法文书中确定的出庭日期或者期限是否已过,受委托方均应送达。受委托方接到委托书后,应当及时完成送达,最迟不得超过自收到委托书之日起两个月。

送达司法文书,应当依照受委托方所在地法律规定的程序进行。

送达司法文书后,内地人民法院应当出具送达回证;香港特别行政区法院应当出具送达证明书。出具送达回证和证明书,应当加盖法院印章。受委托方无法送达的,应当在送达回证或者证明书上注明妨碍送达的原因、拒收事由和日

期，并及时退回委托书及所附全部文书。

5. 责任、费用

区际司法协助中，受委托方只是接受委托方的委托完成一定的诉讼行为，因此，受委托方对委托方委托送达的司法文书的内容和后果不负法律责任。委托送达司法文书费用互免，但委托方在委托书中请求以特定送达方式送达所产生的费用，由委托方负担。

（二）相互执行仲裁裁决

1. 相互执行仲裁裁决的范围

香港特别行政区法院同意执行内地仲裁机构（名单由国务院法制办公室经国务院港澳事务办公室提供）依据我国《仲裁法》所作出的裁决，内地人民法院同意执行在香港特别行政区按《香港仲裁条例》所作出的裁决。

2. 管辖法院

在内地或者香港特别行政区作出的仲裁裁决，一方当事人不履行仲裁裁决的，另一方当事人可以向被申请人住所地或者财产所在地的有关法院申请执行。上述有关法院，在内地指被申请人住所地或者财产所在地的中级人民法院，在香港特别行政区指香港特别行政区高等法院。如果被申请人住所地或者财产所在地在内地不同的中级人民法院辖区内的，申请人可以选择其中一个人民法院申请执行裁决，不得分别向两个或者两个以上人民法院提出申请。如果被申请人的住所地或者财产所在地，既在内地又在香港特别行政区，申请人不得同时分别向两地有关法院提出申请。只有一地法院执行不足以偿还其债务时，才可就不足部分向另一地法院申请执行。两地法院先后执行仲裁裁决的总额，不得超过裁决数额。

3. 申请

申请人向有关法院申请执行在内地或者香港特别行政区作出的仲裁裁决的，应当提交以下文书：执行申请书、仲裁裁决书、仲裁协议。其中，执行申请书的内容应当载明下列事项：(1) 申请人为自然人的情况下，该人的姓名、地址；申请人为法人或者其他组织的情况下，该法人或其他组织的名称、地址及法定代表人姓名。(2) 被申请人为自然人的情况下，该人的姓名、地址；被申请人为法人或者其他组织的情况下，该法人或其他组织的名称、地址及法定代表人姓名。(3) 申请人为法人或者其他组织的，应当提交企业注册登记的副本。申请人是外国籍法人或者其他组织的，应当提交相应的公证和认证材料。(4) 申请执行的理由与请求的内容，被申请人的财产所在地及财产状况。执行申请书应当以中文文本提出，裁决书或者仲裁协议没有中文文本的，申请人应当提交正式证明的中文译本。

申请人向有关法院申请执行内地或者香港特别行政区仲裁裁决的期限依据

执行地法律有关时限的规定。申请人向有关法院申请执行在内地或者香港特别行政区作出的仲裁裁决,应当根据执行地法院有关诉讼收费的办法交纳执行费用。

4. 审查、裁定及不予执行的情形

有关法院接到申请人申请后,应当按执行地法律程序处理及执行。

在内地或者香港特别行政区申请执行的仲裁裁决,被申请人接到通知后,提出证据证明有下列情形之一的,经审查核实,有关法院可裁定不予执行:(1) 仲裁协议当事人依对其适用的法律属于某种无行为能力的情形;或者该项仲裁协议依约定的准据法无效;或者未指明以何种法律为准时,依仲裁裁决地的法律是无效的。(2) 被申请人未接到指派仲裁员的适当通知,或者因他故未能陈述意见的。(3) 裁决所处理的争议不是交付仲裁的标的或者不在仲裁协议条款之内,或者裁决载有关于交付仲裁范围以外事项的决定的,但交付仲裁事项的决定可与未交付仲裁的事项划分时,裁决中关于交付仲裁事项的决定部分应当予以执行。(4) 仲裁庭的组成或者仲裁庭程序与当事人之间的协议不符,或者在有关当事人没有这种协议时与仲裁地的法律不符的。(5) 裁决对当事人尚无约束力,或者业经仲裁地的法院或者按仲裁地的法律撤销或者停止执行的。

有关法院认定依执行地法律,争议事项不能以仲裁解决的,则可不予执行该裁决。内地法院认定在内地执行该仲裁裁决违反内地社会公共利益,或者香港特别行政区法院认定在香港特别行政区执行该仲裁裁决违反香港特别行政区的公共政策,则可不予执行该裁决。

(三) 相互认可和执行当事人协议管辖的民商事判决

1. 认可和执行的判决的范围

内地人民法院和香港特别行政区法院在具有书面管辖协议的民商事案件中作出的须支付款项的具有执行力的终审判决,当事人可以根据前述安排向内地人民法院或者香港特别行政区法院申请认可和执行。据此,内地和香港特别行政区法院相互认可和执行的判决必须同时具备以下条件:(1) 申请认可和执行的判决必须是终审判决。在内地是指:最高人民法院的判决;高级人民法院、中级人民法院以及经授权管辖第一审涉外、涉港澳台民商事案件的基层人民法院依法不准上诉或者已经超过法定期限没有上诉的第一审判决,第二审判决和依照审判监督程序由上一级人民法院提审后作出的生效判决。在香港特别行政区是指:终审法院、高等法院上诉法庭及原讼法庭和区域法院作出的生效判决。这里所称判决,在内地包括判决书、裁定书、调解书、支付令;在香港特别行政区包括判决书、命令和诉讼费评定证明书。(2) 申请认可和执行的判决必须具有执行力,即判决书的内容是一方向另一方支付款项。(3) 申请认可和执行的判决必须是民商事判决,即因民商事法律关系发生争议并经法院审理作出的判决。

同时，该民商事法律关系仅指当事人之间的民商事合同，不包括雇佣合同以及自然人因个人消费、家庭事宜或者其他非商业目的而作为协议一方的合同。(4)申请认可和执行的判决必须是内地人民法院和香港特别行政区法院在具有书面管辖协议的民商事案件中作出的。也就是说，作出判决的法院对案件的管辖权是通过当事人订立的书面管辖协议取得的。所谓书面管辖协议，是指当事人为解决与特定民商事合同法律关系有关的已经发生或者可能发生的争议，以书面形式明确约定内地人民法院或者香港特别行政区法院具有唯一管辖权的协议。所谓书面形式，是指合同书、信件和数据电文(包括电报、电传、传真、电子数据交换和电子邮件)等可以有形地表现所载内容、可以调取以备日后查用的形式。书面管辖协议可以由一份或者多份书面形式组成。除非合同另有规定，合同中的管辖协议条款独立存在，合同的变更、解除、终止或者无效，不影响管辖协议条款的效力。(5) 申请认可和执行的判决必须是内地与香港特别行政区法院自2008 年 8 月 1 日起作出的判决。

另外，关于内地与香港特别行政区法院相互认可和执行的标的范围，除判决确定的数额外，还包括根据该判决需支付的利息、经法院核定的律师费以及诉讼费，但不包括税收和罚款。

2. 管辖法院

申请认可和执行符合前述安排规定的民商事判决，在内地向被申请人住所地、经常居住地或者财产所在地的中级人民法院提出，在香港特别行政区向香港特别行政区高等法院提出。被申请人住所地、经常居住地或者财产所在地在内地不同的中级人民法院辖区的，申请人应当选择向其中一个人民法院提出认可和执行的申请，不得分别向两个或者两个以上人民法院提出申请。被申请人的住所地、经常居住地或者财产所在地，既在内地又在香港特别行政区的，申请人可以同时分别向两地法院提出申请，两地法院分别执行判决的总额，不得超过判决确定的数额。已经部分或者全部执行判决的法院应当根据对方法院的要求提供已执行判决的情况。

3. 申请

申请人向有关法院申请认可和执行判决的，应当提交以下文件：(1) 请求认可和执行的申请书。(2) 经作出终审判决的法院盖章的判决书副本。(3) 作出终审判决的法院出具的证明书，证明该判决属于前述安排所指的终审判决，在判决作出地可以执行。(4) 身份证明材料。申请人为自然人的，应当提交身份证或者经公证的身份证复印件；申请人为法人或者其他组织的，应当提交经公证的法人或者其他组织注册登记证书的复印件；申请人是外国籍法人或者其他组织的，应当提交相应的公证和认证材料。

向内地人民法院提交的文件没有中文文本的，申请人应当提交证明无误的中文译本。执行地法院对于上述所规定的法院出具的证明书,无须另行要求公证。

请求认可和执行申请书应当载明下列事项:(1) 当事人为自然人的,其姓名、住所;当事人为法人或者其他组织的,法人或者其他组织的名称、住所以及法定代表人或者主要负责人的姓名、职务和住所;(2) 申请执行的理由与请求的内容,被申请人的财产所在地以及财产状况;(3) 判决是否在原审法院地申请执行以及已执行的情况。

申请人申请认可和执行内地人民法院或者香港特别行政区法院判决的程序,依据执行地法律的规定,但前述安排另有规定的除外。申请人申请认可和执行的期间为两年。关于该期间,内地判决到香港特别行政区申请执行的,从判决规定履行期间的最后一日起计算,判决规定分期履行的,从规定的每次履行期间的最后一日起计算,判决未规定履行期间的,从判决生效之日起计算;香港特别行政区判决到内地申请执行的,从判决可强制执行之日起计算,该日为判决上注明的判决日期,判决对履行期间另有规定的,从规定的履行期间届满后开始计算。

当事人向有关法院申请执行判决,应当根据执行地有关诉讼收费的法律和规定交纳执行费或者法院费用。在香港特别行政区诉讼费是指经法官或者司法常务官在诉讼费用证明书中核定或者命令支付的诉讼费用。

4. 审查和裁定

受理认可和执行民商事判决的法院,应当对申请人的申请进行审查。其中,对申请认可和执行的判决,原审判决中的债务人提供证据证明有下列情形之一的,受理申请的法院经审查核实,应当裁定不予认可和执行:(1) 根据当事人协议选择的原审法院地的法律,管辖协议无效,但选择法院已经判定该管辖协议为有效的除外。(2) 判决已获完全履行。(3) 根据执行地的法律,执行地法院对该案享有专属管辖权。(4) 根据原审法院地的法律,未曾出庭的败诉一方当事人未经合法传唤或者虽经合法传唤但未获依法律规定的答辩时间,但原审法院根据其法律或者有关规定公告送达的,不属于上述情形。(5) 判决是以欺诈方法取得的。(6) 执行地法院就相同诉讼请求作出判决,或者外国、境外地区法院就相同诉讼请求作出判决,或者有关仲裁机构作出仲裁裁决,已经为执行地法院所认可或者执行的。

内地人民法院认为在内地执行香港特别行政区法院判决将违反内地社会公共利益,或者香港特别行政区法院认为在香港特别行政区执行内地人民法院判决违反香港特别行政区公共政策的,不予认可和执行。

当事人对认可和执行与否的裁定不服的,在内地可以向上一级人民法院申请复议,在香港特别行政区可以根据其法律规定提出上诉。

5. 特殊情况的处理

法院受理认可和执行判决的申请之前或者之后,可以按照执行地法律关于财产保全或者禁止资产转移的规定,根据申请人的申请,对被申请人的财产采取保全或强制措施。

对于香港特别行政区法院作出的判决,判决确定的债务人已经提出上诉,或者上诉程序尚未完结的,内地人民法院审查核实后,可以中止认可和执行程序。经上诉,维持全部或者部分原判决的,恢复认可和执行程序;完全改变原判决的,终止认可和执行程序。内地地方人民法院就已经作出的判决按照审判监督程序作出提审裁定,或者最高人民法院作出提起再审裁定的,香港特别行政区法院审查核实后,可以中止认可和执行程序。再审判决维持全部或者部分原判决的,恢复认可和执行程序;再审判决完全改变原判决的,终止认可和执行程序。

6. 获得认可的判决的效力

根据前述安排而获认可的判决与执行地法院的判决效力相同。

在法院受理当事人申请认可和执行判决期间,当事人依相同事实再行提起诉讼的,法院不予受理。已获认可和执行的判决,当事人依相同事实再行提起诉讼的,法院不予受理。对于依法不予认可和执行的判决,申请人不得再行提起认可和执行的申请,但是可以按照执行地的法律依相同案件事实向执行地法院提起诉讼。

三、内地与澳门特别行政区之间民商事司法协助的有关安排

(一) 相互委托送达民商事司法文书

1. 委托送达司法文书的范围

前述安排中的司法文书在内地包括:起诉状副本、上诉状副本、反诉状副本、答辩状副本、传票、判决书、调解书、裁定书、支付令、决定书、通知书、证明书、送达回证以及其他司法文书和所附相关文件;在澳门特别行政区包括:起诉状复本、答辩状复本、反诉状复本、上诉状复本、陈述书、申辩书、声明异议书、反驳书、申请书、撤诉书、认诺书、和解书、财产目录、财产分割表、和解建议书、债权人协议书、传唤书、通知书、法官批示、命令状、法庭许可令状、判决书、合议庭裁判书、送达证明书以及其他司法文书和所附相关文件。

2. 委托送达的机关

双方相互委托送达司法文书,须通过各高级人民法院和澳门特别行政区终审法院进行。最高人民法院与澳门特别行政区终审法院可以直接相互委托送达。

3. 委托手续

委托方法院应当在合理的期限内提出委托请求,以保证受委托方法院收到

委托书后，及时完成受托事项。委托方法院请求送达司法文书，须出具盖有其印章的委托书，并在委托书中说明委托机关的名称、受送达人的姓名或者名称、详细地址及案件性质。如果执行方法院请求按特殊方式送达或者有特别注意的事项，应当在委托书中注明。委托书应当以中文文本提出。所附司法文书及其他相关文件没有中文文本的，应当提供中文译本。委托书及所附司法文书和其他相关文件一式两份，受送达人为两人以上的，每人一式两份。

各高级人民法院和澳门特别行政区终审法院相互收到对方法院的委托书后，应当立即将委托书及所附司法文书和相关文件转送根据其本辖区法律规定有权完成该受托事项的法院。如果受委托方法院认为委托书不符合前述安排的规定，影响其完成受托事项，应当及时通知委托方法院，并说明对委托书的异议。必要时可以要求委托方法院补充材料。

受委托方法院收到委托书后，不得以其本辖区法律规定对委托方法院审理的该民商事案件享有专属管辖权或不承认对该请求事项提起诉讼的权利为由，不予执行受托事项。受委托方法院在执行受托事项时，如果该事项不属于法院职权范围，或者内地人民法院认为在内地执行该受托事项将违反其基本法律原则或社会公共利益，或者澳门特别行政区法院认为在澳门特别行政区执行该受托事项将违反其基本法律原则或公共秩序的，可以不予执行，但应当及时向委托方法院书面说明不予执行的原因。

4. 委托送达程序

不论委托方法院司法文书中确定的出庭日期或者期限是否已过，受委托方法院均应送达。受委托方法院接到委托书后，应优先处理受托事项，完成受托事项的期限，最迟不得超过自收到委托书之日起两个月。

受委托方法院应当根据本辖区法律规定执行受托事项。委托方法院请求按照特殊方式执行委托事项的，如果受委托方法院认为不违反本辖区的法律规定，可以按照其特殊方式执行。

完成司法文书送达事项后，内地人民法院应当出具送达回证；澳门特别行政区法院应当出具送达证明书。出具的送达回证和送达证明书，应当注明送达的方法、地点和日期，及司法文书接收人的身份，并加盖法院印章。受委托方法院无法送达的，应当在送达回证或者送达证明书上注明妨碍送达的原因、拒收事由和日期，并及时退回委托书及所附全部文件。

5. 责任、费用

区际司法协助中，受委托方只是接受委托方的委托完成一定的诉讼行为，因此，受委托方法院对委托方法院委托送达的司法文书和所附相关文件的内容和后果不负法律责任。委托方法院无须支付受委托方法院在送达司法文书时发生的费用或税项。但受委托方法院根据其本辖区法律规定，有权要求委托方法院预付因采用委托方法院在委托书中请求以特殊方式送达司法文书所产生的费用。

（二）相互委托调取证据

1. 委托调取证据的范围

委托方法院请求调取的证据只能是与诉讼有关的证据。代为调取证据的范围包括：代为询问当事人、证人和鉴定人，代为进行鉴定和司法勘验，其他与诉讼有关的证据。

受委托方法院可以根据委托方法院的请求代为查询并提供本辖区的有关法律。

2. 委托调取证据的机关

双方相互委托调取证据，须通过各高级人民法院和澳门特别行政区终审法院进行。最高人民法院与澳门特别行政区终审法院可以直接相互委托调取证据。

3. 委托手续

委托方法院应当在合理的期限内提出委托请求，以保证受委托方法院收到委托书后，及时完成受托事项。双方相互委托代为调取证据的委托书应当写明：委托法院的名称；当事人及其诉讼代理人的姓名、地址，及其他一切有助于辨别其身份的情况；委托调取证据的原因，以及委托调取证据的具体事项；被调查人的姓名、地址，及其他一切有助于辨别其身份的情况，以及需要向其提出的问题；调取证据需采用的特殊方式；以及有助于执行该委托的其他一切情况。委托书应当以中文文本提出，所附司法文书及其他相关文件没有中文文本的，应当提供中文译本。

各高级人民法院和澳门特别行政区终审法院相互收到对方法院的委托书后，应当立即将委托书及所附司法文书和相关文件转送根据其本辖区法律规定有权完成该受托事项的法院。如果受委托方法院认为委托书不符合前述安排的规定，影响其完成受托事项，应当及时通知委托方法院，并说明对委托书的异议，必要时可以要求委托方法院补充材料。

受委托方法院收到委托书后，不得以其本辖区法律规定对委托方法院审理的该民商事案件享有专属管辖权或不承认对该请求事项提起诉讼的权利为由，不予执行受托事项。受委托方法院在执行受托事项时，如果该事项不属于法院职权范围，或者内地人民法院认为在内地执行该受托事项将违反其基本法律原则或社会公共利益，或者澳门特别行政区法院认为在澳门特别行政区执行该受托事项将违反其基本法律原则或公共秩序，可以不予执行，但应当及时向委托方法院书面说明不予执行的原因。

4. 调取证据程序

受委托方法院接到委托书后，应优先处理受托事项，完成受托调取证据的期限,最迟不得超过自收到委托书之日起三个月。

受委托方法院应当根据本辖区法律规定执行受托事项。委托方法院请求按照特殊方式执行委托事项的,如果受委托方法院认为不违反本辖区的法律规定,可以按照其特殊方式执行。

如委托方法院提出要求,受委托方法院应当将取证的时间、地点通知委托方法院,以便有关当事人及其诉讼代理人能够出席。受委托方法院在执行委托调取证据时,根据委托方法院的请求,可以允许委托方法院派司法人员出席。必要时,经受委托方允许,委托方法院的司法人员可以向证人、鉴定人等发问。受委托方法院取证时,被调查的当事人、证人、鉴定人等的代理人可以出席。

受委托方法院完成委托调取证据的事项后,应当向委托方法院书面说明。如果未能按委托方法院的请求全部或部分完成调取证据事项,受委托方法院应当向委托方法院书面说明妨碍调取证据的原因,并及时退回委托书及所附全部文件。如果当事人、证人根据受委托方的法律规定,拒绝作证或推辞提供证言,受委托方法院应当书面通知委托方法院,并退回委托书及所附全部文件。

受委托方法院可以根据委托方法院的请求,并经证人、鉴定人同意,协助安排其辖区的证人、鉴定人到对方辖区出庭作证。证人、鉴定人在委托方地域内逗留期间,不得因其在离开受委托方地域之前,在委托方境内所实施的行为或针对他所作的裁决而被刑事起诉、羁押,或者为履行刑罚或者其他处罚而被剥夺财产或者扣留身份证件,或者以任何方式对其人身自由加以限制。证人、鉴定人完成所需诉讼行为,且可自由离开委托方地域后,在委托方境内逗留超过七天,或者已离开委托方地域又自行返回时,前面所指的豁免即行终止。证人、鉴定人到委托方法院出庭而导致的费用及补偿,由委托方法院预付。这里所指出庭作证人员,在澳门特别行政区还包括当事人。

5. 费用

委托方法院无须支付受委托方法院在调取证据时发生的费用或税项。但受委托方法院根据其本辖区法律规定,有权在调取证据时,要求委托方法院预付鉴定人、证人、翻译人员的费用。受委托方法院可以根据委托方法院的请求,并经证人、鉴定人同意,协助安排其辖区的证人、鉴定人到对方辖区出庭作证。证人、鉴定人到委托方法院出庭而导致的费用及补偿,由委托方法院预付。

(三)相互认可和执行仲裁裁决

1. 相互执行仲裁裁决的范围

内地人民法院认可和执行澳门特别行政区仲裁机构及仲裁员按照澳门特别行政区仲裁法规在澳门作出的民商事仲裁裁决,澳门特别行政区法院认可和执行内地仲裁机构依据我国《仲裁法》在内地作出的民商事仲裁裁决。

2. 管辖法院

在内地或者澳门特别行政区作出的仲裁裁决,一方当事人不履行的,另一方当事人可以向被申请人住所地、经常居住地或者财产所在地的有关法院申请认可和执行。内地有权受理认可和执行仲裁裁决申请的法院为中级人民法院。如果两个或者两个以上中级人民法院均有管辖权,当事人应当选择向其中一个中级人民法院提出申请。澳门特别行政区有权受理认可仲裁裁决申请的法院为中级法院,有权执行的法院为初级法院。如果被申请人的住所地、经常居住地或者财产所在地分别在内地和澳门特别行政区,申请人可以向一地法院提出认可和执行申请,也可以分别向两地法院提出申请。如果当事人分别向两地法院提出申请,则两地法院都应当依法进行审查。予以认可的,采取查封、扣押或者冻结被执行人财产等执行措施。仲裁地法院应当先进行执行清偿;另一地法院在收到仲裁地法院关于经执行债权未获清偿情况的证明后,可以对申请人未获清偿的部分进行执行清偿。两地法院执行财产的总额,不得超过依据裁决和法律规定所确定的数额。

3. 申请

申请人向有关法院申请认可和执行仲裁裁决的,应当提交以下文件或者经公证的副本:申请书、申请人身份证明、仲裁协议、仲裁裁决书或者仲裁调解书。上述文件没有中文文本的,申请人应当提交经正式证明的中文译本。由一方有权限公共机构(包括公证员)做成的文书正本或者经公证的文书副本及译本,对方可以免除认证手续使用。其中,申请书应当包括下列内容:(1) 申请人或者被申请人为自然人的,应当载明其姓名及住所;为法人或者其他组织的,应当载明其名称及住所,以及其法定代表人或者主要负责人的姓名、职务和住所;申请人是外国籍法人或者其他组织的,应当提交相应的公证和认证材料;(2) 请求认可和执行的仲裁裁决书或者仲裁调解书的案号或识别资料和生效日期;(3) 申请认可和执行仲裁裁决的理由及具体请求,以及被申请人财产所在地、财产状况及该仲裁裁决的执行情况。

申请人向有关法院申请认可和执行内地或者澳门特别行政区仲裁裁决的期限,依据认可和执行地的法律确定。申请人依据前述安排申请认可和执行仲裁裁决的,应当根据执行地法律的规定,交纳诉讼费用。

4. 审查、裁定及不予执行的情形

有关法院接到申请人申请后,应当按《关于内地与澳门特别行政区相互认可和执行仲裁裁决的安排》的规定处理及执行。受理申请的法院应当尽快审查认可和执行的请求,并作出裁定。该安排没有规定的,适用认可和执行地的程序法律规定。

对申请认可和执行的仲裁裁决,被申请人提出证据证明有下列情形之一的,经审查核实,有关法院可以裁定不予认可:(1) 仲裁协议一方当事人依对其适用的法律在订立仲裁协议时属于无行为能力的;或者依当事人约定的准据法,或当事人没有约定适用的准据法而依仲裁地法律,该仲裁协议无效的;(2) 被申请人未接到选任仲裁员或者进行仲裁程序的适当通知,或者因他故未能陈述意见的;(3) 裁决所处理的争议不是提交仲裁的争议,或者不在仲裁协议范围之内;或者裁决载有超出当事人提交仲裁范围的事项的决定,但裁决中超出提交仲裁范围的事项的决定与提交仲裁事项的决定可以分开的,裁决中关于提交仲裁事项的决定部分可以予以认可;(4) 仲裁庭的组成或者仲裁程序违反了当事人的约定,或者在当事人没有约定时与仲裁地的法律不符的;(5) 裁决对当事人尚无约束力,或者业经仲裁地的法院撤销或者拒绝执行的。

有关法院认定,依执行地法律,争议事项不能以仲裁解决的,不予认可和执行该裁决。内地法院认定在内地认可和执行该仲裁裁决违反内地法律的基本原则或者社会公共利益,澳门特别行政区法院认定在澳门特别行政区认可和执行该仲裁裁决违反澳门特别行政区法律的基本原则或者公共秩序的,不予认可和执行该裁决。

5. 特殊情况的处理

法院在受理认可和执行仲裁裁决申请之前或者之后,可以依当事人的申请,按照法院地法律规定,对被申请人的财产采取保全措施。

一方当事人向一地法院申请执行仲裁裁决,另一方当事人向另一地法院申请撤销该仲裁裁决,被执行人申请中止执行且提供充分担保的,执行法院应当中止执行。当事人申请中止执行的,应当向执行法院提供其他法院已经受理申请撤销仲裁裁决案件的法律文书。根据经认可的撤销仲裁裁决的判决、裁定,执行法院应当终结执行程序;撤销仲裁裁决申请被驳回的,执行法院应当恢复执行。

(四) 相互认可和执行民商事判决

1. 认可和执行的判决的范围

内地与澳门特别行政区法院相互认可和执行的判决必须同时具备以下条件:(1) 申请认可和执行的判决涉及案件为民商事案件,在内地包括劳动争议案件,在澳门特别行政区包括劳动民事案件。除此之外,还包括刑事案件中有关民事损害赔偿的判决、裁定,但不包括行政案件。(2) 申请认可和执行的判决为生效判决。这里所称“判决”,在内地包括判决、裁定、决定、调解书、支付令;在澳门特别行政区包括裁判、判决、确认和解的裁定、法官的决定或者批示。(3) 判决具有给付内容或者有认可的必要。具体地说,一方法院作出的具有给付内容的生效判决,当事人可以向对方有管辖权的法院申请认可和执行。没有给付内容,或者不需要执行,但需要通过司法程序予以认可的判决,当事人可以向对方法院单独申请认可,也可以直接以该判决作为证据在对方法院的诉讼程序中使用。(4) 申请认可和执行的判决必须是内地与澳门特别行政区法院自 2006 年 4 月 1 日起作出的判决。两地法院自 1999 年 12 月 20 日以后至前述安排生效前作出的判决,当事人未向对方法院申请认可和执行,或者对方法院拒绝受理的,仍可以于前述安排生效后提出申请。澳门特别行政区法院在上述期间内作出的判决,当事人向内地人民法院申请认可和执行的期限,自前述安排生效之日起重新计算。

2. 管辖法院

内地有权受理认可和执行判决申请的法院为被申请人住所地、经常居住地或者财产所在地的中级人民法院。两个或者两个以上中级人民法院均有管辖权的,申请人应当选择向其中一个中级人民法院提出申请。澳门特别行政区有权受理认可判决申请的法院为中级法院,有权执行的法院为初级法院。被申请人在内地和澳门特别行政区均有可供执行财产的,申请人可以向一地法院提出执行申请。申请人向一地法院提出执行申请的同时,可以向另一地法院申请查封、扣押或者冻结被执行人的财产。待一地法院执行完毕后,可以根据该地法院出具的执行情况证明,就不足部分向另一地法院申请采取处分财产的执行措施。两地法院执行财产的总额,不得超过依据判决和法律规定所确定的数额。

3. 申请

当事人请求认可和执行判决,应当向申请的法院递交申请书,申请书应当用中文制作,并载明下列事项:(1) 申请人或者被申请人为自然人的,应当载明其姓名及住所;为法人或者其他组织的,应当载明其名称及住所,以及其法定代表人或者主要负责人的姓名、职务和住所;(2) 请求认可和执行的判决的案号和判决日期;(3) 请求认可和执行判决的理由、标的,以及该判决在判决作出地法院的执行情况。

申请书应当附生效判决书副本,或者经作出生效判决的法院盖章的证明书,同时应当附作出生效判决的法院或者有权限机构出具的证明下列事项的相关文件:(1) 传唤属依法作出,但判决书已经证明的除外;(2) 无诉讼行为能力人依法得到代理,但判决书已经证明的除外;(3) 根据判决作出地的法律,判决已经送达当事人,并已生效;(4) 申请人为法人的,应当提供法人营业执照副本或者法人登记证明书;(5) 判决作出地法院发出的执行情况证明。如被请求方法院认为已充分了解有关事项,可以免除提交相关文件。被请求方法院对当事人提供的判决书的真实性有疑问时,可以请求作出生效判决的法院予以确认。

所附司法文书及其相关文件未用中文制作的,应当提供中文译本。其中法院判决书未用中文制作的,应当提供由法院出具的中文译本。由一方有权限公共机构(包括公证员)作成或者公证的文书正本、副本及译本,对方可以免除任何认证手续使用。

法院收到申请人请求认可和执行判决的申请后,应当将申请书送达被申请人。被申请人有权提出答辩。

对民商事判决的认可和执行,除前述安排有规定的以外,适用被请求方的法律规定。

申请人依据前述安排申请认可和执行判决,应当根据被请求方法律规定,交纳诉讼费用、执行费用。申请人在生效判决作出地获准缓交、减交、免交诉讼费用的,在被请求方法院申请认可和执行判决时,应当享有同等待遇。

4. 审查和裁定

对于申请人的申请,被请求方法院应当尽快审查,并作出裁定。被请求方法院经审查核实存在下列情形之一的,裁定不予认可:(1) 根据被请求方的法律,判决所确认的事项属被请求方法院专属管辖;(2) 在被请求方法院已存在相同诉讼,该诉讼先于待认可判决的诉讼提起,且被请求方法院具有管辖权;(3) 被请求方法院已认可或者执行被请求方法院以外的法院或仲裁机构就相同诉讼作出的判决或仲裁裁决;(4) 根据判决作出地的法律规定,败诉的当事人未得到合法传唤,或者无诉讼行为能力人未依法得到代理;(5) 根据判决作出地的法律规定,申请认可和执行的判决尚未发生法律效力,或者因再审被裁定中止执行;(6) 在内地认可和执行判决将违反内地法律的基本原则或者社会公共利益;在澳门特别行政区认可和执行判决将违反澳门特别行政区法律的基本原则或者公共秩序。

对于根据上述(1)、(4)、(6)项不予认可的判决,申请人不得再行提起认可和执行的申请。但根据被请求方的法律,被请求方法院有管辖权的,当事人可以就相同案件事实向当地法院另行提起诉讼。第(5)项所指的判决,在不予认可的情形消除后,申请人可以再行提起认可和执行的申请。

法院受理认可和执行判决的申请之前或者之后,可以按照被请求方法律关于财产保全的规定,根据申请人的申请,对被申请人的财产采取保全措施。在被请求方法院受理认可和执行判决的申请期间,或者判决已获认可和执行,当事人再行提起相同诉讼的,被请求方法院不予受理。

法院就认可和执行判决的请求作出裁定后,应当及时送达。当事人对认可与否的裁定不服的,在内地可以向上一级人民法院提请复议,在澳门特别行政区可以根据其法律规定提起上诉;对执行中作出的裁定不服的,可以根据被请求方法律的规定,向上级法院寻求救济。

5. 获得认可的判决的效力

经裁定予以认可的判决,与被请求方法院的判决具有同等效力。判决有给付内容的,当事人可以向该方有管辖权的法院申请执行。被请求方法院不能对判决所确认的所有请求予以认可和执行时,可以认可和执行其中的部分请求。

四、内地与台湾地区之间民事司法协助的有关规定

（一）涉台民事诉讼文书送达

1. 送达民事诉讼文书的范围

人民法院审理涉台民事案件向住所地在台湾地区的当事人送达民事诉讼文书以及人民法院接受台湾地区有关法院的委托代为向住所地在大陆的当事人送达民事诉讼文书包括：起诉状副本、上诉状副本、反诉状副本、答辩状副本、授权委托书、传票、判决书、调解书、裁定书、支付令、决定书、通知书、证明书、送达回证以及与民事诉讼有关的其他文书。

2. 代为送达手续、程序、责任

人民法院向住所地在台湾地区的当事人送达民事诉讼文书，可以按照两岸认可的有关途径送达。采用这种方式送达的，应当由有关的高级人民法院出具盖有本院印章的委托函。委托函应当写明案件各方当事人的姓名或者名称、案由、案号；受送达人姓名或者名称、受送达人的详细地址以及需送达的文书种类。

人民法院按照两岸认可的有关途径代为送达台湾地区法院的民事诉讼文书的，应当有台湾地区有关法院的委托函。人民法院收到台湾地区有关法院的委托函后，经审查符合条件的，应当在收到委托函之日起两个月内完成送达。民事诉讼文书中确定的出庭日期或者其他期限逾期的，受委托的人民法院亦应予送达。人民法院按照委托函中的受送达人姓名或者名称、地址不能送达的，应当附函写明情况，将委托送达的民事诉讼文书退回。完成送达的送达回证以及未完成送达的委托材料，可以按照原途径退回。

受委托的人民法院对台湾地区有关法院委托送达的民事诉讼文书的内容和后果不负法律责任。

（二）认可和执行台湾地区有关法院民事判决

1. 申请认可的判决的范围

内地人民法院申请认可台湾地区有关法院的民事判决必须同时具备以下条件：(1) 判决是对商事、知识产权、海事等民事纠纷案件的判决，由台湾地区法院作出；(2) 当事人的住所地、经常居住地或者被执行财产所在地不在台湾地区，而是在其他省、自治区、直辖市；(3) 当事人向人民法院提出申请。

当事人除了可以申请认可台湾地区有关法院的民事判决外，还可申请认可台湾地区有关法院的民事裁定、调解书、支付令，以及台湾地区仲裁机构裁决，并适用认可台湾地区有关法院民事判决的规定。此外，1999 年 4 月 9 日最高人民法院以法释[1999]10 号答复指出：对台湾地区有关机构（包括民间调解机构）出具或确认的调解协议，当事人向人民法院申请认可的，人民法院应不予受理。

2. 管辖法院

认可台湾地区有关法院的民事判决、民事裁定、调解书、支付令以及仲裁机构裁决(以下简称“判决”)的申请,由申请人住所地、经常居住地或者被执行财产所在地中级人民法院受理。申请人向两个以上有管辖权的中级人民法院申请认可的,由最先立案的中级人民法院管辖。

申请人向被执行财产所在地中级人民法院申请认可的,应当提供被执行财产存在的相关证据。

3. 申请

当事人申请认可判决的,应当在该判决效力确定后两年内提出。当事人因不可抗拒的事由或者其他正当理由耽误期限而不能提出认可申请的,在障碍消除后的十日内,可以申请顺延期限。申请人应提交申请书,并须附有不违反一个中国原则的判决正本或经证明无误的副本、证明文件。

申请书应记明以下事项:(1) 申请人姓名、性别、年龄、职业、身份证件号码、申请时间和住址(申请人为法人或者其他组织的,应记明法人或者其他组织的名称、地址、法定代表人姓名、职务);(2) 当事人受传唤和应诉情况及证明文件;(3) 请求和理由;(4) 其他需要说明的情况。

申请人可以委托他人代理申请认可判决,但应当向人民法院提交由委托人签名或盖章并经当地公证机关公证的授权委托书。

申请人申请认可判决,应当提供相关证据,以证明该判决真实并且效力已确定。

4. 审查和裁定

申请人同时提出认可和执行判决的申请的,人民法院应按规定对认可申请进行审查。申请认可判决的案件,应根据案件的不同类型,由相关民事审判庭的审判人员组成合议庭进行审理。人民法院收到申请书,经审查,符合规定的条件的,应当在七日内受理;不符合规定的条件的,不予受理,并在七日内通知申请人,同时说明不受理的理由。

人民法院受理申请人申请后,应当在六个月内审结。人民法院受理申请后,对于判决是否生效不能确定的,应告知申请人提交作出判决的机构出具的证明文件。人民法院经审查能够确认该判决真实并且效力已确定,且不具有法定的不予认可的情形的,裁定认可其效力;不能确认的,裁定驳回申请人的申请。人民法院经审查认为判决具有下列情形之一的,裁定不予认可:(1) 申请认可的民事判决的效力未确定的;(2) 申请认可的民事判决,是在被告缺席又未经合法传唤或者在被告无诉讼行为能力又未得到适当代理的情况下作出的;(3) 案件系人民法院专属管辖的;(4) 案件的双方当事人订有仲裁协议的;(5) 案件系人民法院已作出判决,或者外国、境外地区法院作出判决或境外仲裁机构作出仲裁裁决已为人民法院所承认的;(6) 申请认可的民事判决具有违反国家法律的基本原则,或者损害社会公共利益情形的。

5. 特殊情况的处理

申请人提出认可判决的申请时,或者在案件受理后、人民法院作出裁定前,可以提出财产保全申请。申请人申请财产保全的,应当向人民法院提供有效的担保。申请人不提供担保或者提供的担保不符合条件的,驳回其申请。具有下列情形之一的,人民法院应当及时解除财产保全:(1) 人民法院作出准予财产保全的裁定后,被申请人提供有效担保的;(2) 人民法院作出认可裁定后,申请人在申请执行期限内不申请执行的;(3) 人民法院裁定不予认可台湾地区有关法院民事判决的;(4) 申请人撤回保全申请的。申请财产保全的其他程序,适用民事诉讼法及相关司法解释的规定。

人民法院受理认可判决的申请后,对当事人就同一案件事实起诉的,不予受理。案件虽经台湾地区有关法院判决或者仲裁裁决,但当事人未申请认可,而是就同一案件事实向人民法院提起诉讼的,应予受理。对人民法院不予认可的判决,申请人不得再提出申请,但可以就同一案件事实向人民法院提起诉讼。人民法院受理认可申请后,作出裁定前,申请人要求撤回申请的,应当允许。

人民法院作出民事判决前,一方当事人申请认可台湾地区有关法院就同一案件事实作出的判决或者仲裁机构作出的仲裁裁决的,应当中止诉讼,对申请进行审查。经审查,对符合认可条件的申请,予以认可,并终结诉讼;对不符合认可条件的,则恢复诉讼。

6. 获得认可的判决的效力

经人民法院裁定认可的台湾地区有关法院的民事判决、民事裁定、调解书、支付令或者仲裁机构的仲裁裁决,与人民法院作出的生效判决具有同等效力。申请人依裁定向人民法院申请执行的,人民法院应予受理,并依照《民事诉讼法》规定的程序办理。

思考题

1. 涉港澳台民事诉讼程序有哪些特点?
2. 何为区际司法协助?我国区际司法协助的行为范围有哪些?

后　记

为了适应建设社会主义市场经济和建设社会主义法治国家对法学教育的要求，我们编写了高等学校法学专业教材《民事诉讼法学通论》。民事诉讼法学是法学专业主干、核心课程之一，在法学教育中占有极为重要的地位。本书在尽量吸收民事诉讼法学最新研究成果的基础上，从理论联系实际、强调实践性和应用性等角度，围绕着民事诉讼法规定的具体内容，阐述了民事诉讼法的基本概念、基本规定以及基本原理。

本书由华东政法大学法律学院民事诉讼法教研室集体编写，由洪冬英副教授任主编，谢文哲副教授、邓继好讲师任副主编，各章撰写人员分别为（以撰写章节先后为序）：洪冬英（第一、十二、十七章），陈刚（第二、十八章），张大海（第三、十三章），武胜建（第四、十四、二十二章），邵军（第五、六、七、八章），邓继好（第九、十章），傅雪峰（第十一、十九章），姚远（第十五章第一至五节、第十六章），谢文哲（第十五章第六节、第二十六、二十七章），蒋集跃（第二十、二十一章），牟逍媛（第二十三、二十四、二十五章）。本书的写作得到了华东政法大学领导、法律学院及教务处等相关部门同志的关心和支持，在此表示我们最诚挚的感谢！

在撰写本书的过程中，我们参阅了大量的著作、教材和论文，并引用和吸收了其中部分研究成果和观点，对此，我们对各位同行表示衷心的感谢！同时需要指出的是，由于时间仓促、信息资料与编者水平等关系，本书难免存在不足之处，我们恳请诸位读者批评指正，以便及时改正。

本书编写组

2013 年 6 月